"十三五"职业教育国家规划教材

高等职业教育铁道交通运营管理专业校企合作系列教材

列车调度指挥

（第3版）

主　编◎洪立新
副主编◎王金香
主　审◎赵洪城

西南交通大学出版社
·成　都·

内容简介

本书是铁道交通运营管理专业系列教材之一。全书针对高等职业院校技能型人才培养的特点，以列车调度指挥的各个项目为导向，每个项目又分成若干任务来实施教学内容，以实现培养学生专业理论与专业技能的目的。

全书共有十一个项目，主要介绍了铁路运输调度工作认知、列车运行图编制与区间通过能力计算、列车编组计划编制、技术计划与运输方案认知、车流调整和调度日（班）计划编制、列车运行调整、调度命令发布规定与编制、行车调度指挥自动化运用、非正常情况列车运行组织、调度工作分析、高速铁路动车组调度指挥等内容。

本书具有较强的理论性，又重点突出实践操作技能和思政教育，内容丰富、实用性强，是铁路高职院校铁道交通运营管理专业的专业教材，也可作为其他高等院校、中等职业学校和职工岗位培训教材，还可作为相关工程技术人员的学习参考用书。

图书在版编目（CIP）数据

列车调度指挥/洪立新主编. —3版. —成都：西南交通大学出版社，2022.4（2025.2重印）
ISBN 978-7-5643-8641-2

Ⅰ. ①列… Ⅱ. ①洪… Ⅲ. ①列车调度－高等职业教育－教材 Ⅳ. ①U284.59

中国版本图书馆CIP数据核字（2022）第053404号

列车调度指挥

（第3版）

主编 洪立新

*

责任编辑 宋浩田

封面设计 何东琳设计工作室

西南交通大学出版社出版发行

四川省成都市金牛区二环路北一段111号 西南交通大学创新大厦21楼 610031

发行部电话：028-87600564 028-87600533

http://www.xnjdcbs.com

四川森林印务有限责任公司印刷

*

成品尺寸：185 mm×260 mm 印张：23 字数：571千

2013年8月第1版 2018年11月第2版

2022年4月第3版 2025年2月第11次印刷

ISBN 978-7-5643-8641-2

定价：69.00元

课件咨询电话：028-81435775

Preface 第三版前言

《列车调度指挥》是高等职业教育铁道交通运营管理专业校企合作系列教材之一。教材编写以习近平新时代中国特色社会主义思想为指导，立足于体现教育部关于高职教育要深化工学结合、校企合作、岗位实习的人才培养模式改革的要求，根据全国铁道运输专业教学指导委员会制定的铁道交通运营管理专业标准和职业教育教学改革要求，确定了本教材的编写内容与编写模式。在教材编写前期准备过程中，积极邀请铁路运输企业技术人员参与，征求企业对学生专业技能培养的意见和建议；同时，教师深入企业进行调研，了解专业人才需求情况，听取企业对毕业生综合素质等方面的要求，确定了满足教学目标的教学内容。在编写模式方面，符合专业建设要求，确定了以“项目导向，任务驱动”作为教材编写的模式。

本教材是在第二版的基础上，内容及时反映铁路运输行业发展需求，补充了铁路调度工作岗位的新知识和新技术，根据最新《铁路接发列车作业标准》（2021-07-01 实施）和《技规》的内容对第二版教材内容进行了更新，根据最新《货物列车编组计划规则》补充增加了“项目三列车编组计划编制”这一部分教学内容。本书主要介绍了铁路运输调度工作认知、列车运行图编制与区间通过能力计算、列车编组计划编制、技术计划与运输方案认知、车流调整和调度日（班）计划编制、列车运行调整、调度命令发布规定与编制、行车调度指挥自动化运用、非正常情况列车运行组织、调度工作分析、高速铁路动车组调度指挥等十一个项目的内容。

本教材由天津铁道职业技术学院洪立新任主编，王金香任副主编，北京铁路局调度指挥中心赵洪城任主审。参加教材编写人员有天津铁道职业技术学院洪立新、沈农华、宋玉佳、张文焕、沙耀宗，张紫阳，王金香，田哲涛。具体编写分工如下：洪立新编写项目一、项目三、项目六，张紫阳编写项目二，田哲涛编写项目四，王金香编写项目五，沙耀宗编写项目七，沈农华编写项目八，宋玉佳编写项目九，张文焕编写项目十、项目十一。

本教材编写过程中得到了全国铁道运输专业教学指导委员会的有关专家、北京铁路局调度指挥中心、北京铁路局南仓站、北京铁路局天津车务段等部门的大力支持，在此表示衷心感谢。

由于编者水平有限，书中不妥之处，敬请批评指正。

编　者

2022 年 1 月

Preface 第二版前言

《列车调度指挥》是高等职业教育铁道交通运营管理专业校企合作系列教材之一。教材编写工作立足于体现教育部关于高职教育要深化工学结合、校企合作、顶岗实习的人才培养模式改革的要求，根据全国铁道运输专业教学指导委员会制定的铁道交通运营管理专业标准和教学改革要求，确定了本教材的编写内容与编写模式。在教材编写前期准备过程中，积极邀请铁路运输企业技术人员参与，征求企业对学生专业技能培养的意见和建议；同时，教师深入企业进行调研，了解专业人才需求情况，听取企业对毕业生综合素质等方面的要求，确定了满足教学目标的教学内容。在编写模式方面，符合专业建设要求，确定了以“项目导向，任务驱动”作为教材编写的模式。

本教材是在第一版的基础上，根据最新《铁路运输调度规则》（自 2017 年 10 月 1 日起施行）的内容对第一版教材内容进行了更新。本书主要介绍了铁路运输调度工作认知、列车运行图编制与区间通过能力计算、技术计划与运输方案认知、车流调整和调度日（班）计划编制、列车运行调整、调度命令发布规定与编制、行车调度指挥自动化运用、非正常情况列车运行组织、调度工作分析、高速铁路动车组调度指挥等十个项目的内容。

本教材由天津铁道职业技术学院洪立新主编，中国土木工程集团有限公司张广福任副主编，北京铁路局调度指挥中心赵洪城主审。参加教材编写人员有天津铁道职业技术学院洪立新、沈农华、宋玉佳、张文焕、沙耀宗，中国土木工程集团有限公司张广福，天津滨海快速交通发展有限公司苏哲。具体编写分工如下：洪立新编写项目一、项目四、项目五，苏哲编写项目二，张广福编写项目三，沙耀宗编写项目六，沈农华编写项目七，宋玉佳编写项目八，张文焕编写项目九、项目十。

本教材编写过程中得到了天津铁道职业技术学院运输专业教学指导委员会的有关专家、北京铁路局调度指挥中心、北京铁路局南仓站、北京铁路局天津车务段等部门的大力支持，在此表示衷心感谢。

由于编者水平有限，书中不妥之处，敬请批评指正。

编　者

2018 年 5 月

Preface

第一版前言

《列车调度指挥》是高等职业教育铁道交通运营管理专业校企合作系列教材之一。根据铁路运输专业教学指导委员会会议新修订的铁道运营管理专业课程设置和教学改革要求，现有的一些教材在内容以及编写模式上已不能很好地适合教学改革的需要。因此，本教材在编写内容与模式上，立足于体现教育部关于高职教育要深化工学结合、校企合作、顶岗实习的人才培养模式改革的要求。在教材编写前期准备过程中，积极邀请铁路运输企业技术人员参与，征求企业对学生专业技能培养的意见和建议；同时，教师深入企业进行调研，了解专业人才需求情况，听取企业对毕业生综合素质等方面的要求，确定了满足教学目标的教学内容。在编写模式方面，符合专业建设要求，确定了以“项目导向，任务驱动”作为教材的编写模式。

本教材的编写突出了理论联系实际的特点，力求满足“列车调度指挥”理论与技能双重教学目标的需要。由于现在正赶上原铁路总公司撤销成立中国铁路总公司（本书中简称铁路总公司）的过渡时期，因此，本教材在编写过程中仍以最近时期的原铁路总公司颁布的铁路规章为依据，但是在机构名称上将“铁路总公司”改成了“铁路总公司”。教材内容纳入了《铁路运输调度规则》最新版本的内容，并增加了铁路新设备、新技术、新规章在运输生产中应用的有关内容。为了提高学生对列车调度指挥的分析问题、处理问题的能力，在讲清基本理论、基本知识的基础上，纳入了事故案例分析、实例应用分析的内容。本书主要介绍了调度机构与工作制度认知、列车运行图编制与区间通过能力计算、技术计划与运输方案编制、车流调整及调度日（班）计划编制、列车运行调整、调度命令的发布规定与编制方法、TDCS 和 CTC 技术条件下列车运行调度指挥、非正常情况下列车运行组织、调度工作分析、高速铁路动车组调度指挥 10 个项目的内容。

本教材由天津铁道职业技术学院洪立新任主编，张广福任副主编，北京铁路局调度指挥中心赵洪城主审。参加教材编写的人员有天津铁道职业技术学院洪立新、张广福、沈农华、宋玉佳、张文焕，天津滨海快速交通发展有限公司苏哲。具体编写分工如下：洪立新编写项目一、项目四、项目五、项目六、项目十，苏哲编写项目二，张广福编写项目三，沈农华编写项目七，宋玉佳编写项目八，张文焕编写项目九。

本教材编写过程中得到了天津铁道职业技术学院运输专业教学指导委员会的有关专家和北京铁路局调度指挥中心、北京铁路局南仓站、北京铁路局天津车务段等部门的大力支持，在此表示衷心感谢。

由于编者水平有限，书中难免存在不妥之处，恳请读者批评指正。

编　者

2013 年 5 月

Contents

目录

项目一　铁路运输调度工作认知

教学目标

1. 知识目标

掌握铁路运输调度的基本任务；掌握三级调度组织机构的设置；掌握铁路运输调度的基本工作制度；掌握列车调度员的工作职责、工作内容和工作要求；掌握铁路局调度员招聘、选拔的范围和条件。

2. 能力目标

能够认识铁路调度工作的重要性；能够熟悉理解各级调度职责；通过学习训练具备铁路调度指挥的组织协调能力。

3. 素质目标

具有良好的世界观、人生观、价值观；具有良好的职业道德和职业素养；培养“安全第一”的意识，吃苦耐劳、爱岗敬业的品质，团队协作、勤奋好学、精益求精的精神。

任务一　调度机构与工作制度认知

任务描述

本学习任务重点介绍铁路运输调度的基本任务、各级调度组织机构的设置和铁路局集团公司调度组织机构的调度员岗位设置、各级调度的主要职责范围、调度基本工作制度、调度人员应具备的基本素质、铁路局集团公司调度员招聘、选拔的范围和条件等铁路运输调度的基本知识。

知识准备

一、铁路运输调度的基本任务

铁路是国民经济大动脉、国家重要基础设施和大众化交通工具，是综合交通运输体系骨干，在我国经济社会发展中的地位至关重要。铁路运输具有高度集中的特点，各工作环节须紧密联系、协同配合。铁路运输组织工作，必须贯彻安全生产的方针，坚持集中领导、统一指挥、逐级负责的原则。

铁路运输调度部门是铁路日常运输组织的指挥中枢，分别代表各级领导组织指挥日常运输工作。铁路运输调度担负着保障运输安全、组织客货运输、保证国家重点运输、提高客货服务质量的重要责任，对完成铁路运输生产经营任务，提高铁路运输企业效益起着重要作用。各级调度人员必须精心组织，科学调度，努力增运增收、节支降耗。

铁路运输调度的基本任务是：

（1）贯彻执行国家的运输政策，完成国家重点运输任务，如军事运输、重点物资的运输等。

（2）根据运输市场的变化，科学地组织客流和物流，提高客、货运输服务质量，从而增进铁路运输企业的社会效益和经济效益的不断提高。

（3）正确地编制和执行运输工作日常计划。

（4）在确保铁路运输安全的基础上，完成和超额完成各项经营指标和技术指标。

（5）组织按图行车，实现编组计划和列车运行图的要求，经济合理地使用机车车辆和运输设备，充分利用现有通过能力，提高运输效率。

二、铁路运输调度组织机构

（一）铁路运输调度系统的作用

月度货物运输生产计划所规定的运输生产任务及有关技术指标是按每月的日平均数制定的，而运输生产过程由于受各种因素的影响，每日的运输状态均不相同，经常偏离规定标准。为使运输生产被控制在正常状态，必须经常分析运输生产指标完成情况，进行车流分布预测，并且根据具体的运输工作条件，调整车辆分布及列车运行，并通过制定日、班计划贯彻运输调整措施，以预防或消除运输生产过程可能或已经发生的困难，保证车流正常分布，经济合理地使用运输设备，完成或超额完成运输生产计划。调度系统就是为完成这一任务而设置的日常指挥机构。

铁路运输是一个复杂的大系统，这一庞大的系统具有线长、点多、工种多、分工细、连续性强的特点。为使各环节协调配合，铁路运输生产必须实行集中统一指挥的管理原则。凡与行车组织有关的日常生产活动都必须在运输调度的统一组织指挥下进行。

综上所述，铁路运输调度系统的基本作用是合理组织运输生产，保证或超额完成运输生产任务及各项技术指标；同时，必须使车辆分布和车流的构成经常处于技术计划规定的正常范围之内。在铁路日常调度工作中，车流调度和列车调度是整个调度工作的核心。

（二）铁路运输调度系统的组织机构

中国国家铁路集团有限公司（以下简称“国铁集团”）设调度处。调度处设值班处长、行车、客运、货运、军运、特运、行包（快运）、集装箱、施工及机车、车辆、动车、供电等调度台。

各铁路局集团有限公司（以下简称“铁路局”）设调度所。调度所设值班主任、值班副主任、计划、列车、客运、货运、特运、施工、机车、车辆、动车、红外线、供电调度台，根据需要可设置快运、集装箱、篷布等调度台。根据各工种调度台工作量情况，有关调度台可合并设置，具体由铁路局集团公司确定。各工种调度可根据需要设置主任调度员岗位。青藏铁路公司调度所的内设机构，可结合工作实际，本着精干高效的原则设置。

技术站设调度室（调度车间）。技术站调度设值班站长、车站调度员、助理调度员、货运调度员等，具体由铁路局集团公司确定。

根据分级管理、集中统一指挥的原则，国铁集团、铁路局、技术站调度分别代表国铁集团总经理、铁路局总经理、车站站长负责国铁集团、铁路局和车站的日常运输组织指挥工作。在铁路日常行车安全管理工作上，国铁集团按规定对铁路局调度的指挥安全实施监督管理，铁路局对本局调度指挥安全工作全面负责，车站对本站调度指挥安全工作全面负责。

国铁集团值班处长、铁路局值班主任、技术站值班站长分别领导一班调度工作。在日常运输组织工作中，下级调度必须服从上级调度的指挥；国铁集团、铁路局、车站各工种调度及有关人员分别由值班处长、值班主任、值班站长统一组织指挥。

国铁集团调度统一指挥各铁路局和专业运输公司完成运输生产经营任务；铁路局调度统一指挥铁路局管内运输生产单位完成运输生产经营任务；技术站调度统一指挥本站区作业人员完成运输生产经营任务。

国铁集团、铁路局、技术站应根据调度岗位的作业特点合理确定班制，主要工种调度全路统一实行四班制（国铁集团有特殊要求的除外）。

各级运输调度指挥部门同时受运输管理部门的领导和上级调度指挥部门的指挥。我国三级调度指挥机构设置如图 1.1 所示。

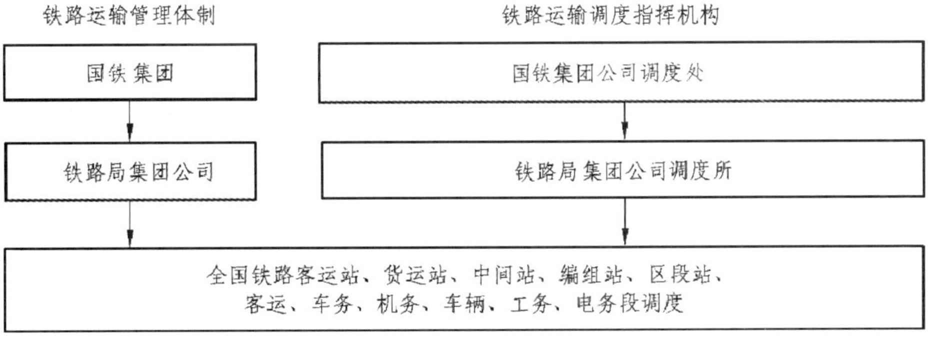

图 1.1　全路调度指挥机构示意图

（三）铁路局调度所调度组织系统

为了对复杂的运输生产活动进行全面的指挥和监督，在各级调度机构中又必须实行合理分工的管理原则，将整个运输生产活动按业务性质划分为若干部分，设置不同职名的调度员分别管理一定的工作，从而对铁路运输生产进行直接指挥。

铁路运输调度指挥工作的核心部门是铁路局调度所，在调度所一般设有：

（1）列车调度员，又称行车调度员，负责管辖区段内所有与列车运行有关的工作；

（2）计划调度员，负责编制和调整管辖区域的列车工作计划，协助值班主任组织实现日班计划；

（3）机车调度员，负责机车运用的调度工作；

（4）客运调度员，负责旅客计划运输及客车的运用；

（5）货运调度员，负责管辖区段内装卸作业及管内重车的输送工作。

此外，根据各铁路地区的具体货流和设备情况还可以设有：篷布调度员、零担货物调度员、罐车调度员、车辆检修调度员、特种运输调度员、预确报调度员、军事运输调度员、电力牵引区段的电力调度员等。

值班主任负责领导全班各工种调度员实现运输工作日计划，协调各工种调度员的工作。规模较大的路局往往划定不同的调度区，设调度区主任，负责本调度区的调度工作，并相应地配备有关工种的调度人员，形成分级、分工管理的铁路运输调度工作系统。

铁路局调度所的调度组织机构系统如图 1.2 所示。

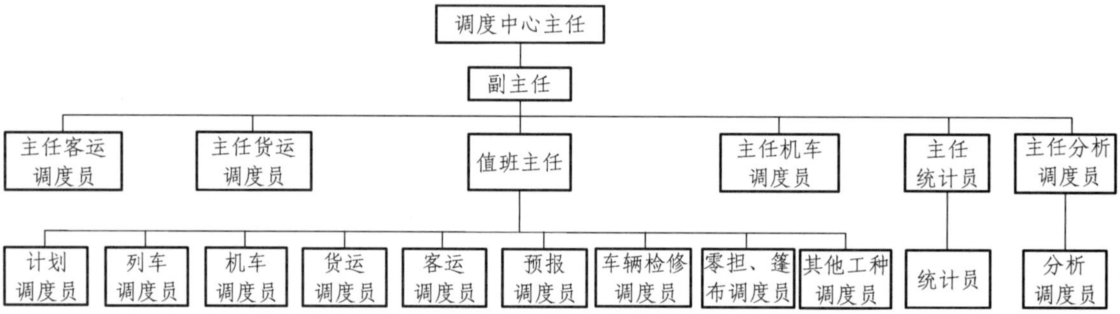

图 1.2 铁路局调度所组织系统图

根据管辖范围和工作量，各调度岗位按区域分别设岗。计划调度员和货调、机调一般按枢纽或管辖区域设置；行车调度员由于工作较为繁重，一般按区段设置（除枢纽单独设置外，一般情况下是每区段设置一名调度员）；其他调度岗位一般按区域，如工作量相对较小，也可以不分别设置。

调度所一般还设有统计室和分析室负责日常的统计和分析工作。随着运输组织自动化水平的提高和 TDCS 系统、CTC 系统的应用，统计工作已由计算机完成。

为有效地完成运输任务，调度员间需要进行密切配合，各调度员之间的信息交流可用图 1.3 来表示。

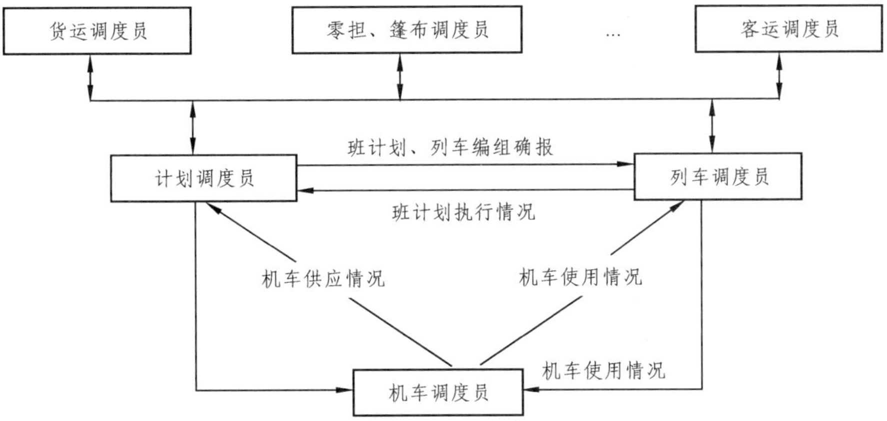

图 1.3　调度员之间的信息交流图

铁路局各工种的调度员根据各自担当的角色不同，工作之间有着不同的联系。通过前面的分析可知，在这些调度员之中，与行车组织关系最为密切的是计划、机车和列车调度员，信息交流最广泛的也是这三个工种的调度员。在三者之中，计划调度员是处于核心的位置，一天运输任务能否很好地实现，关键在于日班计划安排得是否合理。列车调度员负责全天列车的具体指挥，机车调度员负责提供设备良好的机车，保证日班计划的完成。

（四）我国铁路运输调度指挥工作流程

铁路运输企业的运输经营，在得到上级调度指挥部门和周围运输企业支持的同时，又要受到一定的限制。国铁集团运输调度既代表全路运输企业的利益，使铁路获得最大的效益，又要落实国家宏观经济调控政策，承担完成国家重点运输任务的责任。由于我国铁路路网的整体要求及铁路运输业具有大联动机的特性，所以，铁路需要进行统一调度、计划组织，合理分配运力，用最小的资源投入，实现最大的经济效益。我国铁路运输调度指挥工作流程如图 1.4 所示。

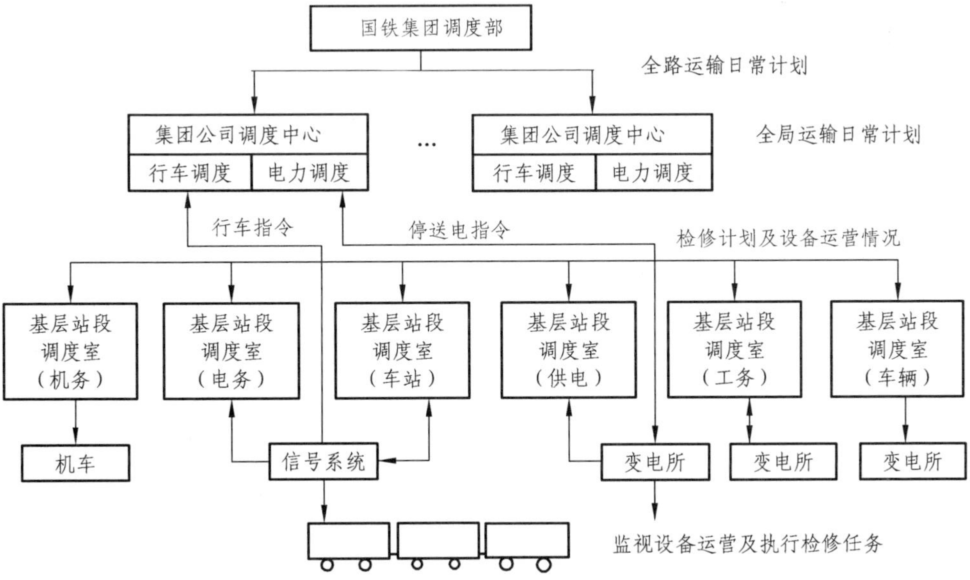

图 1.4　调度指挥工作流程示意图

三、各级调度工作职责范围

（一）国铁集团调度主要职责范围

（1）按规定对铁路局调度安全指挥进行监督管理和监督检查工作。维护调度纪律，检查各铁路局调度执行国铁集团调度命令和规章制度的情况，对违令、违章造成不良后果的单位和人员进行通报批评并提出处理意见。

（2）负责全路日常客运、货运和车流组织工作。组织各铁路局及时输送旅客和货物，平衡各铁路局货车保有量，经济合理地使用机车车辆，充分利用运输能力，挖掘运输潜力，提高运输效率和效益。

（3）编制和下达国铁集团调度轮廓计划和日计划，督促、检查各铁路局按调度日（班）计划均衡地完成运输生产经营任务。

（4）监督检查各铁路局按列车编组计划编车、按列车运行图行车、按运输生产经营计划。

（5）掌握各铁路局及重点用户、主要港口和车站的装卸车情况。

（6）掌握国际旅客列车和跨铁路局（简称跨局）旅客列车的运行情况，收集、分析晚点原因，组织有关铁路局及相关单位（人员）采取措施，恢复运行秩序。

（7）了解各铁路局、主要站客流波动及旅客列车票额利用情况，组织指导行包运输工作；处理跨局旅客列车的临时加开、停运、变更径路、途中折返、车辆甩挂和调整编组（1 个月以内的软卧、行李、邮政、餐车）等工作；根据需要安排跨局客车回送；组织和部署专运、中央大型会议及重点任务的乘车计划，并掌握运行情况。

（8）组织和掌握军运、特运工作，安排新兵和退役士兵运输，重点掌握与其有关的列车始发、运行情况。

（9）负责国铁集团抢险救灾物资、人员运输组织工作，跟踪掌握输送情况。

（10）负责审批国铁集团管理施工项目的日计划，组织各铁路局兑现施工日计划，做好施工期间分界口车流、机车调整工作。

（11）掌握各铁路局调度工作情况，检查各铁路局日常运输工作完成情况。

（12）掌握国铁集团备用货车，批准国铁集团备用货车的备用、解除备用，检查各铁路局对备用货车的管理情况。

（13）负责全路专用货车的统一调整，新造车辆出厂组织，军运备品回送，集装箱的运用，篷布的运用和备用、解除备用。

（14）检查、通报安全情况，及时收取、掌握铁路交通事故、设备故障、自然灾害等突发事件信息，按规定进行应急处置，通报信息、组织救援、调整运输。负责跨局调动救援列车、救援队。

（15）负责国铁集团日常运输工作完成情况和调度安全监督检查情况的分析工作，及时总结、推广调度工作先进经验。

（16）负责检查指导铁路局调度基础管理和技术培训工作，规范调度管理、加强队伍建设。

（17）负责调度信息化需求管理，积极采用、推广先进技术和设备，组织调度信息系统开发和应用，负责调度信息系统的运用管理，促进调度指挥工作现代化。

（二）铁路局调度主要职责范围

（1）在国铁集团调度的集中统一指挥下，负责铁路局管内运输组织和调度指挥工作。

（2）严格执行各项规章制度、安全管理制度和安全卡控措施，遵守和维护调度纪律，及时处理影响行车安全的有关情况，保证调度指挥安全。

（3）组织铁路局管内各运输生产单位密切配合、协同动作，经济合理地使用机车车辆，充分利用运输能力，挖掘运输潜力，压缩运输成本，提高运输效率和效益，完成运输生产经营任务。

（4）负责编制和下达铁路局调度日（班）计划，并组织各站段落实，提高计划兑现率。

（5）负责组织铁路局管内各运输生产单位按列车编组计划编车、按列车运行图行车、按运输生产经营计划组织运输，督促、组织各站段按调度日（班）计划均衡地完成运输任务，及时协调处理铁路局集团公司运输工作中出现的问题。

（6）组织调整铁路局管内的货流、车流，按阶段均衡地完成国铁集团下达的车流调整方案和去向别装车方案，重点掌握分界口排空、快运货物和重点物资运输。

（7）按国铁集团批准的计划组织列车在分界站均衡交接，保证机车与列车的紧密衔接，与邻局密切联系、及时交换列车计划、积极协商解决出现的问题，保证分界站畅通。

（8）掌握铁路局管内各站和主要用户、港口装卸车情况，提高直达列车和成组装车比重，提升运输能力。

（9）组织旅客列车按列车运行图正点运行，遇晚点时，积极采取措施，组织有关单位（人员）恢复运行秩序，做好正晚点分析并上报国铁集团。

（10）掌握铁路局管内客车配属、客流波动、票额利用、旅客列车开行及运行情况，重点掌握动车组列车、特快旅客列车、国际旅客列车、重点旅客列车的运行情况及旅客列车超员情况；处理旅客列车的临时加开、停运、变更径路、途中折返、车底编组、客车回送、整列换乘、车辆甩挂和调整编组（管内列车，跨局列车1个月以内硬卧、硬座、软座车）、客车底试运行和实施票额临时调整等工作；组织落实专运及重点任务，并掌握运行情况；组织旅客列车行包运输工作。

（11）组织完成铁路局管内军运、特运、超限、超重、挂有装载危险货物车辆等重点列车运输组织工作，组织落实新兵和退役士兵运输任务，重点掌握与其有关的列车始发、运行情况。

（12）负责铁路局管内抢险救灾物资、人员运输组织工作，跟踪掌握输送情况。遇自然灾害或事故中断行车时，铁路局要及时采取措施，并提出有关旅客列车停运、加开、折返和变更径路等方案，并及时发布调度命令（跨铁路局旅客列车报国铁集团批准后发布）。

（13）负责编制、下达铁路局施工日计划，安排实施维修计划，发布运行揭示调度命令和施工、维修作业的调度命令，协调组织施工、维修作业按计划进行。

（14）向国铁集团调度报告铁路局调度工作情况，检查铁路局管内各站段运输工作完成情况。

（15）认真执行国铁集团备用货车的管理制度，严格掌握铁路局管内备用货车的备用、解除备用。

（16）负责铁路局管内专用货车的调整，军运备品回送，集装箱和篷布的运用。

（17）及时收取、上报铁路交通事故、设备故障、自然灾害等突发事件信息，按规定进行应急处置，通报信息、组织救援、调整运输。负责调动救援列车、救援队或向总公司调度申请跨局调动救援列车、救援队。

（18）检查各站段执行调度命令和规章制度的情况；对违令、违章的单位和人员，进行通报批评并提出处理意见。

（19）负责铁路局日常运输工作完成情况和调度安全工作情况的分析工作，及时总结、推广调度工作先进经验。

（20）负责铁路局调度基础管理和技术培训，规范调度管理、加强队伍建设，指导站段调度日常运输生产工作。

（21）负责铁路局调度信息化需求管理，积极采用、推广先进技术和设备，促进调度指挥工作现代化，组织调度信息系统实施应用，负责调度信息系统运用管理。

（三）技术站调度主要职责范围

（1）严格执行各项规章制度，遵守和维护调度纪律，认真执行上级调度命令和指示，及时处理影响行车安全的有关情况，保证车站调度指挥安全。

（2）掌握车流、货流，根据铁路局下达的调度日（班）计划，正确编制和组织实现车站班计划和阶段计划，按列车编组计划、列车运行图和重点要求解编列车，不间断地接发列车。

（3）经济合理地运用车站技术设备和能力，掌握调车机运用，组织有关单位、人员密切配合，协同动作，按作业计划、技术作业过程和时间标准，完成编组和解体列车的任务，提高作业效率，加速机车车辆周转。

（4）及时收集到达列车预确报，掌握车流变化，正确推算现车和指标，按阶段向铁路局调度汇报车流和车站作业情况。

（5）重点组织旅客、军运、货物班列、重载、超限、超重、超长和重点货物列车的开行。

（6）主动与厂矿企业联系，及时预报车辆到达情况和取送车作业计划，组织开行路企直通列车。组织回送客车（机车）、货物作业车、检修车（修竣车）和专用车的取送，缩短待取、待送时间。

（7）发生铁路交通事故时，积极组织救援，减小事故对行车的影响。

（8）正确、及时填画技术作业图表，认真分析车站作业计划兑现情况和运输生产完成情况并及时上报。

四、调度基本工作制度

为检查、落实当日运输生产情况，不断提高调度指挥水平，更好地完成各项经营指标和技术指标，必须加强调度基础工作，建立各种调度工作制度，强化提高调度人员的综合素质，我国铁路调度各级机构依据《调规》的要求，建立了自己的基本工作制度。

（一）调度所管理制度

调度所管理制度须包括安全、生产、施工、教育、基础管理等基本管理制度，并将基本管理制度纳入《调度所管理工作细则》。

（1）调度所安全管理制度，应包括安委会制度以及安全逐级负责、安全信息管理、安全管理措施、安全检查监控、安全分析考核等内容。

（2）调度所生产管理制度，应包括日（班）计划编制和实施、 工作联系、生产分析、生产考核等内容。

（3）调度所施工管理制度，应包括施工组织协调、施工日计划、运行揭示调度命令、施工调度命令的编制审批和下达，施工期间运输组织和施工分析等内容。

（4）调度所教育管理制度，应包括培训、考试、技能竞赛、持证上岗和深入现场等内容。

（5）调度所基础管理制度，应包括会议、考勤、值班、作息、请假、卫生、保密、物品定置管理、文明生产、安全保卫等所务制度和班组管理、文电管理、规章管理、技术资料管理、设备管理、台账管理、班组（岗位）竞赛评比、各工种调度工作程序等内容。

调度所须健全完善各项基本管理制度，明确管理责任，抓好规章制度执行及安全生产的检查、监控、分析、考核工作。

（二）调度所工作制度

1. 电视电话会议制度

为及时了解掌握运输生产、运输安全等情况，各级调度应建立电视电话会议制度。

（1）各铁路局值班主任每日 7：00 前向国铁集团值班处长汇报第一班运输安全和班计划任务完成情况及全日修正计划；国铁集团值班处长向铁路局值班主任布置第二班工作重点及要求。

（2）国铁集团隔日召开全路运输生产电视电话会议，由各铁路局分管运输的副总经理（总调度长）汇报运输安全和运输生产情况，国铁集团向铁路局提出运输生产要求和布置工作重点。

（3）铁路局每日召开全局运输生产电视电话会议，由各站段分管生产的副站（段）长汇报全日运输安全及运输生产经营任务完成情况，铁路局向站段提出运输生产经营任务的要求和工作重点。

2. 交接班和班中会制度

为保持调度工作的连续性，各级调度应建立交接班和班中会制度。国铁集团、铁路局交接班和班中会，分别由值班处长、值班主任负责主持，各有关工种调度人员参加。各工种调度交接班时，交接内容和待办事项必须清楚、完整、不得遗漏。

（1）接班会：传达有关命令、指示和重点事项，通报上一班安全、运输生产情况，布置安全注意事项，研究本班完成运输生产经营任务的具体措施。

（2）班中会：每班至少召开一次，根据调度日（班）计划执行情况，研究完成本班和全日任务的具体措施。

（3）交班会：各工种调度分别汇报本班安全、运输生产经营任务完成情况，分析存在的问题，总结经验教训。

3. 工作报告制度

为加强各级调度间工作联系，加强与安全监察、专业部门之间的信息沟通，准确掌握工作进度和安全信息，及时处理发生的问题，各级调度应建立工作报告制度。

（1）车站向铁路局调度报告。

① 车站在列车到、开或通过后，及时报告车次、时分（具有自动采点设备，可自动采点时除外）。

② 列车始发站应及时报告列车解编进度、编组内容、列车编组变化情况及出发列车速报（车次、机型、机车号、辆数、牵引总重、换长）；列车在非始发站摘挂作业，作业站要及时报告摘挂列车在站作业、占用股道及作业后的编组变化情况。

③ 机车及股道占用情况。

④ 因特殊原因，临时造成旅客积压，不能及时输送。

⑤ 车站有关工种人员每3小时向铁路局所属工种调度上报规定内容。

⑥ 具备信息系统上报条件的车站，须通过系统及时准确上报。

⑦ 安全情况和重要事项应随时报告。

（2）铁路局调度向国铁集团调度报告。

① 10：00（22：00）前，铁路局值班主任向国铁集团调度报告接班后的管内运输情况，预计本班分界站列车交接、排空、机车运用情况，7：00 前向总公司值班处长报告运输安全和运输生产任务完成情况的综合分析。

② 铁路局各工种调度及时向国铁集团相关工种调度报告各项规定的内容。

③ 安全情况和重要事项应随时报告。

（3）当上级调度向下级调度和站段了解有关运输情况时，有关人员应及时汇报。

（4）铁路局调度接到铁路交通事故、行车设备故障等安全信息后，应按规定填写《铁路交通事故（设备故障）概况表》（安监报-1），及时报国铁集团调度，并通过铁路安全监督管理信息系统及时报送铁路局安全监察部门。

4. 铁路局运输调度领导值班制度

为加强对运输工作的领导，及时了解和处理突发事件，铁路局建立运输调度领导值班制度。

（1）值班人员：铁路局总调度长或调度所主任（副主任）、书记。

（2）值班时间：工作日 18:00 至次日 8:00、节假日 8:00 至次日 8:00。

（3）值班要求：

① 对重点运输任务，按等级认真盯控，确保安全正点。

② 对Ⅰ、Ⅱ级施工，严格监控，按施工日计划组织实施，对临时发生的问题采取果断措施及时正确处置。

③ 遇恶劣天气，提前预想，对设备运行、运输组织造成影响时，立即组织应急处置，保证运输安全。

④ 遇旅客列车大面积晚点或运输不畅时，要详细了解、掌握情况，采取有效措施，尽快恢复列车运行秩序。

⑤ 发生铁路交通事故或繁忙干线、干线行车设备故障时，亲自组织处理，减少对运输秩序的影响。

5. 分界站会议制度

为加强铁路局之间的协作，保证分界站畅通，铁路局间分界站会议每年不少于 1 次，由两个铁路局轮流主办，必要时也可由国铁集团组织，研究改进列车交接和日常施工等工作，制定、修改分界站协议。

6. 深入现场制度

为了提高调度人员组织指挥水平，加强各级调度之间、调度与站段有关人员的工作联系，各级调度人员每季度深入现场应不少于 1 次，熟悉设备、人员情况，交换工作意见，解决日常运输及安全生产中存在的问题。

深入现场前要有计划，返回后要有报告。深入现场的活动可采用添乘机车（动车组）、列车，召开座谈会、联劳会、同班会、跟班作业、专题调研等多种形式。

实训练习

1. 画出铁路局调度中心组织系统图。
2. 画出调度员之间的信息交流图。
3. 画出调度指挥工作流程示意图。
4. 准确说出铁路局主要调度岗位名称及工作内容。

任务二　列车调度员工作认知

任务描述

本学习任务重点介绍列车调度员应具备的基本素质，列车调度员的工作职责、工作内容和工作要求，以及调度员的招聘、选拔条件和培训办法。通过学习，使学生增强对调度工作职责、工作内容和工作要求的了解，加深对铁路各级调度人员招聘、选拔条件的认识。

知识准备

一、列车调度员应具备的基本素质

列车调度员是一个铁路区段或一个铁路枢纽的行车工作的组织者和指挥者，担负着确保安全生产，实现列车运行图、编组计划以及完成日班计划和各项经营指标的重任。在日常工作中，列车调度员代表铁路局行使运输组织的指挥权，这就要求列车调度员应该具备较高的综合素质，具体包括政治素质、业务素质、心理素质以及人际沟通和协调能力等几个方面。

（一）政治素质

政治素质是大型国有企业生产组织者的核心素质，是调度人员政治方向、政治立场、职业道德、品质作风的综合体现，其主要内容包括：

（1）具有理解运用马列主义、毛泽东思想、邓小平理论、“三个代表”重要思想、习近平新时代中国特色社会主义思想的能力，在工作中能够认真贯彻党的方针、政策。

（2）有良好的职业道德、强烈的事业心和责任感。在工作中自觉抵御不良风气的侵蚀，不搞权钱交易。

（3）坚持实事求是的思想作风。工作中不浮夸，出现问题不隐瞒。

（4）严以律己，宽以待人。

（二）业务素质

这里的业务素质主要指调度人员的技术业务水平，包含知识和技能两方面。

（1）一个合格的调度员要做好本职工作，应当具备良好的文化基础知识、专业基础知识和专业知识。

专业基础知识是指与运输工作有关的车、机、工、电、辆等方面的知识，辖区内的人、车、天、地、图等方面的知识以及计算机运用知识。这些知识可以使调度员在处理日常事务时，做到心中有数，明确某件事情该怎样办，掌握处理问题的大概时间。

专业知识是指从事调度指挥工作所应掌握的行车组织知识，如列车编组计划、列车运行图、《铁路运输调度规则》（简称《调规》）、《铁路技术管理规程》（简称《技规》）、《行车组织规则》（简称《行规》）以及相关的各项运营技术指标等，同时从事调度指挥工作还需要有丰富的实践经验，特别是对车站值班员、车站调度员、调车区长等岗位工作的实践经验，这种经验对调度员处理一些非正常情况有极大的帮助。

（2）技能是一个人工作时的技术业务能力或本领，取决于认识事物的正确程度和处理问题的实际水平。

一个合格的调度员，在面对站、段、列车、装卸、施工等众多复杂情况和特殊事件时，只有在正确认识它们的基础上，抓住问题的核心与关键，及时做出准确的判断，合理地找出处理措施，才能做好指挥工作。

（三）心理素质

作为调度员，特别是列车调度员，需要有良好的心理素质。心理素质是指表现在一个人身上的那些经常的、稳定的、本质的心理特征。心理素质主要体现在具有良好的意志品质、高度的责任心、高度的挫折忍受力等几个方面。

其中，调度人员良好的意志品质包含自觉性、果断性、自制性和坚韧性。

意志的自觉性是指一个人有明确的行动目的，并能深刻认识到行动的社会意义，使自己的行动服从于社会的目的及其要求。具有自觉性的人，深知自己行动目的的正确性、必要性，因而在行动中能自觉地以完成任务作为自己的行动目标，抑制任意行动，毫无怨言地服从组织纪律的约束，并能虚心接受符合行动目的的合理意见，不为偏离行动目的的主体杂念或客观影响所动摇。许多优秀的调度员之所以能在平凡的岗位上做出不平凡的贡献，就在于他们具有自觉性，明白工作目的，从而在调度指挥中能够顾全大局，团结协作，服从命令，完成任务。

意志的果断性是指一个人能迅速地做出决策，毫不犹豫地采取行动。作为一个指挥员需要高瞻远瞩、见微知著，能在困难面前保持冷静，特别是在发生意外情况时，要果断迅速地做出决策，临危不惧，设法化险为夷。

意志的自制性是指一个人能善于控制和支配自己的情感，抑制不必要的激情和冲动行为。作为调度人员应具有控制自己情感的能力。

调度人员的坚强意志还表现在他们的坚韧性上。坚韧性是指一个人长时间地保持充沛的精力和顽强的毅力，坚持不懈地行动，以达到预定目标。

此外，要做好调度工作，还需要有较强的人际协调能力。尊重他人、关心他人、讲究沟通的方式、方法和技巧，对调度员来说都是高效率地完成生产活动的重要因素之一。

二、列车调度员的工作

列车调度员是一个调度区段内行车工作的统一指挥者，在工作中受值班主任的领导，负责组织指挥所辖区段内的车站调度员、车站值班员、值乘的机车及列车乘务员进行行车工作。为保证行车工作的集中统一指挥，规定凡指挥列车运行的命令和口头指示，只能由列车调度员发布。运输领导干部对区段内列车运行和机车、车辆运用的指示，必须通过值班主任布置给列车调度员，由列车调度员下达执行。有关行车人员必须执行列车调度员的命令，服从调度指挥。

（一）列车调度员的主要职责

（1）积极组织全区段内有关人员实行按图行车，遇有晚点列车，及时采取调整措施，使晚点列车恢复正点；及时正确地发布有关行车的命令和指标。

（2）检查各站按列车编组计划编车，按运输方案组织运输的情况。

（3）注意列车到发及区间运行情况，及时处理临时发生的问题，防止行车事故。

（4）组织区段内各站按日（班）计划完成装车、卸车、接车、排车、中时、停时、旅速及客、货列车正点率等指标。

（二）列车调度员的工作内容

（1）组织各站、段按运输方案办事，按编组计划编车；按列车运行图行车，全面而质量良好地完成日（班）计划任务及机车车辆运用指标。

（2）按照规定的时间、内容，向本区段有关行车部门下达日（班）列车工作计划，及时编制、下达和组织实现 3 ~ 4 小时列车运行调整计划。

（3）熟悉管内行车设备和作业特点，掌握旅客列车进路、车站到发线使用、列车编解进度、列车接续及机车交路，并注意列车运行等情况；按列车运行调整原则组织指挥列车运行，保证良好的列车运行秩序；遇有列车晚点时，应积极组织有关人员使列车恢复正点运行。

（4）组织、监督所辖区段内务站按日（班）计划的规定完成装、卸车计划，空重车配挂计划和列车到开计划。

（5）加强安全生产观念，及时传达并认真检查本区段行车有关部门贯彻上级指示及执行规章制度的情况，积极开展预想活动，正确及时地发布有关行车的调度命令，保证行车安全。

遇发生事故时，应立即弄清情况，填写“行车事故概况”表，及时向上级汇报，并积极采取有效措施，尽量减少事故影响和损失。

（6）掌握本区段中间站现在车，分阶段及时、准确地推算管内各站现在车，按时提供编制日（班）计划的资料。

（7）及时、准确、完整地填记列车运行实绩图及有关报表。

（8）配合工电部门，完成施工维修任务。

（9）加强与现场职工及各工种调度间的密切协作配合，注意总结值班中的经验教训。

（三）列车调度员的工作要求

1. 接班前了解运输生产情况

铁路行车工作时间性、连续性强，要求十分严格。要求列车调度员接班后能立即不间断地、有计划地进行行车指挥工作。为此，列车调度员应提前到班了解运输生产情况及日（班）计划任务。主要了解的内容有：

（1）从列车运行实绩图中或向当班的列车调度员了解正在区段内运行的列车情况、列车会让计划、摘挂列车作业情况及各次列车的司机等情况。

（2）从机车周转实绩图中或向机车调度员了解机车交路及机务段机车准备情况。

（3）向货运调度员了解区段内各站装卸车及停留车情况。

（4）向邻台列车调度员了解相邻区段与本区段接续列车（特别是旅客列车）的运行情况，预计到达本区段的时刻。

（5）从班计划中了解本班装卸车计划、列车到发计划、施工计划及班计划中的关键问题和注意事项。

（6）当班列车调度员已接受及发出的正在执行的或仍未开始执行的调度命令。

以上情况要摸得细，摸得准。了解情况后，要按时参加接班碰头会，听取领导指示并研究接班后的关键及完成任务的措施。

2. 在值班过程中要认真做好的几项工作

（1）接班后，要认真研究、慎重对待交班列车调度员所做出的跨班列车运行调整计划，必要时可进行适当的修改，要认真与现场核对计划及注意事项的下达情况，严禁臆测行事，以防因漏发、错发计划而耽误行车，甚至发生行车事故。

（2）要认真检查各站执行列车运行图、列车编组计划、运输方案及日（班）计划的情况，按时检查列车始发站编发列车情况、机务段机车准备情况，主动与司机、运转车长联系。及时向到达站预报到达列车位置，检查车站到发线使用情况，必要时，发布有关行车的命令和指示。

（3）严格按列车运行图指挥行车，遇有列车晚点时，应积极采取措施，组织有关人员恢复列车正点运行。

（4）注意列车到发及区间的运行情况，及时、正确地处理临时发生的问题，防止列车运行事故的发生，确保行车安全。发生事故时，应按规定及时处理。

（5）根据掌握的上述列车运行实际情况，及时编制、下达并组织实现 3 ~ 4 小时列车运行调整计划。

（6）随时收取车站关于列车到、发、通过时刻的报告，及时、正确、完整地填记列车运行实绩图，主动向局调度科报告列车运行概况。

（7）要按时、按规定准确地提供编制日（班）计划的资料。

3. 交班时应做好几项工作

（1）要打好交班基础，做到跨班的运行调整计划及注意事项下达清楚、彻底。

（2）该下达的命令、指示下达完毕、齐全。

（3）列车运行实绩图填记的正确、清晰、完整。

（4）各种报表及交班资料填写齐全、准确，以便上下班之间工作紧密衔接，为接班列车调度员创造良好的工作条件。

（5）接班列车调度员来接班时，要主动介绍情况，与接班列车调度员交接完毕后，及时参加交班分析会。

4. 列车调度员应熟知人、车、天、地、图等情况

列车调度员在进行列车运行调整、组织“按图行车”过程中，应熟知人、车、天、地、图等情况，以便心中有数，利用有利时机主动地调整列车运行。

（1）人。

人是指参加运输工作的人员。调度员要熟知这些人，做好人的工作。调动他们的积极性是列车调度员组织好全部工作的先决条件。因此，对本区段主要行车有关人员（如司机、车站调度员、车站值班员等）的政治思想情况、技术业务能力、性格特点以及家庭 生活情况等，都要摸清楚，目的是便于针对不同情况，充分发挥每个人的积极性。

列车调度员了解人的方法很多，一般可采取以下几种做法：

① 深入现场，调查研究：深入现场，通过添乘列车，跟班劳动学习，召开同班会，乘务员座谈会，个别访问谈心，专题调查研究等多种形式，做到熟悉人员，交换意见，密切关系，熟悉设备情况，掌握作业特点，了解或解决运输生产中存在的问题，为做好调度工作创造有利条件。

② 在日常工作中考查：通过日常工作的接触，在实际生产活动中了解每个行车有关人员的情况。

③ 请现场有关工作人员到调度所，了解全局工作，使之能更好地处理局部与整体的关系。

（2）车。

车指的是机车车辆。机车是铁路运输的动力，车辆是铁路客货运输的工具，二者是调度计划指挥的物质基础。因此，列车调度员必须熟悉机车、车辆的技术状态、使用性能、特点及列车中车辆编组隔离限制；必须熟悉列车编组计划和列车运行图规定的列车种类、重量、计长等。只有这样才能把主观愿望与客观实际有机地结合起来，使计划指挥建筑在可靠的基础上。

（3）天。

天指的是天气等。铁路运输系露天作业，受自然条件变化的影响大。因此，列车调度员在日常计划指挥工作中，必须随时了解和掌握天气、气候变化情况及可能给行车工作带来的影响，以便根据不同情况采取有效的调整措施，使计划指挥工作符合实际情况，取得计划指挥的主动权。

（4）地。

地是指铁路技术设备，线路的横、纵断面及平面布置情况。列车调度员应熟知的主要技术设备有：

① 本区段内车站的《站细》及平面布置情况：到发线数目、有效长、坡度、水鹤位置，旅客及货物站台数量及位置，牵出线、安全线及避难线所在位置，专用线接轨情况及作业能力，现有调车机车台数及分工方法，车站咽喉区及线路的条件，技术作业过程及作业能力等。

对有机务段（本段或折返段）和车辆段的车站还应知道其段内设备的布置情况、机车整备过程、机车车辆运行径路、救援列车的停留地点等。

② 区间内的设备：每个区间的正线数目，主要建筑物，如桥梁、隧道、繁忙道口及建筑接近限界情况等。

对调整列车运行起重要作用的有下列几项：

① 该线上的限制上坡道（即根据它来计算该线列车牵引定数的上坡道）、限制下坡道（是指在规定的列车质量及制动距离的情况下，列车运行速度受闸瓦压力限制的下坡道）、加速上坡道（指使机车加速，利用动能可以闯过去的大于限制上坡道的坡道）、加力上坡道（指利用动能闯不过去必须使用补机的大于限制上坡道的坡道）、长大下坡道、进站信号机外制动距离内的线路坡度情况、最小曲线半径等；

② 区间线路允许速度；

③ 信、联、闭类型及使用方法；

④ 技术设备施工情况及对列车运行的限制等。

只有对以上情况“胸中有数”，才能正确地编制列车运行调整计划，组织作业，指挥列车运行，更好地挖掘运输潜力，充分发挥设备效能。

了解的方法主要有：

① 熟知线路平面图及断面图，熟悉区间线路纵断面及各站线路平面布置情况；

② 深入现场跟班劳动或添乘列车；

③ 通过开座谈会、个别访问或在日常工作中积累资料等，了解线路状态及对列车运行的影响；

④ 通过运输方案，了解设备施工情况及对列车运行的要求；

⑤ 通过电报、命令及现场临时报告，掌握行车设备的变化情况。

（5）图。

图指的是列车运行图。列车运行图是行车组织的基础，是铁路运输工作的综合性计划，是列车调度员调整列车运行的科学依据。因此，列车调度员必须认真学习列车运行图，熟知列车运行图的各项规定，并在实践中摸索和积累每条列车运行线在运行调整上的经验教训。只有这样，才能使“死线”变“活线”，机动灵活地调整列车运行。

列车调度员需要熟悉和掌握的列车运行图内容有：

① 本区段限制区间及通过能力；

② 列车始发、终到时刻及中间站到、开时分；

③ 列车会让规律（特别是会让旅客列车的规律）；

④ 区间运行时分及各项列车间隔时间标准；

⑤ 中间站作业时间标准；

⑥ 主要站技术作业过程；

⑦ 机车各项技术作业时间标准；

⑧ 运输方案的有关规定。

三、调度员的招聘（选拔）和培训要求

调度员岗位责任重大，工作繁忙，必须具备良好的素质。尤其是列车调度员对业务素质和身体素质的要求较高，这造成人员的新老交替较快，因此抓好新调度员的招聘、选拔、培训、培养十分重要。

各级领导和组织应高度重视调度基础工作，建设一支思想过硬、作风过硬、业务过硬，纪律严明、精干高效、指挥科学的高素质调度队伍。

国铁集团、铁路局调度部门，应分别指定一名领导具体负责调度人员的招聘（选拔）和培训工作。对调度人员招聘（选拔）和培训工作要坚持“逢进必考、资格必审、上岗必训”的原则。

国铁集团、铁路局须充分考虑调度人员工作量、工作质量、业务培训、深入现场、通勤、

休假等因素及有关规定，科学测定调度机构定编，合理设置调度台，配备各岗位人员和充足的预备人员，以满足安全生产和调度工作“精细、高效”要求。

四、调度基础工作的主要内容

（1）调度人员的思想政治教育和职业道德教育。

（2）调度人员的招聘（选拔）、业务培训工作。

（3）调度工作质量检查、考核、分析工作。

（4）本单位管理细则、办法的制定。

五、调度人员基本素质要求

（1）具有较高的思想政治觉悟，有大局意识和较强的协调组织能力。

（2）具有较强的专业知识和工作经验，技术业务熟练，具有计算机基本操作能力，较强的文字处理和语言表达能力。

（3）遵章守纪、爱岗敬业、服从指挥、团结协作。

（4）身体健康。

六、调度人员招聘（选拔）要求

调度人员招聘（选拔）须按照公平、公正、公开的原则进行，新招聘（选拔）调度人员除具备上述调度人员基本素质要求外，还须满足以下条件：

1. 普速铁路调度人员招聘（选拔）要求

（1）年龄要求：新招聘调度人员年龄一般应在 35 岁及以下。

（2）学历要求：国铁集团调度须有全日制大学本科及以上文化程度，铁路局调度须有大专及以上文化程度。

（3）工作经历要求：新招聘（选拔）调度人员从事现场相关岗位工作须满 2 年。国铁集团调度应从下级调度人员或优秀行车人员中招聘。铁路局列车调度员应从车站值班员、车站调度员、机车（动车组）司机或优秀行车人员中招聘，其他工种调度员应从基层运输生产单位专业对口的优秀人员中招聘。车站调度员应从有实践工作经验和指挥能力的优秀行车人员中选拔。

2. 高速铁路调度人员招聘（选拔）要求

（1）年龄要求：铁路局高速列车调度员初任年龄年龄一般应在 35 岁及以下，其他高速列车调度员初任年龄年龄一般应在 40 岁及以下，遇特殊情况可适当放宽。

（2）学历要求：国铁集团高速铁路调度须有全日制大学本科及以上文化程度，铁路局高速铁路调度须有大专及以上文化程度。

（3）专业要求：铁路局高速列车调度员由运输、机务相关专业毕业；其他专业毕业的须在运输、机务运用工作岗位定职后工作满3年；其他工种调度员有相关专业毕业或从事相关专业工作满2年。

3.调度人员招聘范围要求

国铁集团调度应从下级调度人员或优秀行车人员中招聘。铁路局普速列车调度员应从车站值班员、车站调度员、机车（动车组）司机或优秀行车人员中招聘，铁路局高速列车调度员从普速列车调度员或高速铁路动车组司机中招聘工作。其他工种调度员应从基层运输生产单位专业对口的优秀人员中招聘。车站调度员应从有实践工作经验和指挥能力的优秀行车人员中选拔。

七、调度人员培训要求

（1）各级调度必须配备专职技术教育人员，由具备中级及以上技术职称或具有较强业务水平和实践经验的人员负责技术业务培训工作。

（2）铁路局应对新招聘调度员制定培训计划，组织进行任职资格培训，列车调度员培训时间不少于6个月，其他工种调度员培训时间不少于3个月，其中理论培训（脱产）不少于1个月，培训期满进行考试和考核，合格后方准持证上岗。

（3）对转岗、转台调度人员必须经过跟班学习，经考试、考核合格后，方准独立工作。

（4）为不断提高调度人员的业务水平，各级调度可采取脱产与不脱产相结合的方式，轮流对现职运输调度人员进行培训，脱产培训学习每年不得少于10天；对新设备投入运用、新规章实施、运行图调整等必须提前进行业务培训，考试（考核）不合格不得上岗。

（5）铁路局每年组织现职调度员进行《铁路局调度员合格证》年度鉴定考试，合格后方准上岗。

（6）铁路局原则上每年应组织一次铁路局调度职业技能竞赛，国铁集团原则上每三年组织一次全路调度职业技能竞赛。对职业技能竞赛成绩优胜者应给予奖励并在晋职晋级时优先考虑。

（7）国铁集团、铁路局应分别建立调度培训基地，建立健全仿真系统等培训设施，满足调度员培训需求。

实训练习

1. 调度人员基本素质练习训练。
2. 背诵调度人员选拔招聘条件。
3. 模拟招聘列车调度员实训练习。

思考题

1. 铁路运输调度的基本任务是什么？
2. 铁路局调度所的组织系统是如何构成的？
3. 铁路局调度所计划调度员、列车调度员、货运调度员、客运调度员的主要职责？
4. 我国铁路运输调度指挥工作流程是什么？
5. 铁路运输调度有哪些基本工作制度？
6. 列车调度员的基本素质有哪些？
7. 调度员招聘、选拔的范围和条件是什么？

课程思政案例

中国铁路运输的“最强大脑”——中国国家铁路集团有限公司调度部调度处

中国国家铁路集团有限公司调度部调度处负责协调指挥全国铁路运输调度系统，组织客货运输生产和列车安全运行，保障国家重点运输任务，是中国铁路运输的“神经中枢”。调度处现有调度员 71 人，分 4 个班组 24 小时倒班。每个班组有 12 个工种岗位，分别负责全国铁路一个方面的协调指挥工作。

2016 年，调度处荣获中华全国总工会全国工人先锋号称号；2014 年，获得中央国家机关五一劳动奖状；2013 年至 2017 年，连续 5 年获得国铁集团直属机关建功立业先进集体荣誉。

这是一支有着优良传统与光荣历史的团队，成绩背后镌刻着几代调度人的奋斗足迹，也应和着中国铁路的前进轨迹。这是一支信念坚定、业务精湛的团队，应用先进技术设备、处理复杂突发事件、完成艰巨工作任务，被誉为铁路运输“最强大脑”。这是一支爱岗敬业、甘于奉献的团队，秉持管好用好中国铁路网的初心，敢为人先，逐梦前行。

耐得住寂寞才能守得住芳华。在数不清的节假日与深夜，调度员们都一如既往坚守岗位，舍小家顾大家，确保铁路运输安全有序。从未有人叫过苦、从未有人说过累，“习惯了”“基层好多职工风里来雨里去比我们苦”是他们最常说的话。因为，选择了铁路调度这个职业，也就选择了奉献与坚守（来源：国铁集团官网）。

项目二　列车运行图编制与区间通过能力计算

教学目标

1. 知识目标

掌握列车运行图的作用和分类，列车运行图组成因素，列车运行图的编制要求和步骤；理解区段管内工作列车运行图铺画方案；掌握非平行运行图通过能力计算方法。

2. 能力目标

能够编制单线半自动闭塞区段列车运行图；会编制分号列车运行图；会计算列车运行图的主要计算指标；会计算非平行运行图通过能力。

3. 素质目标

具有良好的世界观、人生观、价值观；具有严谨认真的职业素养；培养“安全正点”意识，养成具有全局观念、爱岗敬业、刻苦钻研、精益求精的品质。

任务一　列车运行图基本知识认知

任务描述

本任务主要介绍列车运行图的作用和分类、列车运行图的基本格式、列车运行图组成因素、车站间隔时间和列车间隔时间等基本知识内容，通过学习使学生熟悉并掌握列车运行图的基本格式、列车运行图组成因素、车站间隔时间和列车间隔时间的计算方法。

知识准备

列车调度员的基本职责是调整列车运行，实现按图行车。而调整列车运行的基本依据就是列车运行图。因此，列车调度员必须对列车运行图基本知识进行掌握，以便顺利地完成列车运行调整任务。

一、列车运行图及其作用

列车运行图是列车运行的图解，是用以表示列车在铁路区间运行及在车站到发或通过时刻的技术文件。

列车运行图是全路组织列车运行的基础，规定各次列车占用区间的顺序，列车在区间的运行时分，列车在各个车站的到达、出发或通过的时刻，列车的会让、越行，列车的重量和长度标准、机车交路等。

另外，通过列车运行图可以把与列车运行有关的各部门有机地结合起来，车站要根据列车运行图的时刻安排自己的接车、发车和调车工作，保证列车正点发车。机务部门根据运行图的要求，确定每天要派出的机车台数和时刻，并据此安排机车的整备工作和乘务员的工作计划。工务、电务等部门应按列车运行图的要求安排施工及维修工作等。因此，列车运行图既是行车组织工作的基础，又是联系各部门工作的纽带，也是铁路运营管理工作的综合性计划。

二、列车运行图的格式

在列车运行图中，横、竖、斜三种线分别代表车站、时间和列车运行线。为了区分不同种类的列车，规定各种列车用不同符号和不同颜色表示。

为了适应使用上的不同需要，运行图在使用上分为三种格式。

（一）二分格运行图

它的横轴以两分钟为单位用细竖线加以划分，小时格和十分格都用较粗的竖线表示。其时分的标记不需填写数字，而是用规定的符号表示。这种格式的运行图主要在编制新运行图时做草图使用。如图 2.1 所示。

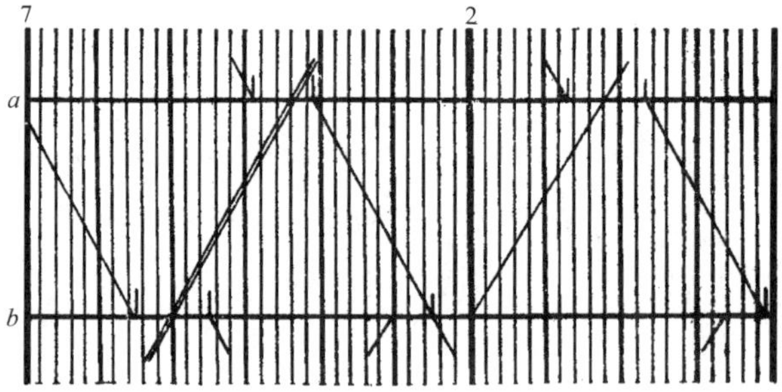

图 2.1　二分格运行图

（二）十分格运行图

它的横轴以十分钟为单位用细竖线加以划分，半小时格用虚线表示，小时格用较粗的竖线表示，列车到发时刻只填写十分钟以下的数字。这种格式的运行图主要供列车调度员在日常调度指挥工作中编制调度调整计划和绘制实际运行图时使用。如图 2.2 所示。

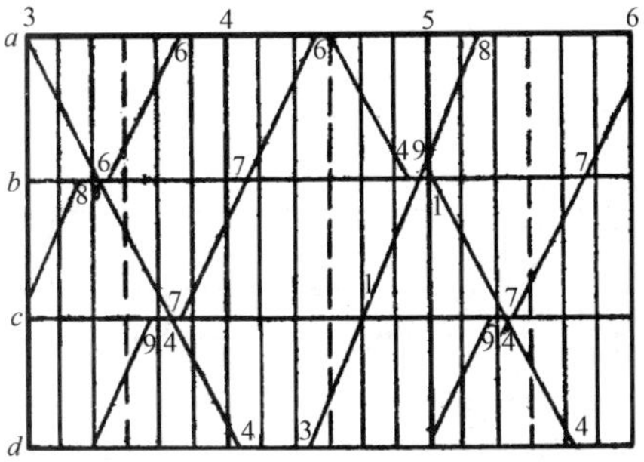

图 2.2　十分格运行图

（三）小时格运行图

主要在编制旅客列车方案图和机车周转图时使用，在小时格运行图上，列车到发时刻需将 60 min 以下的数字全写出来。如图 2.3 所示。

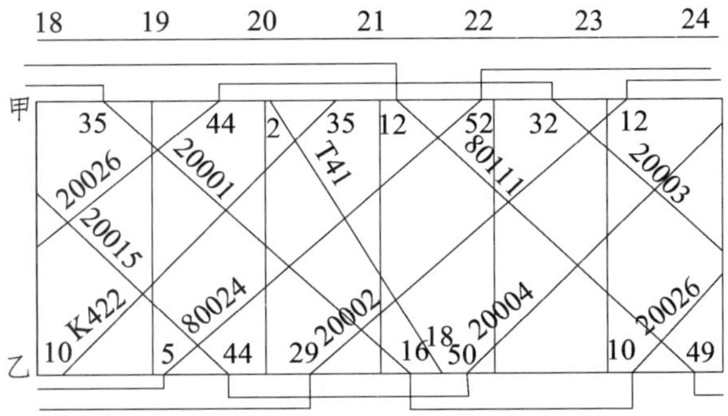

图 2.3　小时格运行图

三、站名线的画法

在列车运行图上，以横线表示车站中心线的位置，一般以细线表示中间站，以较粗的线表示技术站和有技术作业的车站，以虚线表示乘降所，以红线表示两股道车站。

车站中心线有下列两种确定方法。

（一）按区间实际里程的比率确定

即按整个区段内各车站间实际里程的比例来画横线，采用这种方法时，列车运行图上的站间距离完全反映实际情况，能明显地表示出站间距离的大小。但由于各区间的线路平面和纵断面互不一样，使列车运行速度有所不同，这样列车在整个区段的运行线往往是一条斜折线，既不整齐，也不易发现列车区间运行时分上的差错，所以一般不采用这种方法。

（二）按区间运行时分的比率确定

即按整个区段内各车站间列车运行时分的比例来画横线。采用这种方法时，可以使列车在整个区段的运行线基本上是一条斜直线，既整齐美观，也易于发现列车区间运行时分上的差错。通常采用这种方法确定车站位置，如图 2.4 所示。

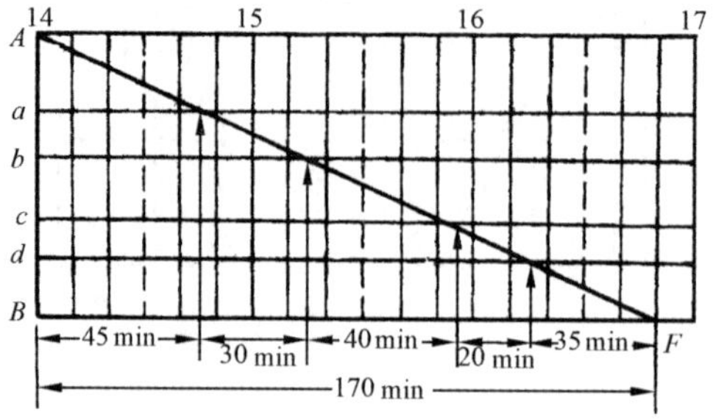

图 2.4　按区间运行时分比率确定车站位置示意图

假设 *A-B* 区段下行方向货物列车运行时分总共为 170 min。作图时首先画 *A*、*B* 站的横线，然后在代表 *B* 站的横线上截取时间为 170 min 的 *BF* 线段得 *F* 点，连接 *AF* 斜直线，再后按照下行货物列车在各区间的运行时分标出各个车站的位置，最后画出代表 *a*、*b*、*c*、*d* 和 *B* 站的横线。

列车运行图上的列车运行线（斜线）与车站中心线（横线）的交点，即为列车到、发或通过车站的时刻。根据列车运行图的格式它有不同的表示方法。在二分格图上以规定的标记符号表示，不需填记数字（例如："|" 表示 1 min，"↑" 表示 30 s）；在十分格图上，填写 10 以下的数字；在小时格图上，填写 60 以下的数字。所有这些表示时刻的数字，都填写在列车运行线与横线相交的钝角处。列车通过车站的时刻，填写在出站一端的钝角处。

列车运行图上铺画有许多不同种类列车的运行线。为便于识别，对各种列车采用不同的表示方法，并对每一列车冠以规定的车次，标在区段两端区间的相应列车运行线上方，上行列车的车次为双数，下行列车的车次为单数。中国铁路规定向北京的方向为上行，反之为下行。全国各线的列车运行方向以国铁集团规定为准，枢纽地区的列车运行方向由铁路局规定。

四、列车运行图的分类

根据铁路线路的技术设备、列车运行速度、上下行方向的列车数目、列车运行方式等条件，列车运行图可以分为不同的类型。

（一）按区间正线数目分

按区间正线数目，列车运行图可分为单线运行图、双线运行图和单双线运行图。

1. 单线运行图

在单线区段，上下行方向列车都在同一正线上运行，相对方向列车的交会、同方向列车的越行都必须在车站上进行。图 2.5 所示为单线成对平行运行图。

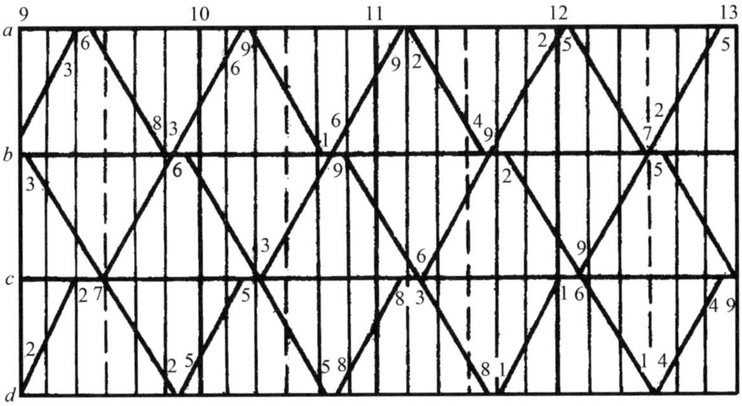

图 2.5　单线成对平行运行图

2. 双线运行图

在双线区段，上下行列车都在各自的正线上运行，上下行列车运行互不干扰，可以在区间内或车站上交会。但列车的越行必须在车站上进行，图 2.6 所示为双线成对平行运行图。

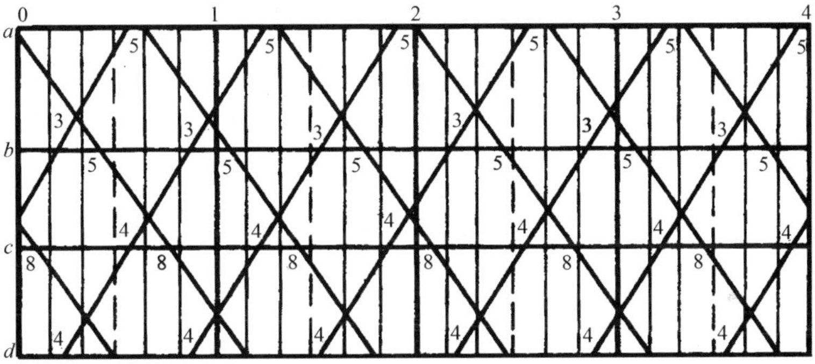

图 2.6　双线成对平行运行图

3. 单双线运行图

有单线区间也有双线区间的区段称为单双线区段。单线区间和双线区间各按单线运行图和双线运行图的特点铺画运行线。图 2.7 所示为单双线成对运行图。

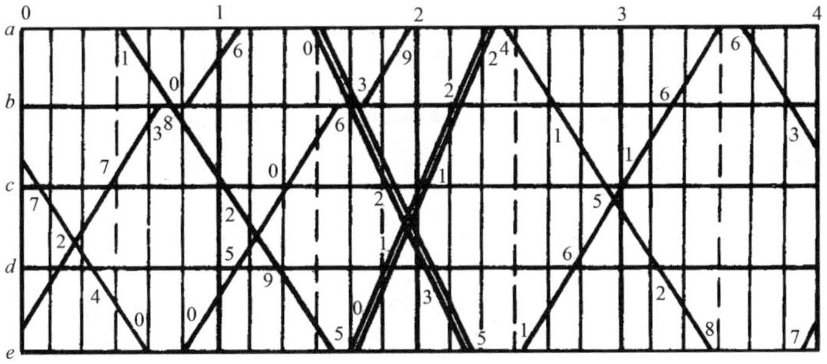

图 2.7　单双线成对运行图

（二）按列车运行速度分

按列车运行速度，列车运行图可分为平行运行图和非平行运行图。

1. 平行运行图

在运行图上同一区间内，同一方向列车的运行速度相同，因而列车运行线相互平行，且区段内无列车越行，参见图 2.5 和图 2.6 所示。

2. 非平行运行图

在运行图上铺有各种不同速度和不同种类的列车，因而部分列车运行线互不平行，在区段内可能产生列车越行，如图 2.8 所示。因这是实际工作中主要采用的一种运行图，所以也叫普通运行图。

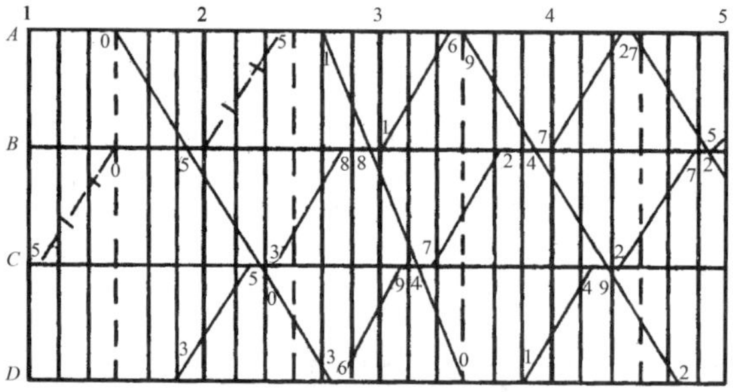

图 2.8　单线非平行运行图

（三）按上、下行方向列车数目的不同分

按上、下行方向列车数目，列车运行图可分为成对运行图和不成对运行图。

1. 成对运行图

在这种运行图中，同一区段内，上、下行方向列车数目是相等并成对运行的，参见图 2.5 和图 2.6 所示。

2. 不成对运行图

在这种运行图中，同一区段内，上、下行方向的列车数目是不相等的，图 2.9 所示为单线连发运行图。

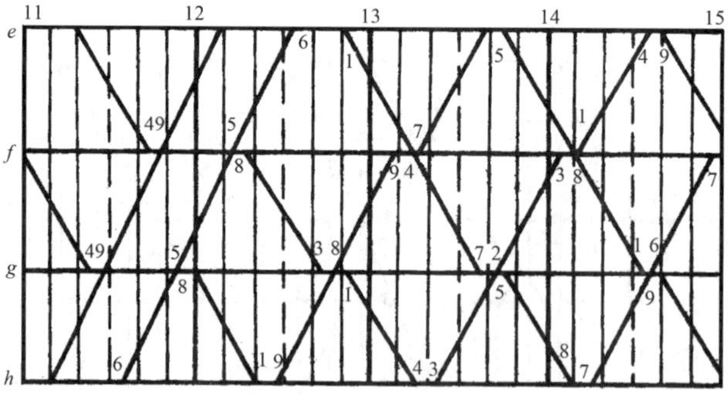

图 2.9　单线连发运行图

我国铁路大多数区段的上、下行列车数是相等的，所以一般多采用成对运行图。

（四）按同方向列车运行方式的不同分

按同方向列车运行方式，列车运行图可分为连发运行图和追踪运行图。

1. 连发运行图

这种运行图的特点是同方向列车是以站间区间为间隔，即在非自动闭塞区段采用的运行图。在单线区段采用这种运行图时，在连发的一组列车之间不能铺画对向列车，如图 2.6 和图 2.9 所示。

2. 追踪运行图

在自动闭塞区段上，同方向的列车是以闭塞分区为间隔运行，在这种运行图上，一个站间区间内允许同时有几个列车按追踪方式运行，这种运行图是在装有自动闭塞的单线或双线区段上采用的，如图 2.10 所示。

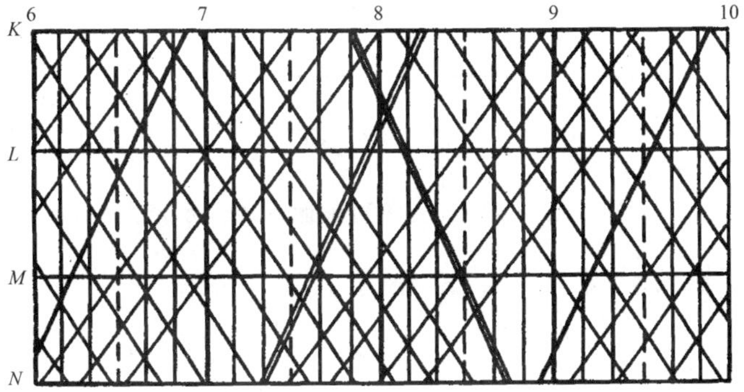

图 2.10　双线追踪非平行运行图

以上所列举的分类，都是根据运行图的某一特点加以区别的。实际上，每张运行图都具有几个方面的特点，例如图 2.10 所示的运行图，它既是双线的、非平行的，又是追踪的。

五、列车运行图的组成要素

列车运行图要素包括：列车区间运行时分；列车在中间站的停站时间；机车在基本段和折返段所在站的停留时间标准；列车在技术站、客运站和货运站的技术作业过程及其主要作业时间标准；车站间隔时间；追踪列车间隔时间。

（一）列车区间运行时分

列车区间运行时分是指列车在两相邻车站或线路所之间的运行时间标准，它由机务部门采用牵引计算和实际试验相结合的方法进行查定。

列车区间运行时分按车站中心线或线路所通过信号机之间的距离计算。当到发场中心线与车站中心线不一致时，按到发场中心线计算，如图 2.11 所示。

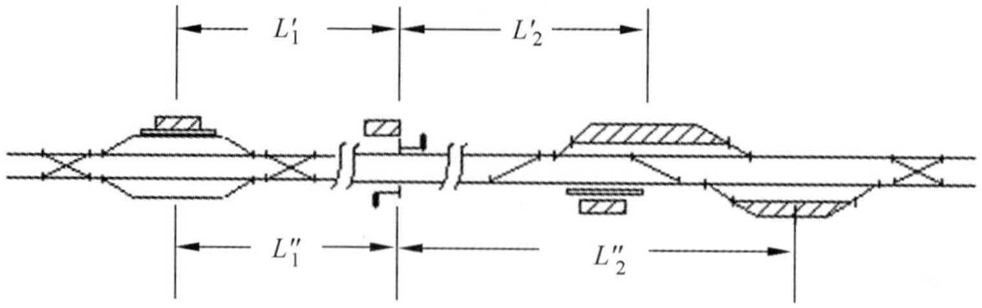

图 2.11 计算车站或线路所间列车运行时分距离图

由于旅客列车和货物列车的运行速度各不相同，上下行方向的线路平面、纵断面条件和列车重量也不相同，所以列车区间运行时分应按各种列车和上下行方向分别查定。此外，列车区间运行时分还应根据列车在每一区间两个车站上不停车通过和停车两种情况分别查定。列车区间运行时分包括两种：纯运行时分和起停车附加时分。列车在区间两端站均通过时的区间运行时分，称为纯运行时分。由于列车起动或停车而使区间运行时分比纯运行时分延长的时分，称为起停车附加时分。

通常，应按通通、通停、起通、起停四种情况分别查定区间运行时分。如图 2.12 所示。

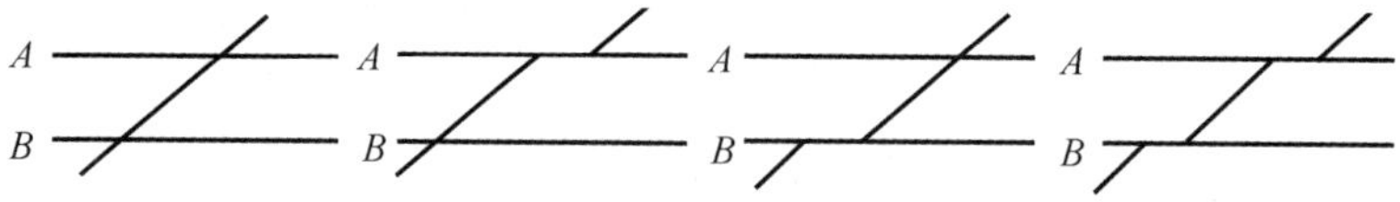

图 2.12 *A*—*B* 区间列车运行时分示意图

设 *A*—*B* 区间的 $t_{纯}^{上}=14$ min、$t_{纯}^{下}=15$ min、$t_{起}^{A}=t_{起}^{B}=3$min、$t_{停}^{A}=t_{停}^{B}=1$min 情况的区间运行时分见表 2.1，其缩写方法见表 2.2。

表 2.1 *A*—*B* 区间运行时分

站 名	上 行				下 行			
	通通	通停	起通	起停	通通	通停	起通	起停
A *B*	14	15	17	18	15	16	18	19

表 2.2 *A*—*B* 区间运行时分缩写图

站 名	上 行	下 行
A *B*	14_3^1	15_1^3

（二）列车在中间站的停站时间

列车在中间站的停站时间，是指列车在中间站办理列车技术作业、客货运作业及列车会让等所需要的最小停留时间标准。

列车在中间站的停站时间由下列原因产生：

（1）进行必要的技术作业，主要是指在中间站上进行的车辆技术检查、试风、摘挂列车等。

（2）客货运作业，主要是指旅客乘降、行包及邮件装卸、车辆摘挂、货物装卸等。

（3）列车在中间站的会车和越行。

摘挂机车作业在采用补机地段的起点站和终点站上进行。列车在中间站的技术检查和试风，一般在长大下坡道之前的车站上进行。

客货运作业停站时间，应根据各种列车的不同需要分别规定。对旅客列车规定旅客乘降、行包和邮件装卸所需要的停站时间；对摘挂列车规定摘挂车辆、取送车及不摘车装卸作业所需要的停站时间。

列车在中间站的各项停留时间标准，由每个车站用分析计算和实际查标相结合的办法分别确定。列车在中间站的各项作业，应尽可能平行进行。在满足需要的情况下，应最大限度地压缩列车在中间站的停站时间，以提高列车行车速度。

（三）机车在基本段和折返段所在站停留时间标准

机车在基本段或折返段所在站办理必要作业需要的最小时间，称为机车在基本段和折返段所在站的停留时间标准。

机车在基本段和折返段所在站停留时间标准，取决于机车的运用方式。铁路机车的基本运用方式可有如下几种：

（1）肩回运转制交路图。机车担当与基本段相邻区段的列车牵引任务。除需进折返段整备外，机车每次返回基本段所在站时，也需要入段作业，如图 2.13 所示。

（2）半循环运转制交路。机车担当与基本段相邻两个区段的列车牵引任务，除需进折返段整备外，机车第一次返回基本段所在站时不入段，继续牵引列车向前方区段运行，到第二次返回基本段所在站时，才入段进行整备作业，如图 2.14 所示。

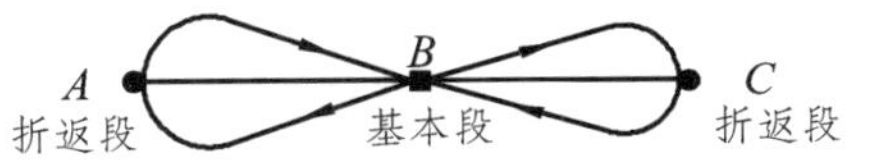

图 2.13　肩回运转制交路图

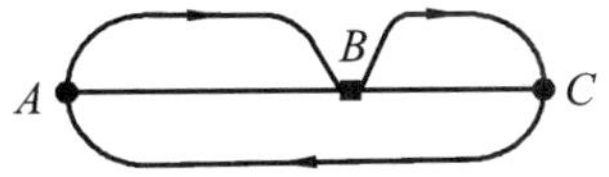

图 2.14　半循环运转制交路图

（3）循环运转制交路图。机车担当与基本段相邻两个区段的列车牵引任务，除需进折返段整备及因中间技术检查需入基本段外，每次返回基本段所在站，都在车站上进行整备作业，如图 2.15 所示。

（4）环形运转制交路。机车在一个区段或枢纽内担当两个及以上往返的列车牵引任务之后，才入段进行整备作业，机车不需要转向，如图 2.16 所示。这种交路适用于担当市郊列车和小运转列车的牵引任务。

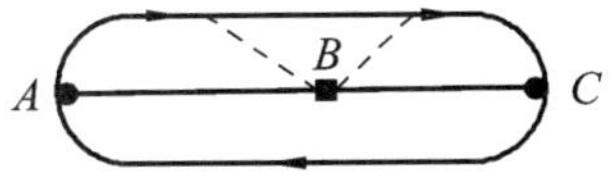

图 2.15　循环运转制交路图

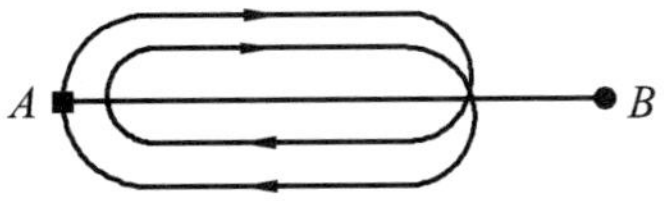

图 2.16　环形运转制交路图

机车在基本段和折返段所在站办理必要作业所需要的最小时间，称为机车在基本段和折返段所在站的停留时间标准。机车在折返段所在站应办理的作业有：在到发线上的到达作业，包括到达试风、摘机车、准备机车入段进路等；机车入段走行；机车在段内作业；机车出段走行；在到发线上的出发作业，包括挂机车、出发试风等。综合以上各项作业所需要的时间，便可得出机车在折返段所在站的停留时间标准。如图 2.17 表示，10001 次列车机车自到达折返段所在站之时起至牵引 10004 次列车出发时止，在该站的停留时间（包括在段内的停留时间）为：

$$t_{折} = t_{到达} + t_{入段} + t_{装备} + t_{出段} + t_{出发} \quad (\text{min})$$

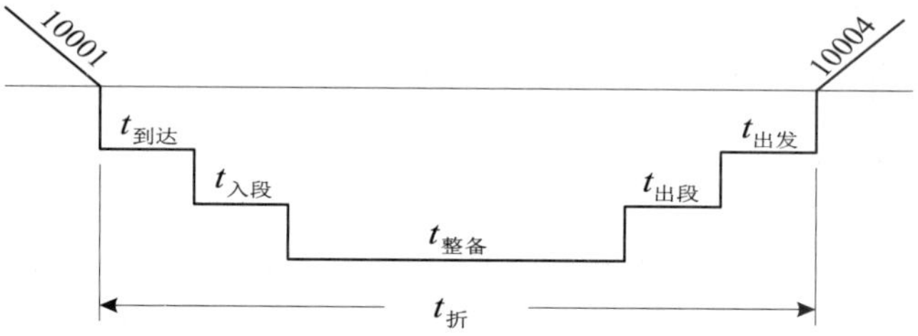

图 2.17　机车在折返段所在站作业过程图

上列各项作业时间，可根据分析计算和查标相结合的方法确定。在基本段所在站上，不采用循环运转制时，机车也需办理上述各项作业，而且整备作业要更加细致，因而整备时间也要更长。在编制运行图前，机务部门必须对每一牵引区段的机车分别查定办理各项作业的时间标准，并规定机车在基本段和折返段所在站的停留时间标准。

（四）列车在技术站和客货运站的技术作业时间标准

为了保证车站与区段工作协调，必须编制与车站技术作业过程相配合的列车运行图。因此，在编制列车运行图时，需具备技术站、客货运站技术作业过程的主要作业时间标准，它包括：

（1）在到发车场内办理各种列车作业的时间标准；

（2）在驼峰或牵出线上解体和编组列车的时间标准；

（3）旅客列车车列在配属段、折返段所在站的停留时间标准；

（4）货物站办理整列或成组装卸作业时间标准。

上述标准，一般可根据《车站行车工作细则》确定。

（五）车站间隔时间

车站间隔时间是指在车站上办理两列车的到达、出发或通过作业所需要的最小间隔时间。在查定车站间隔时间时，应遵守有关规章的规定及车站技术作业时间标准，以保证行车安全和最有效地利用区间通过能力。

常用的车站间隔时间包括不同时到达间隔时间、会车间隔时间、同方向列车连发间隔时间、同方向列车不同时发到间隔时间和不同时到发间隔时间等几种，其值大小与车站信号、道岔操纵方法，车站邻接区间的行车闭塞方法，以及车站类型、接近车站线路的平、纵断面情况，机车类型，列车重量和长度等因素有关。在编制新列车运行图之前，每个车站都应根据具体条件，查定各种车站间隔时间。

1. 不同时到达间隔时间（$\tau_{不}$）

在单线区段，来自相对方向的两列车在车站交会时，从某一方向列车到达车站时起，至相对方向列车到达或通过该站时止的最小间隔时间，称为不同时到达间隔时间，如图 3-2-7 所示。为了提高货物列车的旅行速度，除上下行列车在同一车站上都有作业需要停站外，原则上应使交会的两列车中的一列通过车站，因此在运行图上较常采用的是一列停车、一列通过的不同时到达间隔时间。

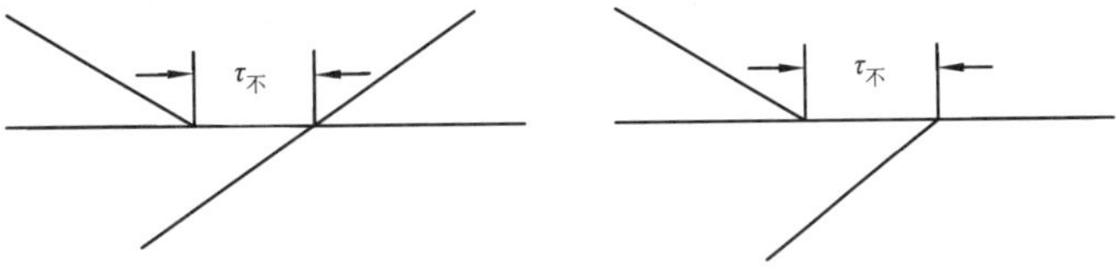

（a）一列停车，一列通过　　（b）两列都停车

图 2.18　不同时到达间隔时间图

为确保行车安全，在进站信号机外制动距离内进站方向为超过《技规》规定的下坡道，而接车线末端又无隔开设备的车站，禁止办理相对方向同时接车。凡不能办理相对方向同时接车的车站，由相对方向到站停车的两列车也须保持必要的不同时到达间隔时间。

不同时到达间隔时间的大小，根据如下条件确定：

（1）只有当第一列车到达车站，并为对向列车准备好接车进路以后，才能给对向列车开放进站信号；

（2）进站信号开放时，列车头部在进站信号机外方所处的位置，应等于一个制动距离及司机确认信号显示时间内所通过的距离之和，如图 2.19 所示。

因此，不同时到达间隔时间由两个部分组成：第一部分为第一列车到达车站后，车站办理必要作业所需要的时间 $t_{作业}$；第二部分为对向列车通过进站距离 $L_{进}$ 所需要的时间 $t_{进}$。据此，可有：

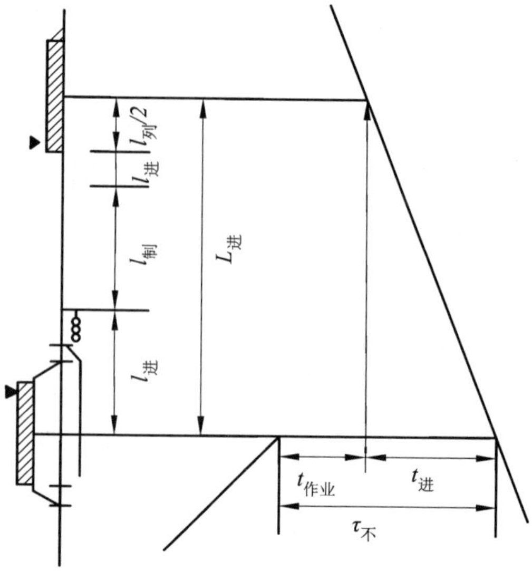

图 2.19　进站信号机开放时的列车位置与不同时到达间隔时间图

$$\tau_不 = t_{作业} + t_进 = t_{作业} + 0.06\frac{L_进}{v_进}$$
$$= t_{作业} + 0.06\frac{0.5l_列 + l_确 + l_制 + l_进}{v_进} \ (\text{min})$$

式中　$l_列$——列车长度，m；

$l_确$——司机确认进站信号显示状态时间内列车运行距离，m；

$l_制$——列车制动距离或由预告信号机至进站信号机的距离，m；

$l_进$——进站信号机至车站中心线的距离，m；

$v_进$——列车平均进站速度，km/h。

每一车站车站两端的 $l_进$ 和 $v_进$ 不同，必须对上下行列车分别查定其不同时到达间隔时间。车站办理必要作业所需时间，根据各站信联闭设备条件及其作业内容查定。

2. 会车间隔时间（$\tau_会$）

在单线区段，自列车到达或通过车站时起，至由该站向同一区间发出另一对向列车时止的最小间隔时间，称为会车间隔时间，如图 2.20 所示。

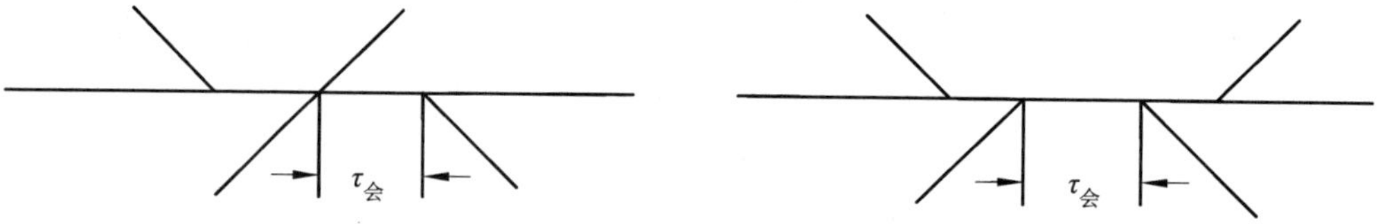

图 2.20　会车间隔时间图

会车间隔时间由车站值班员监督列车到达或通过后，为向同一区间发出另一列车所需办理必要作业的作业时间组成，根据各站信联闭设备条件及其作业内容查定。

3. 同方向列车连发间隔时间（$\tau_{连}$）

在单线或双线区段，从列车到达或通过前方邻接车站时起，至由车站向该区间再发出另一同方向列车时止的最小间隔时间，称为同方向列车连发间隔时间。根据列车在前后两站停车或通过的不同情况，连发间隔时间可有下列四种形式，如图 2.21 所示。

（1）两列车通过前后两车站，见图 2.21（a）；

（2）第一列车在前方站停车，第二列车在后方站通过，见图 2.21（b）；

（3）第一列车在前方站通过，第二列车在后方站停车，见图 2.21（c）；

（4）两列车在前后两站均停车，见图 2.21（d）。

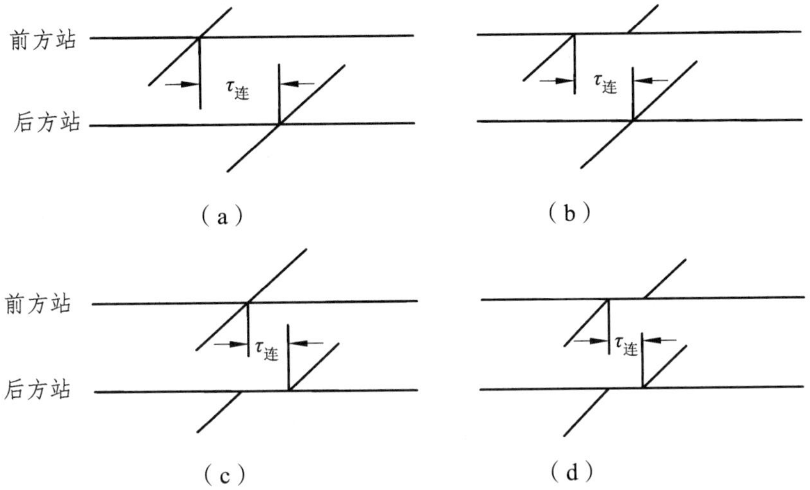

图 2.21　连发间隔时间图

按照连发间隔时间组成因素的不同，可以将上述四种形式的连发间隔时间归纳为两种类型。第一种类型为图 2.21（a）、（b）的两种形式。其共同点是列车均在后方站通过，其不同点仅在于前者是前方站值班员监督列车通过，后者是监督列车到达。这一类型的连发间隔时间由两部分组成，见图 2.22。

（1）前后两站办理作业所需的时间 $t_{作业}$；

（2）第二列车通过后方站进站距离 $l_{进}$ 的时间 $t_{进}$。这种类型的连发间隔时间可按如下公式计算：

$$\tau_{连}=t_{作业}+t_{进}=t_{作业}+0.06\frac{L_{进}}{v_{进}}$$

$$=t_{作业}+0.06\frac{0.5l_{列}+l_{确}+l_{制}+l_{进}}{v_{进}}\ \text{（min）}$$

第二种类型为图 2.21（c）、（d）的两种形式。其共同点是列车均在后方站停车，其不同点仅在于前者是前方站值班员监督列车通过，后者是监督列车到达。

通过对连发间隔时间组成因素的分析可以看出，第一种类型连发间隔时间的组成因素及车站办理作业的内容与不同时到达间隔时间基本相同；第二种类型连发间隔时间所包括的作业内容则与会车间隔时间基本相同。但必须注意，连发间隔时间是发生在前后两个车站上，而不同时到达和会车间隔时间是发生在同一个车站上。

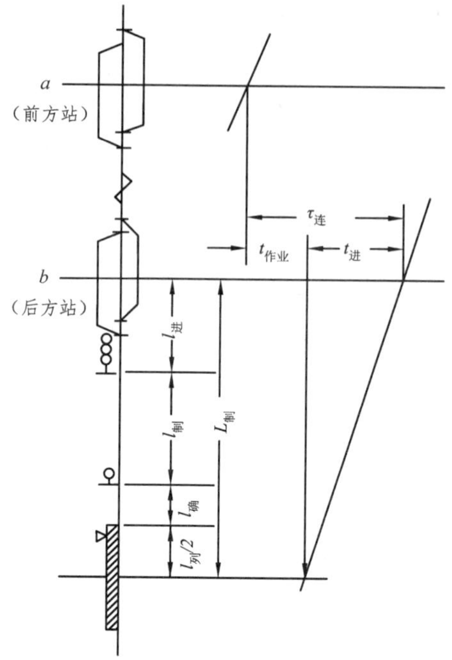

图 2.22　两列车通过前后站连发间隔时间组成图

4. 同方向列车不同时到发间隔时间（$\tau_{到发}$）和不同时发到间隔时间（$\tau_{到发}$）

自某方向列车到达车站时起，至由该站发出另一同方向列车时止的最小间隔时间，称为同方向列车不同时到发间隔时间。自列车由车站发出时起，至同方向列车到达车站时止的最小间隔时间，称为同方向列车不同时发到间隔时间。这两种间隔时间在运行图上的表现形式如图 2.23 所示。

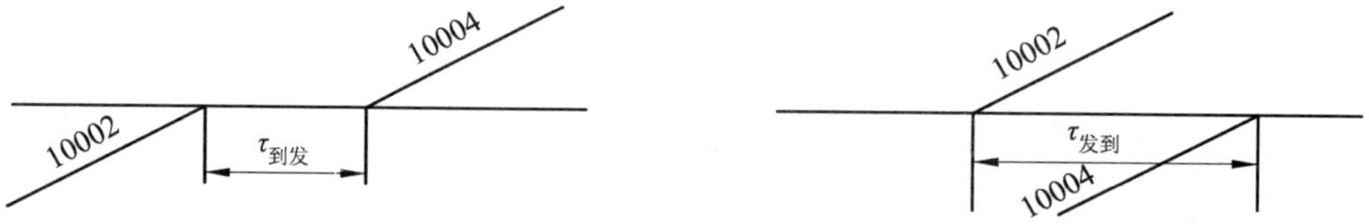

图 2.23　同方向列车不同时到发和不同时发到间隔时间图

凡禁止办理同时接发同方向列车的车站，都必须查定同方向列车不同时到发间隔时间和不同时发到间隔时间。在查定这两种间隔时间时，必须遵守以下两个条件：

（1）办理同方向列车不同时到发时，必须在列车全部到达并停在警冲标内方以后，另一个同方向列车方可从该站出发。

（2）办理同方向列车不同时发到时，必须在第一列车全部通过出发进路中的最后出站道岔以及车站办理有关作业之后，将要进站的另一同方向列车，应位于该站进站信号机外方 $l_{制}+l_{确}$ 的位置处。

根据上述条件，同方向列车不同时到发间隔时间为由车站值班员监督列车到达后，向同一方向发出另一列车所需办理必要作业的作业时间组成。而同方向列车不同时发到间隔时间，则由如下三部分组成，如图 2.24 所示：

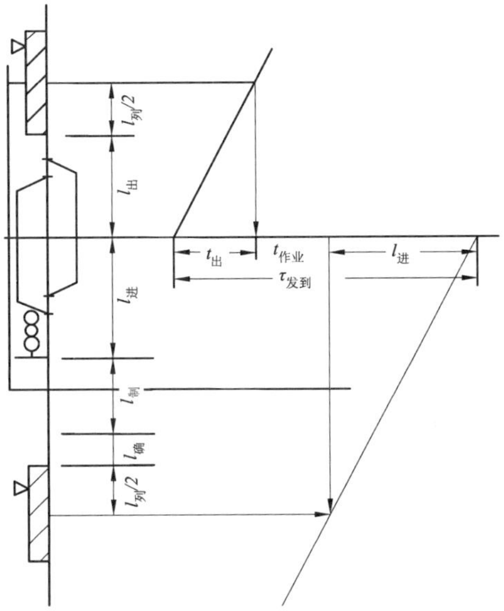

图 2.24　同方向列车不同时发到间隔时间组成图

（1）出发列车通过出站距离 $L_{出}$ 的时间 $t_{出}$；

（2）车站办理必要作业的时间 $t_{作业}$；

（3）到达的同方向列车通过进站距离 $L_{出}$ 的时间 $t_{进}$。

因而，可有

$$\tau_{发到}=t_{出}+t_{作业}+t_{进}\ (\text{min})$$

由图 2.24 可见：

$$t_{出}=0.06\frac{l_{出}+0.5_{列}}{v_{出}}\ (\text{min})$$

$$t_{进}=0.06\frac{0.5l_{列}+l_{确}+l_{制}+l_{进}}{v_{进}}\ (\text{min})$$

所以，同方向列车不同时发到间隔时间计算公式也可以写为：

$$\tau_{发到}=t_{作业}+0.06\left(\frac{l_{出}+0.5l_{列}}{v_{进}}+\frac{0.5l_{列}+l_{确}+l_{制}+l_{进}}{v_{进}}\right)\ (\text{min})$$

式中　$l_{出}$——由车站中心线至出发进路最外方道岔的距离，m；

$v_{出}$——列车由车站出发时，通过出站距离的平均速度，km/h。

5. 相对方向列车不同时通过间隔时间（$\tau_{通}$）

在一端连接双线区间、另一端连接单线区间的车站（或线路所）上，两个相对方向的列车不同时通过该站（或线路所）的最小间隔时间，称为相对方向列车不同时通过间隔时间。如图 2.25 所示，相对方向列车不同时通过间隔时间也由 $t_{作业}$ 和 $t_{进}$ 两部分时间组成。

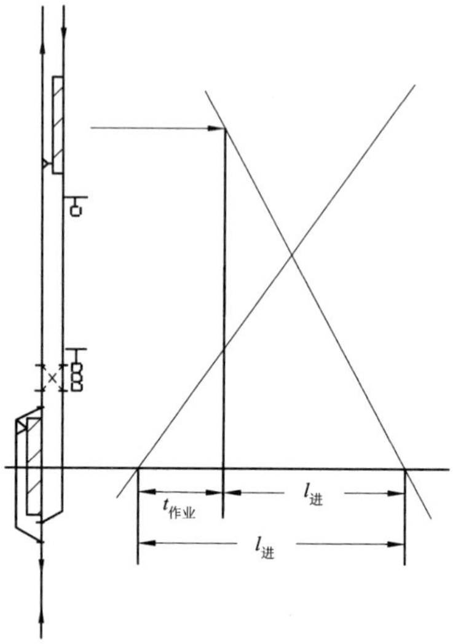

图 2.25　单双线区段相对方向列车不同时通过车站的间隔时间组成图

上述各种车站间隔时间的数值大小，与列车运行速度和列车长度有关。因此，应分别对旅客列车和货物列车进行查定。

（六）追踪列车间隔时间

在自动闭塞区段，一个站间区间内同方向可有两列或两列以上列车，以闭塞分区间隔运行，称为追踪运行。追踪运行列车之间的最小间隔时间，称为追踪列车间隔时间 I，如图 2.26 所示。追踪列车间隔时间，决定于同方向列车间隔距离、列车运行速度及信联闭设备类型。

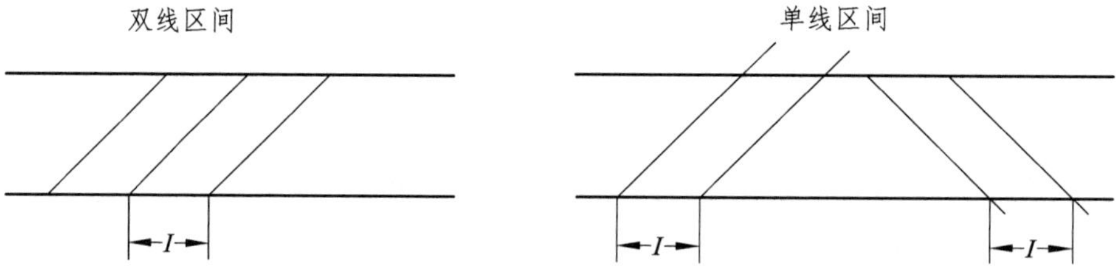

图 2.26　追踪列车间隔时间图

实训练习

1. 已知：A—B 区间货物列车的纯运行时分 $t_{纯}^{下} = 15$ min，$t_{纯}^{上} = 14$ min；起动附加时分 $t_{起}^{A} = 3$ min，$t_{起}^{B} = 2$ min；停车附加时分 $t_{停}^{A} = 1$ min，$t_{停}^{B} = 1$ min。

要求：（1）写出 A—B 区间运行时分的缩写形式。

（2）画出 A—B 区间下行列车通通、通停、起通、起停四种情况的示意图，并计算其区间运行时分（标于运行线上方）。

2. 已知：单线非追踪运行图中，各站 $\tau_{不} = 4$ min，$\tau_{会} = 3$ min，$\tau_{连}^{后通} = 5$ min，$\tau_{连}^{后起} = 3$min，区间运行时分及列车会让关系如图 1 所示。

要求：求出 30002 次列车在 B 站待避（让）T92 次时，其待避时间 $t_{待避}$ 最小是多少？试通过绘图表示。

运行时分			
上行		下行	
货	客	客	货
12_3^2	11_2^1	9_1^2	10_2^3
14_3^2	13_2^1	11_1^2	13_2^3

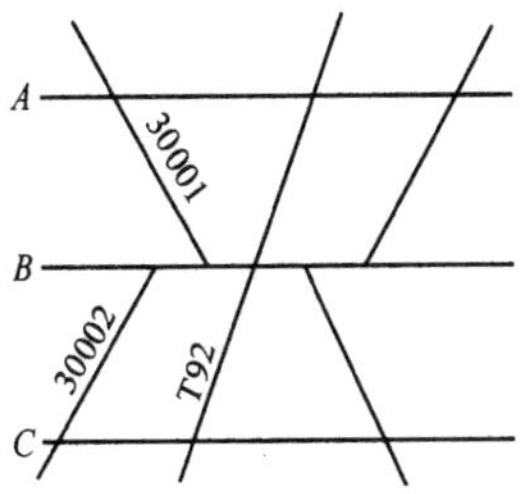

图 1　A—C 间列车运行图

任务二　列车运行图编制

任务描述

本任务主要包括列车运行图的编制要求和步骤；区段管内工作列车运行图铺画方案；列车运行图的编制方法；列车运行图的主要计算指标；分号列车运行图的编制方法等基本知识。通过学习使学生能够运用列车运行图的编制方法铺画较简单的运行图。

知识准备

一、列车运行图的编制要求和步骤

列车运行图是铁路运输工作的综合计划和行车组织工作的基础。科学合理地编制列车运行图，对保证行车安全，适应市场需求，提高运输能力、效率和效益，具有重要意义。

国铁集团、铁路局要根据铁路运输市场需求、铁路技术装备或运输组织方式发生的变化及时编制列车运行图。列车运行图编制实行两级管理，跨局列车由国铁集团组织铁路局编制，局管内列车由铁路局负责编制。

全路基本图原则上每两年编制一次，宜在春季或秋季实行。

（一）编图工作的组织领导

列车运行图的编制和调整工作，由国铁集团统一领导，各铁路局负责做好具体工作。必要时，各铁路局可在运行图实行期间对管内列车进行局部调整。为了适应运量波动、线路施工及特殊运输的需要，除了编制基本运行图外，还可以根据具体情况编制各种分号运行图。

国铁集团由运输、机务、计划、车辆、工务、电务等有关部门负责人组成领导小组，负责编图的组织领导工作，确定编图的原则、任务和步骤，组织有关铁路局协商拟定全路跨局旅客列车运行方案，解决局间列车交接的有关问题，审查各局提报的编图资料和各局编制的列车运行图。

各铁路局由运输、客运、机务、车辆、电务等部门的有关人员组成编图小组，按照铁路总公司的统一部署，认真准备好编图资料，完成本局的运行图编制工作。

（二）编图要求

列车运行图的编制大致可分为三个阶段，即准备资料阶段、运行图编制阶段和新图实行前的准备阶段。

1. 编图资料

铁路局有关部门应按期向国铁集团有关业务部门上报各项编图资料：

（1）各区段各种客、货列车行车量。

（2）车站间隔时间和追踪列车间隔时间。

（3）各区段通过能力。

（4）客、货列车停车站名和停站时间标准。

（5）各技术站主要技术作业时间标准。

（6）客、货列车区间运行时分和起停车附加时分。

（7）各区段货物列车重量及长度标准；

（8）机车在基本段和折返段作业标准，机车运用方式和乘务组工作制度。

（9）各区段线路允许速度。

（10）施工计划和慢行地段及限速标准。

（11）现行列车运行图执行情况的分析及改善意见。

2. 编图要求

在编制列车运行图时，应符合下列要求：

（1）保证列车运行的安全。列车运行图必须符合《铁路技术管理规程》的有关规定，严格遵守行车的作业程序和时间标准。

（2）迅速、便利地运输旅客和货物。运行图上铺画的旅客列车应最大限度地为旅客提供方便条件，客、货列车对数应考虑到运量的波动程度，保证完成和超额完成国家规定的运输任务。

（3）充分利用铁路通过能力，经济合理地运用机车车辆和安排施工时间。在铺画列车运行线时，应消除各种不必要的停留时间，提高列车的旅行速度；要合理规定列车重量标准和机车运用方法；对直通列车要注意良好的衔接，以提高机车车辆的运用效率。同时，要妥善安排各设备管理部门的施工计划，保证线路大修施工和日常运输两不误。

（4）列车运行图要与列车编组计划和车站技术作业过程相协调，使列车运行线与车流很好地结合起来。

（5）保证各站、各区段间工作上的协调和均衡。在运行图上铺画列车运行线时，应力求在一昼夜内各个阶段大体均衡，以充分利用车站到发线和咽喉的通过能力、车站改编能力以及区间通过能力。

（6）合理安排乘务人员的作息时间，值乘时间不超过规定的劳动时间标准。

列车运行图在很大程度上反映着整个铁路行车组织工作的水平。提高运行图的编制质量可以改善对旅客的服务质量，加速货物送达，改进机车车辆的运用，更好地利用区段通过能力，提高劳动生产率，降低运输成本。因此，在编制列车运行图时，必须认真总结和推广先进经验，不断提高列车运行图的质量。

列车运行图是全路和运输有关各单位的综合工作计划，因此，在编制运行图过程中，要从全局出发，统筹兼顾，正确处理列车运行与技术站作业之间的关系、列车运行与机车交路之间的关系、运输与施工之间的关系、跨局列车与管内列车之间的关系、旅客列车与货物列车之间的关系等。要使编制出来的运行图既是先进的，又是可行的。各铁路局编完运行图后，由国铁集团审查批准，并由国铁集团确定在全路统一实行新运行图的日期（与新列车编组计划同时实行）、印制列车时刻表，拟定新旧运行图的交替办法，并组织各路局、站段做好实行新运行图的各项准备工作。

3. 编图步骤

在列车运行图的编制阶段，通常分三步进行：

（1）编制列车运行方案图。

列车运行方案图，一般用小时格图纸进行编制，只标明列车在主要站（技术站、分界站及较大的客、货运站）的到、发时刻，如图 2.27 所示。

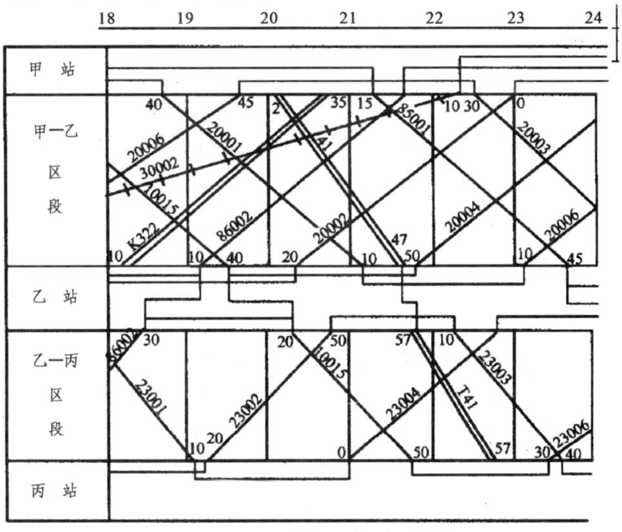

图 2.27　列车运行方案图

编制列车运行方案图的目的是解决列车运行线的布局衔接问题，尽量使列车运行线均衡排列。合理勾画机车交路，压缩机车运用台数。

在编制客车运行方案时，应充分考虑旅客旅行的方便，客车与客车之间的衔接，旅客车底和客运机车的经济使用等；在编制直达列车运行方案时应考虑列车在技术站的良好接续；在编制快运货物列车运行方案时，应考虑鲜活、易腐等快运货物的上站时间以及终到站的合理到达时间等。

（2）编制列车运行详图。

所谓详图，即详细的列车运行图，它包括列车在所有经过车站的到达、出发或通过时刻。列车运行详图，应根据列车运行方案图进行编制。一般用二分格图进行编制，编完后再描绘在十分格运行图上。

（3）计算列车运行图指标。

在检查、确认列车运行图完全满足要求后，还应计算运行图指标，包括列车旅行速度、技术速度及机车日车公里。

二、区段管内工作列车铺画方案

区段管内工作是指区段内各中间站到发车流的组织与输送工作，即各中间站的装车和卸车，向中间站取送重空车以及中间站的调车工作等。除装卸量较大的中间站车流可组织装车地直达列车等方式运送外，一般都是由区段管内工作列车输送。

为区段管内工作服务的货物列车称为区段管内列车，主要有摘挂列车、区段小运转列车和调度机车等，其中以摘挂列车为主要形式。所以区段管内工作列车铺画方案具体解决这些列车的开行列数和开行方法。编制列车运行图时，应首先安排好区段管内零散车流的输送，即先确定区段管内列车的种类和行车量，然后选择这些列车在运行图上的铺画方案。

（一）区段管内各种货物列车行车量的确定

区段管内各种货物列车行车量，决定于区段管内各中间站到、发的零散重空车流量。中间站的到、发车流量包括列车运行图实行期间具有代表性的日均装车数、卸车数以及为保证中间站装车所需要的空车来源和卸后空车的去向。根据计划的管内重车流量和空车流向，参照实际车流到发情况，即可编制区段重、空车流表，见表 2.3。根据表 2.3 即可编制各中间站上下行摘挂车数表，见表 2.4，并绘制区段管内各区间车流变动图，如图 2.28 所示。

从车流变动图可以看出，列车牵引重量标准和各区段的车流量，即可确定管内各种货物列车的开行数量。由于各中间站的摘挂车数不同，造成各区间的运行车数也不同。按照重、空车辆的平均质量，便可计算出每一区间的运行车流总质量。

有了区间车流总质量和区间牵引列车质量标准，即可算出每一区间应开行的摘挂列车数：

$$n_{摘挂}=\frac{U_{摘挂}^{重}q_{总重}+U_{摘挂}^{空}q_{自重}}{Q_{区间}}(列)$$

式中　$n_{摘挂}$——应开行的摘挂列车数；

$U_{摘挂}^{重}$，$U_{摘挂}^{空}$——由摘挂列车挂运的重车和空车数；

$q_{总重}$——货车平均总质量，t；

$q_{自重}$——货车平均自身质量，t；

$Q_{区间}$——区间牵引质量标准，t。

表 2.3　甲—乙区段管内车流量

	甲	A	B	C	D	E	F	G	乙	计
甲			10		11		4	3		28
A	10						3			13
B	/7	/3							3	3/10
C			3					4	2	9
D	/4					/7				/11
E	12	2		1					5	20
F	3					/4				3/4
G				5		/2			4	9/2
乙		8		3		7		4		22
计	25/11	10/3	13	9	11	7/13	7	11		107/27

注：分子——重车，分母——空车。

表 2.4　甲—乙区段各中间站摘挂车数表

站　名	甲→乙（下行）		乙→甲（上行）	
	摘　车	挂　车	摘　车	挂　车
A	/	3	10/3	10
B	10	3	3	0/10
C	/	6	9	3
D	11	0/7		0/4
E	0/7	5	7/6	15
F	7	/	/	3/4
G	7	4	4	5/2
计	35/7	21/7	33/9	36/20

区间重量标准(t)	3000	3000	3000	3000	3000	3000	3000	3000
车流总重	2296	2542	1968	2460	1712	1968	1394	1148
摘挂车数		+3 −10	+3	+6 −11	$+\frac{0}{7}$ $-\frac{0}{7}$	+5 −7	−7	+4

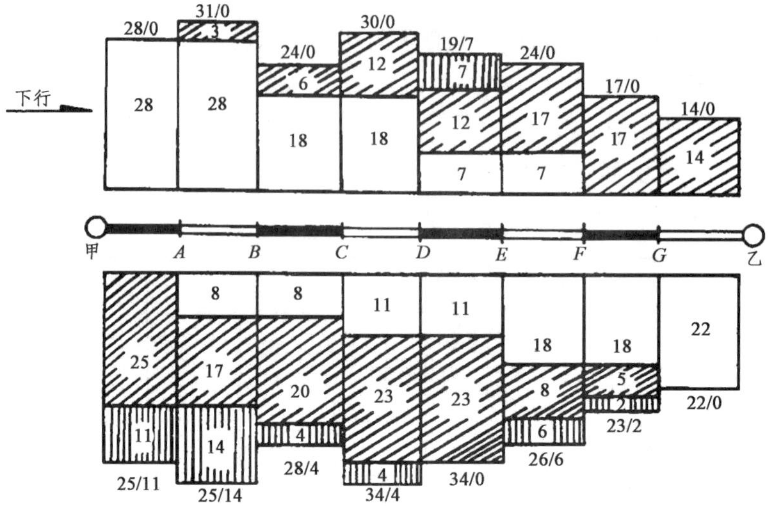

摘挂车数	$-\frac{10}{3}$	+10 −3	$+\frac{0}{10}$ −9	+3	$+\frac{0}{4}$ $-\frac{7}{6}$	+15	$+\frac{3}{4}$ −4	$+\frac{5}{2}$
车流总重	2292	2358	2384	2876	2788	2264	1930	1804
区间重量标准(t)	3000	3000	3000	3000	3000	3000	3000	3000

图 2.28 甲—乙区段车流变动图

如图 2.36 所示，甲—乙区段各区间上、下行的车流总量均未超过区间牵引重量标准，开行一对摘挂列车即可。

（二）摘挂列车铺画方案的选择

区段内需要开行一对摘挂列车时，其铺画方案有四种：即“上开口”式、“下开口”式、“交叉”式、“均衡”式。如图 2.29 所示。

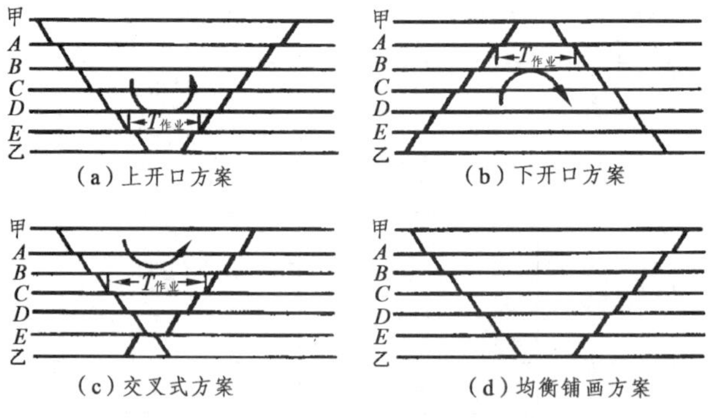

图 2.29 一对摘挂列车铺画方案

区段内需要开行两对摘挂列车时，其铺画方案很多，常见的有如图 2.30 所示的几种。

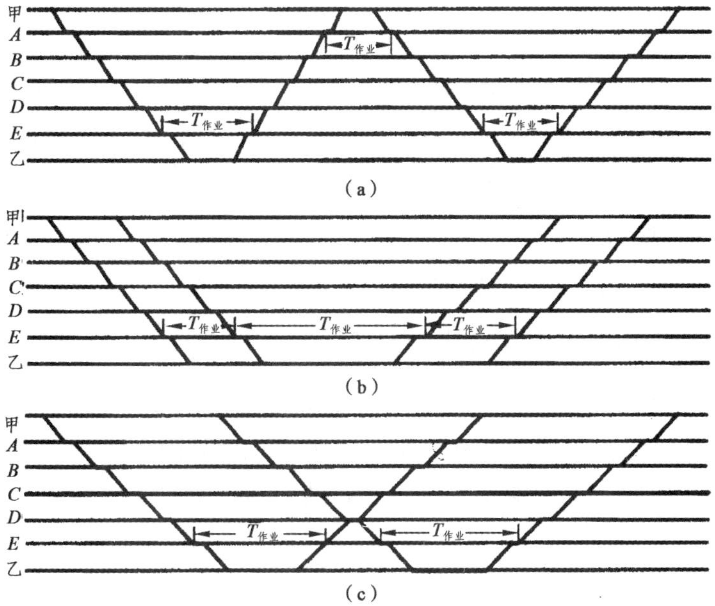

图 2.30　两对摘挂列车铺画方案

在确定摘挂列车的铺画方案时，必须保证摘挂车流在技术站和中间站上的停留时间为最小，保证机车乘务组的连续工作时间不超过规定标准。

货车停留时间的长短与货车的来向和去向有关。摘挂车流可分为顺向和逆向车流两类。顺向车流是指由某方向摘挂列车摘下并由同方向的摘挂列车挂走的车流；逆向车流是指由某方向摘挂列车摘下并由对向摘挂列车挂走的车流。

当区段只开行一对摘挂列车时，顺向车流在站的停留时间是一昼夜，即要等第二天的同一列车挂走，其停留时间与铺画方案无关。逆向车流则由相对方向列车挂走，与铺画方案关系很大。所以，当区段内各中间站到达的车流大部分是由下行摘挂列车送来，作业后又大部分需由上行摘挂列车挂走的逆向车流时，则以“上开口”式的铺画方案消耗的车小时最少，是最优方案。若为相反方向逆向车流较大时，则应选择“下开口”式的铺画方案。如果两种逆向车流数量基本相等时，则以“交叉”式或“均衡”式的铺画方案为好。

摘挂列车铺画方案中，两列车的开口幅度的大小应满足中间站调车作业和装卸作业时间的需要。为寻求车小时消耗最小的铺画方案，可将一条摘挂列车运行线固定后，移动另一条摘挂列车运行线，从数个方案中选择开口幅度最优的方案。

当区段需要开行两对摘挂列车时，若区段内车流大部分是由下行摘挂列车送到，作业后需随上行摘挂列车挂出，或由上行摘挂列车送到，作业后需下行摘挂列车挂出，可采用图 2.38 中（a）方案。如果区段内车流大部分是顺向车流时，可采用图 2.38 中（b）方案。此时，同方向摘挂列车的间隔，不小于货物作业时间较长的那个中间站的一次或双重货物作业时间标准，保证完成货物作业后能及时挂走。如果区段内各中间站车流，大部分是由下行摘挂列车送到，作业后需随上行摘挂列车挂走时，可采用图 2.38 中（c）方案。

（三）区段管内工作列车运行线的铺画

在编制列车运行图时，应根据区段管内工作列车的行车量，参照区段管内工作列车铺画方案，安排各种区段管内工作列车运行线。

具体铺画摘挂列车运行线时，经常采用的做法有下面几种。

1. 集中给点分散使用

在区段内，某几个较大的中间站预留出较长的停留时间。日常执行时，由调度员根据实际作业需要分给几个邻近的中间站使用。

2. 分散给点集中使用

铺画摘挂列车运行线时，把时间分给几个中间站。日常工作中，当某站甩挂作业较多时，由调度员进行必要的调整，把分散给几个中间站的时间集中在某站使用。

3. 分段给点

当同方向每天开行两列摘挂列车时，可以组织分段作业。使第一列摘挂列车在前半段的中间站上作业，第二列摘挂列车在后半段的中间站上作业。如图 2.31 所示。

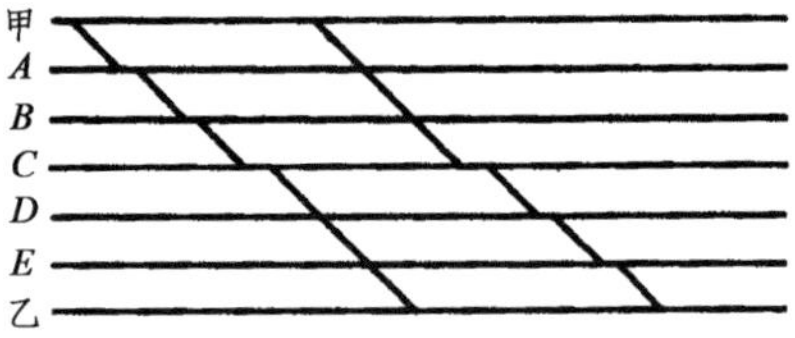

图 2.31　摘挂列车分段作业示意图

4. 交叉给点

当每天开行两列同方向摘挂列车时，可以让两列在不同的车站交叉作业。如第一列下行摘挂列车在 A、C、E 站作业，第二列下行摘挂列车在 B、D 站作业。

5. 组织区段小运转列车与摘挂列车配合作业

在区段小运转列车运行区段，摘挂列车可以不安排停车作业时间，以提高其旅行速度，如图 2.32 所示。

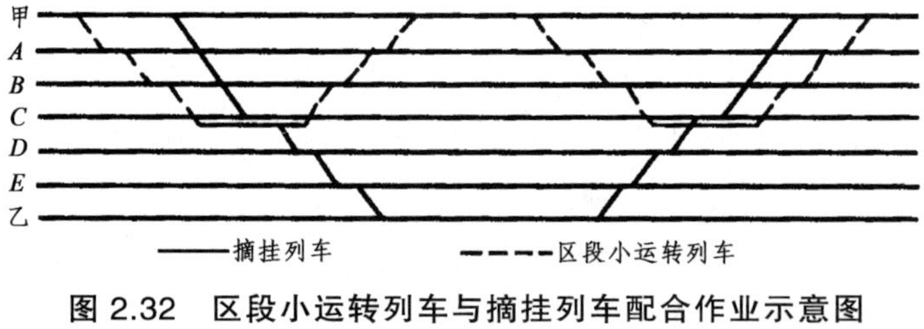

图 2.32　区段小运转列车与摘挂列车配合作业示意图

三、列车运行图的编制方法

在编制列车运行图时，一般先铺画旅客列车运行线，再铺画货物列车运行线。在铺客货列车运行线时，要兼顾和处理好各方面的关系，安排好整个方向上的列车运行线，以提高列车运行图的编制质量。列车运行图的编制通常分两步进行：第一步编制列车运行方案图，着重解决运行图的布局问题，在方案运行图上，只画出主要站的到开时刻和机车交路，不详细画出经过每一车站的时刻。方案运行图主要考虑各区段间列车的接续、各站工作的均衡及机车合理运用等，对各种列车运行线做出初步安排。方案运行图可用小时格运行图编制，参见图 2.42。第二步根据运行方案图铺画详细的运行图。详图一般用二分格运行图编制，详细规定出每一列车在各个车站上到、发或通过的时刻。

编制运行图时，列车运行线的铺画顺序一般为：

（1）各种旅客列车；

（2）快运货物列车；

（3）固定运行线的货物列车；

（4）摘挂列车和沿零摘挂列车；

（5）其他货物列车。

在铺画顺序上，摘挂列车先于其他的货物列车，主要是在旅客列车运行线铺画后，先按摘挂列车的区段管内货物列车工作方案，在运行图上画出轮廓线，在铺画其他的货物列车运行线时，还可以根据需要进行调整。

在编制列车运行图时可有两种方法：

① 由方向的一端开始顺序铺画货物列车运行线；

② 由方向中间的某一局间分界站向两端延伸铺画货物列车运行线。

在通过能力的利用率接近饱和的个别区段，运行图最好就由该最繁忙区段开始编制。

（一）旅客列车运行线的铺画

在编制列车运行图时，首先要编制旅客列车运行方案（简称客车方案）。旅客列车运行方案按照先国际、后国内，先直通、后管内，先快车、后慢车的顺序进行编制。编制客车方案主要应解决以下一些问题。

1. 方便旅客旅行

在安排旅客列车运行线时，必须把方便旅客旅行作为一项基本要求：

（1）应规定适宜的旅客列车始发、终到和通过各主要站的时刻。直通列车宜在下午或晚间开，但不宜过晚（迟于 24 点）；宜在白天到，但不宜过早（早于 6 ~ 7 点）。为了提高客运站的通过能力，保证客运站工作的均衡，在城市交通的配合下，直通列车也可以规定不早于 7 点开，不晚于 24 点到。根据上述要求，可以对直通列车规定出合理的发车时刻范围。以全程列车运行时间为（$10 + 24d$）h 为例（d 为列车在途中过夜天数），直通列车合理发车时刻范围如图 2.33 所示。

直通列车通过沿途各大站的时刻也应力求方便旅客，若不能完全满足此项要求时，则只能权衡轻重，尽可能予以照顾。

管内旅客列车以运送短途旅客为主，一般运行距离较短，故以白天运行为宜。在管内列车较多的区段不可能都在白天运行时，个别列车亦可在夜间运行，但始发时刻不宜过晚，到达时刻不宜过早。

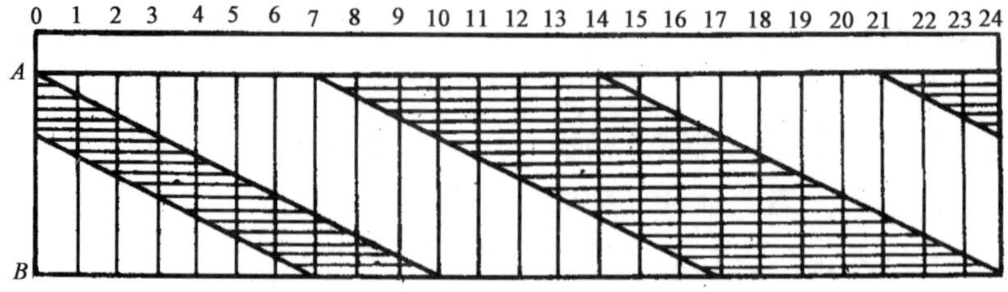

图 2.33 直通客车的合理发车时刻范围图

（2）使各方向各种列车的运行时刻相互衔接，缩短旅客中转换乘车的等待时间。在几个方向会合的枢纽站，旅客由一方向转往另一方向时，或通过车辆换挂，或通过中转换乘，均要求各方向列车运行时刻适当衔接，以减少换挂车辆的停留时间或中转旅客的候车时间。同时满足各方向旅客的要求确有困难时，应照顾中转直通客流较大的方向。例如图 2.34 表示由 *E* 到 *D* 及由 *C* 到 *A* 开行直通旅客列车中 *E* 至 *A* 的中转客流较多，*C* 至 *D* 的中转客流较少，因此 *C*—*A*、*E*—*D* 直通列车经过 *B* 站的时刻应照顾 *B*—*A* 方向中转旅客的方便。

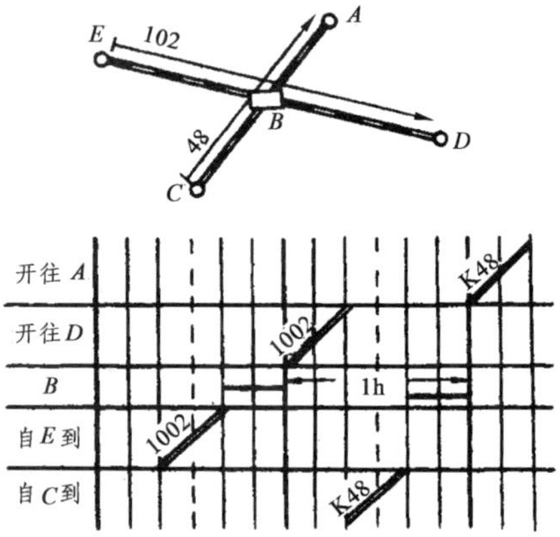

图 2.34 直通客车在枢纽站相互衔接图

管内旅客列车与直通旅客列车在运行时刻上亦应力求衔接配合，以便中小站出发的旅客由管内列车换乘直通列车，到达中小站的旅客由直通列车换乘管内列车。如管内列车数较多，则最好在直通列车前后各开一次管内列车，以利中小站旅客的换乘，铺画方式如图 2.35 所示。

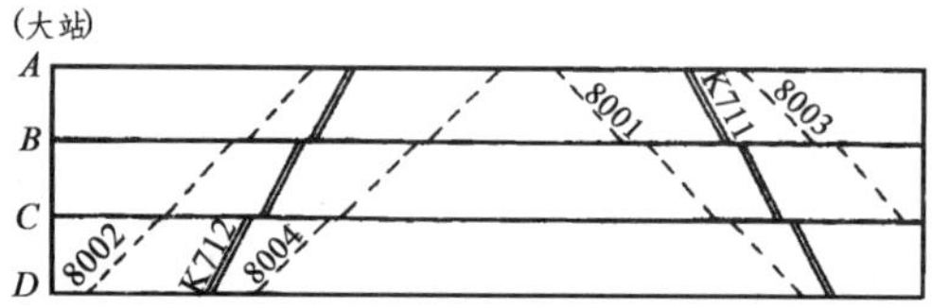

图 2.35 管内客车与直通客车运行时刻的配合

当管内旅客列车数较少而某一方向（例如上行方向）直通列车换乘管内列车的客流占优势时，也可只在直通列车的后面开行一次管内列车，为优势方向客流服务，如图 2.36 所示。

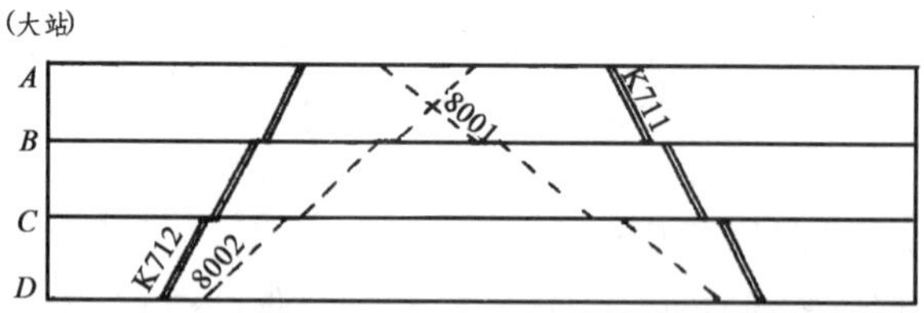

图 2.36 管内客车与直通客车运行时刻的配合

铁路旅客列车在时刻上与其他交通工具相配合，对于方便旅客具有重要意义，在编制列车运行方案时亦应注意这个问题。

2. 经济合理地使用机车车辆

直通与管内旅客列车的到发时刻，除应力求便利旅客外，还应满足旅客车列（又称车底）和客运机车的经济使用原则。

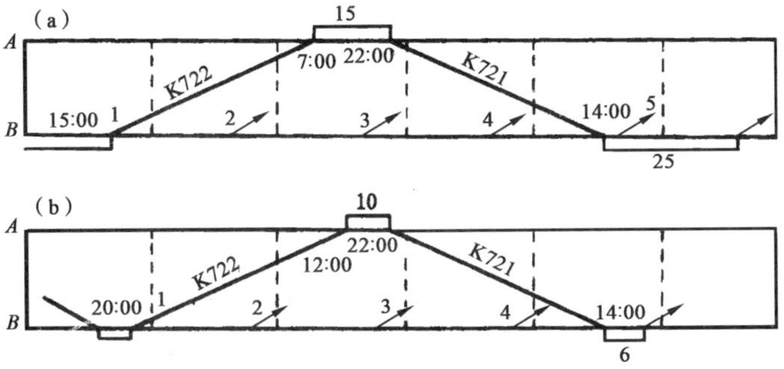

图 2.37　直通列车车列周转与到发时刻关系图

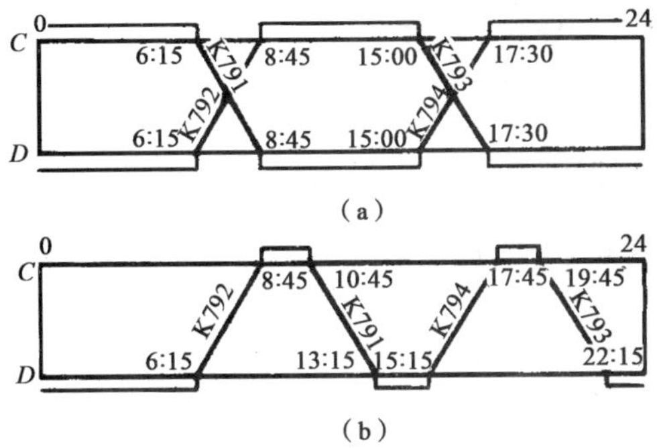

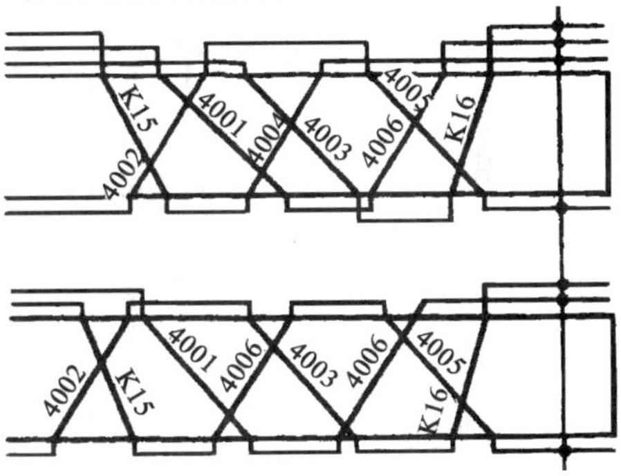

图 2.38　管内列车车列周转与到发时刻关系图　图 2.39　旅客列车运行方案与机车周转关系图

由图 2.37 ~ 图 2.39 可以看出，若将去程列车的到发时刻与回程列车到发时刻结合起来考虑，并适当改变列车到发时刻，就能减少需要的车底数。旅客列车运行方案图上运行线的铺画方式，对客运机车的运用也有很大影响，通过适当调整列车的列发时刻，即可使机车由四台减少到三台。因此，在编制客车方案图时，在考虑给旅客方便及减少车列需要数的同时，必须注意加速机车周转。

由于在编制方案图时，直通列车先于管内列车铺画，所以列车运行与机车周转的相互配合问题，主要是在编制管内旅客列车运行方案时才加以全面考虑的。

3. 保证旅客列车运行与客运站技术作业过程的协调

由于旅客列车到发时刻的特殊要求，大客运站在一昼夜的某一段时间内，往往出现列车密集到达或出发的情况。在编制列车运行方案时，列车密集到发的间隔时间应与车站技术作业过程相协调，否则将不能保证车站正常接发列车。

大型客运站一般按方向设置候车室，因此同方向旅客列车的始发间隔时间，应考虑到旅客站舍的负担，以免造成站内候车室的拥塞。旅客列车的终到间隔，应考虑出站地道的负担，以避免造成通道内旅客的拥挤。

4. 为货物列车运行创造较好条件

在客车方案图上尽可能均衡地铺画旅客列车运行线，不仅有利于车站客运设备的有效利用，有利于保证旅客列车的良好运行秩序，而且也有利于货物列车均衡地运行，有利于加速机车车辆的周转。

在实际工作中，同时实现上述各项要求往往是困难的，在编制客车方案时，应根据具体情况，权衡利弊，合理安排。

在铺画各种旅客列车运行方案时，应注意区段内会车或越行地点的设备条件，考虑列车会让所需附加时分。附加时分随单线、双线及信、联、闭的设备条件不同而不同。一般来说，会车附加 10 ~ 12 min，等越行附加 30 ~ 35 min，如图 2.40 所示。

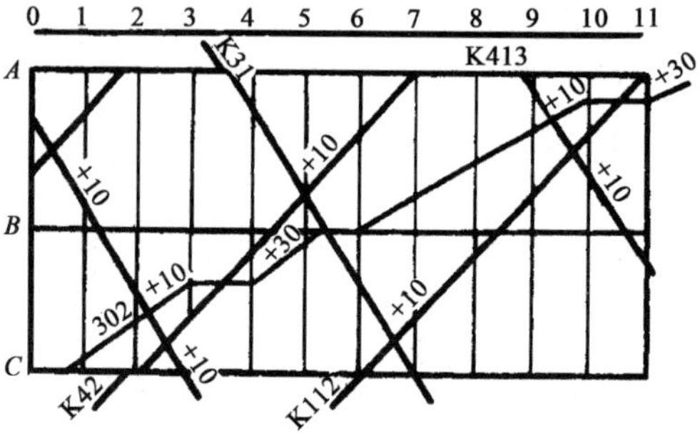

图 2.40　旅客列车会让额外增加时间图

根据旅客列车运行方案，按照上述各种列车的铺画顺序，在二分格运行图上铺画各种列车运行线，即为铺画详图。在编制旅客列车运行详图时，除国际联运的旅客列车在国境站的接续时间不得变更外，其他列车的运行时刻均可作小量调整，以便创造更好的会让条件，与货物列车运行取得较好的配合。

（二）货物列车运行图的编制方法

为保证邻接区段、各相邻路局间列车运行紧密衔接，以及列车运行图与列车编组计划、车站技术作业过程、机车周转的相互协调，在旅客列车运行图编制以后，货物列车运行图的铺画一般也分两步进行，即先编方案图，再根据方案图编制详图。但在运量大、区间通过能力比较紧张的单线区段，由于在编制方案图时很难对限制区间给予准确的安排，所以一般不编方案图，而直接在二分格运行图上编制详图。

1. 货物列车运行方案图的编制

（1）编制方法。

① 货物列车旅行时间的计算。在双线区段，直达、直通、区段列车的旅行时间为区间运行时间（包括起停车附加时分）、列车在中间站技术作业停站时间之和，若列车在区间被越行时，还应增加待避时间。摘挂列车应另加各中间站的停车时间。在单线区段，除摘挂列车外，

应考虑会车次数和停车时间，行车量越大，会车次数越多，列车旅行时间应增加越多。

② 运行线的排列应尽量均衡。可按列车数量和一昼夜可利用的时间，计算列车间隔时间。以一直达列车运行线为准，逐一确定列车在技术站的发车时刻。遇有旅客列车运行线时，列车间隔时间可以适当调整，但尽量不在旅客快车之前较短时间内安排货物列车运行线，以减少列车待避次数，提高旅行速度。

③ 区段行车量较少时，可从机车折返站按机车折返时间，成对安排货物列车运行线；通过能力较紧张时. 可以从限制区间开始铺画，以限制区间的最优列车放行方案为基础，向两边展铺，其中有些列车则需“倒铺”。

④ 所有列车运行线安排完毕后，应勾机车交路。勾机车交路一般按顺序办理，即先到站的机车应先折返。如遇个别折返时间不够标准时间时，应对部分列车的到发时刻进行适当调整，机车固定使用时，应单独勾画。

（2）编制注意事项。

在编制货物列车运行方案图时，应注意解决如下几方面的问题：

① 列车运行图与列车编组计划的配合。为了使列车运行图与列车编组计划相配合，编制运行图时必须做到：

a. 按照列车编组计划所规定的货物列车种类、发到站和列车数（并考虑适当波动）铺画各种货物列车的运行线。

b. 对有稳定车流保证的定期运行的列车，应在运行图上固定运行线，从始发站到终到站使用统一车次，优先安排，经过技术站时要有良好的接续。

c. 对非定期运行的技术直达、直通列车在技术站间可使用直通车次，在技术站也应有适当接续的运行线。

d. 与车流产生规律相结合。如按厂矿企业的生产和装车情况，安排装车地直达列车的配空出重运行线；按车流集结情况，安排自编出发列车运行线等，使运行线与车流最大限度地结合起来。

② 列车运行图与车站技术作业过程相配合。

列车运行不均衡是导致货车在车站产生各种等待停留和浪费车站通过能力、改编能力的主要原因，因此，在编制运行图时应力求均衡到发，并使各方向改编列车和中转列车交错到开，为车站创造均衡且良好的作业条件（见图 2.41）。

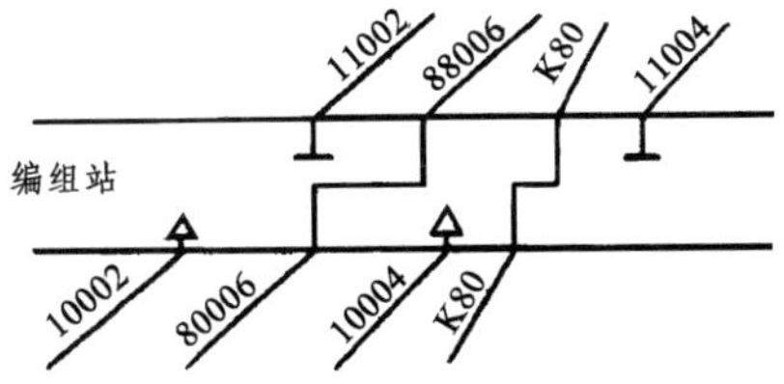

图 2.41　列车运行线紧密衔接示意图

但是，由于旅客列车运行及其他原因，往往会造成货物列车运行线在运行图上不能均衡排列，而在一段时间内产生列车密集到发的现象。此时，应注意符合下列要求：

a. 列车在技术站到达和出发的间隔时间，应考虑车站的到发线数目及列车占用到发线的时间，以保证车站能不间断地接发列车；

b. 使直达、直通列车在技术站的停留时间与技术作业过程和作业时间标准相适应；

c. 到达技术站解体的列车，其到达间隔应与驼峰或牵出线解体调车作业进度相适应。

图 2.42 表示解体列车到达间隔时间与车站技术作业过程相协调，不产生待解时间；而图 2.43 表示解体列车到达间隔时间与车站技术作业过程不相协调，产生了待解时间。

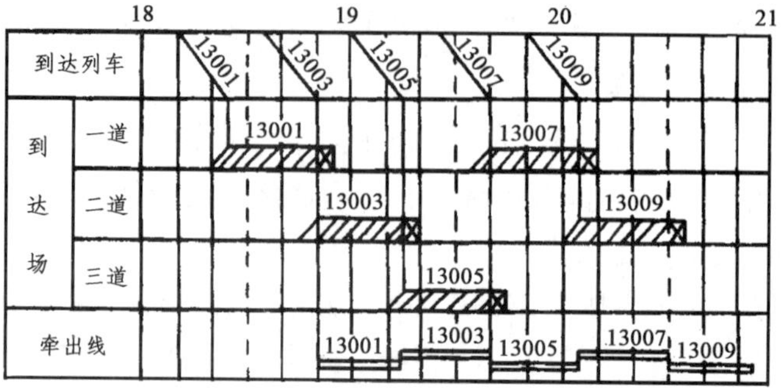

图 2.42　列车到达间隔与解体作业相协调示意图

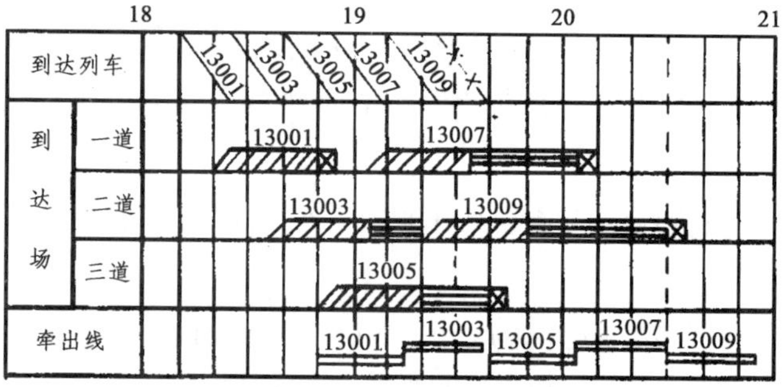

图 2.43　列车到达间隔与解体作业不相协调示意图

d. 由技术站编组出发的列车，其间隔应与牵出线编组调车作业进度相适应，以减少待发停留时间。

e. 在编制列车运行图时，对于组织始发直达列车的车站，应使空车列车到达与重车列车出发之间的间隔与该站各项作业时间相协调，如图 2.44 所示，否则就会延长货车停留时间或不能保证重车列车按规定时刻出发。

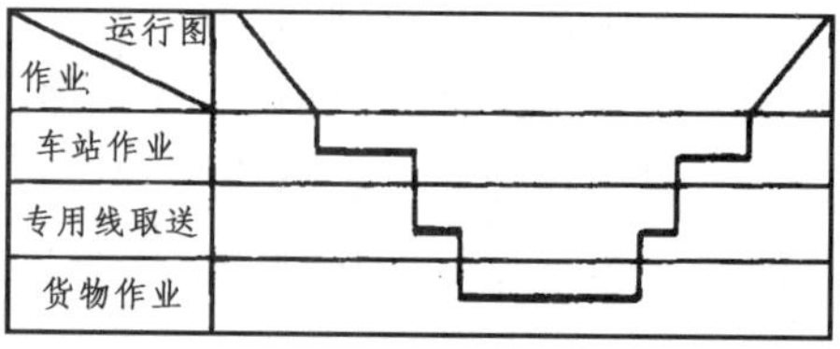

图 2.44　列车运行图与货运站技术作业过程相协调示意图

（3）列车运行图与机车周转图相配合。

列车运行图与机车周转图的配合最好做到机车不等列车，列车也不等机车。节省机车对降低运输成本关系重大，为了加速机车周转，保证机车在自外段停留时间符合规定标准，不断改进机车运用指标，在编制列车运行图时应注意符合下列要求：

① 按照机车乘务制度，避免乘务员超劳现象；

② 根据机车运用方式、规定的行车量和机车在自外段停留时间标准，顺序地安排列车运行线；

③ 为了避免或减少机车等候列车的额外停留时间，应使相对方向的列车配合地到达更换机车的技术站。其到达的间隔时间 $I_{到}$ 应等于机车技术作业标准 $t_{机}$ 和列车技术作业标准 $t_{作业}$ 的差额（见图 2.45），即：

$$I_{到} = t_{机} - t_{作业}$$

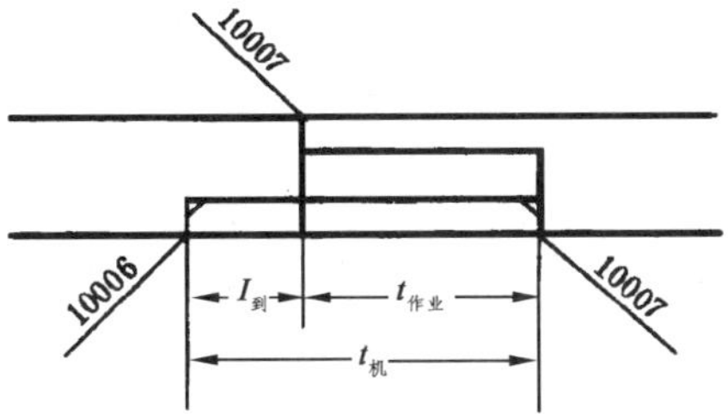

图 2.45　相对方向列车配合到达更换机车的技术站图

2. 货物列车运行详图的编制

根据货物列车运行方案图，可在二分格运行图上具体铺画各区段详细的列车运行图。由于方案图只标明了区段两端技术站的到发时刻，无中间站的到发时刻，在编制详图时，因列车会让等原因，原定时刻可适当变更，但应尽可能不变更分界站的到开时刻。

在单线区段，如通过能力有较大后备时，可优先铺画定期运行的快运货物列车和直达列车。在中间站交会时，应尽量使其他货物列车等会这些列车；在经过技术站时，应安排好这些列车的紧密接续，以加速列车运行。

对于摘挂列车，应先按区段管内货物列车铺画方案在运行图上铺画轮廓运行线，然后结合其他货物列车一起铺画。在具体铺画时，摘挂列车等管内工作列车运行线与其他货物列车运行线是同时进行的。这样，既有利于提高货物列车平均旅速，又有利于适应区段管内工作的需要。

在铺画详图时，要注意以下问题：

（1）保证行车安全和旅客乘降安全。

a. 遵守不准同时接发列车的有关规定；

b. 保证车站间隔时间及列车追踪间隔时间符合各站所规定的标准；

c. 避免列车在禁止停车或停车后起动困难的车站上停车；

d. 列车在车站会车和越行时，应与该车的到发线数相适应；

e. 尽量避免旅客列车在中间站停车时该站有其他列车通过；

f. 遵守机车乘务组工作和休息的时间标准。

（2）有效地利用区间通过能力。

在单线区段，如果通过能力有较大富余时（利用率在 70%以下），为保证机车的良好运用，货物列车运行线可以从机车折返站开始成对地铺画。这时应尽可能使列车到达折返站与由该机车牵引相反方向列车出发的间隔时间，等于机车在折返段所在站的作业时间标准，如图 2.46 所示。

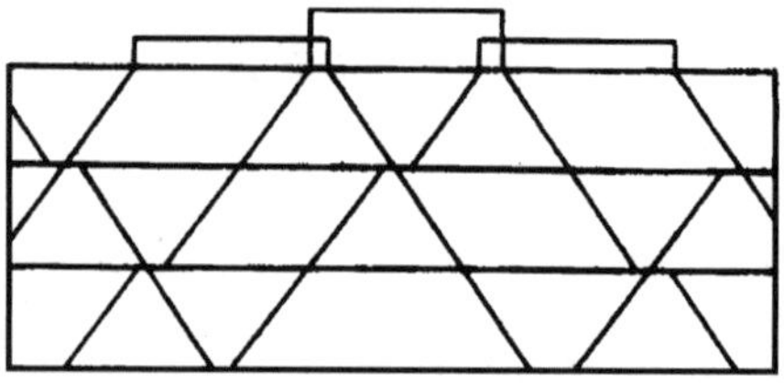

图 2.46　从机车折返站开始铺画货物列车运行线

当在运行图上铺画的列车对数达到区间通过能力利用率的 80%以上时，为了有效地使用区间通过能力，该区段应从限制区间开始铺画货物列车运行线，如图 2.47 所示。

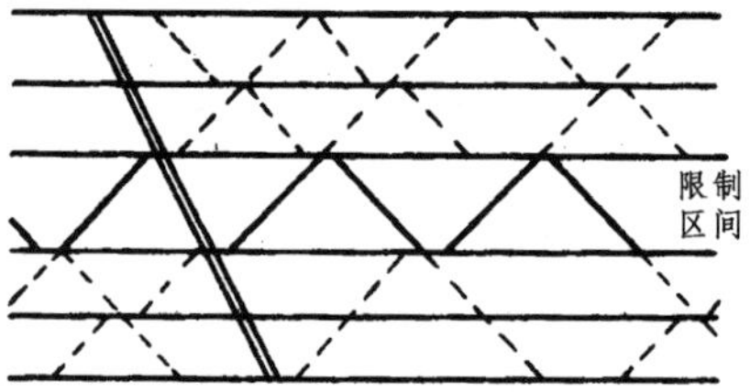

图 2.47　从限制区间开始铺画货物列车运行线

在图 2.47 中运行图上铺完旅客列车运行线之后，从限制区间开始铺画规定数量的货物列车运行线，并采取最有利的会车方式，然后再从限制区间分别向其他区间顺序铺画。

（3）提高货物列车旅行速度。

影响旅行速度的主要因素是会车和越行次数及其停站的时间，因此，在铺画运行图时，必须尽量减少列车的会车和越行次数及其停站时间。

① 铺画在旅客列车之前的货物列车，尽可能使之通过各中间站，以避免在单线区段内被旅客列车越行，如图 2.48 所示，（a）为不合理的铺画方法，（b）为合理的铺画方法。

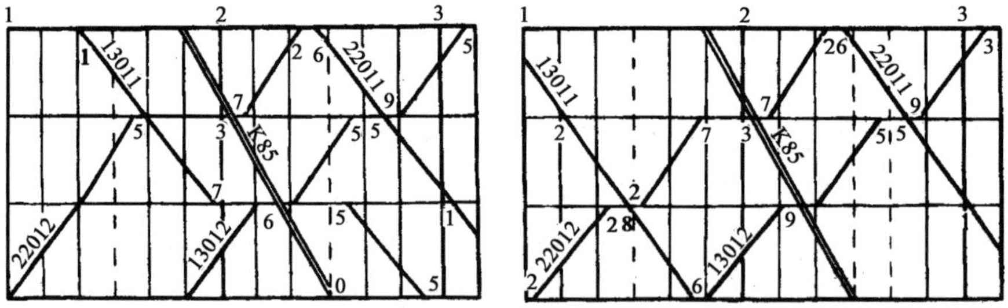

（a）　（b）

图 2.48　在旅客列车之前铺画货物列车的方法示意图

② 在旅客列车之后铺画货物列车时，尽量使客货列车之间能够铺画交会的对向货物

列车，以减少会车停站时间。如图 2.49 所示，（a）为不合理的铺画方法，（b）为合理的铺画方法。

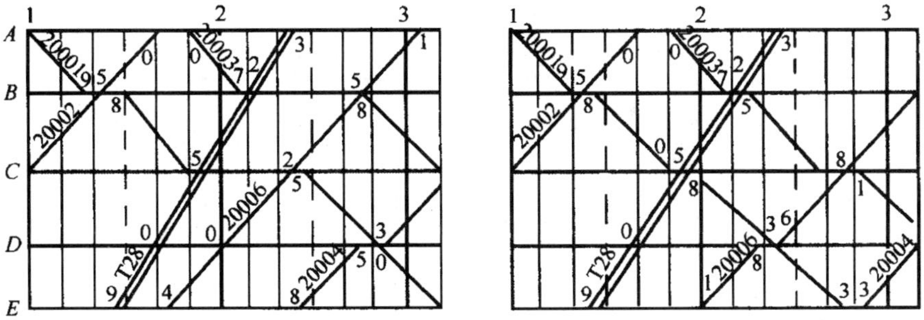

图 2.49　在旅客列车之后铺画货物列车的方法示意图

③ 当在区段内不能避免越行时，尽可能将越行地点规定在有技术作业的车站上，或者规定在两相邻区间运行时分最小的车站上。

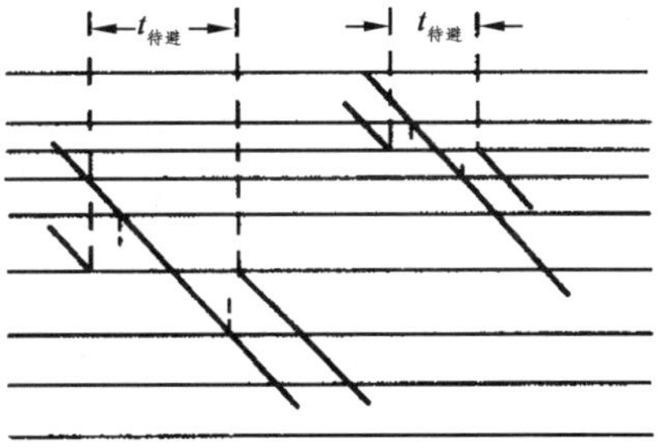

图 2.50　列车待避停留时间示意图

如图 2.50 所示，下行列车在技术作业站等待越行与进行技术作业同时进行，从而减少甚至取消了由于越行而产生的额外停留时间；在两相邻区间的运行时分最小的车站等待越行，以缩短列车的待避停留时间。

（4）在单双线区段，可从最困难的单线区间开始铺画列车运行线，并尽可能使列车的交会在双线区间内进行。这样既可减少停车次数，又可减少停车时间。

在运量很大的区段上，为确保列车运行图与车站作业相协调，在铺画运行图之后，应对区段站、编组站、主要客运站和货运站的咽喉道岔和到发线的占用情况进行图解检查。当某些车站的接发车条件不能满足运行图的要求时，需要适当修改运行图，或采取必要的技术组织措施，例如重新调整到发线的使用，以保证运行图的顺利实行。

四、编制分号列车运行图

根据列车编组计划确定的货物列车种类及行车量编制的列车运行图，称为基本运行图，如图 2.51（a）所示，是一种经常使用的列车运行图。相对于基本运行图，为适应运量的较大波动、线路较大施工，以及节假日临时运输和特别运输的需要而编制的运行图称为分号运行图。

编制分号列车运行图，取决于列车运行图实行期间的运量波动程度及波动期间的长短。

运量波动程度及期间，一般应根据过去实际情况和计划运量的资料加以研究确定。经检验证明，适应运量波动所编制的分号运行图，一般以两个到三个（包括基本运行图）为宜。因为分号列车运行图数量太多，换用分号列车运行图过于频繁，容易引起现场员工执行上的困难。按照不同的行车量，在基本运行图上用抽减某些运行线的方法形成的分号运行图称为综合分号运行图；在基本图之外，根据不同的行车量重新编制的运行图称为独立分号运行图。

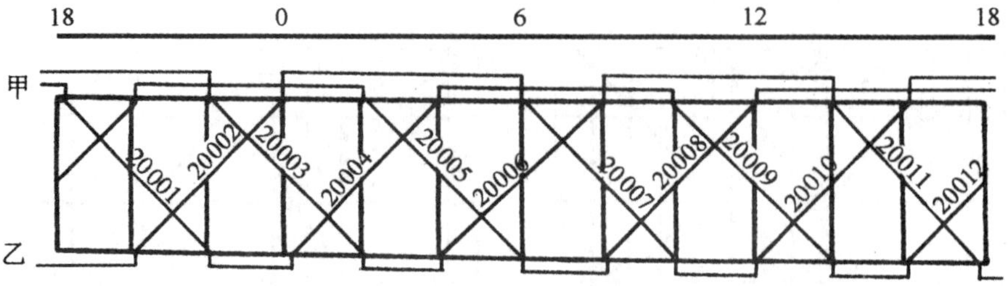

（a）基本图

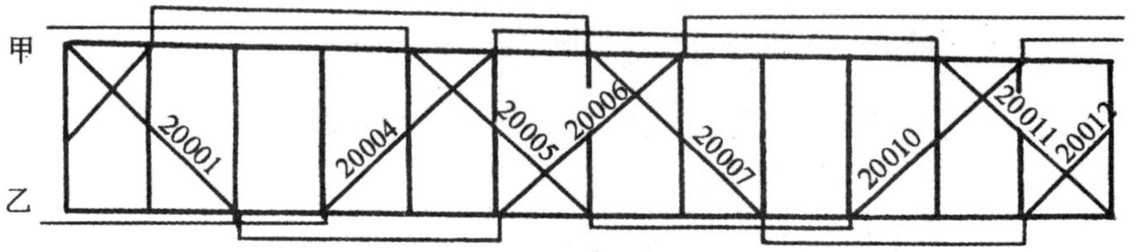

（b）综合分号运行图

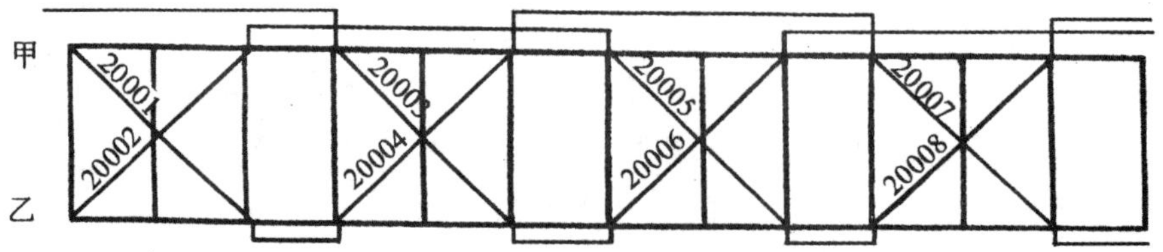

（c）独立分号运行图

图 2.51　分号行车运行图

分号列车运行图一般采用如下两种方法编制：

1. 依照不同的行车量编制综合分号列车运行图

按照不同的行车量，在基本运行图上用抽减某些运行线的方法形成的分号运行图称为综合分号运行图，如图 2.59（b）所示。这种分号运行图仅变更列车对数，不变更列车车次和时间，便于执行。其缺点是列车运行不够均衡、机车运用不经济。

2. 按照不同的行车量，分别编制几个不同运量、不同时刻的独立分号运行图

在基本图之外，根据不同的行车量重新编制的运行图称为独立分号运行图，如图 2.59（c）所示。这种分号运行图上的所有运行线、机车交路等都要重新安排，其优缺点与综合分号运行图相反。

综合分号运行图主要使用在双线区段，独立分号列车运行图则主要使用在单线区段。但在运量不大而区间通过能力又不甚紧张的单线区段，亦可编制综合分号列车运行图。

为春运、暑期运输和线路施工编制的分号图又分别称为春运图、暑期图和施工图；根据其他运输需要编制的分号图名称可在分号图前冠以该分号图的主题，例如“五一”分号图、“十一”分号图等等。

目前，我国春运和暑运的列车运行图，均采用独立分号运行图。根据客流调查，确定客运临客开行方案后，在图定旅客列车基本不变的基础上，先铺画临时旅客列车和重点货物列车，再铺画其他货物列车运行线。大型养路机械作业和大型施工时，可采用综合分号运行图。

五、列车运行图的质量与指标

（一）列车运行图编制质量的检查

列车运行图全部编制完成后，必须对运行图的编制质量进行全面的检查。检查的主要内容有：

（1）运行图上铺画的客货列车数是否符合所规定的任务；

（2）运行线的铺画是否符合规定的各项时间标准，列车的会让是否合理，在中间站停车会让的列车数是否超过各该站现有的到发线数；

（3）摘挂列车的铺画是否满足区段管内列车铺画方案的要求；

（4）机车乘务组连续工作时间和机车在自外段所在站的停留时间是否符合规定的时间标准；

（5）在运行图上预留的施工“天窗”是否满足施工需要。

（二）列车运行图指标

通过检查、确认运行图满足规定的要求后，还要计算运行图的指标。运行图指标包括数量指标和质量指标，由各铁路局计算，然后由铁路总公司汇总。

1. 数量指标

（1）国境站和局间分界站相互交接的列车数。

（2）按列车性质分类的旅客列车及货物列车数。

（3）旅客列车及货物列车走行公里。

（4）由各始发站发出的各种旅客列车数和各种货物列车数。

2. 质量指标

（1）货物列车的平均技术速度 $v_{技}$。

（2）货物列车平均旅行速度。

（3）速度系数 β，其计算公式为：$\beta = \dfrac{v_{旅}}{v_{技}}$

（4）机车全周转时间（$\theta_{机}$），它是反映机车在一个牵引区段内周转一次平均消耗的时间。

（5）货运机车需要台数（$M_{需}$），指为完成规定的牵引任务所需要的货运机车台数。

（6）机车日车公里（$S_{机}$），指每台货运机车（不包括补机）在一昼夜内走行的公里数。

为了进一步评价新列车运行图的编制质量，除计算新运行图的各项指标外，应与现行运行图进行比较，分析各项指标提高或降低的主要原因。

六、实行新图前的准备工作

运行图最终经国铁集团批准后，由国铁集团规定全路统一实行新运行图的日期。为了保证新运行图能够正确和顺利地实行，必须组织有关人员认真学习新运行图，制定保证实现新运行图的措施，并按时做好实行新图的各项准备工作。

（1）发布有关实行新运行图的命令，公布跨局新旧旅客列车运行的交替办法，及注意事项；

（2）印制并颁布列车运行图及列车运行时刻表；

（3）各铁路局根据国铁集团发布的有关命令和指示，拟定执行新运行图的技术组织措施和新旧客货列车运行的交替计划；

（4）根据新列车运行图的规定，组织各站修订《车站行车工作细则》中的有关章节；

（5）做好机车、客车底和乘务人员的调配工作；

（6）有关局共同召开局分界站会议，共同拟定保证实现新运行图的措施。

七、列车运行图编制的现代化

利用计算机编制运行图以前，铁路列车运行图都是由人工编制的。由于所要解决的问题错综复杂，每次编图往往要有数百人次参加，历时数月之久。在编图人员技术水平不一，编图工作繁重必须分头并进的情况下，很难做到多方案优选。所编出的运行图，质量差别很大。同时编图费工费时，又不得不减少编图次数，延长执行期间。从而，由于运量测算不准，施工期限变动，机型调整，设备改造等给运行图带来的影响，只能在较小范围内用临时调整运行图的方法来解决，更谈不到从总体上进行优化。利用计算机编制列车运行图，提高了编图质量，加快了编图速度，把编图人员从复杂的、繁琐的手工劳动中解脱出来，实现了运行图编制的现代化。

目前，我们国家已经建成了全路性的计算网络，实现了对列车运行图信息的系统管理，实现了列车运行图编制和调整的智能化，实现了列车运行过程信息处理智能化。

（一）我国铁路计算机编图工作的步骤

（1）编图前的准备阶段，包括确定客货列车行车量，运行图各要素时间标准的确定，以及相关编图基本数据的收集等工作。

（2）编制旅客列车运行图阶段，包括编制直通列车客车方案，在客车方案图的基础上编制直通客车运行详图。

（3）编制货物列车运行图阶段。在旅客列车运行图的基础上，铺画货物列车运行图。

（4）新图实施前的准备阶段。

（二）计算机编制列车运行图的系统功能

计算机编制列车运行图是一项以计算机网络为依托，面向具有网状线路的铁路局，甚至全路，既庞大又复杂的研究课题。它包括大量基础数据的准备和数据结构、数据管理系统、客车方案制定，列车运行图编制和调整，机车和客车车底周转图编制，列车运行图编制质量审查和评价指标的统计、分析，列车运行图技术文件输出等功能系统，其中列车运行图编制是核心和技术关键。

计算机编图系统包括九大子系统，各个系统相互独立又有机结合，是互为关联的统一整体。各子系统如下：

列车运行图
请扫码观看

（1）牵引计算运行模拟子系统。

（2）编图数据库管理子系统。

（3）客车方案编制子系统。

（4）客车运行详图编制子系统。

（5）货物列车运行图编制子系统。

（6）列车运行图生成及指标分析与评估子系统。

（7）机车周转图及车底周转图生成子系统。

（8）铁路区间通过能力管理信息系统。

（9）网络监控与决策支持子系统。

实训练习

1. 已知：甲—乙为单线半自动闭塞区段，各站进站信号机外制动距离内进站方向无超过6‰的下坡道，各中间站接车线末端均无隔开设备。设各站 $\tau_{不}$=5 min，$\tau_{会}$=3 min，$\tau_{连}$=5 min。要求：根据图 1 判断哪些间隔时间不满足要求。

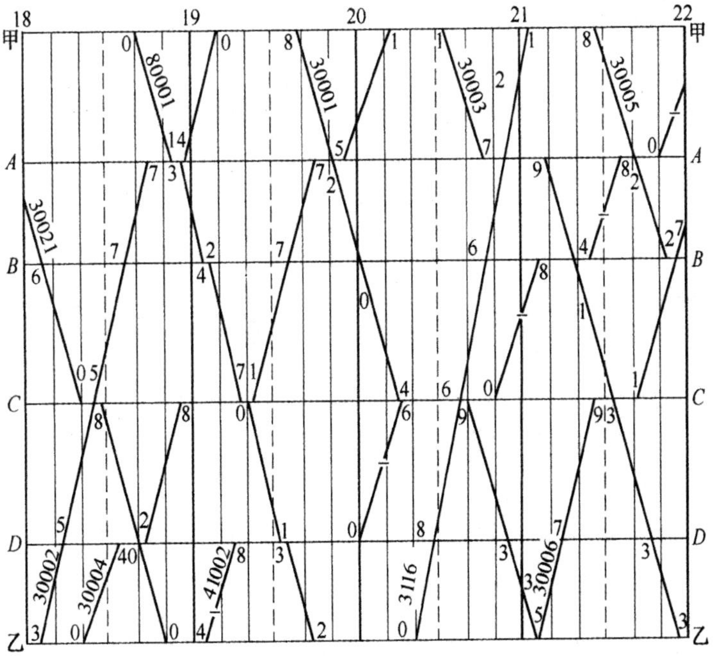

图 1　甲—乙区段列车运行图（一）

2. 已知：甲—乙区段为单线半自动闭塞，各站 $\tau_{不}$=4 min，$\tau_{会}$=3 min，$\tau_{连}$=4 min。

要求：检查甲—乙区段运行图（见图 2）有无错误，若有，请指出并说明原因。

运行时分	
上行	下行
10_3^1	10_1^3
11_3^1	12_1^3
10_3^1	10_1^3
7_2^1	8_1^3

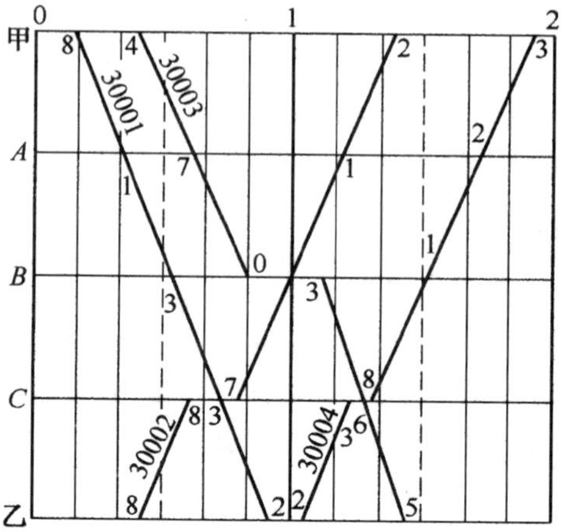

图 2 甲—乙区段列车运行图（二）

3. 已知：某单线半自动闭塞区段，各站 $\tau_{不}$=5 min，$\tau_{会}$=3 min，$\tau_{连}$=5 min。其余资料如图 3 所示。

要求：试求图中 *B*—*C* 区间能铺画的最大货物列车对数并铺画 *A*—*D* 间列车运行图。

运行时分	
上行	下行
10_2^1	10_1^2
14_2^1	16_1^2
10_2^1	10_1^2

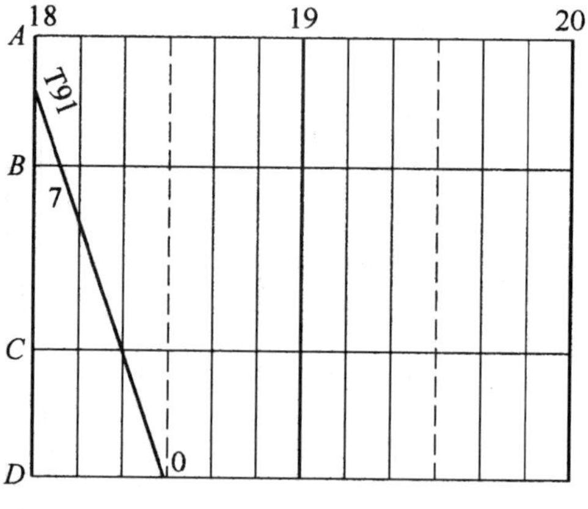

图 3 *A*—*D* 间列车运行图

4. 已知：某区段共长 180 km，在列车运行图中共铺画区段列车 20 对，其中下行列车平均运行 5 h 20 min（包括在中间站停站时间 1 h 15 min），上行列车平均运行 5 h（包括在中间站停站时间 1 h 5 min）；摘挂列车 2 对，每列平均运行 8 h（包括在中间站停站 3 h）。

要求：计算该区段的货物列车平均技术速度、旅行速度及速度系数。

5. 已知：甲—乙区段里程为 120 km，列车运行图如图 4 所示。

要求：填记运行图指标计算明细表（见表 1），并计算该区段列车运行图主要指标：$v_{技}$、$v_{旅}$、β、$M_{货}$、$\theta_{全}^{均}$、$S_{机}$、$K_{需}$。

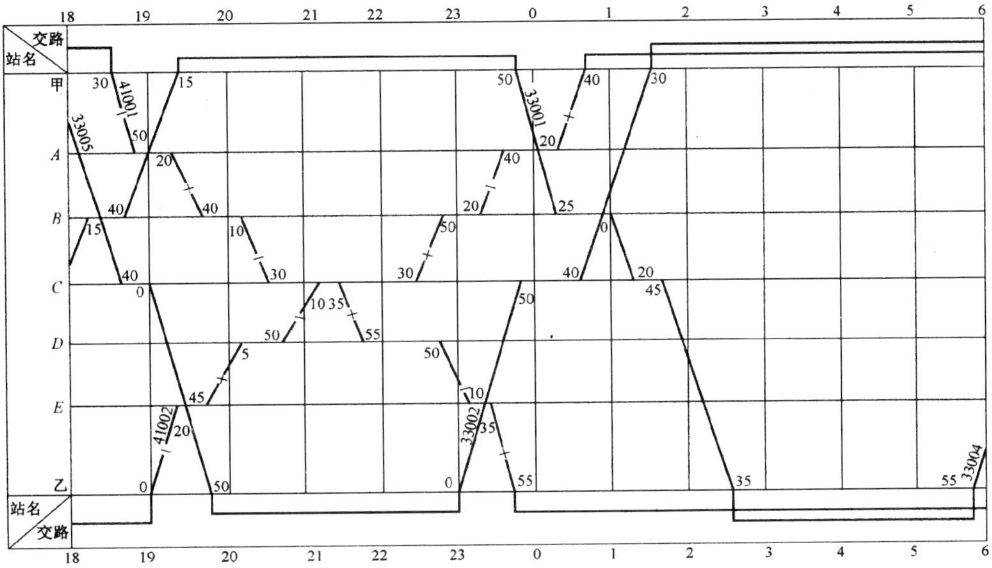

（a）甲—乙区段列车运行图（18：00—6：00）

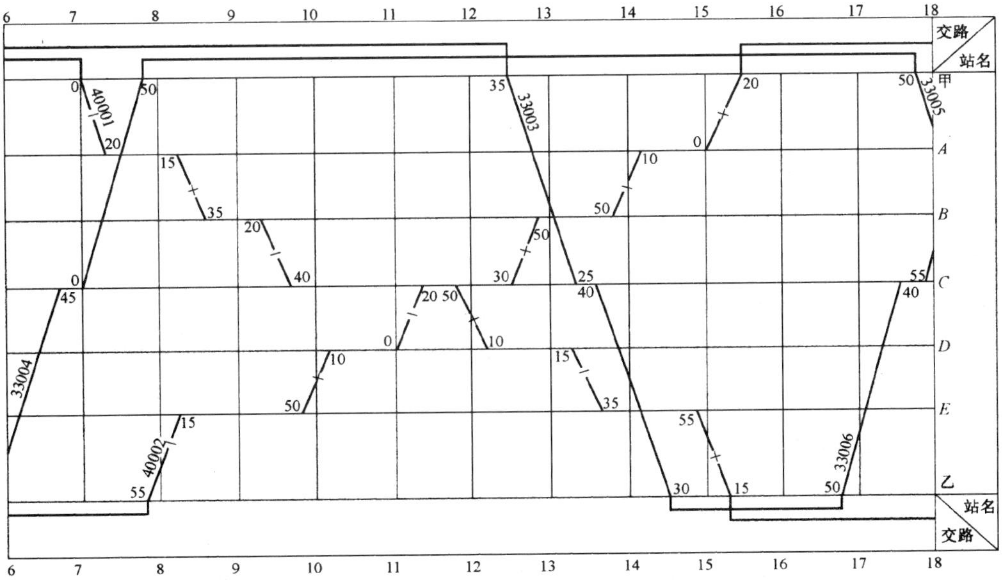

（b）甲—乙区段列车运行图（6：00—18：00）

图 4　甲—乙区段列车运行图

表 1 运行图指标计算明细表

下行								上行							机车全周转时间
车次	技术站到发时刻		旅行时间			$T_{折}$	车次	技术站到发时刻		旅行时间			$T_{基}$	
	出发	到达	计	运行时间	停站时间			出发	到达	计	运行时间	停站时间		
4101	18：30	23：55	5 h 25 min	2 h 00 min	3 h 25 min	8 h 00 min	4002	7：55	15：20	7 h 25 min	2 h 00 min	5 h 25 min	3 h 10 min	24 h
3301	23：50	2：35	2 h 45 min	1 h 45 min	1 h 00 min	3 h 20 min	3304	5：55	7：50	1 h 55 min	1 h 40 min	0 h 15 min	10 h 00 min	18 h
计														
换算（h）														

$\upsilon_{技}$ =

$\upsilon_{旅}$ =

β =

$S_{机}$

$\theta_{全}$ =

$K_{需}$ =

$M_{货}$ =

任务三 铁路区间通过能力计算

任务描述

本任务主要介绍铁路通过能力的概念，影响铁路区段通过能力的因素，平行运行图通过能力的计算原理，非平行运行图通过能力的计算方法，困难区间、限制区间和扣除系数的定义。通过学习，使学生掌握计算铁路区间通过能力的目的和方法。

知识准备

为适应国民经济发展的需要，满足社会主义市场经济对铁路运输的需求，铁路必须具备一定的运输能力。运输能力是通过能力和输送能力的总称。

一、常用几种能力的概念

1. 通过能力

通过能力是指在一定机车车辆的类型和一定的行车组织方法的条件下，铁路区段内的各种固定设备，在单位时间内（通常指一昼夜）所能通过或接发的最多列车对数或列车数。

2. 输送能力

输送能力是指在一定的机车车辆类型、一定的固定设备和行车组织方法的条件下，按照机车车辆等活动设备和人员配备的数量，在单位时间内所能运送的最多的货物吨数，通常以一年内所能运送的货物万吨数计算。

3. 铁路区段通过能力

铁路区段通过能力是指铁路区段内各种固定设备中，通过能力最薄弱的设备的能力，也称为区段最终通过能力或限制通过能力。

区段通过能力的大小受下列固定设备的影响：

（1）区间。区间通过能力主要决定于区间正线数、区间长度、线路平面、铁路纵断面、机车车辆、信号、联锁、闭塞设备的种类。

（2）车站。车站通过能力主要决定于车站到发线、咽喉道岔的布置，驼峰和牵出线数，信号、联锁、闭塞设备的种类。

（3）机务段设备和整备设备。机务段设备和整备设备能力主要决定于机车的检查修理设备、机车整备及燃料储存设备、机车乘务制度、机车修程及段内整备线的数量。

（4）给水设备。其通过能力主要决定于水源、扬水管道及动力机械设备。

（5）电气化铁路的供电设备。供电设备能力主要决定于牵引变电所的容量及接触网设备。

根据以上固定设备计算出来的通过能力，可能是各不相同的，其中能力最薄弱的设备限制了整个区段的能力，该能力即为该区段的最终通过能力。

二、计算铁路区间通过能力的目的

铁路区间通过能力是指一个区间根据现有固定设备（区间正线数、区间长度、线路纵断面及信号、联锁、闭塞设备等），在一定类型的机车、车辆和行车组织方法的条件下，一昼夜内所能通过的最多列车对数或列数。

在编制列车运行图时，确定了各种列车的行车量以后，应计算区间通过能力，确定区间通过能力的利用程度，以便采取适当的编图措施。

计算铁路区间通过能力，要从平行运行图入手，然后再在平行运行图基础上计算非平行运行图的区间通过能力。

区间通过能力一般应保留一位小数。非平行运行图区间通过能力，以对数表示时，不足0.5对者舍去，0.5对以上不足1对者按0.5对计算；以列数表示时，不足1列者舍去。

三、平行运行图通过能力计算

1. 运行图周期

在平行运行图上，同一区间内同方向列车的运行速度都是相同的，并且上下行方向列车在同一车站上都采取相同的交会方式。从这种平行运行图上可以看出，每一区间的列车运行线总是以同样的铺画方式一组一组地反复排列着。这种一组列车占用区间的时间称为运行图周期 $T_{周}$。

几种常见的不同类型列车运行图的周期如图 2.52 所示。

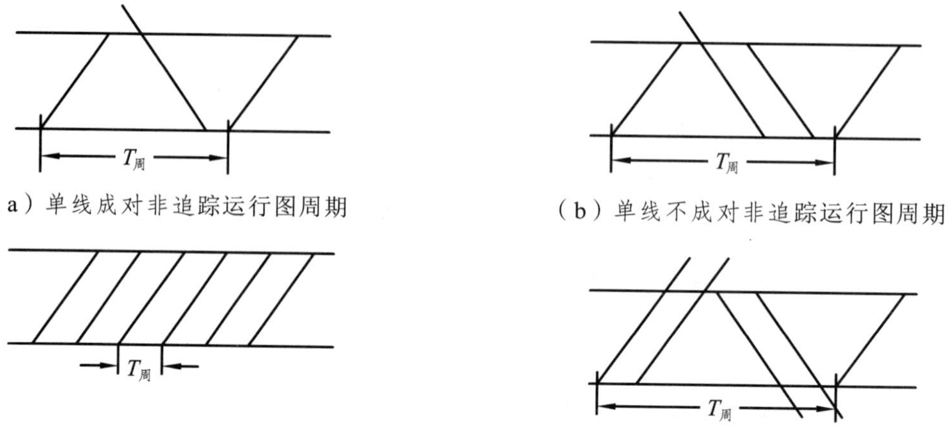

（a）单线成对非追踪运行图周期　（b）单线不成对非追踪运行图周期

（c）单线成对非追踪运行图周期　（d）单线成对非追踪运行图周期

图 2.52　不同类型运行图周期示意图

运行图周期由列车（一个或几个列车）区间纯运行时分 $\sum t_{纯}$、起停车附加时分 $\sum t_{起停}$，以及车站间隔时间 $\sum \tau_{站}$ 之和所组成，即

$$T_{周}=\sum t_{纯}+\sum t_{起停}+\sum \tau_{站}$$

2. 平行图的能力

不同类型的运行图周期所包含的上下行列车数可能是不同的。若一个运行图周期内所包含的列车对数或列数用 $K_{周}$ 表示，对于一定类型的平行运行图通过能力，应用直接计算法。可按下式计算：

$$N_{平}=\frac{1440-T_{固}}{T_{周}}K_{周}\ （对或列）$$

式中，$T_{固}$ 为进行线路维修、技术改造施工、电力牵引区段接触网维修等作业以及必要的列车慢行和其他附加时分，须预留的固定占用区间的时间，min。

由以上计算公式可以看出，运行图周期越大，通过能力越小。在整个区段内通过能力最小的区间限制了整个区段的通过能力，称为该区段的限制区间。限制区间的通过能力，即为该区段的区间通过能力。

列车在区间运行时间最长的区间称为最大区间。一般情况下，最大区间往往就是限制区间。但也有的区间 $\sum t_{纯}$ 虽不是最大，而 $\sum t_{起停}$ 或 $\sum \tau_{站}$ 的数值较大，或因技术作业的影响造成 $T_{固}$ 最大，而最终成为限制区间的情况。

综上所述，在不同类型的运行图里，$T_{周}$的组成及 $K_{周}$的数值是不同的。因此，必须对不同类型的运行图分别计算其通过能力。

3. 单线成对非追踪运行图的能力

在单线区段，通常采用成对非追踪运行图，如图 2.61（a）所示。单线成对非追踪运行图周期为：

$$T_{周}=t'+t''+\tau_A+\tau_B+\sum t_{起停} \quad (\text{min})$$

式中：t'，t''——上、下行列车区间纯运行时分，min；

τ_A，τ_B——车站间隔时间，min；

$\sum t_{起停}$——列车起停附加时分，min。

对于一个区间，可以有几种列车开行方法，每一种列车开行方法称为一种列车放行方案。为提高区段的通过能力，应使限制区间的运行图周期压缩到最小。因此，在限制区间应选择放行列车的最优方案。单线成对非追踪平行运行图限制区间两端站放行列车的方案主要有 4 种，如图 2.53 所示。

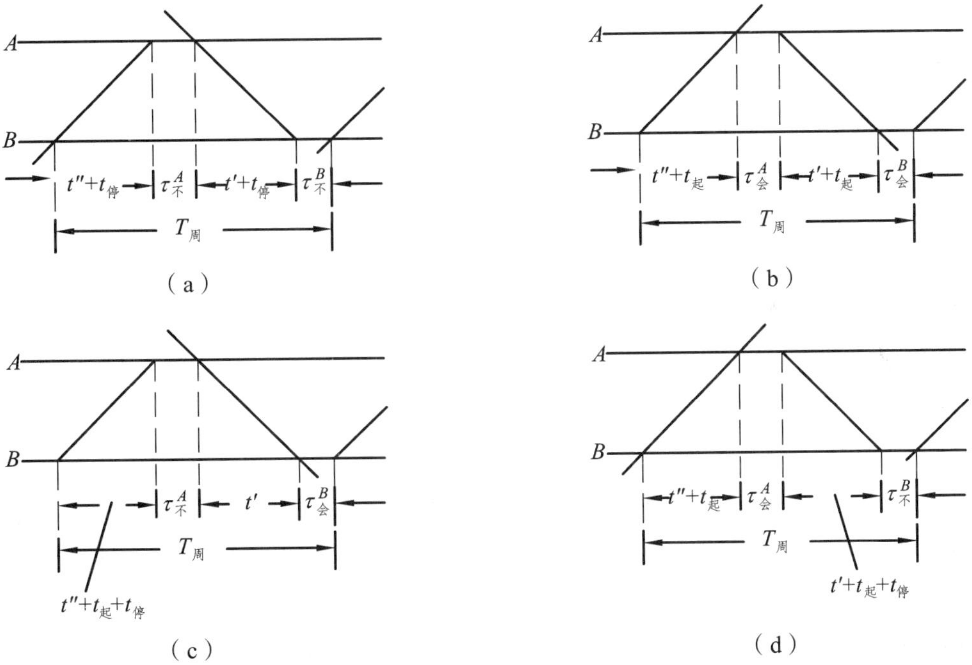

图 2.53　单线成对非追踪平行运行图限制区间放行列车方案图

（1）开入限制区间的两列车都在车站通过，如图 2.53（a）所示，其运行图周期为

$$T_{周}^{1}=t'+t''+\tau_{不}^{A}+\tau_{不}^{B}+t_{停}^{A}+t_{停}^{B} \quad (\text{min})$$

（2）开出限制区间的两列车都在车站通过，如图 2.53（b）所示，其运行图周期为

$$T_{周}^{2}=t'+t''+\tau_{会}^{A}+\tau_{会}^{B}+t_{超}^{A}+t_{超}^{B}\ (\text{min})$$

（3）下行列车在两端车站都通过，如图 2.53（c）所示，其运行图周期为

$$T_{周}^{3}=t'+t''+\tau_{不}^{A}+\tau_{会}^{B}+t_{停}^{A}+t_{超}^{B}\ (\text{min})$$

（3）上行列车在两端车站都通过，如图 2.53（d）所示，其运行图周期为

$$T_{周}^{4}=t'+t''+\tau_{会}^{A}+\tau_{不}^{B}+t_{超}^{A}+t_{停}^{B}\ (\text{min})$$

列车放行方案不同，运行图周期的大小也可能不同，为了使区段通过能力达到最大，应当使限制区间的 $T_{周}$ 数值尽量缩小。因此，在图 2.53 四种列车放行方案中，$T_{周}$ 数值最小的方案就是限制区间的最优放行方案。在采用一定类型的机车和一定的列车重量标准的条件下，区间纯运行时分 $\sum t_{纯}$ 是固定不变的。因此，若想要缩小 $T_{周}$，只有设法缩小 $\sum t_{起停}+\sum \tau_{站}$ 的数值，可以通过在限制区间合理地安排列车运行线的铺画方案达到上述目的。

在选择限制区间两端车站放行列车的方案时，应考虑到区间两端车站的具体条件。例如，在 A 站下行出站方向有长大上坡道，如果采用下行列车在 A 站停车进入区间的放行方案，如图 2.53（b）、（d）所示，就有可能造成下行列车出发起动困难。因此，应选择下行列车通过 A 站，如图 2.53（a）、（c）所示，而 $T_{周}$ 又是较小的方案。

对于双线非追踪运行图，其限制区间两端车站如无技术作业需要停站时，应使列车通过，以减少列车起停车附加时分，缩小 $T_{周}$。

四、非平行运行图区间通过能力计算

非平行运行图的区间通过能力，是指在旅客列车数量既定的前提下，区间在一昼夜内能够通过的客、货列车总数（对数或列数），计算方法主要有图解计算法和分析计算法两种。图解法比较准确，但较烦琐，只在特殊情况下才采用。

1. 分析计算法

在非平行运行图中，旅客列车、快运货物列车、摘挂列车等数量较少，它们的运行线与一般货物列车运行线不平行，但是多数的一般货物列车运行线仍具有平行运行图的基本特征。所以，在平行运行图区间通过能力的基础上，扣除旅客列车、快运货物列车等造成的影响后，即可计算出非平行运行图区间通过能力，其计算公式为：

$$N_{非}=N_{货}+n_{客}\ (对或列)$$

$$N_{货}=N_{平}-[\varepsilon_{客}n_{客}+(\varepsilon_{快}-1)n_{快}+(\varepsilon_{摘}-1)n_{摘}]\ (对或列)$$

式中 $N_{货}$——非平行运行图货物列车通过能力（包括快运货物列车、摘挂列车），对或列；

$n_{客}$、$n_{快}$、$n_{摘}$——旅客列车、快运货物列车、摘挂列车数，对或列；

$\varepsilon_{客}$、$\varepsilon_{快}$、$\varepsilon_{摘}$——旅客列车、快运货物列车、摘挂列车的扣除系数。

2. 扣除系数

因铺画一列或一对旅客列车、快运货物列车、摘挂列车，需从平行运行图上扣除的一般货物列车列数或对数，分别称为旅客列车扣除系数、快运货物列车扣除系数和摘挂列车扣除系数。我国铁路目前采用的扣除系数如表 2.5 和表 2.6 所示。

表 2.5　列车扣除系数表

区间正线	闭塞方式	旅客列车	快运货物列车	摘挂列车	备　注
单　线	自动闭塞	1.0	1.0	1.3 ~ 1.5	摘挂列车 3 对以上时取相应的低限值
	半自动闭塞	1.1 ~ 1.3	1.2	1.3 ~ 1.5	
双　线	自动闭塞	见表 2.7	2.0 ~ 2.3	2.5 ~ 3.0	
	半自动闭塞	1.3 ~ 1.5	1.4	1.5 ~ 2.0	

注：快运货物列车及分段作业的摘挂列车在无作业的区段，不考虑扣除系数；摘挂列车在干线的区段内无作业时，不考虑扣除系数。

表 2.6　三显示双线自动闭塞区段旅客列车扣除系数表

$I_{追}$ / $n_{客}$	6	7	8	9	10	11	12
5 ~ 10			2.3 ~ 2.4	2.1 ~ 2.3	2.0 ~ 2.2	1.9 ~ 2.1	1.9 ~ 2.0
11 ~ 20			2.3 ~ 2.35	2.1 ~ 2.2	2.0 ~ 2.1	1.9 ~ 2.0	1.8 ~ 1.9
21 ~ 30		2.4 ~ 2.45	2.2 ~ 2.25	2.0 ~ 2.1	1.9 ~ 2.0	1.8 ~ 1.9	1.7 ~ 1.8
31 ~ 40	2.5 ~ 2.55	2.3 ~ 2.35	2.1 ~ 2.15	1.9 ~ 2.0	1.8 ~ 1.9	1.7 ~ 1.8	1.6 ~ 1.7
41 ~ 50	2.4 ~ 2.45	2.2 ~ 2.25	2.0 ~ 2.05	1.8 ~ 1.9			
51 ~ 60	2.3 ~ 2.35	2.1 ~ 2.15	1.9 ~ 1.95				
61 及以上	用图解法确定						

四显示自动闭塞区段扣除系数，以图解法参照表 2.6 取值。

4. 区间通过能力利用率

为掌握区间通过能力利用率，考虑列车运行图铺画方法及采取加强通过能力的措施，应计算区间通过能力利用率（ K ），其计算公式为：

$$K = \frac{1}{N}\left[\varepsilon_{客} n_{客} + (\varepsilon_{快货} - 1)\ n_{快货} + (\varepsilon_{摘} + 1)\ n_{摘} + n_{货}^{图}\right]$$

式中　N——平行运行图区间通过能力；

$n_{货}^{图}$——运行图规定的货物列车数。

五、铁路通过能力的加强

为了适应国民经济发展的需要，铁路应及时地和有计划地采取加强通过能力的措施，不断提高铁路通过能力。

改善铁路技术设备是提高铁路通过能力的主要措施。因此，在一般情况下，当铁路通过能力接近饱和时，就应该研究加强和改善铁路技术设备。但在有些情况下，虽然通过能力还有足够的后备，而采取新的技术设备和加强现有的技术设备，可以加速完成运输过程，降低运输成本，提高劳动生产率，减轻劳动强度，保证行车安全，因而也是必要和合理的。

何时需要加强通过能力，主要是根据需要通过能力和现有通过能力的水平来确定。需要通过能力，是根据需要的客货行车量并考虑一定的后备能力进行计算的，其计算公式为：

$$N_{需}=(n_{货}+\varepsilon_{客}n_{客}+\varepsilon_{摘}n_{摘}+\varepsilon_{快}n_{快})\quad(1+\gamma_{备})$$

式中　$n_{货}$——直达、直通、区段等一般货物列车对数或列数。

后备系数$\gamma_{备}$是根据铁路运输需要保持一定后备能力而规定的，铁路保持适当的后备量能力，主要是为了适应日常货流波动以及进行运行调整、线路和供电设备施工等方面的需要。因此，后备系数应根据各铁路方向的具体情况加以规定，我国铁路规定一般单线为 20%，双线为 15%。

加强铁路通过能力的措施多种多样，归纳起来可划分为技术组织措施和改建措施两大类。凡是用改进行车组织方法，或只需要少量投资，就能使通过能力达到需要水平的加强措施．均属技术组织措施。凡是需要国家大量投资，通过改建或新建铁路技术设备来加强铁路通过能力的措施，均属改建措施。在加强铁路通过能力时，应首先着眼于挖掘现有铁路的运输潜力，但同时也应有计划地对现有铁路逐步进行技术改造，以便更好地适应国民经济日益发展的需要。

实训练习

1. 计算 *A—B* 区段（单线半自动闭塞）采用成对非追踪运行图的通过能力。区间运行时分及车站间隔时间如表 1，起停车附加时分分别为：$t_{起}=2$ min、$t_{停}=1$ min。区间运行时分和车站间隔时间见表 1。

要求：（1）计算 *A—B* 区段成对非追踪平行运行图通过能力；

（2）若 $\varepsilon_{客}=1.2$，$n_{客}=2$ 对，$\varepsilon_{摘}=1.5$，$n_{摘}=1$ 对，计算非平行运行图通过能力。

表 1　区间运行时分及车站间隔时间

站　名	纯运行时分/min		车站间隔时间	
	上行	下行	$\tau_{不}$	$\tau_{会}$
A	12	16	—	2
a	24	15	5	2
b	18	19	5	2
c	18	23	5	2
d	18	17	5	2
e	15	16	5	2
B			—	2

2. 已知：某区段为单线半自动闭塞，上下行列车数相同，A—B 区间为限制区间，有关资料标准见表 2，列车对数及扣除系数为：旅客列车 3 对，$\varepsilon_{客}=1.2$；摘挂列车 2 对，$\varepsilon_{摘}=1.5$。

要求：

（1）绘出限制区间最有利的列车放行方案，标出并计算 $T_{周}$。

（2）计算平行运行图区间通过能力 $N_{平}$。

（3）计算非平行运行图区间通过能力 $N_{非}$。

表 2　A—B 区间运行图要素表

纯运行时分		站名	车站间隔时间			附加时分	
上行	下行		$\tau_{不}$	$\tau_{会}$	$\tau_{连}$	$t_{起}$	$t_{停}$
13	15	A	4	3	4	3	1
		B	5	2	4	3	2

3. 计算表 3 的 A—B 区段区间通过能力（$\tau_{不}=5$ min，$\tau_{会}=3$ min）。

表 3　区间运行时分及车站间隔时间

区间距离	站线	正线数	闭塞方法	区间运行时分				技术作业停站时分	会车方案	$T_{周}$	$n_{平}$	旅客列车		摘挂列车	
				上行	下行	$t_{起}$	$t_{停}$					$\varepsilon_{客}$	$n_{客}$	$\varepsilon_{摘}$	$n_{摘}$
1	2	3	4	5	6	7	8	9	10	11	12	13	14	15	16
	A					0	0	0							
13				21	19										
	a					2	1	0							
15				23	20										
	b					2	1	0							
10		单线	半自动	15	15							1.2	2	1.5	1
	c					2	1	0							
12				16	18										
	d					2	1	0							
16				24	26										
	e					2	1	0							
13				13	13										
	B					0	0	0							

4. 已知：甲—乙单线半自动区段有关资料见表 4，区段两端甲、乙站上下行列车均停车，A 站下行出站方向重车起动困难，各站均不能同时接车。

表 4　甲—乙区段运行图有关资料表

<table>
<tr><th></th><th>上行运行时分</th><th>下行运行时分</th><th>站名</th><th>列车放行方案</th><th>$T_{周}$</th><th>$N_{平}$</th></tr>
<tr><td rowspan="4">各站
$\tau_{不}=5$ min
$\tau_{会}=3$ min
$t_{起}=2$ min
$t_{停}=1$ min</td><td>12</td><td>10</td><td rowspan="4">甲
A
B
C
乙</td><td></td><td></td><td></td></tr>
<tr><td>10</td><td>11</td><td></td><td></td><td></td></tr>
<tr><td>15</td><td>16</td><td></td><td></td><td></td></tr>
<tr><td>14</td><td>13</td><td></td><td></td><td></td></tr>
</table>

要求：（1）选择限制区间最有利的列车放行方案。

（2）计算各区间平行运行图区间通过能力。

（3）已知 $n_{客}=2$对，$n_{摘}=2$对，$\varepsilon_{客}=1.3$，$\varepsilon_{摘}=2.3$，求该区段非平行运行图通过能力。

思考题

1. 列车运行图的作用是什么？如何分类？平行运行图有何特点？

2. 何谓区间运行时分和起停附加时分？如何计算与查定区间运行时分？列车在中间站的停车时间根据哪些作业确定？

3. 何谓车站间隔时间？何谓 $\tau_{不}$、$\tau_{会}$、$\tau_{连}$？各由哪些部分组成？通过绘图表示。

4. 何谓追踪间隔时间？$I_{追}$、$I_{到}$、$I_{发}$、$I_{通}$ 如何计算？一个区间的 I 值如何确定？

5. 机车在机务本段和折返段所在站的停留时间包括哪些时间因素？通过绘图表示。

6. 简述列车运行图的编制程序。

7. 编制旅客列车方案图主要应解决哪些问题？如何解决？

8. 何谓分号运行图？分为哪几种？它们各有何优缺点？

9. 何谓区间通过能力？

10. 何谓扣除系数？

11. 提高铁路区间通过能力的措施有哪些？

课程思政园地

“毛泽东号”机车组司机长刘钰峰

刘钰峰是中国铁路北京局集团有限公司丰台机务段“毛泽东号”机车组司机长兼班组党支部书记。这个 1980 年出生的“80 后”与有着 72 年光荣历史的“毛泽东号”机车自 2012 年结缘。截至 2018 年 3 月底，“毛泽东号”机车实现安全走行 1 078 万公里，相当于绕地球 270 圈。

刘钰峰之所以能成为榜样，源于他在日复一日的平凡工作中，付出了远多于常人的坚持和努力。多年来，刘钰峰以“毛泽东号”精神要求自己，带出了一支“政治上硬邦邦，工作上响当当”的党员队伍。他把“报效祖国，忠于职守，艰苦奋斗，永当先锋”的新时期“毛泽东号”精神以及“责任心+责任制+基本功=安全”的安全生产法则、机车组核心价值观等作为“传家宝”，坚持每月组织大家学习精神理念，探讨新时期传承发展的措施办法，让“毛泽东号”精神在班组职工心中生根发芽。拥有全国五一劳动奖章、全国优秀共产党员、全路技术能手、“铁路工匠”等沉甸甸荣誉的刘钰峰和他的英雄机车组，有着讲不完的故事。驾驶着“毛泽东号”机车，刘钰峰和伙伴们“不忘初心、牢记使命”，在“交通强国、铁路先行”的新征程中奋勇前行（来源：国铁集团官网）。

项目三 列车编组计划编制

教学目标

1. 知识目标

掌握货物列车编组计划的作用和内容；掌握车流组织的方法；掌握编组方案的基本内容；掌握装车地直达列车编组计划的基本方法；掌握技术站列车编组计划的基本方法；掌握违反列车编组计划的七种情况。

2. 能力目标

了解列车编组计划在铁路运输工作中的作用；能够根据给出的车流资料，绘制车流梯形图，制定列车编组方案；能结合现场实际，正确执行列车编组计划，合理编组列车。

3. 素质目标

具有良好的世界观、人生观、价值观；具有良好的职业道德和职业素养；树立“安全第一”的意识，培养大局意识和责任担当意识，养成爱岗敬业、团结协作、刻苦钻研、精益求精的精神。

任务一 列车编组计划认知

任务描述

本学习任务重点介绍了列车编组计划的定义、列车编组计划的任务、列车编组计划的内容、列车编组计划的编制原则、列车编组计划的作用、列车编组计划中货物列车的分类、货物列车编组计划的格式和内容等列车编组计划的基本知识。

知识准备

一、列车编组计划的定义

货物列车编组计划（以下简称编组计划）是全路的车流组织计划，统一安排全路的车流组织方案，具体规定货运站、编组站、区段站等编组货物列车的要求、方法和内容；是编制列车运行图、运输方案、日班计划及改善站场布局的依据；是加强货运营销工作的重要手段。

货物列车编组计划是各级运输生产人员必须严格遵守的基本作业规则。

二、列车编组计划的作用

列车编组计划在铁路运输组织工作中具有十分重要的作用。这主要体现在以下几方面：

（1）列车编组计划以保证优质服务、加速车辆周转、加快货物送达为总体目标，将路网上错综复杂的车流，按照运输性质及距离远近分别组织到不同种类的列车中去，因而它是全路一定时期车流组织的基础性计划，起着条理车流、规范列流的作用。

（2）列车编组计划规定了各种列车的发站、到站、编组内容及车流编挂方式，这在很大程度上确定了各技术站、货运站的办理车数和改编车数，即各站的到、发、解、编作业任务和相应的设备运用办法，因而它是全路车站作业分工的统一战略部署。

（3）列车编组计划是货运计划与列车运行图之间的重要联系环节，它所规定的列车发、到站，列车数量，列车种类及定期运行的列车等是编制列车运行图的基础性资料。

（4）列车编组计划是路内外联系的重要纽带，它所规定的五定班列、装车地直达列车、空车直达列车、快运货物列车等把产、供、运、销各部门联成一体，有利于促进工农业生产和社会主义市场经济的发展。

（5）在日常运输组织工作中，通过调整和适当变更列车编组计划，可以缓和能力紧张状况，起到疏导车流、保证畅通的作用。

（6）列车编组计划的优化方案是制定远期路网发展规划、确定枢纽规模和布局、进行站场改造扩建的重要依据。

三、列车编组计划的基本任务

列车编组计划是全路的车流组织，规定了车流编入列车的办法，实质上是一个编组方案。具体规定货运站、编组站、区段站等编组货物列车的要求、方法和内容。列车编组计划的基本任务是：

（1）最大限度地组织装车地直达列车，在大量卸车的车站或地区，尽量组织空车直达列车向装车地排空，以保证装车。

（2）最大限度地减少车辆在运行途中的改编作业次数，尽量将改编调车作业集中在设备先进、能力强大的编组站进行。

（3）采用多种组织形式，尽力加速区段管内车流和枢纽地区车流的移动。

（4）充分发挥车站技术设备效能，合理分配各技术站的改编作业任务。

（5）充分利用线路通过能力，合理规定车流径路，特别是合理利用平行线或联络线放行车流，以减轻繁忙干线的压力。

四、编组计划中货物列车的分类

1. 快运货物班列

固定发站和到站、固定车次和运行线、明确开行周期、发到时刻和编组内容的货物快运列车。

2. 直达列车

在装（卸）车站或技术站编组，通过一个及其以上编组站不进行改编作业的列车。整列在同一车站装车，到达同一车站卸车，运行距离较短，途中不通过编组站的列车为整列短途列车。

（1）始发直达列车。

在一个车站或在同一区段（或相邻区段）的几个车站装车后组成的直达列车。按组织形式分为基地始发直达和阶梯始发直达，按大宗货物品类分为煤炭直达、矿石直达和石油直达。

（2）空车直达列车。

在一个或数个卸车站，或者在技术站由空车编组而成的直达列车。途中不通过编组站的列车为整列短途空车列车。

（3）技术直达列车。

在技术站以中转车及货物作业车等编成的直达列车。

3. 直通列车

在技术站编组，通过一个及其以上区段站不进行改编作业的列车。

4. 区段列车

在技术站编组，到达相邻技术站，在区段内不进行摘挂作业的列车。

5. 摘挂列车

在技术站编组，在相邻区段内的中间站进行摘挂作业的列车。只在指定的几个中间站进行摘挂作业的列车为重点摘挂列车。

6. 小运转列车

在技术站和邻接区段规定范围内的几个车站间开行的列车为区段小运转列车。在枢纽内各站间开行的列车为枢纽小运转列车。二者统称为小运转列车。

7. 超限列车

挂有装载超限货物的车辆并冠以超限列车车次的列车。

8. 重载列车

在装车站或技术站组织，由单机或多机牵引，满足重载条件的列车，按组织形式分为整列式重载列车、组合式重载列车和单元式重载列车。

9. **自备车列车**

车辆产权属于企业的始发直达、整列短途列车。

以上所述货物列车种类如图 3.1 所示。

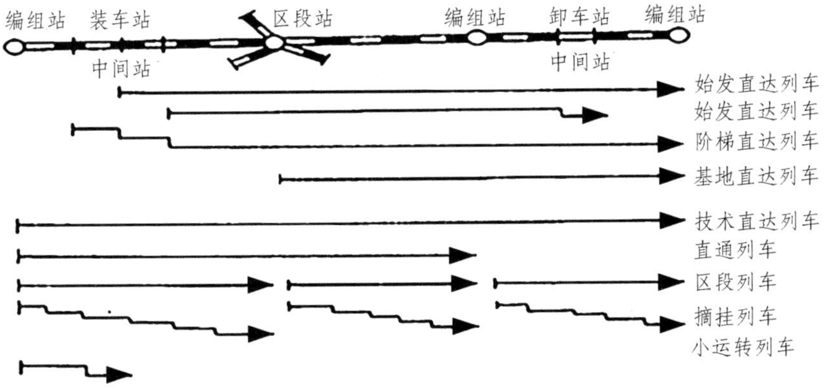

图 3.1 货物列车分类示意图

五、列车编组计划的编制依据

编制列车编组计划是一项细致复杂的工作，编制质量在很大程度上取决于编制资料的准备工作。

编制列车编组计划的依据是：

（1）列车编组计划实行期间的日均计划车流。

（2）各铁路线、各区段的货物列车重量标准和长度。

（3）各主要装卸站的技术设备和装卸能力，包括专用线长度、装卸设备、每天装卸车数及时间等。

（4）主要技术站的站场设备、技术作业过程和改编能力。

（5）各铁路线和区段的距离、运行时间和通过能力。

（6）其他各项技术标准：如集结参数、货车无改编通过技术站的节省时间标准等。

（7）现行列车编组计划执行情况的分析与总结。

六、列车编组计划的编制程序

货物列车编组计划的编制工作通常分为三个阶段，即准备资料阶段、编制计划阶段和实行前的准备阶段。

列车编组计划的编制步骤分两步进行：第一步，是在国铁集团领导下，召开全路列车编组计划编制会议，各局共同编制跨局的列车编组计划；第二步，在制订跨局列车编组计划的基础上，各局分别编制本局管内的列车编组计划。

列车编组计划的具体编制程序是：

（1）确定编组计划实行期间的计划运量，并在此基础上制定日均计划重空车流；

（2）检查各铁路方向的运量负荷，确定车流径路或制定分流办法；

（3）审定各线的列车重量和换长标准，研究可能发生的增减轴作业问题，制定某些方向统一重量标准的办法；

（4）审定各主要站的通过能力、装卸能力、改编能力和各项技术标准，研究提高能力、增加任务的可能性；

（5）编制快运货物列车编组计划，包括五定班列、集装箱快运货物列车及其他快运货物列车编组计划；

（6）编制装车地直达列车编组计划，包括始发直达、阶梯直达及基地直达列车编组计划；

（7）编制空车直达列车编组计划；

（8）编制技术站间的列车编组计划；

（9）相邻编组站间的列车编组计划；

（10）区段管内列车编组计划；

（11）检查装车地直达列车与技术直达列车编组计划是否配合，修改不配合的装车地直达列车的到达站，对不能统一重量标准的区段规定补轴、减轴办法，规定摘挂列车、小运转列车的开行办法；

（12）最后整理并确定列车编组计划，计算有关指标，拟定保证措施。

同时，还要为编制列车运行图提供列车分类、对数、车流接续和固定时刻、固定车次要求等资料。

七、列车编组计划的编制原则

编制列车编组计划是一项十分复杂而又细致的工作。在整个铁路网上，编组列车地点的数量很大，车流支数较多，各支车流之间相互联系、相互渗透，只有将全路的车流组织作为一个整体来考虑才可能找到最优的方案。但是，这样一来，车流组织的方案数变得非常多，且每一方案需要考虑的因素又很多，要想通过计算选出最优方案非常困难。为了解决好全路货物列车编组计划的编制问题，我国铁路采用分块编制的做法。一方面对装车地直达运输和技术站列车编组计划分别编制，另一方面又将全国铁路划分为若干个铁路方向，按各铁路方向分别编制货物列车编组计划。编制列车编组计划应该遵循以下基本规则。

（一）编制始发直达列车编组计划

（1）为适应市场经济发展的需要，应尽可能在铁路运量较大的车站、枢纽或地区间开行定点、定线、定车次、定时、定价的快运货物班列；

（2）对大宗稳定的车流，有条件时应在装车地循环集结，全部组织直达列车；

（3）从产、运、销整体效益出发，结合装卸车条件，本着“能高勿低、先远后近”的原则尽可能多地组织各种直达列车；

（4）对有一定技术设备和中转车流接续的装车站，采取自装车流和中转车流配合组织始发（技术）直达列车的方法，越过能力紧张的编组站；

（5）以组织多站合开或者选定直达基地的办法，将零散车流汇集起来组织直达列车；

（6）凡流向稳定、能保证经常开行的始发直达列车，应固定车次、定期开行。

（二）编制空车列车编组计划

（1）空车应合理调配，按最短径路排送，并尽可能直接从卸车地组织空车直达列车；

（2）本着“以空保重、重空结合”的原则，尽量多地组织定期空车直达列车；

（3）对于有大量卸车的专用线、车站、区段或地区均应就地组织空车专列；

（4）对需大量排往外局装车的空敞车，采取由卸车站和集中空车站将其全部组织成专列的办法。按交空分界站选定若干固定运行线均衡地排送。

（三）编制技术站单组列车编组计划

技术站编组的列车包括技术直达列车、直通列车、区段列车、摘挂列车、小运转列车等，既有单组列车、分组列车，也有大运转列车、小运转列车。在编制单组列车编组计划时应考虑：

（1）坚持全局观点，局部服从整体，小运转保证大运转，确保运输畅通；

（2）充分发挥技术站设备效能，组织好协调配合，保证车站正常工作；

（3）根据车流的集散规律，尽量组织中转车流集中在路网主要编组站上进行改编，并对某些能力不足的主要编组站指定相邻技术站进行辅助作业；

（4）对枢纽内的若干车站，通过技术经济比较，选择好分散集结和分别到达列车的方案；

（5）对去往有驼峰设备的技术站解体的列车应减少分组；

（6）为适应当前各技术站调车线数不足，较难全部按规定组号固定线路的情况，除因特殊需要或必须组织空车专列者外，其他空车应与重车混编。

（四）编制分组列车编组计划

（1）要考虑换挂车组站的车流要稳定，防止列车欠轴或被拆散；

（2）要考虑换挂车组站的技术设备条件，避免在不便进行成组换挂作业的车站换挂车组；

（3）挂到中间站的车组，只能是到达该站或到达有小运转机车取送的邻近站卸的车组。

八、车流径路的选择

车流径路是编制列车编组计划最主要的依据之一，也是车流推算与车流调整、路局完成运输产品的清算和统计分析，以及对发货人核收货物运费的依据。因此，车流径路方案的选择是铁路运营管理工作中备受关注的问题之一。

（一）车流径路的概念

车辆从始发站被输送至终到站所经过的路线称为车流运行径路，简称为车流径路。现行车流径路通常分为车流最短径路、车流特定径路和车流迂回径路三种。车流最短径路是指铁路网上两个车站之间拥有最短里程，或最少运输成本，或最短运输时间的径路。大多数情况下，以里程最短为衡量标准。

（二）影响车流径路选择的主要因素

（1）货车经由铁路线路的运输距离；

（2）货车经由铁路线路运输所需的时间；

（3）各区段的通过能力、各技术站的改编作业能力以及能力的利用程度；

（4）货车经由铁路线路运输所需的总费用。

九、货物列车编组计划的格式和内容

列车编组计划是全路的车流组织计划，它能统一安排全路的解编作业任务，具体规定全路各编组站编组各种列车的种类、内容和办法。表 3.1 是甲站列车编组计划的格式和内容示例。从表中得知，列车编组计划主要有以下内容。

（1）发站，指列车编组始发的车站。

（2）到站，指列车的终到站（解体站）。

（3）编组内容，规定该列车用哪些车流编组列车及车辆的编挂方法。

（4）列车种类，表示该列车的种类。

（5）定期年次，若该列车为装（卸）车地组织的直达列车，则表示该列车开行期间的固定车次。

（6）附注，对编组内容栏加以补充说明，常见的说明如按站顺、按组顺、规定本组重量、开行列数等。

说明：编组内容栏规定的列车中车辆的编挂方法，通常为以下几种。

① 单组混编，即该列车到达站及其以远的车辆，不分到站、不分先后混合编挂。

② 分组选编，即一个列车中分为两个及其以上的车组，属于同一组的车辆必须编挂在一起；对车组的排列无特殊要求的，可以不按组顺编挂。

③ 到站成组，即在列车中同到站的车辆必须编挂在一起。

④ 按站顺编组，即在列车中除同一到站的车辆必须挂在一起外，还要求按车辆到站的先后顺序进行编挂。

以上各种列车编挂方法，是根据有关车站的能力以及列车的性质分别确定的，从而达到加速周转和将货物送达的目的。

表 3.1 甲站列车编组计划（示例）

发站	到站	编组内容	列车各类	定期车次	附注
甲	丁	丁及其以远	技术直达		
甲	丙	1.丙及其以远（不包括丁及其以远）；2.空棚	直通		
甲	乙	乙及其以远（不包括丙及其以远）	区段		
甲	乙	1.*A*—*D* 间按站顺；2. 乙及其以远	摘挂		按站顺

实训练习

1. 确定车站性质、编组内容和列车性质。各主要技术站的相互邻接关系如图 1 所示。

要求：（1）确定 *A*、*B*、*D*、*F* 四个技术站的性质；（2）确定列车编组计划中其余三个去向的编组内容；（3）确定列车编组计划中相对于技术站 *B* 各个列车和对应车流的性质。

表 1 列车编组计划（部分）

始发站	到站	编组内容	列车种类
A	*E*	*E* 及其以远	技术直达
A	*C*	*C* 及其以远	直通
A	*C*	（1）*B*—*C* 车流（2）*C* 及其以远	摘挂
C	*E*		直通
C	*D*		区段
C	*D*		摘挂

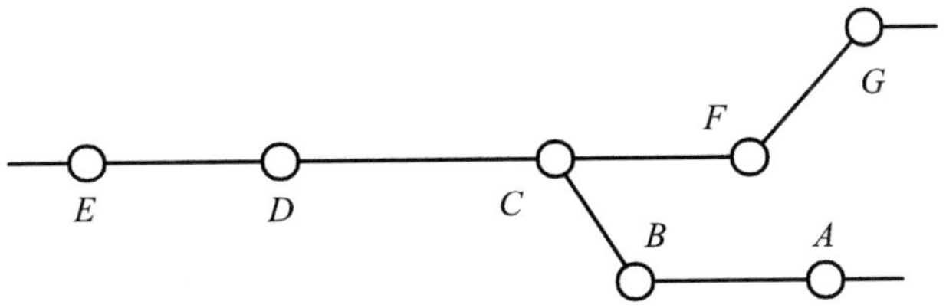

图 1 主要技术站及相互邻接关系示意图

2. 已知各主要技术站的相互邻接关系如图 2 所示。

要求：（1）确定 *A*、*B*、*D*、*F* 四个技术站的性质；（2）确定列车编组计划中其余三个去向的编组内容；（3）确定列车编组计划中相对于技术站 *B* 各个列车和对应车流的性质。

表 2 列车编组计划（部分）

始发站	到站	编组内容	列车种类
A	*F*	*F* 及其以远	技术直达
A	*B*	*B* 及其以远	区段
A	*B*	（1）*A*—*B* 车流（2）*B* 及其以远	摘挂
B	*F*		直通
B	*D*		区段
B	*D*		摘挂

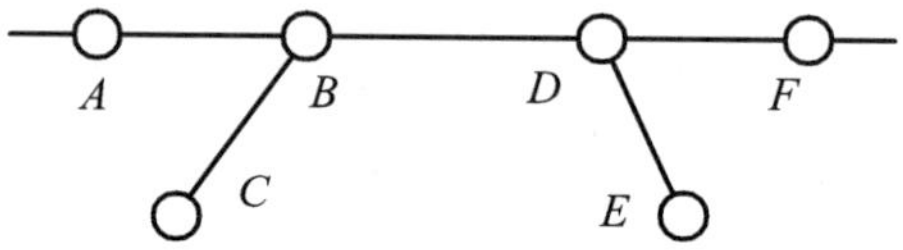

图 2　主要技术站及相互邻接关系示意图

任务二　列车编组计划编制

任务描述

本学习任务重点介绍了车流组织方法、装车地直达列车编组计划编制方法、编制列车编组计划的主要因素、技术站货物列车编组计划的编制方法、列车编组计划的最终确定办法、列车编组计划执行、违反货物列车编组计划的有关规定、违反货物列车编组计划的处理等基本知识和基本技能。

知识准备

货物列车编组计划是车流组织的核心内容和具体体现，主要包括装车地直达列车编组计划和技术站列车编组计划两部分内容，它规定了路网上开行哪些列车流，每支列车流吸收哪些车流，确定了所有货物列车的编成站、终到站、列车种类及编组内容。最佳的货物列车编组计划是指经济有利、技术可行的方案。

一、车流组织方法

（一）货流、车流、列流之间的关系

就货物运输而言，从货流到车流，再到列车流，最后到列车运行，这一过程实现了货物的位移，是一种层层递进的关系，这中间需要进行大量的组织工作。可以说，把货流组织成车流，是货物运输计划需要主要解决的问题；把车流组织成列车流，是货物列车编组计划（简称“列

车编组计划”，或“编组计划”）的任务；而列车流的组织，即组流上线，规划列车运行秩序，则主要靠列车运行图来完成。上述关系可以用一个图简单地表示出来，如图 3.2 所示。

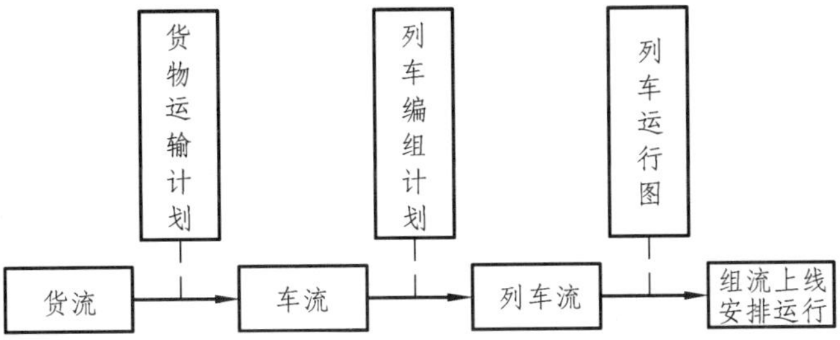

图 3.2　货流、车流、列流相互关系示意图

（二）车流组织的原则

在铁路网上，装车站把装出的重车向卸车地点输送就构成了重车流；卸车站把卸后的空车送往装车地点又形成了空车流。流向有同有异、流量有大有小、流程有长有短，且各站设备条件和作业能力又不尽相同，如何把这些重空车流合理地组织成列车流，以保证各站所产生的车流都能迅速而又经济地送到目的地，这就是车流组织所要解决的核心问题。

因此，简单地说，车流组织要解决的核心问题，就是如何把车流变为列流。

货车组成列车可以有两种最简单的方法。一种是不管车流数量大小、去向远近，一律编入摘挂列车或区段列车。这样势必造成远距离车流逐站或逐段进行改编作业，既延误货物送达，延缓车辆周转，又增加有关技术站的改编作业负担，引起不必要的设备的投资和用于调车作业的人力物力消耗。另一种是不管各个去向的车流大小，一律在装车站分别集结，编开到达卸车站的直达列车。这样，由于车流不必在途中技术站进行改编作业，虽然可以节省一些时间，但车辆要在装车站等待凑够成列，将会导致在站停留时间大大延长，同样不能达到快速运送货物、加速车辆周转的目的。显然，上述两种极端的车流组织方法既不合理也不经济，都是不可取的。

正确解决方法应该是根据车流的大小和性质，结合各站设备条件，采取不同的车流组织形式：

（1）在装车量较大的车站（或地区）组织始发、阶梯、基地直达列车；

（2）在卸车量较大、产生空车较多的车站（或地区）尽量组织空车直达列车；

（3）未纳入始发直达列车和空车直达列车的重空车流向就近的技术站集中，按车流去向、流量大小和流程远近分别编入各种适当的列车，主要是技术直达列车、直通列车和区段列车，逐步输送至终到站；

（4）在中间站到发的零星车流一般用摘挂列车或区段小运转列车输送；

（5）在枢纽地区到发的零星车流一般用枢纽小运转列车输送。

（三）车流的组合方案

我们把具有相同发、到站的车辆的集合叫作“一支车流”，把具有相同发、到站的同种列车的集合叫做“一支列流”。按照所含列车种类的不同，由直达列车组成的列流称为直达列流，依此类推有直通列流、区段列流、摘挂列流等等。一支车流包含的辆数称为该支车流的车流量，一支列流包含的列车数称为该支列流的列流量。为讨论方便起见，用（i，f）表示 $i \to f$ 的车流，$\langle i, f \rangle$表示 $i \to f$ 的列流，车流量和列流量分别记作 N_{ij} 和 n_{ij}。如图 3.3 所示，假定 p 站每天发往 q 站 5 车货物，这 5 辆货车便形成一支车流（p，q），其日均车流量 $Npq = 5$ 辆；B 站编组直通列车开往 E 站，平均每天 8 列，这 8 列列车便构成一支列流$\langle B, E \rangle$，其日均列流量 $n_{BE} = 8$ 列。

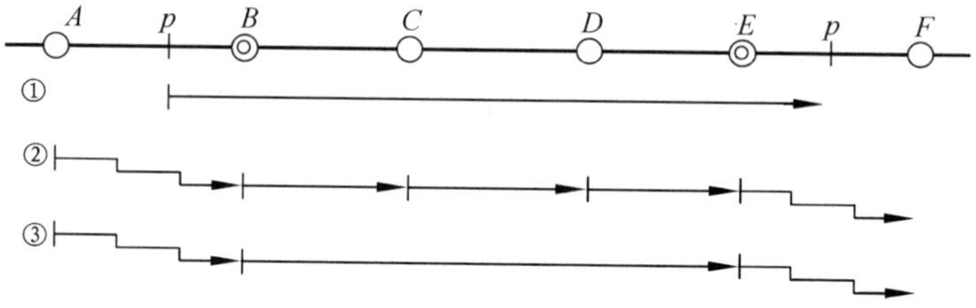

图 3.3　车流（p，q）编挂方案示意图

由于车流是以列车的形式在线路上移动的，所以车流必须转变成列车流，然后才有可能为各种列车安排运行计划，实现车流，从而实现货流的移动。这种把车流转变成列车流的工作叫做车流组织，相应地，把车流转变成列车流的方案叫作编组方案。编组方案是方向上全部车流的编挂方案，实质上是所有车流的组合方案。

对某一具体线路方向而言，车流组织主要解决两大问题：

（1）路网上各线路方向究竟开行哪些列流？

（2）各支列流究竟吸收哪些车流？

把车流转变成列车流有多种做法。图 3.3 对（p，q）这支车流给出了 3 个编挂方案。

方案一：车流（p，q）编组 $p \to q$ 的始发直达列车；

方案二：车流（p，q）挂入 $A \to B$ 的摘挂列车，然后编入 $B \to C$、$C \to D$、$D \to E$ 的区段列车，最后编入 $E \to F$ 的摘挂列车运抵到站；

方案三：车流（p，q）挂入 $A \to B$ 的摘挂列车，然后编入 $B \to E$ 的直通列车，最后编入 $E \to F$ 的摘挂列车运抵到站。

还可以举出另外一些方案，但这 3 个方案具有一定的代表性。方案一和方案二代表两种最简单也最极端的做法。

方案一代表的是，所有车流，不管车流量大小，一律在装（卸）车站集结，编组开往卸（装）车站的始发直达（或空车直达）列车。这样做可使车流在沿途各技术站均只进行无改编中转作业，大大压缩在技术站的中转停留时间，从而有利于缩短全程旅行时间。但在始发站，如果日均车流量很小，车辆集结凑成一列车将要消耗很长的集结时间（几天，甚至几星期），这显然是不经济的，加上设备条件的限制，这种完全按发、到站编组列车的做法甚至是不可能的。

与此相反，方案二代表的是，所有车流，不管车流量的大小和流程的远近，统统纳入摘挂列车和区段列车，逐段推进，直至终到站。这样做使车流在始发站的集结时间消耗不大，但在沿途各技术站都要进行改编作业，将使远程车流在途时间大为延长，同时增加有关技术站的作业负担和不必要的设备投资。这种做法显然也是不可取的。

方案三在某种程度上克服了方案一和方案二的不足，同时保留了二者的优点，用它可以代表一种较为合理的车流组织方法。这种方法的基本思想是：根据车流的性质、流量的大小和流程的长短，结合各站设备条件，灵活采取不同的组织形式，以达到经济快捷地输送车流的目的。

二、编制装车地直达列车编组计划

在制定装车地直达列车编组计划时，应从列车的装车站、运行途中、到达站各个环节的条件加以分析比较，以确定最合理的组织方法，优先采用效率高、在实际工作中容易实现的组织形式。一般按下列步骤与原则进行：

（1）先组织一个发站一个发货单位装车的，再组织同一发站几个发货单位装车的，最后组织几个发站几个发货单位装车的始发直达列车；

（2）先组织同一到站或同一专用线卸车的直达列车，再组织到达同一区段内几个卸车站的直达列车，最后组织到达技术站解体的直达列车；

（3）本着“先远后近，先整列后成组”的原则，多编远程、高质量直达列车；

（4）在一般条件下，组织循环直达列车，这种列车在固定的装卸站之间不拆散的循环运行，一般运送如煤、矿石、原油、粮食、矿建材料等大宗货物。

下面举例说明如何编制装车地直达列车编组计划。

例如，甲—丁方向上煤炭装车计划如表 3.2 所示。假设主要装卸站装卸能力充足，空车来源有保证，编制甲—丁方向装车地直达列车编组计划。甲—丁方向线路图如图 3.4 所示。

表 3.2　甲—丁方向煤炭装车计划表（日均车数）

卸车站 / 装车站	甲	乙	丙	丁	R	s	r	合计
X	3			2	[165]	△25		195
Y							△30	35
M			4	㉚				34
N					⑩	⑩	⑤	25
合　计	3	5	4	32	175	35	35	289

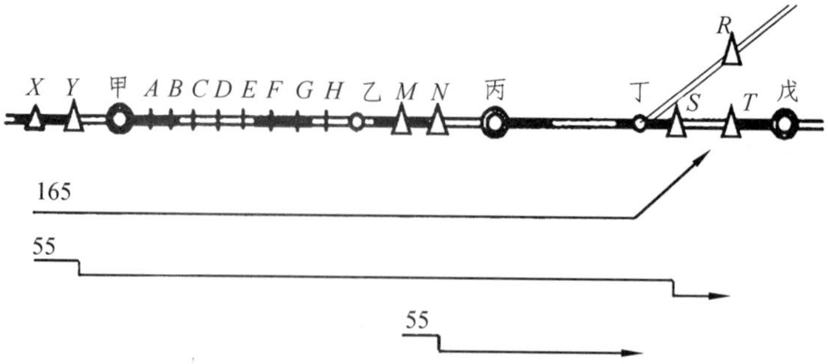

图 3.4　甲一丁方向装车地直达列车计划示意图（注：编组辆数—55 辆）

编制装车地直达列车编组计划时，先组织 X 站至 R 站卸的 165 辆编成三列直达列车（86811~86815 次，即表中带□ 者）。再组织 X、Y 两站装至 S、T 两站卸的 55 辆编成一站直达列车（86821 次，即表中带Δ 者）。最后组织 M、N 两站装至丁站解体的 55 辆编成一直达列车（86851 次，即表中带○者）。这些车流组织起来编组始发直达列车及阶梯直达列车，纳入编组计划，如图 3.4 所示。始发直达列车编组计划确定后，汇总填制成表，一般格式如表 3.3 所示。

组织装车地直达列车后有剩余的零散车流，应大力组织成组装车，即同一装车站，一批装车五辆及其以上，成组挂运，到达同一卸车站，或通过一个及其以上编组站不拆散的车组，可以减少改编调车作业钩数和取送甩挂次数，有助于加速货物运送。

表 3.3　甲一丁下行方向列车编组计划

顺号	发站	到站	编组内容	列车种类	定期车次	附注
1	X	R	R 站卸	始发直达	86811～86815	
2	X，Y	T	S 站卸；T 站卸	阶梯直达	86821	
3	M，N	丁	丁站及其以远	阶梯直达	86851	

三、编组方案选优的三大因素

装车地直达列车和空车直达列车编组计划编制完毕后，未被装车地直达列车和空车直达列车吸收的车流，都要向就近技术站集中，到达技术站解体的装车地直达和空车直达列车中的远程车流，也要在技术站集结重新编组。所以，下一步工作是编制技术站列车编组计划。

编制技术站列车编组计划的问题属于组合优化问题，即在众多的编组方案中，选择最佳的方案。当车流径路确定之后，需要计算比较各方案的车小时总消耗，才能选择出方向上经济有利的编组方案。计算各编组方案的车小时消耗或车小时节省，需要确定三个比较重要的技术标准：一是技术站间计划车流，二是各技术站按方向别的平均一支车流一昼夜的货车集结车小时消耗，三是各技术站平均一辆货车无改变通过所获得的车小时节省。

（一）技术站间车流确定的方法

编制技术站列车编组计划所采用的车流，是技术站间车流，技术站间车流与装车站的车流不同，除本站产生和消失的车流外，大量的是中转车流，其格式如表 3.5 所示。

举例：根据图 3.5，计算乙—丙间车流。

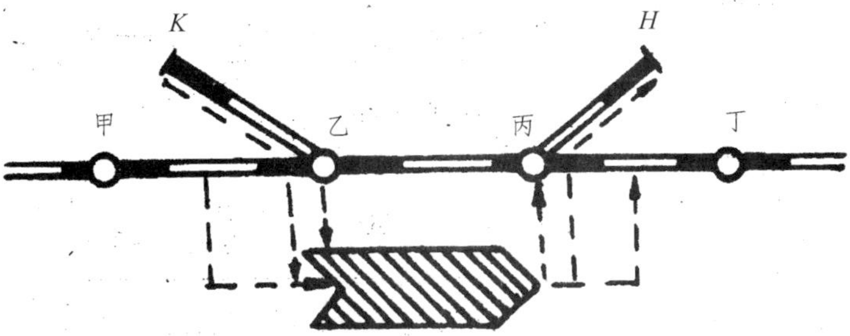

图 3.5　乙—丙间车流组成示意图

乙站向丙站发出的车流包括：

（1）乙站装到丙站、丙—丁间各站及丙—H 支线各站卸的车辆。

（2）甲—乙间各站装到丙站、丙—丁间各站及丙—H 支线各站卸的车辆。

（3）乙—K 支线各站装到丙站、丙—丁间各站及丙—H 支线各站卸的车辆。

除以上三种车流外，还有装车地直达列车到乙站解体后需转送到丙站、丙—丁间各站和丙—H 支线各站卸的车辆。

综上所述：

每一技术站发出的车流包括：该站自装车流；该站与其后方相邻技术站间各站及衔接支线所装车流；该站衔接支线所装车流；.到达该站解体的装车地直达列车中需继续运送的车流。

到达每一技术站的车流包括：到达该站所卸车流；到达该站与其前方相邻技术站间各站及衔接支线所卸车流；到达该站衔接支线所卸车流。

技术站间车流不包括被装车地直达列车吸收的车流，及同一区段和相邻区段到发的摘挂车流。按照上述技术站的内容，对发到站别的计划车流进行归并整理后，便可编制技术站间计划车流表。

例如，根据表 3.4 甲—丁方向重车车流表（包括表 3.2 所列煤炭计划车流量在内），归并整理后编制出甲—丁方向技术站间计划重车车流表（见表 3.5），已被装车地直达列车吸收的车流应从有关数字中减去，甲—丁方向线路情况如图 3.5 所示。

表 3.4　甲一丁方向重车车流表（日均车数）

往 由	甲	甲—乙	乙	乙—K	乙—丙	丙	丙—H	丙—丁	丁	计
甲		28	170	10	40	100	10	55	470	883
甲—乙	25	1	10	4	5	5	2	3	10	65
乙	230	5		10	5	35	3	2	185	475
乙—K	10	2	1	2	10	5	2	3	5	40
乙—丙	20	3	1	4	3 1	2	4	3	55	96
丙	30	2	40	3	2		10	5	35	127
丙—H	15	3	4	2	6	1	1	1	15	48
丙—丁	5	2	3	3	4	2	3		5	27
丁	250	25	165	10	10	70	15	3		548
计	585	71	394	48	86	220	50	75	780	2 309

注：表中斜线右上方为下行车流，左下方为上行车流。

表 3.5　甲一丁方向技术站间车流表

往 由	甲	乙	丙	丁	计
甲		170 + 10 + 40 = 220	100 + 10 + 55 = 165	470 − 220 = 250	635
乙	230 + 10 + 20 = 260		35 + 3 + 2 + 5 + 2 + 3 + 5 + 2 + 3 = 60	185 + 10 + 5 = 200	520
丙	30 + 15 + 5 = 50	40 + 2 + 3 + 4 + 3 + 2 + 3 + 2 + 3 = 62		35 + 55 + 15 − 55 = 50	162
丁	250	165 + 25 + 10 = 200	70 + 10 + 15 = 95		545
计	560	482	320	500	1 862

注：带双下划线的车数为已被装车地直达列车吸收的车流。

表 3.5 内的车流数来源是将表 3.4 各支车流汇总，减去表 3.2 已被装车地直达列车所吸收的车流而得。例如乙—丙区间发到丁站 55 辆，丙站发到丁站 35 辆，丙—H 区间发到丁站 15 辆，合计 105 辆，再通过查表 3.3 和 3.4 得知直达列车 86851 次已吸收重车 55 辆，所以，丙站发到丁站的重车流只有 55+35+15-55=50 辆了。

为了醒目起见，就上下行方向分别绘制车流梯形图，如图 3.6（a）所示，可以绘成合并式车流梯形图，如图 3.6（b）所示。

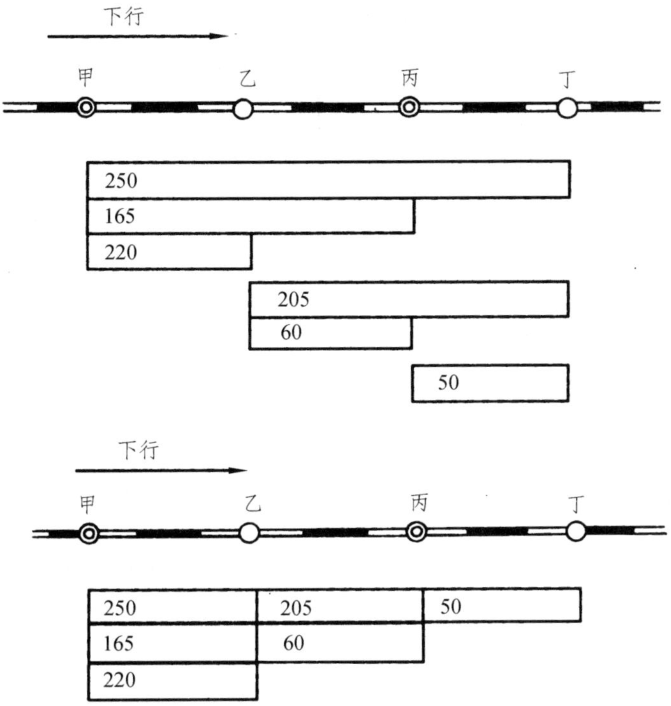

图 3.6 甲丁下行方向车流梯形图

（二）货车集结时间及集结系数的查定

技术站编组某一到达站的列车，其车流除一部分可能由车站自装外，其余部分都随各方向的列车陆续到达的，这些车流在技术站上凑集满轴的过程，称为车流集结过程。车辆在集结过程中的停留时间，称为车辆集结时间。车辆集结时间约占有调中转停留时间的一半，采取措施缩短集结时间，对加速车辆周转具有重要意义。

1. 一个车列的集结时间 $\left(T_{集}^{列}\right)$

自第一组车辆进入编组场之时起，至凑足一个车列的最后一组车辆到达编组场时止，所产生的停留时间，为一个车列的集结时间。这种按车辆进入编组场集结的情况来确定集结时间，即所谓编组场集结时间，如图 3.8 所示。

另外，还可以按车流的客观集结情况来确定集结时间，即所谓车流集结时间。车流集结时间是按第一组中转车到达车站时起（本站作业车自装车完了时起，卸后排空车自卸车完了时起），至凑满一列车最后一组车辆到达车站（或装卸完了）时止来计算的。

一般从分析编组场集结时间着手，找出车辆集结的规律和压缩车列集结时间的措施。

如图 3.7 所示，假设组成车列的各个车组大小相等，到达调车场的间隔时间相等，则这个车列的集结时间可以由多边形的面积代替，即可以用 $\triangle ABC$ 的面积代替，即

$$T_{集}^{列}=\frac{1}{2}t^{列}\times m \quad （车小时）$$

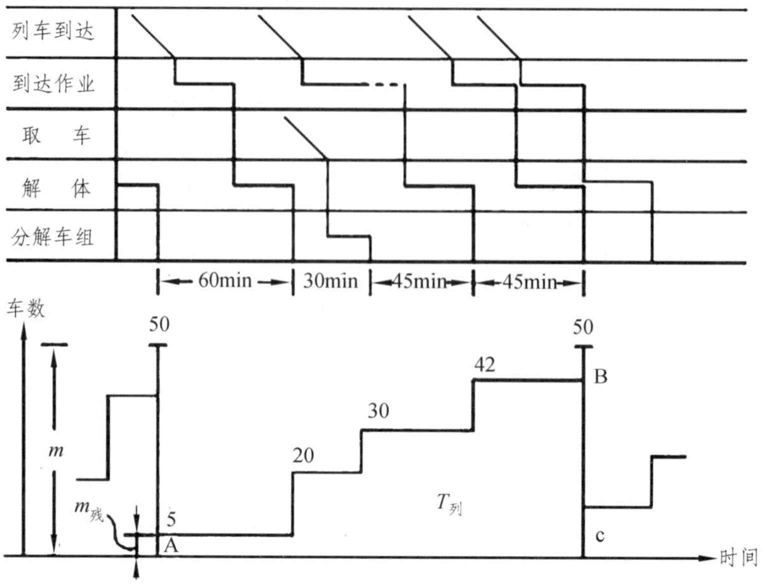

图 3.7　车列集结过程图

2. 一个到达站一昼夜的集结时间（$T_集$）

每一到达站的车流是昼夜陆续到达、不断集结的。当车组大小相同，车组间隔相等，各车列之间没有集结中断，则一个到达站一昼夜集结时间 $T_集$ 为各个三角形面积之和（如图 3.8 所示），即：

$$T_集=\frac{1}{2}\left(t_列^1+t_列^2+\cdots+t_列^4\right)\mathrm{m}=\frac{1}{2}\times 24\ \mathrm{m}=12\ \mathrm{m}\ （车小时）。$$

在实际工作中，各车组大小及到达间隔往往不等，也有集结中断情况，还会采取措施压缩集结时间。在一般情况下，一个到达站一昼夜的集结时间小于 12 m。通常以集结系数 C 代替 12 这个数字，则：

$$T_集=Cm\ （车小时）。$$

可见，一个到达站一昼夜的集结时间与车流量无关，每增加一个到达站，就多产生一个 Cm。

一个到达站一昼夜的集结时间与下列因素相关：

（1）如果车组能按适当的时刻配合密集开到技术站，并扩大后面车组的车数，可以造成集结中断和减少集结时间。

（2）集结中断的次数愈多，中断时间愈长，则集结时间愈少。

（3）到达列车内需要解体的车组数愈多，每个车组内的平均车数愈少，车辆集结时间愈长。

（4）每个列车编成辆数愈多，集结时间愈长。

生产实践中为了缩短集结时间，常采用以下措施；

（1）铁路局调度员调整列车运行，使技术站需要的车辆配合到达，以缩短集结时间；

（2）车站调度员调整列车解体顺序，先解体编组列车急需的最后车组，或组织本站自装车流结束集结过程；

（3）组织超轴列车，或利用单机挂车，造成集结中断等。

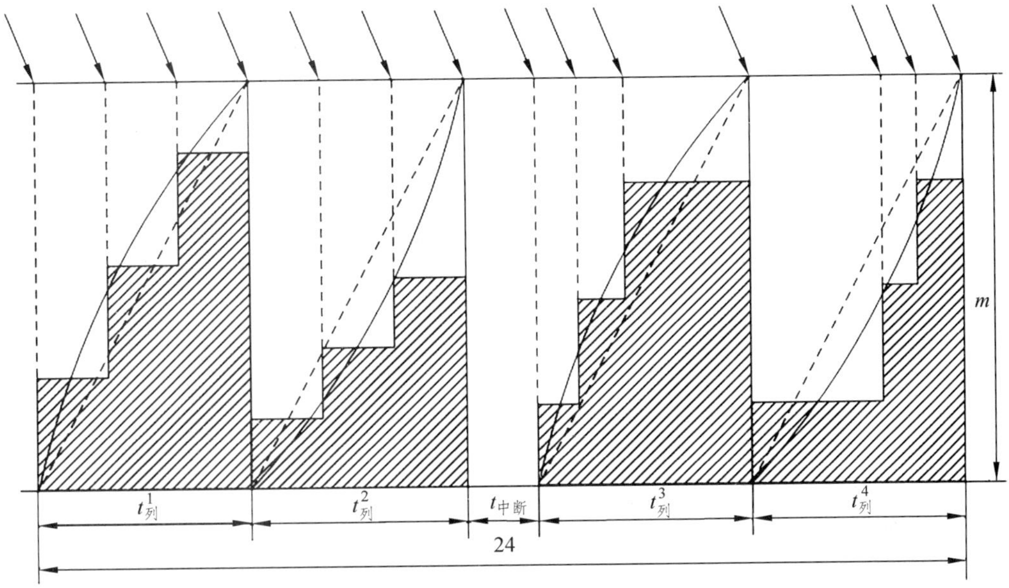

图 3.8 某到达站一昼夜不均衡有中断的集结过程图

3. 每车平均集结时间 $t_{集}$

若某到达站昼夜车流量为 N，则每辆货车的平均集结时间为：$t_{集}=\dfrac{Cm}{N}$（小时）

由此可见，每车平均集结时间与车流量成反比。

4. 集结系数的查定

$T_{集}$与列车平均编成辆数 m 呈正相关关系，而与车流量 N 无关。为了简化起见，把表示成两项因素的乘积：$T_{集}=Cm$（车小时）。

其中，C 称为集结参数（或集结系数），它涵盖了除 m 以外所有影响 T 集的其他因素。由于列车编成辆数 m 受限于列车牵引定数和计长，波动很小，同一支列流的 m 可近似认为是一个常数，所以查定 T 集的关键在于查定集结参数 C。

为提供列车编组计划的编制资料，须查定除零摘、小运转列车以外的每一到达站和全站平均集结系数 C。

如前所述，$T_{集}=Cm$，即 $C=\dfrac{T_{集}}{m}$，要查定 C，必须先确定每一到达站一昼夜集结车小时。

C 的查定方法有两种：推算法和图解法。前者使用起来更加简便，具体方法如下：

采用推算法时，一般按各车组到达车站的时刻（车站作业车按装卸完了时刻）来确定车辆的集结过程，并选择车流稳定、工作正常的一个时期（连续五天一旬）的车流，作为推算的依据。

查定时，可使用表 3.6 所示的推算表格，每一到达站用一张。表中到达车次，按列车到达时刻先后顺序填写。本站作业车按具体装卸完了时刻插入车次之间。表中集结车数栏括号处为一个车列集结终了的时刻，括号外数字为满足列车编组辆数后的剩余车数。根据集结车数的累计情况，按列车编成辆数即可确定出各个车列的集结完了时刻，并按各列累计集结车数和车组间隔时间，算出各阶段集结车数在各车组间隔时间内的集结时间（车分）。将各列集结车分汇总，即得到该到达站在查定期内的总集结时间。例如，甲站编组至乙到达站的集结时间推算表如表 3.6 所示。

表 3.6　乙到达站的车辆集结时间推算表

到达车次	时刻	车数	集结车数	间隔时分	车分
18:00 结存		46	46	20	920
30011	18:20	8	（52）2	17	34
30013	18:37	9	11	13	143
44001	18:50	6	17	20	340
20033	19:10	12	29	60	1740
30015	20:10	12	41	10	410
自装	20:20	8	49	50	2450
44003	21:10	3	（52）	10	—
5d 计		1255			142147

推算过程如下：

18 点结存的 46 车，直达 30011 次 18:20 到达，每车停留 20 min，共停留：

$$20 \times 46 = 920\text{（车分）};$$

30011 次到达的 8 车，其中 6 车与站存的 46 车凑够一个车列，因而没有停留时间，剩下的 2 车停留至次列车 30013 次 18:37 到达，每车停留 17 min，共停留：

$$17 \times 2 = 34\text{（车分）}$$

待 44003 次到达后，该到达站第二个车列集结完了，集结中断，集结车分为零。如此继续，直至将统计资料全部推算完毕。

全部集结车分加总后，即为该到达站统计期内总的集结停留时间（车分），该到达站的集结系数为：

$$C=\frac{\sum Nt}{60m\cdot D}$$

式中　$\sum Nt$——某到达站车辆集结车分之和；

D——查完集结时间天数。

全站平均集结系数 C 平均的计算公式为:

$$C_{平均}=\frac{\sum Nt总}{60m_{平均}DKd}$$

式中　$\sum Nt_{总}$——全站各到达站集结车分之和；

$m_{平均}$——全站各到达站平均编成辆数；

Kd——该站编组列车的到达站数。

从表 3.6 得出乙到达站集结系数为：

$$C_{乙}=\frac{142\ 147}{60\times52\times5}=9.1$$

如甲站编组乙、丙、丁三个到达站，可以根据表 3.8 所示的资料，加以汇总，立刻可得甲站全站平均集结系数为：

$$C_{平均}=\frac{453\ 059}{60\times53\times5\times3}=9.5$$

表 3.7　甲站集结系数计算表

到达站	车数	列数	平均编成辆数	集结车分	每车集结车分	集结系数
乙	1 255	24	52	142 147	113	$C_{乙}=9.1$
丙	785	15	52	151 253	192	$C_{丙}=9.7$
丁	1 424	26	54	159 659	112	$C_{丁}=9.9$
合计	3 464	65	53	453 059	131	$C_{平均}=9.5$

注：本表天数为 5。

用图解法查定集结系数，就是把车流从到达至出发合理地按到、解、集、编、发等过程，用图解的形式画出来，然后据以计算。

（三）货车无改编通过技术站的节省时间

货车编入直达、直通列车无改编通过沿途技术站时，只办理无调中转技术作业。如果不编入直达列车，那么在沿途技术站就要进行有调中转技术作业。显然，货车编入直达列车无改编通过沿途技术站可以得到车小时的节省。那么，具体节省了多少呢?

现以具有甲、乙、丙三个技术站的甲—丙方向为例加以说明，该方向上共有三支车流，有两种编组方案，如图 3.9 所示。

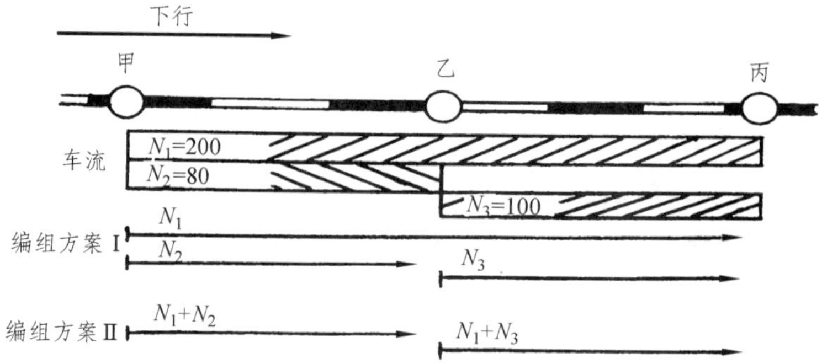

图 3.9 三个技术站方向上编组方案示意图

设乙站 $t_{有调}$ 为 6 小时，$t_{无调}$ 为 1 小时，$T_{集} = Cm = 600$ 车小时，采用第一种编组方案时，甲站将甲—丙车流 N_1 以直达（直通）列车输送，列车无改编通过乙站时将得到节省车小时的 $T_{节}$ 为：

$$N_1(t_{有调} - t_{无调}) = 200\ (6-1) = 1\,000\ （车小时）。$$

但是，N_1 车流单独划出编入直达列车后，引起乙站集结车流发生变化，使每车平均集结停留时间增大。因为，当甲—丙方向不开直达列车时，乙的每车平均集结停留时间为：

$$t_{集} = \frac{cm}{N_1 + N_3} = \frac{600}{200+100} = 2\ （小时）$$

当甲站将 N_1 车流编成直达列车无改编通过乙站后，乙站只能集结 N_3 车流开往丙站时，每车平均集结停留时间增大到：

$$t'_{集} = \frac{cm}{N_3} = \frac{600}{100} = 6\ （小时）$$

所以，由于甲站将 N_1 车流编入甲—丙直达列车，使 N_3 车流在乙站的每车平均集结停留时间增加了 $t'_{集} - t_{集}$，或者说 N_3 车流在乙站造成的集结停留时间增加为：

$$N_3(t'_{集} - t_{集}) = N_3\left(\frac{cm}{N^3} - \frac{cm}{N_1 + N_3}\right) = N_3\left(\frac{N_1 t_{集}}{N_3}\right) = N_1 t_{集} = 200 \times 2 = 400\ （车小时）$$

将 N_1 编成直达列车通过乙站时得到的节省 1000 车小时，扣去 400 车小时弥补这一损失后，实际得到纯节省车小时为：

$$N_1(t_{有调} - t_{无调}) - N_1 t_{集} = 200 \times 3 = 600\ （车小时）$$

因此，货车 N_1 车流无改编通过技术站时，每车平均节省的时间为：

$$t_{节} = t_{有调} - t_{无调} - t_{集} = 6 - 1 - 2 = 3\ （小时）$$

四、编制技术站列车编组计划

（一）技术站开行直达列车的基本条件

技术站编组某一到站的列车时，由于车流是陆续到达的，需要进行集结，就产生了车辆的集结停留时间；由于直达列车无改编通过沿途技术站，节省了改编作业的停留时间。为判明某支车流开行直达列车是否有利，必须将车辆在列车编组站的集结车小时损失与在沿途技术站无改编通过所得到的车小时节省加以比较，如果得大于失，或得失相当，则开行直达列车是有利的，否则不利。

所以，某支流车单独开行直达列车的基本条件是：

$$N_{值}\sum t_{节} \geqslant T_{集}$$

式中 $N_{值}$——某一到达站一昼夜的直达车流量；

$\sum t_{节}$——无改编通过沿途技术站所节省的时间之和（小时）。

$N_{值}\sum t_{节}$——划出单独开行直达（直通）列车的那支车流（包括合并后的车流）在沿途各技术站节省的车小时总和。

$T_{集}$——一个到达站车流一昼夜集结消耗的车小时数。

例如，如图 3.10 所示，甲—丁方向的两支车流 N_1 和 N_2，可以用上面的公式检查其可否开行直达（直通）列车。

图 3.10 甲一丁方向 N_1 和 N_2 两支车流示意图

由上图可知，在甲—丁方向的车流 N_1 为 100 车，车流 N_2 为 250 车，编组站甲的 $Cm = 660$ 车小时，乙站和丙站的 $t_{节}$ 分别为 3 小时及 2 小时，则

（1） $N_1\sum t_{节}=100\times(3+2)=500$（车小时）

由于 500<600，即节省车小时小于消耗车小时数，所以车流 N_1 不应单独编开直达（直通）列车。

2. $N_2\sum t_{节}=250\times 3=750$（车小时）

由于 750>600，即节省车小时大于消耗车小时数，所以车流 N_2 可以单独编开直达（直通）列车。

当然，将 N_1 和 N_2 合并后开行甲—丙的直通列车，节省更比消耗大，所以也可以合并开。

经过比较，甲—丁方向的车流 N_2 符合开行直达列车的基本条件，有了开行直达列车的可能性。必须指出，某支车流满足了上述条件，只表明这支车流具备了开行直达、直通列车的基本条件，即不会造成损失，但并不表明这样编开列车就是最好的办法。最优方案是需要通过对整个方向上所有车流的各种组合方案进行比较后才能确定。

（二）选择技术站开行直达、直通列车最优方案的基本方法

1. 列车编组方案

如前所述，任何一个技术站开行一个到达站的直达或直通列车时，都要在列车编组站产生集结车小时的损失，同时又在列车无改编经过的技术站上产生车小时的节省，以此二者相比较，检查其是否有利。显然，这种比较办法的本身就是一个全局性的问题，即列车编组计划是根据运输整体效益确定的。

一个线路方向上有数个技术站，每个技术站又各有数支车流，这些车流按照它们的共同运行径路可以有各种组合方法，各技术站间的各种到达站的列车之间，又相互衔接、密不可分。这种动态的相互联系的编开列车的方法，称为列车编组方案。

例如，在甲—丁方向上的车流情况如图 3.11 所示。图中（a）、（b）就是两种不同的编组方案。方案（a）是将 N_1 和 N_2 合并开行甲—丙方向的列车，N_3、N_4、N_5 各自单开，丙—丁的列车除编挂 N_6 的车流外，因 N_1 随甲—丙的列车送到丙站，尚未送到目的地，所以还要和 N_6 合并挂于丙—丁的列车内送至丁站。以上甲、乙、丙三站编开的这 5 个到达站的列车，互相配合和衔接，就构成一种列车编组方案，并用车站的代号和车流组合方式以数字表示出来，称为编组方案特征。如图 3.11 所示。

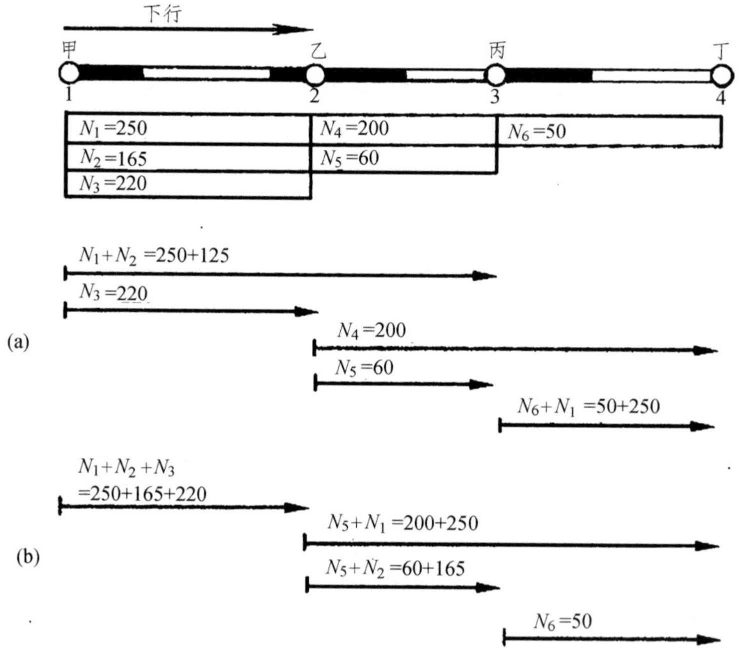

图 3.11　列车编组方案示意图

图 3.11（a）方案的方案特征如下：

2，3+4——表示甲站开两种列车，一种到第 2 站，另一种为第 3 站和第 4 站的车流合并开到第 3 站。

3，4——表示乙站开两种列车，一种到第 3 站，一种到第 4 站。

4——表示丙站开一种列车，到达第 4 站。

在编组方案中，任何一个技术站的列车编开方法发生变化，都可能影响其他站，其他列车也可能随之发生变化。例如，甲站改变以上列车的编开方法，将 N_1、N_2、N_3 三种车流合并只开一个到达站的列车，如图 3.11（b）所示。因 N_1 和 N_2 均未送到目的地，所以就增加了乙站的改编工作量，需将 N_1 和 N_4 合并后开到丁站，将 N_2 和 N_5 合并后开到丙站；由于 N_1 和 N_4 编入了直达（直通）列车，在丙站不再进行改编作业，所以丙站编组到丁站的列车也只有 N_6 一支车流了。这样，图 3.11（b）中 4 种到达站的列车编开方法，又构成了另一种列车编组方案。

在一个方向上，编组方案的数量与技术站数有关。如图 3.12 所示，在有 4 个技术站的方向上有 10 种方案。因为，在有 4 个技术站的方向上，甲站有 3 支车流，有五种可能的车流组合方案；乙站有 2 支车流，有两种可能的车流组合方案；丙站有 1 支车流，只有一种编开方案。该方向可能的编组方案数，为各技术站车流组合方案数的乘积，即 5×2×1=10（种），

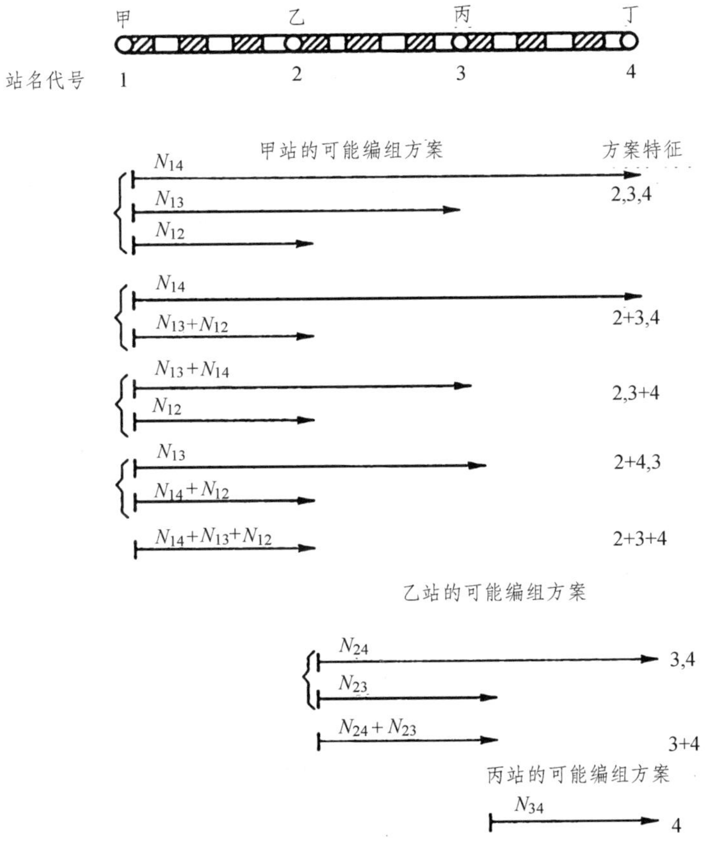

图 3.12　四个技术站方向上可能的编组方案示意图

如果方向上有 5 个技术站，第一站就有 4 支车流，就有 15 种可能的车流组合方案，则整个方向上就有 150 种列车编组方案，即 15×5×2×1=150（种）。可见，技术站数越多，列车编组方案数也越多，而且，编组方案数增加的幅度要比技术站数增加的幅度大得多。

2. 选择技术站开行列车最优编组方案的基本方法

在众多的编组方案中选择最优的方案，实质上是大规模的组合优化问题。关于优化目标有两种考虑：一个是以方向上总的车小时节省为最大目标；另一个是以方向上总的车小时消耗最小为目标。为达到简化目的，在计算方案值时，与方案无关的车小时消耗（或节省）均不列入计算。

优化算法按其性质可以归纳为三大类：

第一类是穷举法，也可称为绝对计算法，就是通过对所有的编组方案逐一计算其车小时总消耗（或车小时总节省），其中总消耗最小（或总节省最大）的方案，即为最优方案。

第二类是筛选法，其要点是通过一定的判别条件来删除或排除部分不利的方案，精简方案数，缩小搜索范围，而对未删除的方案进行分析比较，逐步选出经济有利的方案。属于这一类方法的有分析计算法、表格计算法、树形筛选法、寻求列车有利去向数法等，其中以表格计算法使用得最为普遍。

第三类是数学规划法，就是把车流组织问题化为一类数学规划问题来建模求解。属于这一类的方法有整数规划法、动态规划法（即图论方法）、二次 0-1 规划法、网络分析法等。

本学习任务中，只介绍“绝对计算法”这一种优化算法。其他优化算法，有兴趣学习的人员，可以参考《铁路行车组织》教材的有关内容。

（三）绝对计算法

绝对计算法是一种传统算法，主要通过对每一可能方案的车小时消耗进行计算，最终找出节省车小时最多或消耗车小时最少，又与车站能力相适应的方案作为最优方案。寻求节省车小时最多的编组方案的计算公式为：

$$Nt_{节}=\sum(N_{值}t_{节})-\sum T_{集}$$

式中　$\sum(N_{值}t_{节})$——该编方案所有编入直达（直通）列车列达站的车流在沿途技术站无改编通过的车小时总节省；

$\sum T_{集}$——该编组方案所有直达（直通）列车到达站的集结车小时总消耗。

$Nt_{节}$有最大值的列车编组方案纯节省车小时最多，为最经济的方案。现以甲—丁方向上有 4 个技术站，10 种列车编组方案为例，计算比较得出最有编组方案。如图 3.13 所示，由计算结果可知，第 1、3、6、8 四个方案的 $Nt_{节}$最多，均为 1 090 车小时。

在实际工作中，车小时节省最多（或车小时消耗最少）的方案，并不一定是可以实现的方案，在沿途技术站改编车数较多，有关车站改编能力不能适应时，考虑到方案的可行性，往往要选择车小时节省（或车小时消耗）次之、改编能力适应的其他方案作为最佳方案。总之，最优方案应是既经济有利、又切实可行的编组方案。上例中，为寻求最优方案，应在最经济的 4 个方案中和各站改编能力相适应的前提下选择改编车数最少的编组方案，即为最优方案。通过比较可知，第 1 方案在乙、丙两站均不产生改编车数，因而是最优方案。

绝对计算法是最原始的方法，其算法思想最简单，计算工作量却最大。当支点站数达到

5 时，手工计算已相当困难，支点站数达到 9 时，即使用计算机选优也难以实现。尽管如此，对于初学者来说，掌握这个方法有助于理解编组方案的构成和方案值的计算原理，同时可为学习其他方法打下基础，所以本教材只选择了这一种方法作简要介绍。

方案号	编组方案特征	图示	直达列车集结时间总和 $\sum T_{集}$（车·h）	沿途各技术站节省车小时之和 $\sum(N_{直}\sum t_{节})$（车·h）	$\sum(N_{直}\sum t_{节})-\sum T_{集}$（车·h）	直达车流在沿途站改编车数 乙站	直达车流在沿途站改编车数 丙站
		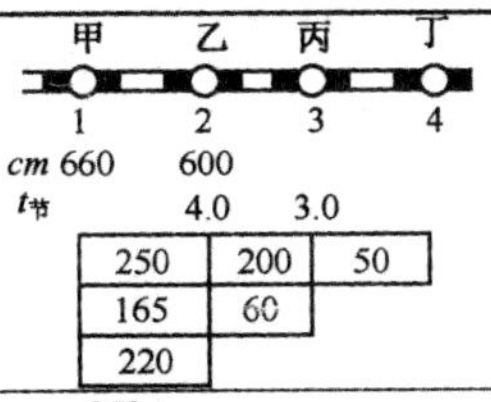					
1	2,3,4 3,4 4	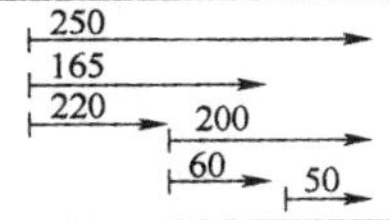	660×2+600=1 920	250×7+165×4+200×3=3 010	1 090	—	—
2	2,3+4 3,4 4	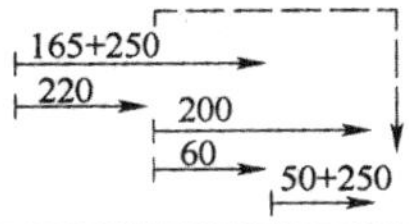	660+600=1 260	415×4+200×3=3 010	1 000	—	250
3	2+3,4 3,4 4	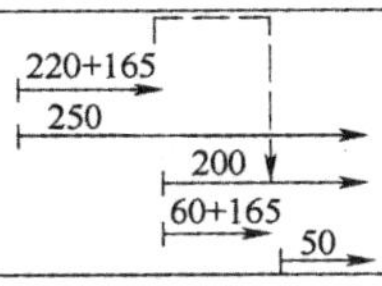	660+600=1 260	250×7+200×3=2 350	1 090	165	—
4	2+4,3 3,4 4	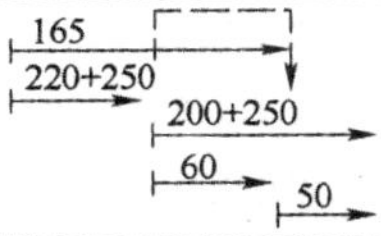	660+600=1 260	165×4+450×3=2 010	750	250	—
5	2+3+4 3,4 4	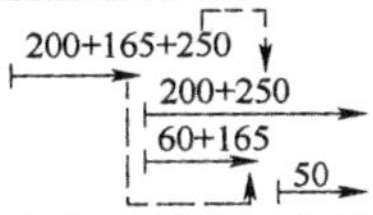	600	450×3=1 350	750	165+250=415	—
6	2,3,4 3+4 4	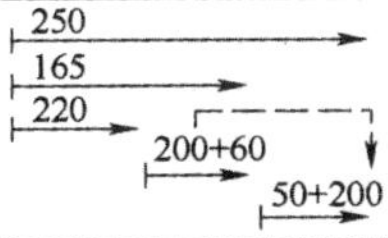	660×2=1 320	250×7+165×4=2 410	1 090	—	200
7	2,3+4 3+4 4	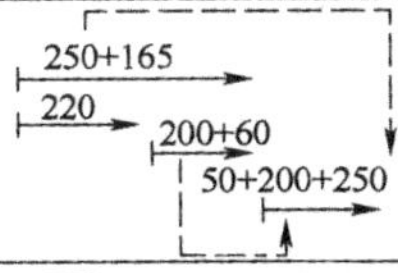	660	415×4=1 660	1 000	—	250+200=450
8	2+3,4 3+4 4	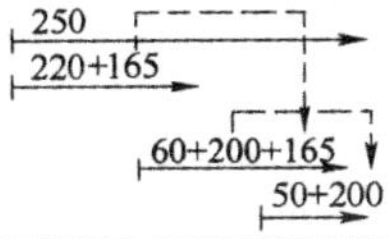	660	250×7=1 750	1 090	165	200
9	2+4,3 3+4 4	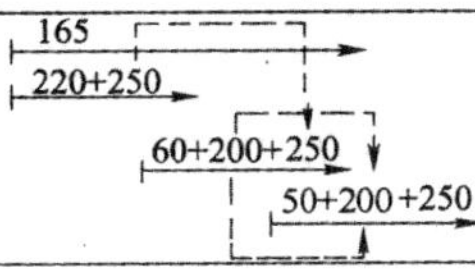	660	165×4=660	——	250	250+200=450
10	2+3+4 3+4 4	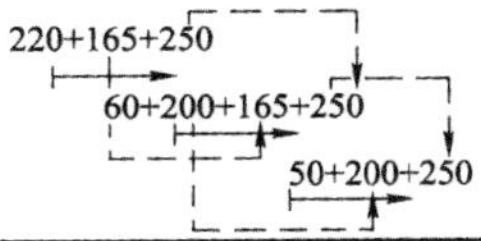	——	——	——	250+165=415	250+200=450

图 3.13　四个技术站甲—乙方向列车编组方案计算比较图

六、列车编组计划的最终确定

在装车地直达列车编组计划和技术站列车编组计划编制完成以后，应检查其互相配合情况。装车地直达列车编组计划，应符合技术站列车编组计划中有关列车到达站的车流组织办法、列车编组方法等规定，否则将被提前解体而达不到预期目的。另外，还应检查各技术站的改编能力是否适应改编车数的要求，特别是对于装车地直达列车和技术站编组的列车的共同解体站，更应注意对其的审核。对改编能力不适应的技术站，应制定解决办法，如对到达解体列车规定分组选编办法。不便解决时，应调整部分列车解体编组计划。

分散于全路各站的重空车流，经过车流组织工作，有计划地纳入各种列车之中，实现了车流向列车流的转变。车流组织的结果最后以表格的形式汇编成册，作为铁路运输工作的一个十分重要的技术文件，这就是货物列车编组计划，简称列车编组计划，或编组计划。列车编组计划最终确定后，可绘制列车编组计划图（见图 3.14），印制列车编组计划手册（见表 3.3），发至有关人员学习和执行。

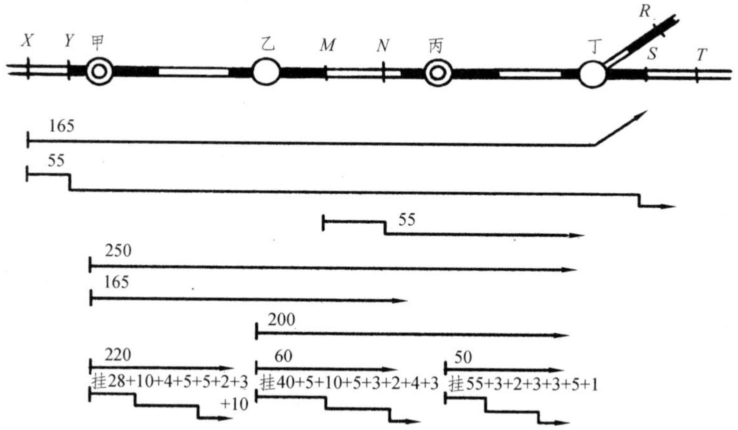

图 3.14 甲—丁下行方向最优列车编组计划方案图

表 3.8 甲—丁下行方向列车编组计划

顺号	发站	到站	编组内容	列车种类	定期车次	附注
1	*X*	*R*	*R* 站卸	始发直达	86011~86015	每日 3 列
2	*X*、*Y*	*T*	（1）*S* 站卸（2）*T* 站卸	阶梯直达	86021	每日 1 列
3	*M*、*N*	丁	丁站及其以远	阶梯直达	86051	每日 1 列
4	甲	丁	丁站及其以远	技术直达		
5	甲	丙	丙站及其以远	直通		
6	乙	丁	丁站及其以远	技术直达		
7	甲	乙	乙站及其以远	区段		
8	乙	丙	丙站及其以远	区段		
9	丙	丁	（1）丁站卸（2）丁站及其以远	区段		按站顺编组
10	甲	乙	（1）甲—乙间站顺（2）乙及其以远	摘挂		
11	乙	丙	乙—丙间站顺	摘挂		
12	丙	丁	丙—丁间站顺	摘挂		

七、列车编组计划执行

列车编组计划是全路的车流组织计划，是车站解编作业合理分工和科学地组织车流的办法。它确定了各站的作业任务和相互关系，编组计划一经确定，必须严格执行，任何车站不得违反列车编组计划编车，否则，必然会打乱站间分工，增加改编作业，带来作业困难，甚至造成枢纽堵塞。列车编组计划的执行必需遵守以下日常管理规定：

（1）对执行编组计划有关人员的管理规定。为了正确执行编组计划，各铁路局在每次新编组计划实施前，须制定保证实现编组计划的措施，各技术站应安排好车场分工、固定线路用途、调整劳动组织等准备工作，组织有关人员认真学习。

各铁路局应经常对职工进行运输纪律的教育，各级调度人员应组织车站严格按编组计划规定编车，认真组织直达列车按时开行和正常运行，对快需、快速货物列车开行重点掌握，发现违反编组计划时，应及时督促车站纠正。

车站调度员、车站值班员、调车区长等有关人员，应严格执行编组计划，不得违反。如发现违反编组，应查明原因，立即纠正。

各铁路局主管编组计划及有关人员应经常深入现场调查研究，总结分析车流动态、货源货流变化、直达列车开行、技术站作业、能力使用、设备变化及编组计划执行等情况，不断总结经验，及时提出改进意见。

（2）列车编组计划是较长时期的基础性计划，不宜经常变更。如因车流或技术设备发生重大变化必须局部调整时，要有计划有准备地进行，并提前向有关单位布置，以便做好各项准备工作。跨局列车编组计划由国铁集团调整；铁路局管内编组计划由铁路局调整，在征得有关铁路局同意后可变更跨局区段、摘挂、小运转列车编组计划，变更内容应报国铁集团备案。

（3）编组列车应按列车运行图规定的列车牵引质量或换长满轴编组，尾数波动执行有关规定。运行区段牵引定数不一致的直达列车，由编组计划指定列车牵引质量、换长时，按编组计划指定的牵引质量、换长编组。摘挂列车、小运转列车允许欠轴开行。

（4）分组列车不受车组号顺位的限制（单独指定编挂位置者除外）。临时排送的空车，应单独选编成组（摘挂、小运转列车除外）。按回送单据向指定到站回送的空车（特殊规定者除外），按该到站的重车办理。

（5）摘挂列车的始发站，应将到达途中各站的车组挂于列车前部（特殊规定者除外），为区间留轴后尚有余轴时，可加挂指定车流。限速的机车、车辆，虽属直达、直通或区段车流，也可利用摘挂列车挂运。

（6）列车的补轴（包括超轴）除另有规定外，应利用与该列车相同到站的车流补轴，相同车组应连挂在一起。如没有相同到站的车流补轴时，可用符合编组计划规定、不超过该列车到达站的最远到站车组补轴。

（7）车辆应按规定径路运行，对需要加油的冷藏车，可视作前方加油站的重车办理（特殊规定者除外）。

（8）为能更快速到达中间站（包括中间站挂出）而需要快运的鲜活易腐货物的运送，可优先用直达、直通、区段列车挂运。如有特殊需要，各局可在编组计划中指定车次，利用直达、直通、区段列车甩挂中间站车辆。

八、违反货物列车编组计划的有关规定

凡有下列情况之一者（除另有规定外），均为违反列车编组计划：

（1）直达列车的车流，编入直通、区段、摘挂和小运转列车；直通列车的车流编入区段、摘挂和小运转列车；区段列车的车流编入摘挂和小运转列车。

因为这种把远程车流编入近途列车的做法，势必会造成远程车流在沿途技术站重复改编，延缓货物运送和车辆周转，打乱站间分工。但对于装载超限货物的限速货车，虽属直达、直通、区段车流，亦可利用摘挂列车挂运，而不算违反编组计划。

（2）直通、区段、摘挂和小运转列车的车流，编入直达列车；区段、摘挂和小运转列车的车流，编入直通列车；摘挂和小运转列车的车流，编入区段列车。

这种把近程车流编入远途列车的作法，其后果必然使远途列车在有关技术站提前改编，同样延缓货物的运送和车辆周转，破坏站间分工。但为了加速中间站到发的仔牲畜、鱼苗、薯秧等快运货物的运送，可优先用直达、直通、区段列车挂运，而不算违反编组计划。

（3）未按规定选分车组或未执行指定的编挂顺序（由于执行隔离限制，实难兼顾时除外）。主要有以下几种情况：

① 分组列车和按规定选分车组的单组列车，未选分成组。

② 应按站顺编挂的摘挂列车，未按站顺编挂。

③ 指定连挂位置的车组，未按指定位置连挂。

发生上述情况，将打乱站间分工，造成有关站作业困难，延长停留时间，降低运输效率。

（4）未按补轴、超轴规定编组列车。列车在变更重量和长度的车站补轴时，应尽量用与该列车编组内容相同的车流补轴，或者按规定补轴。如图 3.15 所示，*A* 站编组 *A*—丁直达列车，编组内容为丁站卸。在甲站补轴时，应尽量用丁站卸的车流补轴，如果无丁站卸的车流，编组计划又规定可用丁站以远的车流补轴时，则可用该车流补轴。如果未用丁站卸或丁以远车流补轴而用其他车流补轴时，则违反了编组计划。如果甲站不编开到达丁站的列车，则应用最远到达站，但不远于补轴列车解体站的车流补轴，即用丙到达站车流补轴，若用乙或戊到达站车流补轴，也是违反列车编组计划的。

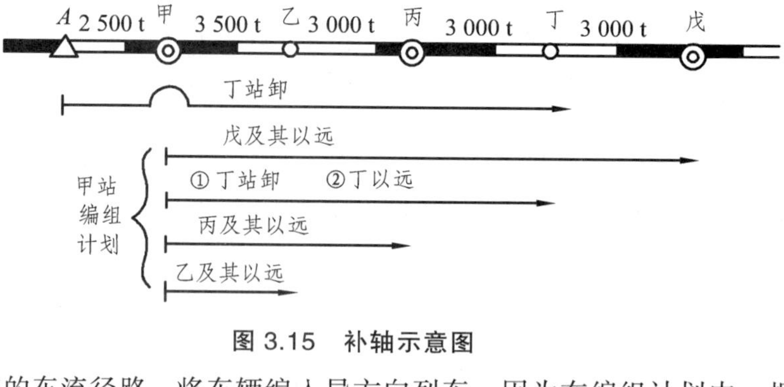

图 3.15　补轴示意图

（5）违反规定的车流径路，将车辆编入异方向列车。因为在编组计划中，根据各方向区间通过能力、运输距离、列车重量标准和运行速度等因素，规定了各支车流经济合理的径路。如果车站不按规定的径路编组，将使通过能力紧张的状况加剧，增加有关技术站的作业负担，

降低运输效率。例如，对有平行径路的车流，未按规定的径路编组或错误地将上行车流编入下行列车等，都算违反编组计划。

（6）未达到列车运行图或编组计划规定的列车（基本组）牵引质量、长度（摘挂列车、小运转列车除外）。

例如，甲—乙区段的列车重量标准为 3 200 t，乙—丙区段为 2 500 t，丙—丁区段为 2 000 t，由于重量标准不统一，在列车编组计划中规定甲—丁的直达列车基本组为 2 000 t，甲站用乙站及其以远 700 t、丙站及其以远 500 t 分组补轴，如图 3.16 所示。

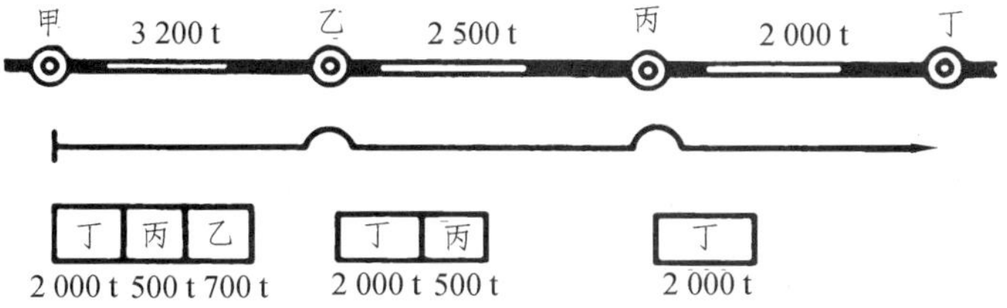

图 3.16　按基本组重量编组列车示意图

如果甲站编组甲—丁的直达列车，基本组只编了 1 500 t，未达到规定的基本组重量，势必造成乙站补轴或改编。若乙站无车流补轴时，还有可能拆散这一直达列车，因此算作违反列车编组计划。

（7）其他未按编组计划规定编组的列车。举例：始发直达列车不符合编组计划规定的编组方法。如图 3.17 所示，*A* 站到己站及其以远车流应在甲站集结，编入甲—己技术直达列车；到丁站和庚站及其以远的车流应选分成组，编入到丁站解体的直通列车。如果 A—丁始发直达列车里挂有己站及其以远的车流，则不符合编组计划规定的车流到达站；如果把丁站及其以远和庚站及其以远的车流混编在一起，则不符合列车的分组办法。这两种情况都算做违反编组计划。

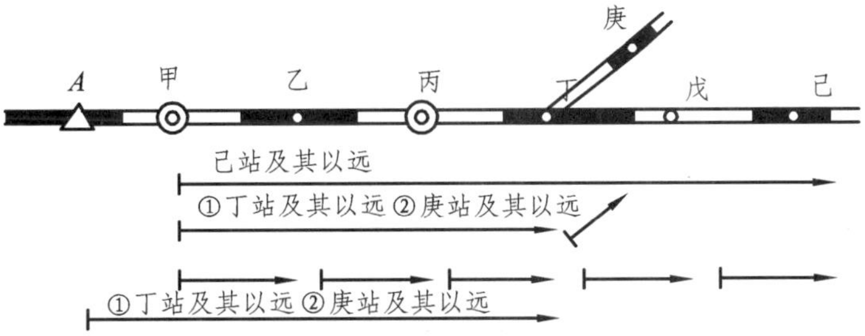

图 3.17　始发直达列车不符合编组计划规定编组列车示意图

九、违反货物列车编组计划的处理

遇特殊情况，必须承认违反编组计划时，跨局列车由国铁集团调度命令批准，局管内列车由铁路局调度命令批准。对违反编组计划的列车，应记录车次、原因、责任者，以便核查。

各铁路局、各编组站应建立健全编组计划分析考核制度，按月对编组计划执行情况进行分析考核，并提出月度分析报告。出现违反编组计划的情况时，应进行重点分析，对于组织的高质量直达列车要及时加以总结，促进各编组站认真执行编组计划。各铁路局每季度应将执行编组计划情况分析报告交国铁集团。在日常作业中，与列车编组计划有关的人员必须实行分工把关，监督检查列车编组计划的执行情况。特别是调车人员，应按规定编组列车，编成之后，反复检查，随时纠正。

为严肃列车编组计划纪律，考核列车编组计划执行情况，车站对所有始发、到达或交接的列车完成列车编组计划的情况，逐日、逐列在专门的登记薄上进行统计，逐旬上报铁路局。对其中违反编组计划的列车，注明违反的性质、原因、承认违反的调度命令号码和调度员署名，采取纠正措施等。由路局根据车站上报的资料，编制主要站完成列车编组计划报告，按月按旬分析违编原因和规律，提出预防措施。表 3.9 为出发列车完成列车编组计划报告。

表 3.9　A 局出发列车完成列车编组计划报告

月日	发出总列数	按编组计划列数	完成编组计划%	违反编组计划列数	其中								
					车站责任	调度所责任	运输处责任	车流不符	未按规定顺序编挂	未按规定分组	未按规定列数开行	基本车组不足	车流径路不符
1	2	3	4	5	6	7	8	9	10	11	12	13	14
1 月份	8110	8055	99.3	56	48	8	0	13	5	13	24	1	0

实训练习

1. 根据图 1 给出的资料，指出各种货物列车种类，并填制列车编组计划表。

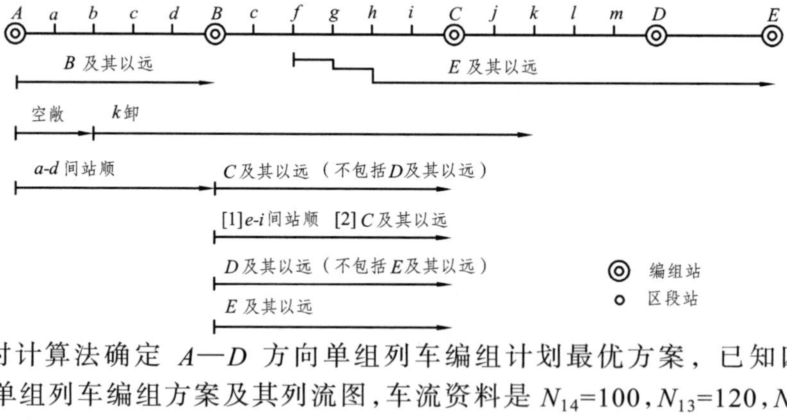

2. 用绝对计算法确定 A—D 方向单组列车编组计划最优方案，已知四个技术站的 A—D 方向上单组列车编组方案及其列流图，车流资料是 $N_{14}=100$，$N_{13}=120$，$N_{12}=0$，$N_{24}=80$，$N_{23}=0$，$N_{34}=0$，各站改编能力不受限制。A、B 站的集结时间消耗和 B、C 站的每车节省时间标准为：

$T_{集}^{A}=500$ 车小时，$T_{集}^{B}=600$ 车小时，$t_{节}^{B}=4$ 小时，$t_{节}^{C}=3$ 小时

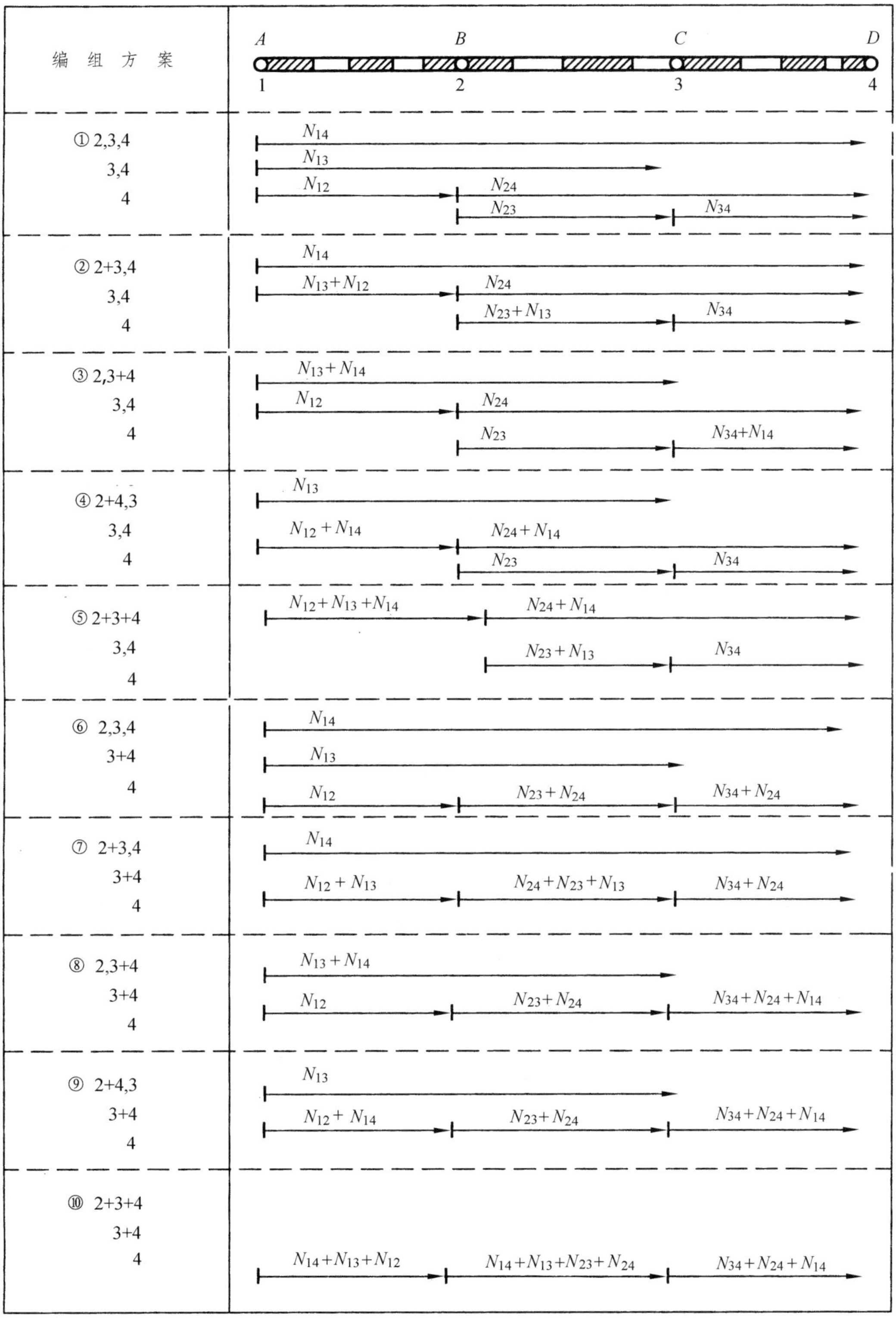

图 2 资料：四个技术站的 A—D 方向上单组列车编组方案及其列流图

思考题

1. 列车编组计划的定义是什么?
2. 列车编组计划的主要内容是什么?
3. 列车中车辆编挂的方法有哪几种?
4. 什么是车流径路?影响车流径路选择的因素有哪些?
5. 什么是车流? 什么是列流?
6. 何为列车编组方案?
7. 编制技术站列车编组计划时，如何选择一个方向上的列车最优编组方案?
8. 哪些情况属于违反列车编组计划? 对违编列车应如何处理?

课程思政园地

中国国家铁路集团有限公司简介

中国国家铁路集团有限公司（简称“国铁集团”）是经国务院批准、依据《中华人民共和国公司法》设立、由中央管理的国有独资公司。经国务院批准，公司为国家授权投资机构和国家控股公司。公司注册资本为 17 395 亿元，由财政部代表国务院履行出资人职责。

根据《中国共产党章程》的规定，公司设立中共中国国家铁路集团有限公司党组，发挥领导作用，把方向、管大局、保落实，依照规定讨论和决定公司重大事项。

中国国家铁路集团有限公司以铁路客货运输为主业，实行多元化经营。负责铁路运输的统一调度指挥，统筹安排路网性运力资源配置，承担国家规定的公益性运输任务，负责铁路行业运输收入清算和收入进款管理。自觉接受行政监管和公众监督，负责国家铁路新线投产运营的安全评估，保证运输安全，提升服务质量，提高经济效益，增强市场竞争能力。坚持高质量发展，确保国有资产保值增值，推动国有资本做强做优做大。

项目四　技术计划与运输方案认知

教学目标

1. 知识目标

掌握技术计划的定义、任务和基本内容；使用车计划、卸空车计划及工作量的基本概念；分界站货车出入计划及分界站、区段列车数计划的计算方法；理解运输方案的作用和基本内容。

2. 能力目标

能利用重车车流表、空车调整图对重车及空车进行统计分析，会计算分界站货车出入计划及货物列车列数计划指标；会计算货车工作量、周转时间、运用车保有量等指标。

3. 素质目标

具有良好的世界观、人生观、价值观；具有良好的职业道德和职业素养；培养认真细致的作风和全局观念，养成钻研业务、周密细致、不断进取的良好职业习惯。

任务一　技术计划认知

任务描述

本学习任务主要学习技术计划的定义、任务和内容，使用车计划、卸空车计划及工作量，空车调整计划，分界站货车出入计划及分界站、区段列车数计划，货车运用质量指标计划，运用车保有量计划等基本知识。

知识准备

一、技术计划的定义、任务和内容

（一）技术计划的定义

铁路运输生产技术计划（简称技术计划）是为了完成铁路运输生产月度货物运输计划而

制定的月度机车车辆运用计划，是编制运输方案的主要依据。

机车车辆的活动是形成运输生产活动动态性质的重要因素，它使每一铁路局、站、段在不同的时刻有着不同的运输状态。为了对动态的运输生产过程进行控制，必须制定完善的运营指标体系，机车车辆运用指标是运营指标体系中的重要组成部分，它除了要制定出长远计划外，国铁集团、铁路局还必须制定出运输生产技术计划，作为日常运输生产管理的依据。

机车车辆是铁路运输的活动设备(运输动力和工具),它是决定铁路输送能力的重要因素。主要由活动设备所决定的输送能力与主要由固定设备所决定的通过能力的综合实现，才能形成铁路的运输能力。

在一定的固定设备条件下，铁路所能实现的运输能力将取决于活动设备的类型、数量及其分布，其主要反映在两个方面：为完成一定的运输任务，应拥有多少机车车辆；一定类型和数量的机车车辆能完成多少运输任务。前者主要在长远计划及年度计划中研究，而运输生产计划则要解决上述两个方面的问题。

为保证货运计划的实现，必须在现有的机车车辆类型和数量的条件下，编制合理运用机车车辆的指标计划(包括机车车辆的合理分配),而机车车辆的运用指标又与运输工作量有关指标相关联。因此，就运输生产活动来讲，机车车辆的运用指标是运输生产活动的主要数量和质量指标。

技术计划在确定运输工作量及机车车辆合理运用的有关指标时，必然涉及区段通过能力的限制条件，因而正确确定车流径路、合理利用通过能力也是其任务之一。从这个意义上讲，技术计划也是技术设备的运用计划，是月间运输生产活动的综合性计划。

（二）技术计划的基本任务

货车合理运用是运输生产指标计划所研究的主要问题。我国铁路货车，除少数为企业自备车，因其有专门的用途和一定的运输径路外，大部分是全路通用（除不连通的铁路及轨距不同者外，全路几十万辆货车可以在各铁路局间运送货物），因而运用车，亦即铁路通用货车的合理分布及空车调整问题是十分重要而又复杂的问题。

铁路局的运用车保有量有一定的限度，超过一定数量将会产生某些困难或浪费，并且会影响其他铁路局完成运输任务；而不足其需要量又不能完成本局规定的运输任务，因而铁路局必须经常保有一定种类和数量的运用车。

对于随时间变化而不断变化的运用车的分布状态，为了保持其相对平衡，必须从以下几个方面进行控制：按层次分级（铁路总公司、铁路局）控制运用车数；按状态（重、空）和去向（交出的重车和到本局卸的重车）控制运用车数；按主要车种（C、P、N、G、B 等）控制运用车数。运用车的合理分布是组织均衡运输，合理利用铁路运输能力，全面完成和超额完成运输任务的重要保证。

我国社会主义市场经济的确立，对铁路运输的时间要求大大提高了，货主随时提出的运输需求，都要求铁路能予以满足，否则，货主会考虑选择其他方式的交通工具，从而会大大削弱铁路在运输市场中的竞争能力。因此，随到随批已成为货运计划中必不可少的计划。为了获得一套准确有效的运输生产技术指标，除了应缩短月编计划的编制周期（以降低随到随批计划所占比重）外，还应使技术指标具有较好的预见性，能充分反映随到随批部分运量。

为此可选择下面的方法来确定最终的技术指标：

其一，建立一套科学的货流、车流预测方法，要求能比较准确地预测出计划期内随到随批部分的货流、车流情况，而且能反映出不同货物品名，不同发、到站，不同车种的情况；再加上货运计划中的集中计划部分的货流、车流，从而组成计划期内完整的货流、车流；然后应用技术计划指标计算原理确定有关指标。这种货流、车流预测方法预测的对象数目繁多，需要提供的历史数据和考虑的因素也很复杂，因此需要具有较高的自动化水平，才能有效地实现。

其二，先以货运计划中集中部分的货流、车流为基础，确定出技术计划有关指标，然后根据对计划期内随到随批部分货流、车流情况的预计，来修正有关技术计划指标。这种方法比较有利于人工实现。

综上所述，技术计划的基本任务是确定铁路局日均应完成的装车、卸车、分界站交接车数及列数等运输生产任务，合理安排各区段的重空车流和货物列车列数，规定货车运用的各项指标。

（三）技术计划的主要内容

技术计划的主要内容包括运输生产的数量指标计划、货车运用质量指标计划、运用车保有量计划、机车运用指标计划和主要站指标计划等。具体内容如下。

1. 运输生产的数量指标计划

（1）使用车计划和卸空车计划。

（2）空车调整计划。

（3）分界站货车出入计划。

（4）分界站及各区段货物列车列数计划。

2. 货车运用质量指标计划

（1）货车工作量。

（2）货车周转时间及其构成因素。

（3）货车日车公里。

3. 运用车保有量计划

（1）管内工作车保有量计划。

（2）移交重车保有量计划。

（3）空车保有量计划等。

4. 机车运用指标计划

（1）列车平均总重。

（2）机车全周转时间。

（3）机车日车公里。

（4）机车日产量。

5. 主要站指标计划

技术计划的编制依据主要包括：月度货物运输计划、列车编组计划、列车运行图、铁路区段通过能力、车站改编能力、车站技术作业过程以及国家及上级领导对计划月度运输工作的有关指示等。

在编制技术计划时，还必须研究和参考本月技术计划执行情况的分析，技术计划执行前车辆的分布情况，季节运输需要及施工等情况，编制出切实可行的技术计划。

正确编制和严格执行技术计划，对于经济合理地使用铁路运输设备，加速机车车辆周转，保证完成货物运输任务具有重要的作用。

技术计划实行国铁集团、铁路局二级编制，国铁集团、铁路局运输主管部门均需设置专职人员负责技术计划的编制和分析工作。

技术计划一般在月度货物运输计划编制完成后，于每月的 20 ~ 26 日进行编制。计划编制完成并报告上级主管部门批准后，于下月（计划月）开始的前两天下达执行。

本任务主要介绍铁路局技术计划的各项指标计划及编制方法。

二、运输生产的数量指标计划

（一）使用车计划

使用车数由装车数和增加使用车数组成，增加使用车数是指不按装车数统计的使用车数，它包括：中转零担货物超过规定重量的装车，运用重车途中倒装而增加的装车，装运铁路货车用具的整车装车；新线、地方铁路分界站向新线、地方铁路的装车以及由新线、地方铁路接入重车到达新线、地方铁路分界站的卸车。

使用车数可以用下式表示：

$$u_{使} = u_{装} + \Delta u_{使} \quad （车）$$

式中 $u_{使}$——使用车数；

$u_{装}$——装车数；

$\Delta u_{使}$——增加使用车数。

使用车数的绝大部分是装车数，增加使用车数仅占一小部分，因此使用车数指标是反映装车数量多少的运输生产数量指标。

使用车计划应按去向别和车种别进行编制。其中，装车数是根据月度货物运输计划批准的要车计划表日均后（月车数/计划月天数）按去向别和车种别进行编制的，增加使用车部分参照车站实际统计资料确定。

使用车按其去向可分为自装自卸和自装交出两部分，即：

$$u_{使} = u_{自装自卸} + u_{自装交出} \quad （车）$$

式中 $u_{自装自卸}$——自装自卸车数，车；

$u_{自装交出}$——自装交出车数。

使用车计划的编制方法：根据月度货运计划批准的要车计划表，按发站、到站和车种汇总，然后计算出每支车流的日均车数，编制车种别和去向别使用车计划，并上报国铁集团。国铁集团对各局的使用车计划汇总后即产生了全路的重车流计划。各局间将自装交出资料进行交换，按到站甲方向和经由分界站通知有关的卸车局和通过局，以确定重车车流表的接入卸车和通过车流。

按车种和去向别的使用车计划是形成重车流的基础，是制定其他各项数量指标（如各区段行车量和分界站货车出入车数等）及机车需要量、空车调整和车种别运用车保有量的依据。

使用车计划是确定各区段行车量、分界站货车出入计划和机车车辆运用指标计划的原始资料，应正确查定。

下面以丙铁路局为例阐述技术计划的编制方法。

设铁路局所管辖线路如图 4.1 所示，丙局列车编组计划如表 4.1 所示。丙局去向别、车种别使用车计划表如表 4.2 所示。

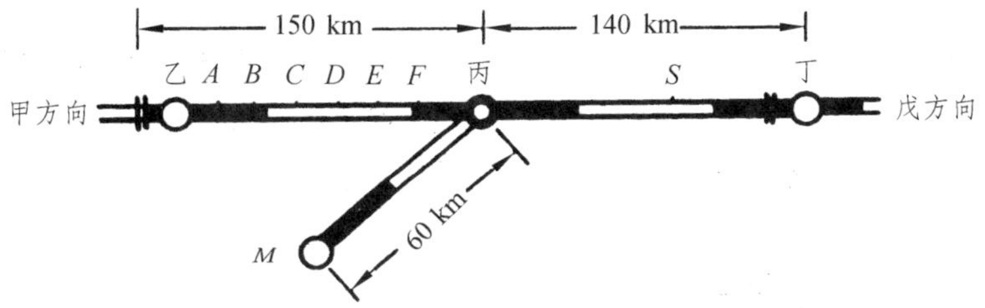

图 4.1 丙局管辖范围示意图

表 4.1 丙局列车编组计划

发站	到站	编组内容	列车种类	定期车次	附注
E	丁	丁及其以远	始发直达	85001、85003	
S	戊	戊站卸	始发直达	84001	
M	戊	戊及其以远	始发直达	85102~85108	
甲	E	空敞车	空直达	86001、86003	
甲	M	空敞车	空直达	86001、86003	
甲	戊	空敞车	空直达	86201	
戊	S	空罐车	空直达	86901	
甲	戊	戊及其以远	技术直达		
戊	甲	甲及其以远	技术直达		
各区段均开行区段列车及摘挂列车					

表 4.2　丙局去向别、车种别使用车计划

往 由	本局卸车							自装发出重车			合计
	乙	乙—丙	丙	丙—丁	丙—M	M	计	乙分界站	丁分界站	计	
乙		5 5	10 10	6 6 12			21 6 27	15 15	20 15 40 5	35 15 55 5	56 21 82 5
乙—丙	5 15 10	10（C）		8 8			8 15 33 10	10 10	100 100	10 100 110	18 115 143 10
丙	11 11	10 10			9 9	15 35 20	30 15 65 20	10 10 20		10 10 20	40 25 85 20
丙—丁	6 6		1 4 5			10 10	1 20 21		50 G50	50 G50	1 20 71 G50
丙—*M*		4 4		5 5			9 9	20 20		20 20	29 29
M			5 20 15				5 20 15		200 200	200 200	200 200 15
计	11 11 32 10	15 14 29	16 4 35 15	14 11 25	9 9	25 45 20	65 30 175 45	35 30 65	20 315 390 5 G50	55 345 455 5 G50	120 410 630 50 G50

注：表中每格左上角为棚车，左下角为平车，右上角为敞车，右下角为罐车或保温车，中间数字为总数，即

P　C
总数
N　GB

假设：丙局 $u_{装}$ 为 600 车，$\Delta u_{使}$ 为 30 车（其中乙站 10 车，丙站 20 车），则：

$$u_{使} = u_{装} + \Delta u_{使} = 600 + 30 = 630\ （车）$$

（二）接运重车计划

对铁路局而言，接运重车是指由邻局接入到本局卸车和通过本局的重车。

在编制技术计划时，各局根据邻局卸车和通过的重车流资料（包括到达站名、卸车车种、车数及径路等），编制接运重车去向计划，丙局接运重车去向计划表见表 4.3。

铁路局接运重车包括接入自卸和通过重车两部分，即：

$$u_{接重} = u_{接卸} + u_{通重}\ （车）$$

式中　$u_{接重}$——接运重车数；

$u_{接卸}$——接入自卸车数；

$u_{通重}$——通过重车数。

由表 3.3 可以查出，丙局接运重车：

$$u_{接重} = 258 + 800 = 1\,058\ （车）$$

表 4.3　丙局接运重车去向计划表

接入分界站＼去向	本局卸车							接入交出车			合计
	乙	乙—丙	丙	丙—丁	丙—*M*	*M*	计	乙	丁	计	
乙	5 5	7　1 8	150 150				7　163 163		100　100 200	100　100 200	107　256 363
丁	25 25	20 30 10		5 5	10 10	25 25	50　35 95 10	80　500 600 20		80　500 600 20	130　535 695 30
合计	25　5 30	27　1 38 10	150 150	5 5	10 10	25 25	57　191 258 10	80　500 600 20	100　100 200	180　600 800 20	237　791 1 058 30

（三）重车车流表

铁路局所办理的重车流就其产生的来源而言，有使用车和接运重车两部分。使用车和接运重车又都有自卸和交出重车两种去向。因此，铁路局办理的重车流分为：

（1）自装自卸车流（管内车流）；

（2）自装交出车流（输出车流）；

（3）接入自卸车流（输入车流）；

（4）接运通过车流（通过车流）。

铁路局根据使用车计划和接运重车计划编制重车车流表，作为计划月重车流的汇总。

丙局重车车流表如表 4.4 所示。

表 4.4　丙局重车车流表

装或接＼卸或交		卸空车							交出重车			总计
		乙	乙—丙	丙	丙—丁	丙—*M*	*M*	合计	乙分界站	丁分界站	合计	
使用车	乙		5	10	12			27	15	40	55	82
	乙—丙	15	10		8			33	10	100	110	143
	丙	11	10			9	35	65	20		20	85
	丙—丁	6		5			10	21		50	50	71
	丙—*M*		4		5			9	20		20	29
	M			20				20		200	200	220
	合计	32	29	35	25	9	45	175	65	390	455	630
接运重车	乙分界站	5	8	150				163		200	200	363
	丁分界站	25	30		5	10	25	95	600		600	695
	合计	30	38	150	5	10	25	258	600	200	800	1058
总计		62	67	185	30	19	70	433	665	590	255	1688

在重车车流表中，左上部为自装自卸车流，右上部为自装交出车流，左下部为接入自卸车流，右下部为接运通过车流。

从表 4.4 中可以查出丙局的各种性质的重车流为：

$$u_{自装自卸}=175\text{ 车}$$
$$u_{自装交出}=455\text{ 车}$$
$$u_{接卸}=258\text{ 车}$$
$$u_{通重}=800\text{ 车}$$

同时，可以查表得：

$$u_{使}=u_{自装自卸}+u_{自装交出}=175+455=630\text{（车）}$$

$$u_{接重}=u_{接卸}+u_{通重}=258+800=1\ 058\text{（车）}$$

由上可见，重车车流表可以反映铁路局月度重车流的全貌，据此可以查明各种性质的重车流。同时，也是计算铁路局工作量、分界站出入重车数、区段行车量、重车走行公里及各技术站中转重车数等数据的原始资料。因此，重车车流表是编制技术计划的基础资料，技术计划中的其他数量指标均可从该表中查算得出。

（四）卸空车计划

卸空车数由卸车数和增加卸空车数组成。增加卸空车数是指不按卸车数统计的卸空车数，与增加使用车数相类似，它主要因零担货物中转和货物倒装而产生。卸空车数可以用下式表示：

$$u_{卸空}=u_{卸}+\Delta u_{卸空}\text{（车）}$$

式中 $u_{卸空}$——卸空车数；

$u_{卸}$——卸车数；

$\Delta u_{卸空}$——增加卸空车数；

假设丙局 $u_{卸}=408$ 车，$\Delta u_{卸空}=25$ 车（其中乙站 10 车，丙站 15 车），则：

$$u_{卸空}=408+25=433\text{（车）}$$

卸空车数指标既是反映货车运用的数量指标，又是反映卸车任务多少的运输工作数量指标。保证卸车任务的完成不仅可以加速货物送达，还可以避免重车积压，加速货车周转。重车卸后才可产生空车，因而卸车任务的完成又是完成排空任务和装车任务的重要条件。

卸空车计划是日常卸车组织工作和编制空车调整计划的主要依据。铁路局的卸空车计划是根据使用车计划和接运重车计划中到达本局管内卸车的部分，按站别、车种别进行编制的，其中自装自卸部分可根据去向别使用车计划确定，接入自卸部分由外局提供的重车车流资料确定。丙局车种别卸空车计划表见表 4.5。

卸空车按其来源可分为自装自卸和接入自卸两部分，即：

$$u_{卸空}=u_{自装自卸}+u_{接卸}\text{（车）}$$

由表 4.5 可知，丙局卸空车数为 433 车，其中自装自卸车数为 175 车，接入自卸车数为 258 车。

表 4.5　丙局车种别卸空车计划表

卸车数 来源	乙	乙—丙	丙	丙—丁	丙—M	M	计
路局自装	11　11 32 10	15　14 29	16　4 35 15	14　11 25	9 9	25 45 20	65　65 175 45
接入卸车	25　5 30	27　1 38 10	150 150	5 5	10 10	25 25	57　191 258 19
合计卸车	36　16 62 10	42　5 67 10	16　154 185 15	19　11 30	9　10 19	50 70 20	122　256 433 55

（五）空车调整计划

每个车站、铁路局每日按车种别的装车数和卸车数一般是不相等的。为了保证不间断地按日均衡地完成装车任务，必须按车种别将卸车数大于装车数的地区所产生的多余空车运送到装车数大于卸车数的地区，这种空车的调配工作称为空车调整。铁路局间空车的调整任务是由空车调整计划确定的。向其他单位（铁路局、车站）移交空车的数量可由下式确定：

$$u_{交空} = u_{接空} + u_{卸空} - u_{使}\ （车）$$

由于我国铁路货车是全路通用，没有固定的配属站，且空车走行公里为非生产走行，不产生运输产品，因而空车调整存在着合理化即优化的问题。一般应以空车走行公里最少为主要优化目标。为此，必须遵循一定的调整原则，通过采用空车调整图和科学的优化方法制定空车调整方案。空车调整的主要原则有：

（1）以最合理的径路（一般是最短径路）排送空车。

（2）同一区段内或两条平行线上，要减少不同车种空车对流。除特殊情况外，必须消灭同车种空车在同一径路上的对流。

（3）在保证货物和行车安全的条件下，可采取车种代用，以减少空车走行公里。

（4）铁路局空车调整计划，必须服从全路空车调整计划。

全路空车调整计划，由铁路总公司根据各铁路局车种别使用车与卸空车的差数进行编制，确定铁路局间分界站车种空车出入计划。

铁路局根据全路空车调整计划确定的局间分界站车种别空车出入计划，编制铁路局管内主要站和区段的车种别空车调整计划。

空车调整计划可利用空车调整图编制，铁路总公司根据各铁路局的使用车计划和卸空车计划，计算各局车种别装卸差，并通过编制全路空车调整图来确定各局间分界站车种别空车交接车数。铁路局根据铁路总公司下达的局间分界站空车调整任务编制铁路局空车调整图。

例如，铁路总公司根据丙局车种别使用车与卸空车的差数（见表 4.6）确定的乙、丁两个分界站车种别空车出入计划如图 4.2 所示。

表 4.6　丙局车种别使用车与卸空车余缺计算表

车种	使用车	卸空车	余缺
P	120	122	+ 2
C	410	256	-155
N	50	55	+ 5
G	50		-50
B			
计	630	433	-197

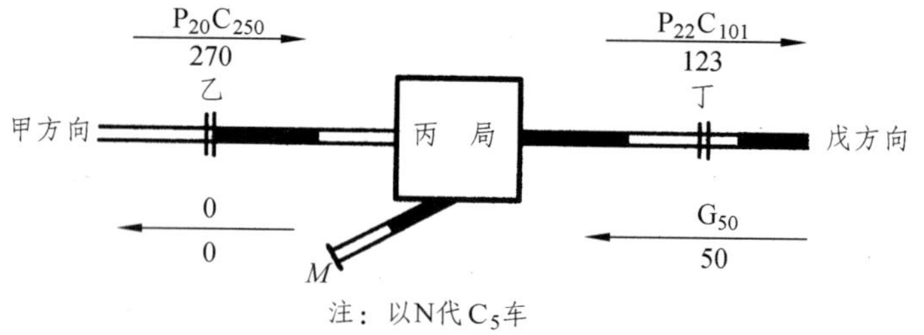

图 4.2　丙局分界站车种别空车出入计划

丙局依据局管内主要站和区段的车种别使用车计划（表 4.2）和车种别卸空车计划（表 4.5），按照路局分界站车种别空车出入计划的要求，编制丙局空车调整图，如图 4.3 所示。

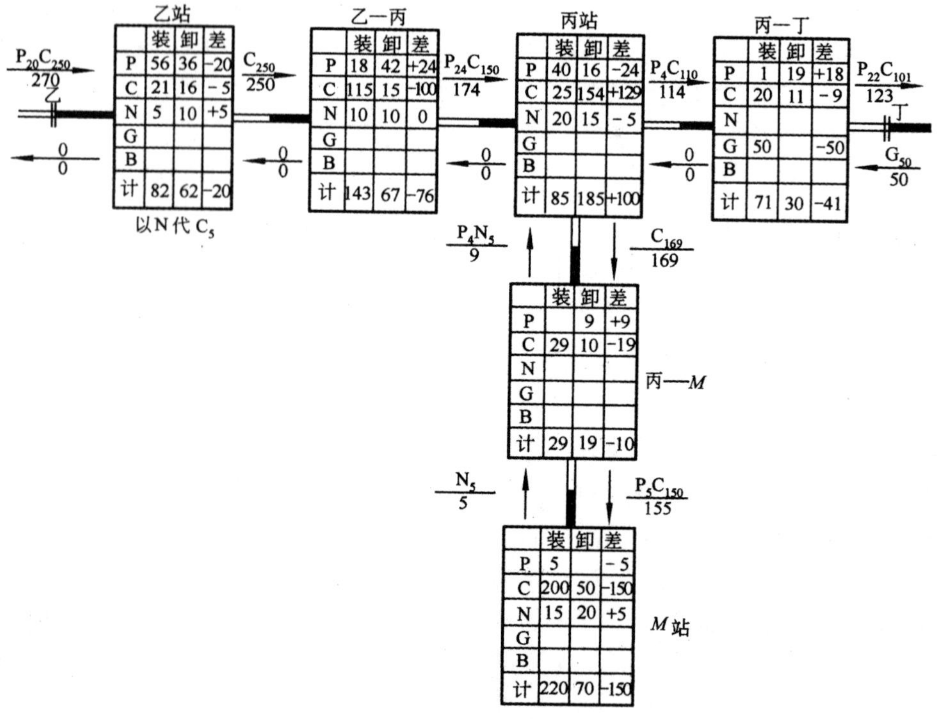

图 4.3　丙局空车调整图

（六）分界站货车出入计划

分界站出入货车数不仅是反映铁路局运输任务量的指标之一，而且在日常运输生产中，往往由于分界站交接车数不相等导致运用车保有量发生变化。所以为保证均衡地完成运输生产任务，合理分配各方向的通过车流量，有效利用铁路通过能力，必须编制分界站货车出入计划。

每一分界站接入和交出的重车，由重车车流表可以直接查出，每一分界站接入和交出的车种别空车数可以根据空车调整计划确定。然后汇总填制分界站货车出入计划表。

丙局分界站货车出入计划表，如表 4.7 所示。

表 4.7 分界站货车出入计划

分界站＼出或入	交出								接入							
	合计	重车	空车						合计	重车	空车					
			计	P	C	N	G	B			计	P	C	N	G	B
乙	665	665							633	363	270	20	250			
丁	713	590	123	22	101				745	695	50				50	
局计	1 378	1 255	123	22	101				1 378	1 058	320	20	250		50	

（七）分界站及各区段货物列车列数计划

货物列车数包括分界站别和区段列车数，是编制机车运用计划，确定机车供应台次、运用机车台数、机车乘务组数、机车平均牵引总重和机车日产量等指标的主要依据。

编制货物列车列数计划时，要充分利用机车牵引力，减少和消除单机走行，要加强车流与列车的组织工作，尽可能使上下行列数平衡。

区段别的列车数根据区段重空车流量、机车牵引定数和列车计长，并参照实际的列车平均编成辆数确定。

区段内通过的重空车流分别编组重、空列车时，通过全区段的货物列车数可用下式计算：

$$n=\frac{u_{重}}{m_{重}}+\frac{u_{空}}{m_{空}}\ （列）$$

式中 n——货物列车数；

$u_{重}$——上行（或下行）重车流量；

$u_{空}$——上行（或下行）空车流量；

$m_{重}$——重列车编成辆数；

$m_{空}$——空列车编成辆数。

如果区段内通过的空车流较小，不单独编开空车列车时，则应按空重混编条件计算货物列车数，即按下列公式计算：

$$n_{混}=\frac{u_{重}+u_{空}}{m_{混}} \text{（列）}$$

式中 $n_{混}$——空重混编货物列车数；

$m_{混}$——空重混编列车的平均编成辆数。

各区段上下行重车流量系根据重车车流表查定，空车流量系根据空车调整图查定。

例如，乙—丙区段下行通过重车流系由乙站装车及乙分界口接入至丙、丙—丁分界站交出的各支车流组成。在表 4.4 中将以上各支车流查出，一一相加，共计 412 车（10 + 12 + 40 + 150 + 200 = 412）。同理可以得出乙—丙区段上行通过重车流为 682 车。

乙—丙区段通过的空车流可由丙局空车调整图（见图 4.3）查得，下行通过空车流 150 车，上行通过空车流为零。

假设，乙—丙区段重、空列车编成辆数均为 50 辆，其通过全区段的货物列车数为：

下行 $n_{列}=\frac{412}{50}+\frac{150}{50}=8.2+3\approx 12$（列）

上行 $n_{列}=\frac{682}{50}=13.6\approx 14$（列）

为计算摘挂列车数，也可用上述方法分别查定上、下行摘或挂的重、空车数。

一个方向（上行或下行）摘挂列车的摘车及挂车的车数并不一定相等。在确定摘挂列车所运送的车数时，取其摘车或挂车数中较大值作为计算标准。

例如，乙—丙区段下行方向摘车数：23 车（甲至乙—丙间 *E* 站空敞车 100 辆，已编入空直达列车，不计在内）；挂车数：18 + 24 = 42（车）（乙—丙间 *E* 站装至丁分界站交出的 100 辆已编入始发直达列车，不计在内）；摘挂车数按 42 辆计算。

乙—丙区段上行方向摘车数 44 车，挂车数 25 车，摘挂车数按 44 辆计算。

假设乙—丙区段摘挂列车编成辆数为 50 辆，则：

下行摘挂列车数为：$n_{摘}=\frac{42}{50}\approx 1$（列）

上行摘挂列车数为：$n_{摘}=\frac{44}{50}\approx 1$（列）

丙局各区段行车量计算表见表 4.8。根据计算出来的各区段的货物列车数，即可编制机车运用计划，安排机车和列车乘务组的工作。

在铁路局间的分界站，除了查定接入和交出的重、空车数外，还应进一步确定分界口接入和交出的货物列车列数，作为编制日常工作计划的依据。

例如，丙局分界站货车出入计划见表 4.7，则各分界站交、接列车数为：

乙分界站：交出列数 $=\frac{665}{50}=13.3\approx 14$（列）

接入列数 $=\frac{633}{50}=12.7\approx 13$（列）

丁分界站：交出列数 $=\frac{713}{50}=14.3\approx 15$（列）

接入列数 $= \dfrac{745}{50} = 14.9 \approx 15$（列）

表 4.8　丙局区段行车量计算表

方向／行车重／区段	下行										上行									
	车流					列车编成	列数				车流					列车编成	列数			
	通过		摘挂		至装车站／由装车站始发		通过	摘挂	至装车站／由装车站始发	合计	通过		摘挂		至装车站／由装车站始发		通过	摘挂	至装车站／由装车站始发	合计
	重	空	重	空							重	空	重	空						
乙—丙	412	150	−23 +18	+24	空 C 100／100	50	12	1	2／2	15	682		−44 +25		／	50	14	1	／	15
丙—丁	540	105	−25 +0	−9 +18	／油 50	50	13	1	／油 1	15	690		−5 +21		空 G 50／	50	14	1	空 G 1／	16
丙—M	70	150	−19 +0	−19 +5	／	50	5	1	／	6	220	5	−0 +29	−0 +4	／	50	5	1	／	6

三、货车运用质量指标计划

（一）货车载重量及载重力利用率

充分利用车辆的装载能力，可以用较少的运用车完成更多的运输任务。可用货车静载重、动载重和载重力利用率等指标来表示车辆载重力的利用程度。

1. 货车静载重（$P_{静}$）

货车静载重是指货车从装车站出发时的平均载荷。

$$P_{静} = \frac{\sum P_{装}}{u_{装}} \text{（吨/车）}$$

式中　$\sum P_{装}$——装运货物的吨数；

$u_{装}$——装车数。

2. 重车动载重（$P_{动}^{重}$）

重车动载重是指每一重车在整个运行途中的平均载荷。

$$P_{动}^{重} = \frac{\sum PL}{\sum NS_{重}}$$

式中　$\sum PL$——货车载重总吨公里；

$\sum NS_{重}$——重车走行公里。

3. 运用车动载重（$P_{动}^{运}$）

运用车动载重是指每一运用货车（包括重车和空车）车公里所完成的货物吨公里数。

$$P_{动}^{运}=\frac{\sum PL}{\sum NS_{重}+\sum NS_{空}}$$

式中 $\sum NS_{空}$——空车走行公里总数。

（二）货车工作量

所有货车运用车每昼夜完成的工作量可以以“吨公里”或以“车”计算，在运输生产技术指标计划中，以货车周转时间分析货车运用效率时，其工作量以“车”为计算单位。

铁路货车运用过程，就是货车在货物发送站装车，然后将重车编入列车，按规定径路运行，送至货物到达站卸车，卸后空车再送往货物发送站装车，不断循环。这样，每完成一次循环，铁路就算完成了一个工作量，该辆货车就算完成了一次周转。所以，货车工作量实质上就是运用货车在一定时期内完成的货车周转次数。

在数值上，货车工作量一般用每昼夜新产生的重车数来代表。

对全路来说，工作量就是全路的使用车数，即：

$$u=u_{使}$$

式中 u——工作量；

$u_{使}$——使用车数。

铁路局的工作量则应等于使用车数与接运重车数之和，即

$$u=u_{使}+u_{接重}$$

式中 $u_{接重}$——各分界站接运重车总数。

例如，丙分局使用车数为 630 车，接运用重车数为 1 058 车，所以工作量为：

$$u=630+1\,058=1\,688(车)$$

货车工作量也可从重车消失的角度来计算，其公式为：

$$u=u_{卸空}+u_{交重}(车)$$

式中 $u_{交重}$——交出重车数。

例如，丙分局卸空车数为 433 车，交出重车数为 1 255 车，所以工作量为：

$$u=433+1\,255=1\,688(车)$$

上述数字均可从重车车流表中直接查出。

两种方法计算的结果相同，这也可以通过下面的公式加以证明：

$$u=u_{使}+u_{接重}=u_{自装卸}+u_{自装交}+u_{接卸}+u_{通重}=u_{卸空}+u_{交重}$$

式中 $u_{交重}$——各分界站交出重车总数。

由上式推算可见，工作量也可以用$u_{卸空}+u_{交重}$计算。对于运输生产技术计划，虽然两种计算方法所得结果相同，但在日间运输生产活动中，两种计算方法所得结果则往往是不一致的，我们一般是以每天新产生的重车数来计算工作量，即工作量$u=u_{使}+u_{接重}$。

应当指出，全路的工作量不等于全路各铁路局的工作量之和。

（三）货车周转时间

货车周转时间是指货车从第一次装车完了时起，至下一次装车完了时止，所平均消耗的时间，货车周转时间以“d”为单位计算。一辆货车每完成一次周转，在其周转过程中完成了一个工作量，所以货车周转时间也可定义为货车每完成一个工作量平均消耗的时间。对全路来说，货车的每一次周转都包含了上述作业循环的全过程，而对铁路局而言，货车周转时间则带有假定性质，因此以货车每完成一个工作量在铁路局管内所平均消耗的时间来表述更为恰当。

货车周转时间一般采用车辆相关法和时间相关法两种方法计算。

1. 车辆相关法

假设全路每天装车 7 万辆，货车周转时间为 3 d，为了保证每天完成 7 万辆的装车任务，共需运用车数为 $7\times3=21$ 万辆。由此可见，运用车数N、工作量u及货车周转时间θ三者之间的关系可以用下式表示：

$$N=u\theta(车\cdot d)$$

式中　N——运用车数；

θ——货车周转时间。

因此，货车周转时间为：

$$\theta=\frac{N}{u}(d)$$

对于全路来说，工作量就是使用车数；对铁路局来说，工作量就是使用车数加接运重车数。因此：

全路　$$\theta=\frac{N}{u_{使}}(d)$$

铁路局　$$\theta=\frac{N}{u_{使}+u_{接重}}(d)$$

利用车辆相关法计算货车周转时间，极为简便。国铁集团、铁路局在统计日、旬、月、年完成的货车周转时间时，都采用这种计算方法。

在日常统计中，为简便起见，式中运用车数N采用一日终了（18：00）时的运用车数。18：00 的运用车数不能代表全日所消耗的车辆日，因而这样计算的结果将不够精确。对于较长期来说，可以计算N统计量的均值，因此，计算结果比较精确。这种计算方法的另一个缺点是无法按货车周转过程的各项因素进行计算，不便于分析原因和拟定改进措施。此外，在编制运输生产计划时，先确定货车周转时间指标，然后确定所需的运用车数，因而在编制运输生产计划和定期分析工作中，采用时间相关法计算货车周转时间。

2. 时间相关法

如图 4.4 所示，货车完成一次周转所消耗的时间可以分为以下 3 个部分：

① 在各区段的旅行时间 $T_{旅}$（h）；

② 在各技术站进行中转作业的停留时间 $T_{中}$（h）；

③ 在货物装卸站的停留时间 $T_{货}$（h）。

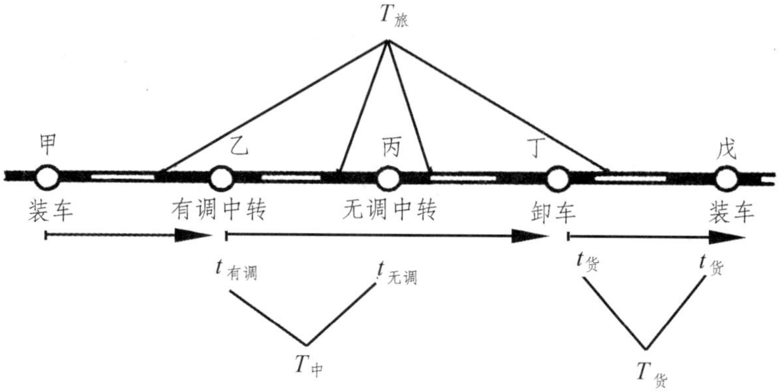

图 4.4　货车周转过程图

因此，货车周转时间可用下式表示：

$$\theta = \frac{1}{24}(T_{旅} + T_{中} + T_{货}) = \frac{1}{24}\left(\frac{l}{v_{旅}} + \frac{l}{L_{中}}t_{中} + K_{管}t_{货}\right) \text{(d)}$$

式中　l——货车全周转距离（简称全周距），为货车平均一次周转所走行的距离，km；

$L_{中}$——货车平均中转距离（简称中距），表示货车平均走行多少公里中转一次，km；

$K_{管}$——管内装卸率，表示货车每完成一个工作量，即一次周转，平均完成的货物作业次数；

$v_{旅}$——货车平均旅行速度，km/h；

$t_{中}$——货车在技术站的平均中转时间，h；

$t_{货}$——货车一次货物作业平均停留时间，h。

全周距 l、中转距离 $L_{中}$ 及管内装卸率 $K_{管}$ 的计算公式分别如下：

全周距 l 包括重周距、空周距两部分，即：

$$l = \frac{\sum NS}{u} = \frac{\sum NS_{重} + \sum NS_{空}}{u} = l_{重} + l_{空} = l(1 + \alpha_{空}) \quad \text{(km)}$$

式中　$\sum NS$——货车总走行公里；

$\sum NS_{重}$——重车走行公里；

$\sum NS_{空}$——空车走行公里总数；

$l_{重}$——货车重周距，km；

$l_{空}$——货车空周距，km；

$\alpha_{空}$——空车走行率，是空车走行公里与重车走行公里之比，即 $\alpha_{空}=\dfrac{\sum NS_{空}}{\sum NS_{重}}$；

中转距离：$L_{中}=\dfrac{\sum NS}{\sum N_{中}}$（km）

式中　$\sum N_{中}$——各技术站发出的中转车总数，或称总中转次数。

管内装卸率是总的货物作业次数除以工作量，即

$$K_{管}=\frac{u_{使}+u_{卸空}}{u}$$

由公式可见，对全路来讲 $u=u_{使}=u_{卸空}$，所以 $K_{管}=2$；对铁路局而言，$K_{管}$ 的值变动于 0 和 2 之间。由于接运通过车流在管内没有装卸作业，接入卸车车流在管内只有卸车作业，自装交出车流在管内只有装车作业，因而铁路局的 $K_{管}$ 一般小于 2，通过车流量比重越大则 $K_{管}$ 越小。

用时间相关法计算货车周转时间时，也可将其作业分为 4 个组成部分，即把第二项的中转作业停留时间分为有调中转停留时间和无调中转停留时间，也还可以再将第一项的旅行时间分为区间运行时间和中间站停留时间两部分，则货车周转时间就形成 5 项因素。货车周转时间的 4 项式计算公式和 5 项式计算公式，可以更详细地分析各项作业时间的比重及完成情况。

用时间相关法计算货车周转时间时，可分别对其各作业环节进行计算、分析，以便考核其各组成部分的完成情况，找出薄弱环节，提出改进措施。

（四）货车日车公里和货车日产量

货车日车公里 $S_{车}$ 是指每一运用车每日平均的走行公里数。货车日车公里可以根据货车周转时间和全周距计算，计算公式为：

$$S_{车}=\frac{l}{\theta}\ （km/d·车）$$

也可根据货车总走行公里和运用车数计算，计算公式为：

$$S_{车}=\frac{\sum NS}{N}\ （km/d·车）$$

货车日车公里是表示货车运用效率的另一个重要指标。在空车走行率一定的条件下，货车日车公里越高，表示货车运用成绩越好，完成同样运输任务所需要的货车数越少。

货车周转时间与货车日车公里均与客观因素中的全周距指标有关。当全周距变动较大时，周转时间和日车公里两项指标的反应是不一致的。那么，哪个指标受客观因素影响小，能更好地反映车辆运用效率呢？现分析两项指标与全周距的关系如下：

$$\theta=al+b$$
$$S_{车}=l/(al+b)$$

式中　a——$v_{旅}$、$L_{中}$和$t_{中}$中各项指标的综合系数；

b——$t_{货}$。

可见，$\theta = f(l)$为线性关系，$S_{车} = f_1(l)$呈双曲线关系。当l值较大时，$S_{车}$值较稳定；当l值较小时，θ受其影响较小。在运输组织工作中常常同时用此两项指标来反映货车运用质量。但由于货车周转时间θ与运用车N之间有较简明的关系，因而常以货车周转时间作为反映货车运用质量的主要指标。

货车日产量$\omega_{车}$是指平均每一运用货车在一昼夜内生产的货物吨公里数，它可按下式计算：

$$\omega_{车} = p_{动}^{运} \cdot S_{车} \text{（t·km/d·车）}$$

四、运用车保有量计划

为了完成规定的运输任务，铁路总公司需规定各铁路局应保有一定的运用货车数，称其为运用车保有量。所以，运用车保有量是指全路、铁路局为完成规定的运输任务，所应保有的运用货车数。在编制技术计划时，铁路总公司根据各铁路局的工作量和货车周转时间，规定各铁路局应保有的运用车标准数。

运用车保有量的标准数N根据工作量u和货车周转时间θ确定，即：

$$N = u\theta \text{（车）}$$

例如，丙局的工作量为 1 688 车，货车周转时间为 0.83 d，则

$$N = 1\,688 \times 0.83 = 1\,407 \text{（车）}$$

从上式中可以看出，货车周转时间愈小，所需要的运用车保有量也就愈少。因此，缩短货车周转时间的一切措施，也就是压缩需要运用车数的措施。

全路运用车包括运用重车和运用空车，铁路局的运用车又可以按其到站分为管内工作车、移交重车和空车 3 种。

为了便于在日常工作中加强对车辆运用的监督以及分析车辆的运用效率，铁路局除确定运用车的总数外，还应分别确定管内工作车、移交重车和空车的保有量。

（一）管内工作车保有量

管内工作车保有量是指铁路局为完成规定的卸车任务应保有的管内工作车数。其计算公式为：

$$N_{管重} = u_{管重} \ \theta_{管重} \text{（车）}$$

式中　$N_{管重}$——管内工作车保有量；

$u_{管重}$——管内工作车工作量；

$\theta_{管重}$——管内工作车周转时间。

管内工作车工作量是指铁路局一日内所办理的管内工作车的车数。一般是卸完一辆，即算完成了一个管内工作车的工作量。所以，管内工作车工作量就是卸空车数，即$u_{管重} = u_{卸空}$。

因此，管内工作车保有量的计算公式又可写为：

$$N_{管重} = u_{卸空} \theta_{管重}（车）$$

（二）移交重车保有量

移交重车保有量是指铁路局为完成交出重车任务应保有的移交重车数。其计算公式为：

$$N_{移交} = u_{移交} \theta_{移交}（车）$$

式中 $N_{移交}$——移交重车保有量；

$u_{移交}$——移交重车工作量；

$\theta_{移交}$——移交重车周转时间。

移交重车工作量是指铁路局一日内所办理的交出重车数。交出一辆重车，就算完成了一个移交重车工作量。所以，移交重车工作量可按交出重车数计算，即 $u_{移交} = u_{交重}$。

因此，移交重车保有量又可写为：

$$N_{移交} = u_{交重} \theta_{移交}（车）$$

（三）空车保有量

空车保有量是指全路、铁路局为完成规定的运输任务而应保有的运用空货车数。其计算公式为：

$$N_{空} = u_{空} \theta_{空}（车）$$

式中 $N_{空}$——空车保有量；

$u_{空}$——空车工作量；

$\theta_{空}$——空车周转时间。

空车工作量是指全路、铁路局一日内所办理的空货车数。在数值上空车工作量可以用一日内消失或产生的空车数来表示，即：

全路 $u_{空} = u_{使}$（车）

或 $u_{空} = u_{卸空}$（车）

铁路局 $u_{空} = u_{使} + u_{交空}$（车）

或 $u_{空} = u_{卸空} + u_{接空}$（车）

在编制技术计划及日常统计工作中，空车工作量一般是按消失的空车数来计算的，即：

$$u_{空} = u_{使} + u_{交空}（车）$$

例如，丙局各种运用车工作量为：

$$u_{空} = u_{卸空} = 433（车）$$

$$u_{移交} = u_{交重} = 1\ 255（车）$$

$$u_{空} = u_{使} + u_{交空} = 630 + 123 = 753（车）$$

又假设已知丙局各种运用车的周转时间：$\theta_{管重} = 0.958$ d，$\theta_{移交} = 0.551$ d，$\theta_{空} = 0.390$ d。则丙局的各种运用车保有量为：

$$N_{管重} = u_{卸空}\theta_{管重} = 433 \times 0.958 = 415\text{（车）}$$

$$N_{移交} = u_{交重}\theta_{移交} = 1\,255 \times 0.551 = 692\text{（车）}$$

$$N_{空} = u_{空}\theta_{空} = 753 \times 0.390 = 294\text{（车）}$$

铁路局运用车保有量为上述 3 种保有量之和，即：

$$N = N_{管重} + N_{移交} + N_{空}\text{（车）}$$

则丙局运用车保有量 $N = 415 + 692 + 294 = 1\,401$（车）

对于移交重车，可以对全局总的移交重车保有量进行计算，也可再分别按各分界站计算其移交车保有量，即

$$N^{i}_{移交} = u^{i}_{移交} \cdot \theta^{i}_{移交}\text{（车）}$$

此外，铁路局尚需按车种别规定运用车保有量，以便按车种进行控制，其计算原理同上。

综上所述，丙局技术计划部分指标见表 4.9。

表 4.9　丙局技术计划部分指标

指标名称		单位	数值	指标名称		单位	数值
1	装车数	车	600	13	中转车平均停留时间	h	5.0
2	使用车数	车	630	14	一次货物作业平均停留时间	h	9.9
3	卸车数	车	408	15	旅行速度	km/h	30.0
4	卸空车数	车	433	16	货车周转时间	d	0.83
5	接运重车	车	1 058	17	管内工作车周转时间	d	0.958
6	工作量	车	1 688	18	移交重车周转时间	d	0.551
7	交出重车	车	1 255	19	空车周转时间	d	0.390
8	接入重车	车	320	20	运用车数：管内工作车	车	415
9	交出空车	车	123		移交重车	车	692
10	全周距	km	169		空车	车	294
11	中转距离	km	105		合计	车	1 401
12	管内装卸率	—	0.63	21	货车日车公里	km/h	204

五、机车运用计划

（一）机车管理的分类

机车是铁路运输的基本动力，线路上的列车运行、车站内外的调车作业都要由机车来完

成，因此，机车运用计划是铁路运输组织工作的一个重要组成部分。在运输生产计划中，应根据各局的运输工作量，分配机车运用台数，规定机车运用数量指标和质量指标，以便考核和分析机车运用成绩，不断提高机车运用效率。

机车的运用方式与货车不同，货车是在全路范围内通用，机车则配属于各铁路局所管辖的机务段，并在固定的区段内牵引列车，或在固定的站段负责调车作业或其他工作。

铁路局、机务段的配属机车是根据铁路总公司的配属命令，由指定的机务段负责管理和使用。配属给各局（段）的机车，应涂有该局（段）的标志，并登入该局（段）的资产台账内。按照管理和使用的不同，对机车进行分类，如图 4.5 所示。

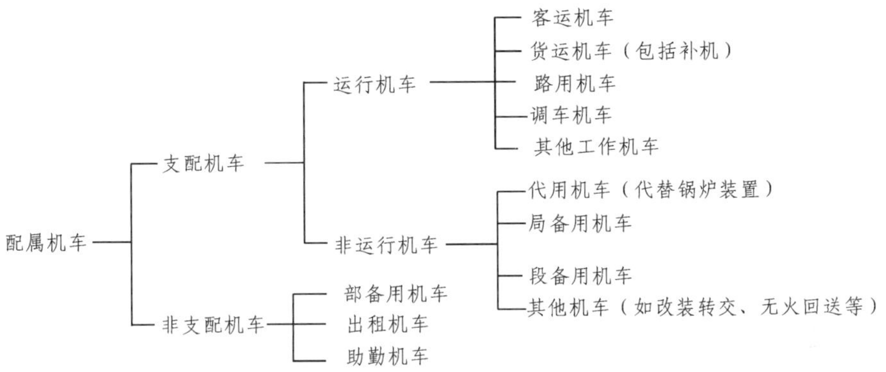

图 4.5　机车管理分类图

各铁路局对配属机车中的支配机车有权支配，而对非支配机车则无权支配。

（二）机车运用指标

机车运用指标包括数量指标和质量指标，反映机车运用效率的数量指标有机车走行公里、机车牵引总重吨公里和机车供应台次三项，反映机车运用效率的质量指标包括机车全周转时间、机车日车公里、列车平均总重和机车日产量等。

实训练习

1. 已知：A 局管辖范围如下图所示，重车车流表如表 1 所示。

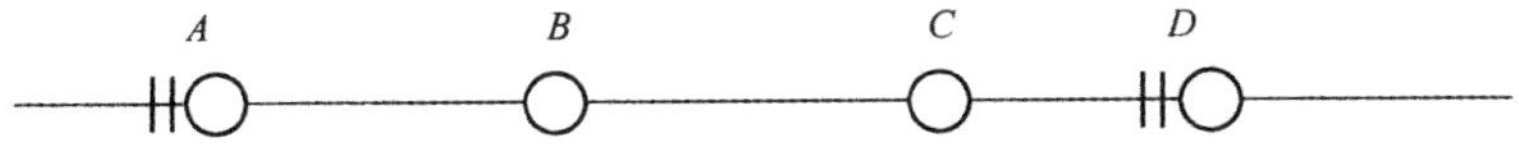

图 1　*A* 局管辖范围

表 1　A 局重车车流表

由＼往		A局							分界站			总计
		A	A—B	B	B—C	C	C—D	合计	A	D	合计	
A局	A		5	5	10	20	30		10	40		
	A—B	15			20	5	8		20	10		
	B	10				10	35		100	50		
	B—C	5	10	5		20	10		10	30		
	C	3	20	5			5		60	80		
	C—D	40	10	8	2	3			50	100		
	合计											
分界站	A	10	8	150	5	10	20			200		
	D	25	30	5	10	25	15		500			
	合计											
合　计												

要求：（1）填写 A 局重车车流表中合计、总计栏中数字。

（2）计算下列指标：

$\mu_{自装自卸}$ =　　　　$\mu_{自装交出}$ =

$\mu_{接入自卸}$ =　　　　$\mu_{接运通过}$ =

$\mu_{使}$ =　　　　$\mu_{接重}$ =

$\mu_{卸空}$ =　　　　$\mu_{交重}$ =

μ =

2. 已知：B 局（有两个局界口）自装自卸 960 车，自装交出 1 100 车，自 A 局接运重车 2 400 车，C 局接运重车 1 000 车，重车公里 1 535 000 车.km，空车走行率 45.5%，旅行速度 55.5 km/h，货车中转距离 155 km，中转车平均停留时间 5.0 h，一次货物作业时间 10.5 h，卸空车数为 985 车。

要求：推算 B 局货车周转时间及运用车保有量。

任务二　运输方案认知

任务描述

本学习任务主要介绍铁路运输调度工作的货运工作方案、列车工作方案和机车工作方案的主要内容和编制方法。目的是使学生熟悉与掌握铁路运输方案的作用和内容等有关知识，为后面编制调度日（班）计划的学习打下一个良好的基础。

知识准备

一、运输方案的作用

列车编组计划和列车运行图都是年度的基础性计划，它们指导着全年运输组织工作中的车流组织和列车运行工作。传统的月编运输生产计划周期太长，但为了体现运输生产计划的指导意义，其编制周期也不可能太短，一般应不少于 10 d。运输生产计划规定了其计划期内铁路运输工作的数量及质量指标要求，然而，铁路究竟如何按照列车编组计划、列车运行图的规定和运输生产计划的要求来组织日常的运输生产活动呢？

在没有运输方案的条件下，是通过编制和执行日常作业计划即日（班）计划来解决的。但是，由于编制日班计划时间短促，很难细致对货运工作、列车工作、机车工作等进行周密安排，以至影响运输效率，甚至影响运输任务的完成。因此，为了提高运输效率，保证完成和超额完成国家运输任务，除了编制运输生产计划外，每月、每旬还要编制运输方案，作为编制日班计划的依据。

运输方案是根据月度货物运输计划所规定的任务，按照列车编组计划及列车运行图的要求，考虑当月（旬）车流和运输能力的实际情况，对货运工作、列车工作和机车工作进行综合安排，即把货流组织、车流挂线、机车交路等结合起来进行统一部署。

通过运输方案可以更好地贯彻运输政策，大力组织合理运输和直达运输；进一步加强路内外的协作，把产、供、运、销全过程紧密衔接起来，进行全面安排，更好地适应国民经济发展对铁路运输的需要；找出运输生产中的主要矛盾和薄弱环节，使运能和运量相互协调，全面完成运输任务。

运输方案应根据运输生产计划规定的任务，按照列车编组计划、列车运行图的规定，考虑到装卸站的装卸能力和短途运输能力，企业部门的生产规律，根据当月（旬）的具体情况，对月、旬的货运工作、列车工作、机车工作和施工等进行统筹安排。通过运输方案的综合安排，使货流组织与车流组织、车流组织与列车运行、列车运行与机车运用互相紧密结合，使铁路内部和铁路运输与企业生产互相协调、密切配合、挖掘运输潜力，提高运输效率，从而使铁路运输更好地为工、农业生产、国防建设和人民生活需要服务，更好地满足国民经济发展对铁路运输的需要。

运输方案的主要作用有：

（1）通过运输方案，使运能和运量相互协调，保证运输生产计划的完成，全面完成运输任务。

（2）通过运输方案有效地组织路内外相关部门的紧密协作，提高运输效率和效益。

（3）通过运输方案找出运输生产中的主要矛盾和薄弱环节，预防可能发生的困难。

二、运输方案的编制原则和依据

运输方案一般包括货运工作方案、列车工作方案和机车工作方案三个基本组成部分。根据具体情况和需要，运输方案还可以包括枢纽工作方案和 施工方案等。编制枢纽工作方案的目的在于使区段工作和枢纽工作协调配合；而编制施工及路料运输方案的目的则在于使运输工作与路内有关部门的维修、改建工作配合，尽量减免施工对运输工作的影响，而又使必要的维修、改建工作有顺利进行的条件。编好施工方案的关键则在于运输和工电有关部门的协作。

编制运输方案时，铁路总公司主要编制跨局方案，铁路局则进行具体安排。根据路局的运输方案各主要装卸站和技术站也应按照本站作业的特点，编制相应的车站方案。

编制运输方案必须坚持以下原则：

（1）坚决贯彻、执行党和国家的运输方针和政策，保证完成国家规定的运输任务。

（2）认真落实上级运输方案的安排，局部服从整体，保证上级运输方案的实现。

（3）明确目标，针对运输工作中的主要矛盾和薄弱环节，加强货流和车流组织，安排好列车、机车工作，保证运输工作的总体优化。

（4）坚持全局观念，组织运输过程各个环节的协调配合。

（5）树立营销观念，为广大货主服务，在完成运输任务的同时，提高运输效益。

编制运输方案的主要依据为：

（1）货物运输生产计划、旬计划。

（2）货物列车编组计划、列车运行图和站段技术作业过程。

（3）有关区段通过能力、主要站通过能力及改编能力、装卸能力。

（4）各铁路局间相互交换的重点装车站装车资料。

（5）前一时期运输方案执行情况的分析。

（6）吸引地区主要物资部门的生产、供应、销售情况及其对运输的要求。

（7）铁路与其他交通工具的衔接协作，联合运输的开展情况和短途运输能力等。

三、货运工作方案

货运工作方案是运输方案的基础，它的主要任务在于全面组织自装车流，梳好货流辫子，最大限度地组织各种直达列车和成组装车，使运输生产计划和列车编组计划紧密结合起来，同时还要摸清到达重车情况，安排好主要站的卸车工作。货运工作方案的质量直接关系到列车工作方案和机车工作方案的质量，正确编制货运工作方案是整个运输方案的关键。

（一）货运工作方案的主要内容

（1）始发、阶梯直达列车计划及日历装车安排。

（2）固定车底循环列车、整列出车的短途列车计划及日历装车安排。

（3）成组装车的日历安排。

（4）零星车流的日历装车安排。

（5）主要卸车站的卸车安排。

（二）货运工作方案的编制

铁路局在编制装车方案时，应根据列车编组计划的要求，对运输生产计划的货流进行分析，然后按照"先直达、后成组、再零星"的顺序，全面组织自装车流。应当最大限度地组织始发、阶梯直达列车和不通过编组站的短途列车（整列出车），在条件许可的情况下，可以采用固定车底的循环列车，不能组织直达列车时，应组织五辆以上同一到站的成组装车，或按前方编组站编组计划的要求，组织通过编组站的成组装车；不能组织成组装车的零星车流，也应尽可能集中装车。还应大力提倡和组织超编组计划的高质量直达列车。

凡超过编组计划规定，并符合下列条件之一的列车为高质量直达列车：

车船衔接，路、矿、厂、港直出直入，整列装卸的直达列车；

同一卸车地点或按到站货区货位编组的直达列车；

在始发站组织或技术站编组，超过编组计划规定并符合前方一个编组站编组计划的远程直达列车。

超编组计划高质量直达列车的组织形式，要不断创新，不断发展。各铁路局要在编制编组计划之后，拟定组织超编组计划高质量直达列车的规划和具体编组方法，发给有关站段，通过运输方案加以组织实现，以丰富编组计划的内容。

在编制装车方案时，对于组织超过编组计划规定的到达编组站解体的直达列车和通过编组站不进行改编作业的成组装车，其车流必须符合前方编组站编组计划的要求，否则在中途仍需改编，达不到预期的效果。

在编制货运工作方案时，主要应考虑下列问题。

1. 调整货源，实现合理运输

调整货源的目的是减少或消灭重复运输、对流运输等不合理运输，为组织装车地直达列车创造条件，其做法主要有以下几种：

（1）对同一发站不同发货单位的同品名货物，应尽量组织统一发货。例如，某站有三个货主向外发运同样的煤炭，则可组织其统一使用货区、货位、统一调配搬运和装车工具、统一发货、统一装车，一批装车只安排一个去向。这样既可提高装车设备的利用效率，又为组织直达列车创造了条件。

（2）对不同品类、不同去向的货物，要尽量调整到同一车站装运同一品类、同一去向的货物。

（3）对同一区段内多站装车的同类货物，应尽量将同一去向的货源调整到一个或相邻几个车站装车，变分散流为集中流。

（4）调整供销关系，减少经过编组站的改编作业。

2. 划分出车区，统一组织货流

按照货流和车流特点，将某个车站或几个相邻的车站，或一个支线，或一个区段在装车组织工作中联成一个整体，称为一个方案出车区。这样做更便于组织货流和车流。例如图 4.7 所示的乙—G 支线各站中，A 站和 B 站装车量较大，可以单独划为出车区；C、D、E、F、G 各站，只有 C 站和 D 站装车量较多，其余各站装车量都很少，且装车去向基本相同，故将该五站划为一个出车区，这样可以保证该出车区的装车相对稳定。

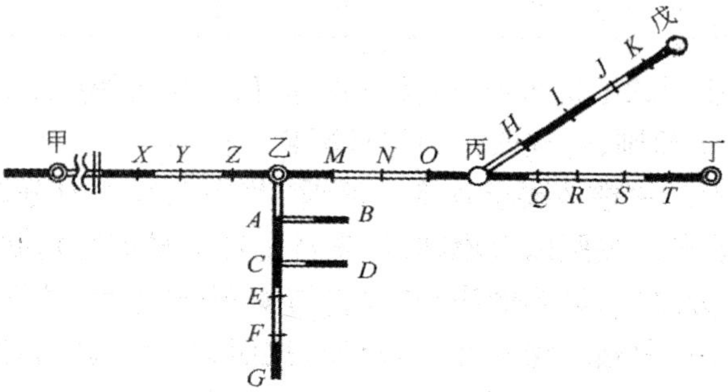

图 4.7　乙–G 支线线路示意图

3. 统一梳流，组织直达运输

所谓梳流，就是对批准的要车计划，按货物的发站或出车区，分别按到站或列车编组计划规定盼去向加以分类，理出各支车流的数量，根据车流量的大小和设备条件确定车流组织方法。

自装车流的组织，一般是按“先远后近、先整后零”的顺序进行安排的：

（1）发、到站集中的大宗稳定货流，如煤、矿石、原油、木材、粮食等，可组织“五定”班列，即编组定点（装车站和卸车站）、定线（运行线）、定车次（班列车次）、定时（货物运到时间）、定价（全程运输价格）的直达快运货物列车。

（2）发站集中、到站分散的大宗稳定货流，可按“先远后近”和“先集中后分散”的顺序进行组织。先组织到达同一区段内几站卸的列车；再组织到达相邻区段几站卸的列车；最后组织到达技术站解体的列车。

（3）一站不能单独组织直达列车的车流，可组织几站合编的阶梯直达列车。

（4）为将出车区内的零星车流组织起来，也可让装车大站“化整为零”与装车小站配合成列，以达到最大限度地把车流组织起来的目的。

例如，假设图 4.7 中，Q 站发往甲站及其以远的车流，一旬共计 250 车，装卸能力不受限制，可以自站组织隔日开一列始发直达列车（共 5 列）；邻近的 R 站和 S 站，由于装卸能力的限制每日只能装往甲站及其以远的车流 10 辆和 15 辆，无法组成直达列车。为将 R 站和 S 站的车流组织起来，可让 Q 站隔日单开整列变为每日装 25 辆，与 R、S 两站的装车合开阶梯直达列车。由于将 Q 站的装车化整为零，使 R、S 两站的车流也变成直达车流，因而增加了直达车流量。

（5）实在无法组织成列的零星车流，应按行程远近，尽量组织成组装车。

4. 按照均衡和集中的原则，合理安排旬间日历装车计划

所谓“均衡”，是指对运输整体要求均衡。所谓“集中”，是指对分散的零星货流和车流尽量组织集中发运、集中装车。按照以上原则，首先财全部运量进行旬间平衡，即每旬的运量基本上等于全月运量的 1/3，具体做法是“大户均衡、小户定旬”。

例如，某煤矿全月发往甲站的煤共计 3 000 车，按照大户均衡的办法每旬按 1 000 车安排；建材公司发往甲站的砖全月共计 100 车，储运公司发往甲站的钢材全月共计 100 车，棉麻公司发往甲站的棉花全月共计 100 车，这三个物资单位发往甲站的货物不应再按各旬 1/3 的办法组织，而应按“小户定旬”的办法让其各自集中装车。比如，上旬建材公司装砖，中旬储运公司装钢材，下旬棉麻公司装棉花。这样组织的结果，总运量仍是均衡的。

确定旬间运量之后，便可安排日历装车计划，安排日历装车计划的原则，仍然是在保证全局均衡的前提下局部要相对集中。例如，乙—G 支线的装车安排，表 4.10 是该支线的旬间货流（车数），表 4.11 则是其日历装车安排。由表 4.11 中可知，A 站是装车大户，10 d 内共装到丁地区 250 车，装到 M 站 250 车，因而组织每天一列（50 车）；其余小户则组织集中装车，如 B 站装到丁地区的 150 车分 3d 装完，并指定在 1、5、9 日装车；又如 D、E、F、G 四站装车数都较少，则组织四站配装，并规定同一去向在同一天装车，合开一列；不能组织成列者．则组织成组装车，等等。

表 4.10　乙—G 支线旬间货流表

去向 站名	共计	局管内															小计
		丁地区				丙—戊				乙—丙				乙—甲			
		丁	R	S	T	H	I	J	K	M	N	O	丙	X	Y	Z	
A	509	250								250				5		4	509
B	150	100	50														150
C	140	100						25	15								140
D	100	30	20	30	20												100
E	75			45			30										75
F	15			15													15
G	70			25	15	20	10										70
合计	1 059	480	70	115	35	20	40	25	15	250				5		4	1 059

表 4.11　乙—G支线上旬装车方案

日历 去向车数 装车站		日历安排										旬计
		1	2	3	4	5	6	7	8	9	10	
A		M_{50}	丁$_{50}$	M_{50}	丁$_{50}$	M_{50}	丁$_{50}$	M_{50}	丁$_{50}$	M_{50}	丁$_{50}$	丁$_{250}$$M_{250}$
B		丁$_{50}$				丁$_{50}$				丁$_{50}$		丁$_{150}$
C				丁$_{50}$				丁$_{50}$				丁$_{100}$
四合一	D	丁$_{25}$		丁$_{25}$		丙—戊$_{20}$		丁$_{25}$	丙—戊$_{20}$	丁$_{25}$		丁$_{100}$ 丙—戊$_{40}$
	E	丁$_{15}$		丁$_{15}$		丙—戊$_{15}$			丙—戊$_{15}$	丁$_{15}$		丁$_{45}$ 丙—戊$_{30}$
	F							丁$_{15}$				丁$_{15}$
	G	丁$_{10}$		丁$_{10}$		丙—戊$_{15}$		丁$_{10}$	丙—戊$_{15}$	丁$_{10}$		丁$_{40}$ 丙—戊$_{30}$

5. 编制主要卸车站的卸车方案

编制卸车方案，对于保证日常运输工作的正常进行有着重大意义。

到达铁路局管内卸车的车流来源有二：一是铁路局管内的自装自卸车流，一是由外铁路局接入自卸的车流。要编制卸车方案，首先要掌握到达卸车的来源和数量。其中本局自装自卸车流资料已在掌握之中，接入自卸车流资料可通过铁路局、铁路总公司以及与邻局交换资料等手段取得。根据本局的日历装车计划和从邻局接入自卸车流的计划，结合车辆运行时间，便可安排车站别的日历卸车计划，从而可预见掌握主要卸车站到达货物的品类和数量。在了解各主要卸车站卸车工作量变化的情况下，就可以事先有计划地做好卸车组织工作和搬运安排。必要时还可以主动与发站联系，提出切实可行的建议，以免重车积压、货场堵塞。若发现某站的卸车能力不能适应到卸车流时，应调整本局管内的自装自卸车流的日历装车计划。

四、列车工作方案

（一）列车工作方案的主要任务

列车工作方案是运输方案的核心，货运工作方案中对货物运输的组织，最终要通过列车工作方案来实现。

列车工作方案是运输方案的集中体现，它的主要任务是在货运工作方案的基础上，根据技术计划、列车编组计划与列车运行图的规定，结合当月（旬）的具体情况，以最有利的形式把车流组织成列流，指定配送空车和挂运重车的运行线（组流上线），使货运工作方案和列车运行图紧密结合起来。

（二）列车工作方案的主要内容

列车工作方案的主要内容包括车流挂线和选定分号运行图。

具体来说有以下三项内容：

（1）对各种车流进行挂线安排（车流挂线），特别是对定装车地点、定编组内容、定运行线的“三定”列车的安排。

（2）将卸空车流组织成列车流，合理安排定车次、定车种、定辆数的排空列车和配空列车。

（3）选定分号列车运行图和核心列车车次。

（三）列车工作方案的编制

1. 车流挂线

把各种车流分别安排到每条运行线上挂运，简称车流挂线，即根据当月货流和车流特点，将组织好的各种车流，以“定点、定线、定编组内容”的方式固定下来。因此，列车工作方案比列车编组计划和列车运行图更具体，更便于执行，对于提高运输生产质量的作用也更大。车流挂线是编制列车工作方案的重点任务。

车流挂线包括空车挂线、重车挂线以及技术站中转车流挂线等几种形式。

空车是装车的保证。为了实现货运工作方案和满足排空的需要，列车工作方案应对空车流进行合理组织。管内空车流的组织应贯彻“一卸、二排、三装”的原则，根据列车编组计划的规定进行。为了保证排空和组织装运直达列车，保证厂矿重点物资的及时运送，首先应根据技术计划规定的排空任务，考虑接空局的要求，确定在卸车站和空车集结站按车种的整列排空列车数，其次要按照货运工作方案中组织直达列车和短途列车的安排，组织整列配空列数。

（1）车流挂线的条件。车流挂线的基本条件是“稳定”，也就是车流挂线以后，必须保证某支车流固定走某条列车运行线，并保证每天开行。

在实际工作中，某一到达站的列车全月刚好组织成 30 列的情况是不多的，多数为多于 30 列或不足 30 列。因此，对各种列车安排运行线时，可根据车流量的大小，决定单独使用或共用一条运行线。

当某一到站的车流基本上能每天组织一列列车或全月能开 25 列以上时，可固定一条列车运行线单独使用；当某一到站的车流（包括已单独使用列车运行线后剩余的部分车流）不能保证每天开行一列列车或全月开行列数少于 25 列，而这些车流又比较稳定时，可以和有相同径路的其他车流共用一条列车运行线，交叉使用，以保证每天不空线。

（2）车流挂线的协调配合。具体挂线工作是按区段分别进行的，而车流和列车运行却是延续和连贯的。因此，车流挂线应保证区段与区段、区段与技术站之间的协调配合。具体为装车地直达列车运行线与技术站自编列车运行线的协调配合、与技术站的技术作业的协调配合，列车在装车站和卸车站的到发时间与厂矿企业的生产进度、设备能力、作业条件的协调配合，此外，车流挂线要保证全日列车运行线的均衡。

例如，每天由各个方向到同一卸车站同一品类货物的列车运行线应当均衡安排，以便有时间腾空货位，保证及时卸车；同一装车站每天装运同一品类货物的直达列车，应当均衡安排出发列车运行线，以便保证有足够的时间集结货物；向外局排空列车运行线应当均衡安排；到达编组站的列车也应尽可能做到改编列车和无改编列车均衡安排；一天各阶段列车运行要基本均衡等等。

在编制各种直达列车或不通过编组站的短途列车计划时，应当考虑装卸站的装卸能力和仓储设备容量，特别是要为到站和收货单位着想，避免由于组织直达列车，造成卸车、搬运、储存等困难，造成货物运送间隔时间过长，影响生产和消费的需要。在多站、多矿配开直达列车时，各站、各矿的配装辆数要适当，各日、各旬装车要尽量均衡。

（3）车流挂线的方法。车流挂线一般是先安排跨铁路局的空、重直达列车运行线，然后再安排局管内列车运行线。对于路局管内的车流，应首先安排编组站自编列车的运行线，再据此安排配空、出重列车运行线。编组站自编列车运行线的选定，是比较复杂的问题，它决定于各方向到达车流的稳定程度。在有条件的情况下，编组站改编车流也可以做到部分车流挂线。在这种情况下，编组站车流挂线的运行线，一般不应选做装车地直达列车的运行线。

对于装车站的空、重车流挂线，一定要与厂矿企业的生产进度、储装能力相配合。其方法可以先确定配空列车运行线，再根据车站作业过程的需要时间安排出重列车运行线；也可以先确定出重列车运行线，再“反推”确定配空列车运行线。

技术站中转车流的挂线，若本月（或旬）无特别的车流接续计划，应按以往的车流集结规律确定。对中转列车，应在保证满足车站技术作业过程所需时间的前提下，选择紧密衔接的列车运行线。

中间站产生的零星车流，数量虽不大，但组织起来难度较大。

当区段内一昼夜只有一对摘挂列车时，可按日历装车的办法进行组织，例如各中间站单日均装甲站及其以远的车流，双日均装乙站及其以远的车流。摘挂列车实行开口挂车的作业方法，列车到达终点站后即成为技术站需要的车流；当区段内一昼夜开行 2 对及其以上的摘挂列车时，可按车次固定挂车内容。

由于实行按日历或按车次固定挂车办法，车站按要求组织装车，既压缩了货车在站停留时间，也使每一摘挂列车到达终点站时有了固定的编组内容，因此，实际上中间站的零星车流也挂上了运行线。

车流挂线，可以保证装卸站和编组工作的稳定和均衡，使铁路与厂矿企业协调配合，加速物资运送和机车车辆周转，因此应当通过货流和车流的组织，不断扩大车流挂线的比重。

下面通过介绍丙铁路局自装车流挂线组织和空车挂线组织的例子，来具体说明车流挂线的方法。

（1）自装车流的挂线组织。

为了提高运输效率，组织更多的装车地直达列车，在编制运输方案时，应当根据当月货流的情况和特点，对自装车流进行全面、细致的安排。除执行列车编组计划的要求外，还可以开行比列车编组计划规定的到达站更远的列车。同时，除组织装车地直达列车外，还组织成组装车。

成组装车是指同一装车站，一批装车五辆及其以上成组挂运，到达一个站卸车或通过一个及以上编组站不拆散的车组。组织成组装车可以减少解编调车作业勾数和取送摘挂次数，有助于加速货物的运送。

编制列车工作方案时，对自装车流要详细安排空车来源、配空出重运行线等具体问题，即要解决重、空车流挂线问题。

车流挂线即将组织好的车流，由指定的固定列车运行线挂运。这样，便固定了列车从装车站发出时间、编组内容以及到达卸车站的时刻，使装、卸车站可以有计划地安排好装卸劳力、货位运用及取送作业，并为技术站列车工作的稳定和均衡提供有利条件。同时，“挂线”列车越多，则列车工作越稳定，为经济合理地使用机车车辆打下了基础。

对于车流稳定、流向集中、装卸设备能力足够，空车来源有保证的车流应组织定点、定线、定车次、定时、定价的“五定”列车。

如果车流较大，基本上能组织每天开行或全月能开 25 列以上时，可单独使用一条运行线。如车流不大，可以组织几支车流合用一条运行线交叉开行，保证每天不空线。例如，胶 济线某站发出杂货直达列车，某月份发往济南以南 18 列、徐州及其以远 6 列、郑州及其以远 6 列，共 30 列，合并使用一条运行线。

具体安排车流挂线时，应根据各站、各区段的具体情况，做到流线结合，实现整个运输工作的均衡、衔接和协调配合。

例 1 丙铁路局管辖范围如图 4.8 所示，该路局根据车流、装卸设备等具体情况，编制列车工作方案时，组织自装车流挂线如表 4.12 所示。

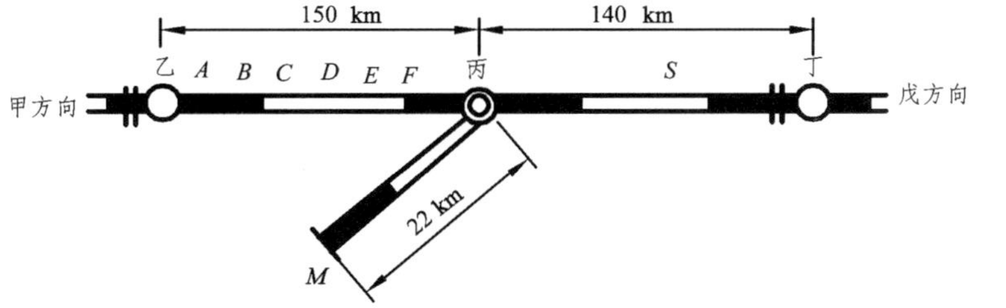

图 4.8 丙铁路局管辖线路示意图

表 4.12 自装车流挂线计划

装车地点		品名	到站或区段	编组内容	车数						挂线车次	空车来源	附注
区段	站名				计划月车	纳入月方案车	月计划	其中 上旬	其中 中旬	其中 下旬			
乙—丙	*E*	煤	丁	丁及其以远	3 000	3 000	60	20	20	20	81051，81053	乙分界站接入	
丙—*M*支线	*M*	煤	戊	戊及其以远	6 000	6 000	120	40	40	40	81072 ~ 81078	乙分界站接入，丙卸空 45001	
丙—丁	*S*	石油	戊	戊站卸	1 500	1 500	30	10	10	10		丁分界站接入	

其中，丙—*M* 支线的 *M* 站的配空出重运行线如图 4.9 所示。

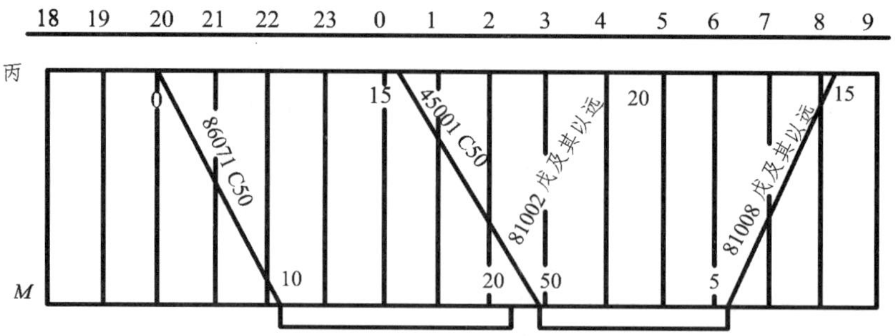

图 4.9　车流挂线示意图

（2）空车挂线的组织。

为了保证排空任务的完成和装车的需要，编制列车工作方案时，应按照“三定”（定车次、定车种、定辆数）确定排空列车和向主要装车地点的配空列车。

例 2　丙局空车挂线列车如表 4.13 所示。

表 4.13　丙局空车挂线列车

空车来源	排空或装车	车种车数	空车列车车次
乙分界站接入	丁分界站交出	C50	86011
乙分界站接入	*M* 站装车	C100	86071，86073
乙分界站接入	*E* 站装车	C100	86051，86053
丙站卸空	*M* 站装车	C50	45001

2. 选定分号列车运行图

每月各区段的行车量由技术计划确定，而编制列车工作方案时，是根据技术计划确定的列车对数并考虑日常波动来选定分号运行图。

（1）分号列车运行图的定义。

分号列车运行图是指为适应短期运输、应对突发事件或施工等需要，短时间实行，实行完毕又恢复到基本图的临时性列车运行图。

遇下列情况时，应编制分号列车运行图：

① 春运、暑期和其他节假日运输的需要；

② 线路施工的需要；

③ 货运量波动的需要；

④ 大批货物临时运输以及特种运输的需要；

⑤ 处置重大突发事件的需要。

为春运、暑期运输和线路施工编制的分号图又分别称为春运图、暑期图和施工图；根据其他运输需要编制的分号图名称可在分号图前冠以该分号图的主题，例如“五一”分号图、“十一”分号图，等等。

（2）分号列车运行图的编制。

编制分号列车运行图时，原则上不变动基本图旅客列车运行线。分号图的编制分为“编制”和“选线”两种。

编制，是在基本图以外另行编制的运行图，单独定点、定车次。这种分号图上的所有运行线、机车交路等都重新安排。其优点是列车运行比较均衡、机车运用较经济；缺点是不便于执行。

“选线”，是在基本图上用抽减运行线的方法制定的运行图，只减少客、货列车对数，不单独定点、定车次。这种分号图仅变更列车对数，不变更列车车次和时间，其优缺点与“编制”相反。

在抽减列车运行线时，应注意符合按阶段均衡的原则，并保证与车流相结合，同时，还应考虑有利于机车运用，不因抽线而造成机车运用的浪费。如有施工时，应符合施工的要求。

在抽减运行线时，必须考虑以下几个方面：

① 抽减的列车运行线，应是没有车流保证的运行线。凡是列车运行图中的定期车次，列车工作方案都应加以保证。

② 流线结合。例如到达装车站的空车列车运行线应与装车站始发的重车列车运行线相配合；有车流交换的两个列车运行线在衔接站要互相配合；直达列车从装车站出发和到达卸车站的时间应与企业生产相配合等。

③ 阶段均衡。均衡安排列车运行线，包括到达同一卸车站同一品类货物的列车应均衡到达；同一装车站装运同一品类货物的直达列车应均衡安排出发；编组站的列车尽可能做到改编列车和无调中转列车均衡到发；一天各阶段列车运行要基本均衡等。

④ 保证机车交路经济合理。

⑤ 符合施工需要，为施工留出必要“天窗”。

例 3 丙铁路局各区段根据当月行车量，确定抽减列车运行线，停运的车次如表 4.14 所示。

表 4.14 丙路局各区段列车开行计划

区段别	方向	运行图列数	月方案列数	停运车次
乙—丙	下行	18	15	21003，21007，21013
	上行	18	15	21002，21006，21010
丙—丁	下行	19	16	22001，22007，22011
	上行	19	16	22002，22006，22010
丙—M	下行	7	6	23003
	上行	7	6	23002

五、机车工作方案

机车工作方案是运输方案的重要组成部分，是完成运输任务、实现列车工作方案的保证。

机车工作方案的主要任务是根据列车工作方案和机车运用方式来合理编制机车周转图，确定机车供应台数，合理地安排机车运用及检修，保证实现列车工作方案，提高机车质量和运用效率，全面地完成运输任务。

机车工作方案的主要内容如下。

（一）机车周转图和检修计划

机车周转图是根据列车工作方案的要求编制的。如果列车工作方案中的列车对数比基本运行图少，就需要从基本图中抽减列车运行线。运行线一减少，原定机车周转图就要发生变化。因此，从基本运行图中抽减运行线时，应考虑机车的合理运用。一般要求尽量减少对机车折返段的影响，而在基本段调整机车交路。最好在机车折返段所在站按机车交路“成对”抽线，或在相邻两对交路中抽去一对列车运行线，以减少对机车运用的不良影响。

为了保证提供质量良好的机车，在编制机车周转图时，还必须考虑机车的检修，在图上定出机车检修入库运行线和检修后牵引的列车运行线。当发现某些管内列车运行线选定不合适而对机车运用不利时，应由机务部门与运输部门共同研究解决。

（二）制定记号机车方案

在机车周转图中，机车交路的部分或全部列车由固定号码的机车担当，这种周转图称为记号式机车交路图。

对于有稳定车流保证的列车运行线可以采取记号机车方案。记号机车方案是指由固定号码的机车担任固定列车运行线的牵引交路，一般按月由路局和机务段共同编制。编制记号机车方案，可以为机车的运用和检修、乘务组的工作和学习创造良好的稳定条件。编制记号式机车周转图时，不能使记号机车交路过于紧张，以免列车稍有晚点就打乱记号机车交路。选定记号机车交路运行线时还应考虑检修机车回段运行线，避免记号机车因洗检而打乱方案。

例 4 丙局丙—*M* 支线，列车运行图货物列车 7 对，月方案列车 6 对，列车工作方案确定抽去 23002 次和 23003 次，按列车工作方案的要求，编制机车工作方案。其机车工作方案的一部分如图 4.10 所示。

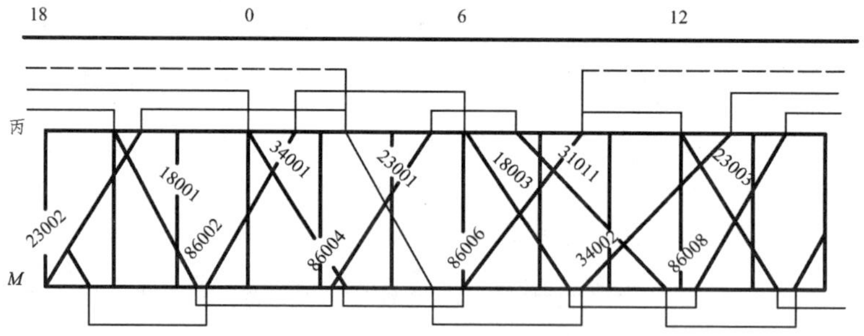

图 4.10 机车工作方案示例图

图中：×表示抽减的列车运行线

——表示抽减运行线后的机车交路

路局月度运输方案编制完成后，应于计划月开始前与月度技术计划同时下达给有关基层单位执行。除月度运输方案外，还需编制旬间运输方案。旬间运输方案是保证月度运输方案实现的具体安排，编制方法与月度运输方案相同。目前，有的路局采用按月编制、按旬调整的办法。

六、运输方案的执行、分析与考核

（一）运输方案的执行

运输方案是完成月、旬运输任务的综合部署，既经批准，就要严肃认真地贯彻执行。在执行前，铁路局应以书面文件的形式将方案下达给各基层单位。

为了保证运输方案的贯彻执行，各基层站段应根据运输方案的要求，结合本单位的具体情况，召开路内外有关部门的联席会议，核实货源，落实卸车安排，制定保证实现运输方案的具体措施。

运输方案是通过（班）计划组织实现的，各级调度在编制日（班）计划时，应严格按照运输方案办事，做到按方案组织装车，最大限度地组织装车地直达列车和成组装车，编组站、区段站要按规定编车，保证不间断地接发列车。遇调整车流时，对自装交出挂线方案车流，要尽量不停装、不限装，保证方案列车的开行。

按运输方案的规定组流上线，首先保证跨局方案列车的开行。跨局方案列车不准变更车次和编组内容，遇列车晚点编组站或区段站不能使用原定运行线时，可在日（班）计划中指定利用其他直达或直通运行线，但原车次不得变更。

组织好卸车工作是实现按方案排空和装车的重要保证。卸车站除应摸清到达卸车规律外，应主动与有关调度联系，做好到货调查，并取得地方的支持，加强与卸车单位的协作，合理组织卸车机具、劳力和搬运工作，加速货位周转，做到随到随卸。

（二）运输方案的分析

为了总结和改进运输方案工作，不断提高运输组织工作水平，路局、站段都应建立运输方案分析制度，建立健全分析台账。

运输方案的分析内容主要包括以下几方面的内容。

1. 货运工作方案

① 装车数、货物品类、装车去向计划完成情况；

② 装车地直达列车和成组装车计划完成情况；

③ 主要车站及主要厂、矿、港的装车和卸车完成情况；

④ 待卸车情况等。

以上分析可用装车兑现率、直达成组装车兑现率、“五定”列车装车兑现率说明。

2. 列车工作方案

① 五定列车开行情况；

② 分界站交接计划和夜间排空完成情况；

③ 高质量列车开行情况；

④ 编组站无调作业比重等。

以上分析也可用各种兑现率的形式加以说明，特别应对某些挂线车次兑现率很高或很低的原因进行分析，以便在编制次月运输方案时做特别处理。

3. 机车工作方案

① 机车周转图的兑现情况；

② 机车运用指标和运用台数计划完成情况；

③ 机车检修日历计划的完成情况等。

（三）运输方案的考核

运输方案编制后，必须严肃认真地贯彻执行，严格按运输方案的部署和安排来组织运输生产。在执行过程中，还应加强对运输方案的考核，不断提高运输方案的质量和组织水平。

车站进行考核的主要指标有：

（1）日历装车兑现率和旬装车兑现率。

（2）直达列车及成组装车比重。

（3）装车挂线兑现率。

（4）重车挂线比重。

（5）空车挂线比重。

（6）编组站列车方案兑现率。

（7）小运转列车方案兑现率等。

铁路局除了汇总各站上报的以上指标外，还应专门考核以下指标：

（1）跨局列车方案兑现率。

（2）跨局三定列车和车组挂线兑现率等。

实训练习

1. 根据乙—G 支线旬间货流表（见表 4.10），练习编制乙—G 支线上旬装车方案。
2. 练习填制丙局自装车流挂线计划表。
3. 练习绘制丙局的“丙—M 支线”（见图 4.10）机车工作方案图。

思考题

1. 什么是铁路运输技术计划？其主要任务有哪些？主要包括哪些内容？

2. 什么是货车工作量？如何计算？一般采用哪一种方法计算工作量？

3. 各类运用车的工作量？全路、路局的运用车工作量如何计算？为什么路局工作量之和不等于全路工作量？

4. 编制分界站货车出入计划的目的和依据是什么？

5. 货物列车数计划的作用是什么？它根据哪些资料、怎样编制？

6. 什么是货车周转时间？两种计算法的优缺点及适用条件是什么？压缩货车周转时间的主要途径有哪些？

7. 试述用时间相关法计算货车周转时间的各项因素的含义及计算方法。

8. 什么是货车全周距？由哪几部分组成？如何计算？什么是空车走行率，如何计算？

9. 空周距与空车周距的区别是什么？

10. 什么是货车平均中转距离，如何计算？

11. 什么是管内装卸率，如何计算？全路和铁路局的管内装卸率为什么不一样？

12. 机车与车辆的运用方式有什么不同？怎样进行分类管理？

13. 试述机车运用数量和质量指标的含义及其计算方法。

14. 铁路局为什么还要分别计算管内工作车、空车及移交车的周转时间？它们的含义及相互关系是什么？

15. 运用车保有量计划的作用是什么？运用车包括哪些内容?管内工作车、移交车、空车的保有量是如何确定的？

16. 为什么说机车日产量是一个综合性指标？怎样提高机车日产量？

17. 运输方案的定义和性质是什么？有何主要特点？主要作用是什么？

18. 简述运输方案的分类、主要内容及任务。

19. 列车工作方案的主要内容是什么？

20. 机车工作方案的作用和主要内容是什么？

课程思政园地

新时期铁路精神——安全优质、兴路强国

“安全优质、兴路强国”是新时期铁路精神，高度概括了铁路企业在深入推进铁路事业进程中的价值追求，深刻揭示了新时期铁路人的精神风貌，既体现了独特的行业特征，又彰显了鲜明的时代要求，充分反映了中国铁路建设发展的精神文化传承，是社会主义核心价值观在铁路的具体体现，是激励全路干部职工推进铁路改革发展的强大精神支撑和不竭动力源泉。

大力培育和践行新时期铁路精神，对于在铁路系统深化社会主义核心价值观教育，继承和发扬铁路优良传统，提升铁路走向市场的软实力，凝聚推进铁路改革发展的正能量，具有十分重要的现实意义和深远的历史意义，是当前和今后一个时期铁路政治工作的重要任务。

项目五　车流调整及调度日（班）计划编制

教学目标

1. 知识目标

掌握车流调整的目的，车流推算的方法；掌握重车调整方法和空车调整方法；掌握调度日（班）计划的内容；掌握调度日（班）计划编制的程序。

2. 能力目标

掌握车流推算技能；能够办理重车调整和空车调整；熟知调度日（班）计划的编制过程和基本编制方法。

3. 素质目标

具有良好的世界观、人生观、价值观；具有良好的职业道德和职业素养；培养勤于思考、耐心仔细的工作作风，养成钻研业务、爱岗敬业、不断进取的良好职业习惯。

任务一　车流预测与调整

任务描述

本学习任务主要介绍：车流预测的方法；车流调整的目的；重车调整的概念和按去向别进行装车调整、限制装车、停止装车、集中装车及变更重车输送径路等调整的基本方法；空车调整的概念和正常调整、综合调整及紧急调整等三种调整的基本方法；备用车调整的概念、解除和备用的有关规定。

知识准备

一、车流预测

车流预测是进行车流调整的重要条件。只有准确预测车流的分布，才能有预见地采取有效的运输调整，特别是车流调整措施。目前我国铁路的车流预测是根据装车统计和车流统计进行的。在制定运输工作日常计划（旬计划和日班计划）中，对于车流预测的期限有不同的需求，因此车流预测按日期有远期车流预测（推算）和近期车流预测（推算）两种。远期车流预测一般可预测 3 ~ 7 d 到达局管内的车流，近期车流预测一般可预测 2 d 的车流，其车流推算方式有所不同。

（一）远期车流推算

远期推算到达铁路局的管内工作车，一般按照各局装车数和运行期限使用表 5.1 所示的格式进行推算。

表 5.1　外局装到本局及本局装车远期车流推算表

发局	A	B	C	D	E	F	G	…	计	局自装自卸计划				合计	局自装交出计划			
运行期限	4	4	3	2	1	2	3			×站	×线	…	计		×××口	×××口	…	计
月计划 / 日期																		
1																		
2																		
3																		
4																		
5	50																	
…																		
…																		
计																		

国铁集团调度指挥中心每日早 6:00 前将全路昨日各铁路局的方向别装车数通知各到局调度中心，局调度中心车流调整人员根据上述资料及本局装到本局管内卸的车数及通过各分界站装到外局的车数添入车流推算表，以推算远期车流。车流填记及推算方法是按照各装车局到本局的接入分界站的运行期限，分别将有关车数填入不同的日期栏内。例如，A 局装到该局的车辆，其运行期限为 5 d，若 A 局某月 1 日装到该局的车数为 50 辆，则应在 A 局名下对应 5 日的栏内填记 50，其他各局 1 日装到该局的车数也根据运行期限填入相应栏内。逐日填记，即可预计今后某日接入管内工作车的车数。

由各局到达某局的车流运送期限可按下列公式计算：

$$T = \frac{1}{24}\left(\frac{L_{全程}}{V_{旅}} + \sum t_{中}\right)$$

式中　T——某局装到某局车流的一般运送期限，日；

$L_{全程}$——由装车局的装车集中点至到达局接入分界站的距离，km；

$V_{旅}$——货物列车平均旅行速度，km/h；

$\sum t_{中}$——沿途各技术站的中转时间之和，h。

若能取得通过重车流资料时，也可用类似方法推算远期接入的通过重车流。

必须指出，上述推算方法所采用的运行期限是以装车集中地为起点计算的，即对不同装车地点的各支车流均按同一个确定的数值计算。事实上由于装车地点的不同以及途中运行受各种因素的影响，同一装车局到本局经某一分界站的车流，其运行期限往往不一致，并且装车时刻的不同也将影响车流到达本局的期限。因此，进一步改进车流预测方法，提高预测工作水平，对提高铁路运输组织工作质量具有重要的意义。

车流在路网上运行至到局，可以利用各日到达参数计算其数量。各日到达参数表示各昼夜到达指定铁路局的车流比重。它的原理如图 5.1 所示。

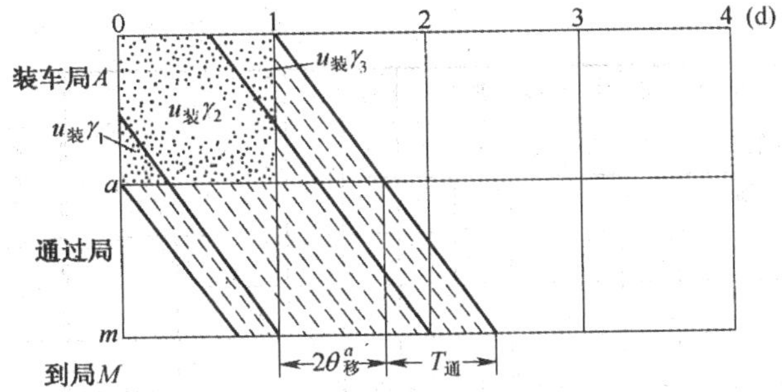

图 5.1　装车局装车车流运行至到局分界站的示意图

图 5.1 表示装车局 A 在第一昼夜装到 M 局的车流以参数 γ_1、γ_2、γ_3 的比例分别于第一、二、三日到达到局 M 的 m 分界站，即第一日装往 M 局的车辆 $u_装$，将分别以 $u_装\ \gamma_1$、$u_装\ \gamma_2$ 和 $u_装\ \gamma_3$ 的比例于第一、二、三日到达 m 分界站。这样，若知道了各局各去向的装车数，以及各去向（到局的入口站）各日到达参数的标准值，就可以预测任何一个铁路局各昼夜到达的车数。

车流各日到达参数直接决定于车流在到局前的运行时间。可以设想，在铁路局正常工作的条件下，用确定各日到达参数的方法来预测车流是足够可靠的。由于路网配置的具体特点、装车时间和地点分布的不均衡、旅客列车运行等因素的影响，车流的形成及列车运行是不均衡的。利用分析计算方法来确定各日到达参数，要完全考虑到这些因素的影响，实际上是不可能的。但是铁路局每昼夜工作有一定程度的稳定性，因而可以用统计方法确定各日到达参数。

用统计方法确定各日到达参数，可以按图 5.1 所示原理建立下面公式所示数学模型，并根据到达局和相应装车局对应日期的统计资料进行。

$$u_j = \sum_{S=1}^{j} u_装 s\gamma_{j-s+1} + \varepsilon_j \qquad (j = 1,2,\cdots)$$

当　$K \leqslant 2\theta^a_移 + T_通 < K+1, K = 0.1, 2\cdots$ 且 $j-s+1 > K+2$ 时，令

$$\gamma_{j-s+1} = 0,\ \sum_{i=1}^{K+2} \gamma_i = 1$$

式中　u_j——第 j 日某装车局实际到达本局某一入口站的统计车数；

$u_装$——第 j 日该装车局装往本局（经某一入口站）的统计车数；

γ_i——第 i 日该装车局到本局某一入口站的到达参数；

$\theta^a_{移}$——该装车局 a 分界口自装移交车辆的周转时间，日；

$T_{通}$——车辆经由通过局的平均时间，日；

ε_j——实际统计值与线性方程计算值的误差。

为避免统计日开始时装车局现在车对到达车数的影响，到达车数的统计应从第 $K+2$ 日开始，即上面公式中 $j=K+2$，$K+3$，$\cdots n$（n 为统计样本数）。

为了求得准确的 γ_i 参数，使得计算值与统计值的误差最小，可用最小二乘法对如下目标函数求算 γ_i 值，即

$$D=\sum_{j=K+2}^{n}\varepsilon_j=\sum_{j=K+2}^{n}(u_j-\hat{u}_j)^2=\sum_{j=K+2}^{n}(u_j-\sum_{j=K+2}^{n}u_{装}s\gamma_{j-s+1})^2\rightarrow\min$$

推算远期接入的通过重车流，可用类似的方法进行，只要装车局能提供车流通过的出入分界站，并按出入分界站的运行期限，即可推算通过局未来各日向各分界站交出的通过车数。

（二）近期车流推算

近期车流推算是根据有关邻局互相交换的待发重车资料、本局的待发重车和预计装往外局的重车推算，以预计分界站能交出重车数。其具体方法是：根据有关邻局互相交换的待发重车数中，预计接入需经某一分界站交出的重车数，加上本局向某一分界站交出的待发重车数及本局当日预计向某一分界站装车的重车数，减去当日预计可向某分界站交出的重车数，即可推算出当日 18:00 需经某一分界站交出的待发重车数。将此数除以该分界站的移交车周转时间，得出预计次日某分界站应移交的重车数。

二、车流调整

（一）车流调整的目的和原则

各铁路局运用车的正常分布是完成货物运输计划的重要条件，对完成货物运输任务起着非常重要的作用，因而车流调整也是调度工作的一项重要内容。在日常运输工作中，各铁路局主观上都希望运用车始终保持规定的标准。但受各种因素的影响，一月三旬之间、一旬各日之间的货流、车流不可避免地会发生变化，影响运输任务的完成，严重时还会造成车站的堵塞。同时，某一局部地区的货流、车流发生变化后，不仅会影响本地区的运输工作，也可能会影响到其他地区。因此，有必要根据每天的实际运输情况，对车流进行及时的调整，以保证质量良好地完成运输生产任务。

车流调整的目的是保持各铁路局运用车的正常分布；保持各线车流的相对稳定与均衡，以便能够经济合理地使用机车车辆，充分利用线路通过能力；预防可能发生的困难，保证货物运输任务的完成。

为保持全路货车的合理分布及各线车流的相对稳定，车流调整工作必须实行高度集中、统一调整的原则；遵循优先保证重点运输、兼顾市场需求和效率效益的原则，最大限度地满足运输需求。

（二）车流调度员的职责

国铁集团调度处、铁路局调度所应指定专人负责车流调整工作，研究掌握货流、车流变化规律及有关技术设备的使用效能，认真推算车流，有预见、有计划地进行车流调整。

铁路局调度所由车流调度员具体负责车流调整工作，车流调度员的岗位职责如下：

（1）在车流副主任的领导下，负责全局的车流汇总工作，根据管内车流变化情况，及时进行专题分析，并提出有关建议。

（2）加强与部、邻局车流调度的联系，及时核对各分界口、各去向车流，建立车流监测台账。调整全局各区段重、空车流，合理安排空车流向。

（3）负责掌握全局空车分布和主要矿区、国境站、编组站装卸车情况，加速重、空车流的周转。

（4）负责按要求完成分析考核工作，按上级规定的项目、时间上报有关分析内容，按日对车流进行分析并建立台账，按旬、月对车流情况进行分析并完成有关报表、车流书面分析情况报车流副主任。

（5）建立健全有关台账，并认真填记，负责台账的管理、保存，向领导提供的资料要详细、准确。

（6）汇总、核对全局车流情况，及时收集全局运用车、管重、站存、移交车等信息提供给车流副主任。按时与邻局车流调度核对分界口出入车计划，并向铁路总公司汇报分界口出入及大纲计划。

（7）完成上级领导交办的其他任务。

三、车流调整的方法

车流调整分为：重车调整、空车调整和备用车调整，并通过日（班）计划组织实现。必要时，可下达临时调整计划。

（一）重车调整

重车调整是车流调整的重要内容。这是因为在运用车中重车占很大比重，重车的流向和数量，即重车流的结构，决定着各区段的行车量，决定着空车流的结构，决定着车站的卸车任务。因此，重车调整是整个车流调整工作的基础。

重车调整的方法有去向别装车调整、限制装车、停止装车、变更重车输送径路和集中装车。

在日常运输工作中，应根据车流预测资料，运用车分布情况，各方向、各区段的列车运行情况，主要技术站、枢纽、卸车地区的作业情况，卸车站的卸车能力和搬运能力等等因素，来确定调整措施。

1. 去向别装车调整

按去向别组织均衡装车是保持各铁路局车流稳定和运输秩序正常的基础。进行去向别装车调整时，各铁路局要执行下列规定：

（1）运输工作不正常，需要减少或增加日装车数量时，应首先调整（减少或增加）自局管内的装车数量；如需减少或增加外局的装车数量时，须经国铁集团准许。

（2）分界站接入某方向的重车不足或增多时，应首先采取增加或减少自局装往该去向装车数量的方法进行调整。如果重车不足或增多延续时间较长，自局调整又有一定困难时，应将情况及时报总公司，由国铁集团统一调整。

2. 限制装车或停止装车

为消除局部重车积压，可采取限制装车、停止装车和变更车流输送径路等措施。限制装车或停止装车是规定将在某一时期内，向某一方向、某一到站或某一收货单位发送某些品类货物的装车数量限制在一定数量之内或停止装车。这种调整方法一般来说不利于均衡运输，也不利于工农业生产。因此，只有在发生天灾、事故以致中断行车、在个别困难区段通过能力已经饱和、某些主要卸车站或工矿企业卸车能力不足、车辆严重积压或堵塞，采取其他方法一时不能解决困难时才采用。

采用限装、停装的调整措施时，限装、停装的期限及限制装车的数量，应根据能力及积压车流的情况决定。为了使这种调整措施产生应有的效果，尽量减少其不利影响，在采取这种措施时可先停止或限制近距离装车局的装车。在恢复正常装车时，应先恢复远距离装车局的装车，并且不应当对到达限装或停装地点的货物办理转票和变更到站手续，以免加重困难。

遇下列情况，可采取限制装车或停止装车措施：

（1）装车数超过区段通过能力和编组站作业能力时。

（2）装车数超过卸车地的卸车能力时。

（3）因自然灾害、事故，线路封锁中断行车时。

（4）因其他原因发生车辆积压或堵塞时。

3. 变更车流输送径路

为了加速车流输送，降低运输成本，国铁集团对各种车流规定了正常的运行径路，包括最短径路和特定径路。在日常运输工作中，遇自然灾害、事故中断行车或重车严重积压、堵塞时，经国铁集团调度命令批准，相关铁路局依据国铁集团调度命令可变更跨局的车流输送径路。

变更车流输送径路，应适应有关区段的通过能力，并指定变更径路的期限、列数、辆数和列车编组计划。

凡经上级调度命令批准，采取限装、停装或变更车流输送径路时，铁路局、车站、货运中心均不准在限装或停装期间，办理通过及到达限装、停装区段（或车站）的途中换票和变更到站。

采用变更车流运行径路的措施时，应当注意下列条件：

① 由于中断行车造成车流积压时，应事先将预计中断时间与变更径路需要额外增加的时间进行比较，当变更径路有利时，才可以考虑采用这种措施；

② 采用变更运行径路措施之前，必须检查变更径路的区段通过能力和机车供应情况，在能力可以负担的情况下，方可实施；

③ 确定采用变更径路的措施时，必须规定变更径路的期间、经由线路、每日绕道的列车数和车数、重车去向、空车车种以及有关的列车编组计划，以调度命令公布实行。

4. 集中装车

集中装车就是有组织地增加某一去向的装车，使之超过计划所规定的日均装车数。

连日装往某铁路局的重车不足月计划标准，或在停装、限装之后，原来停、限装方向的通过能力，卸车站或收货单位有条件承担补装时，可以采取集中装车的措施。采取这种措施时，仍应注意均衡安排，避免过分集中。

除了为组织装车地直达列车需要集中装车，并需在运输生产计划中进行日历安排外，在日常运输生产中，下列情况也需采用这种措施：

① 某铁路局的管内重车严重不足时，向管内工作车和空车不足的铁路局集中装车，以补充其运用车保有量。

② 某方向移交重车严重不足时，应向该方向集中装车，以保证完成交出重车标准及该方向工作的均衡。

③ 重点用户、港口、国境站急需到达物资或外运物资严重积压时。因港口或厂矿企业的某些需要，有时必须采取集中装车的办法，以满足其特殊要求。

实行装车调整措施时，必须遵守国家的运输政策，保证重点物资的及时运送，同时对一般物资也要根据具体情况妥善安排。

④ 急需防洪、抢险、救灾等重点物资时。

装车调整在旬间是通过旬装车计划、在日间是通过审批日要车计划（运货五）来实现的。集中装车仅在所经区段通过能力和到站卸车能力允许的条件下，方准采用。

（二）空车调整

空车调整是为了合理地运用空车，保证装车需要的调整措施。空车调整必须做到缩短空车行程，组织车种代用，消除同车种对流。空车调整对全路车辆分布有重大影响，且往往是为了他局装车的需要。因此，各级调度必须从整体利益出发，严肃排空纪律，坚决完成上级规定的排空任务。

各铁路局、车站必须从全局出发，严格遵守排空纪律，按照上级调度批准的车种、辆数均衡地完成排空任务。

空车调整方法有：正常调整、综合调整和紧急调整。

1. 正常调整

各铁路局根据车种别装车、卸车的差数，接空数和实际货车保有量确定排空车数，这是平时经常采用的空车调整方法。采用这种方法时，铁路局可利用通过空车供本局装车（编组计划指定开行的空车直达列车除外），而以本局卸后空车代替，即对通过空车可以在本局管内自行调整运用，在分界站仍按规定的车种与空车数移交给邻局。

2. 综合调整

货流、车流发生变化或重车流增加时，在不影响接空局重点物资装车需要的前提下，经总公司批准，依据下达的日计划命令可采取以重、空车总数进行综合调整。重、空车数一经总公司批准，各铁路局不得再增加重车代替空车数量。

这是综合考虑重空车流的调整方法。例如，在货源发生变化，超过计划增加了空车方向的装车时，即可减少交出空车数；反之，如减少了空车方向的装车时，就要相应地增加交出空车数。实行这种制度，在一定条件下可以保证更合理地分配运用车数，减少空车走行公里。

综合调整需在日计划中安排，并且须经上级调度的批准才能实行。因为它涉及去向别装车和空车运用的变动，必须综合考虑接空局的空车需要量、沿线通过能力以及机车的运用情况。

3. 紧急调整

紧急调整是为保证特殊紧急运输任务需要所采取的非常措施。以调度命令或日计划中重点事项的形式下达，各铁路局接到紧急空车调整命令后，必须按照规定的时间、车种、辆数完成排空任务，即使因此而影响本局装车或造成运用车保有量不足，也应优先完成这项排空任务。

采用这种调整方法时，通常应将空车编成直达列车，行经沿途各通过局时不得用来装车。这样可能造成不合理的空车对流，因此只在特殊情况下采用。

以上各种空车调整方法，都是保证全路车流合理分布的重要手段。空车是装车的保证，重车是空车的来源，两者只有按照计划紧密地结合起来，才能收到预期的效果。因此，任何一个排空局，都必须保证实现空车调整任务。

特种空车（包括罐车、保温车、家畜车、风动石碴车、散装水泥车、落下孔车、凹型车和标记载重超过 60 t 的平车及六轴以上的货车）的调整方法，应按国铁集团指定的方向、到站回送，其中有配属站者，应向配属站回送。

（三）备用车调整

备用货车（以下简称备用车）是为了保证完成临时紧急运输任务的需要，所储备的技术状态良好的总公司所属空货车。

1. 备用车的分类

备用车分为特殊备用车、军用备用车、专用货车备用车和港口、国境站备用车。

特殊备用车是指因运输市场发生结构变化，为调剂车种、满足运输需要，对总公司以备用车命令指定的大于本局月计划部分的某种空货车。

2. 备用、解除备用的规定

特殊备用车、军用备用车、专用货车备用车和港口、国境站备用车的备用和解除备用，必须经总公司以备用车命令批准。非标准轨的货车备用、解除备用由所在铁路局负责处理。

备用、解除备用必须符合下列规定：

① 特殊备用车须备满 48 小时，军用备用车、专用货车备用车和港口、国境站备用车须备满 24 小时，才能解除备用。因紧急任务需要解除备用车时，须经总公司调度命令批准，可不受时间限制。

② 备用车状况需经货车检车员检查。

3. 备用车的停放

备用车必须停放在铁路局批准的备用车基地内。港口、国境站备用车必须停放在指定的港口、国境站。凡未停放在指定地点的，均不准统计为备用车。备用车在不同基地间不得转移，在同一基地内转移时，须由铁路局以备用车命令批准。

4. 备用车的管理

① 国铁集团、铁路局调度分别建立备用车命令簿，单独规定备用车命令号码。

② 铁路局调度所、备用车所在站和车辆段，均须分别建立备用车登记簿，按备用日期、时分、命令号码、地点、车型、车号、辆数等内容顺序进行登记。

（四）专用货车的调整方法

专用货车的调整方法，除按一般货车调整规定办理外，空车应按国铁集团指定的方向、到站回送，有配属站的除国铁集团另有指定外，均应向配属站回送。专用货车的回送，要按规定填写回送单据。

为使冷藏车、罐车经常保持设备完整、性能良好，各铁路局原则上不得以冷藏车代用其他货车，必须代用时，需经国铁集团特运调度命令批准；各种罐车应分类使用，装运危险货物的罐车必须专车专用、不得代用。

四、外国货车的车流调整规定

外国货车停运或在国境站积压时，要采取优先放行和换装措施；对暂时没有确定到站的进口货物，经国铁集团准许，可换装在我国货车内待发或及时组织卸车。

凡外国空货车（包括利用装该国货物的车辆），应经由最短径路向所属国回送。经国铁集团调度命令批准，可在国内顺路装车使用。

实训练习

1. 已知：乙局旬装车计划及两端分界口的重车交接计划如下面的图 1 所示。

（1）当甲局经 A、B 分界口发往丙局的重车不够旬计划规定的标准数，减少 100 车。

（2）当丙局经 B、A 分界口发往甲局的重车超过旬计划规定的标准数，多出 50 车。

（3）因乙局运输工作不正常，影响实现旬装车计划，每日减少装车 100 车。

要求：在上述各种情况下乙局应分别采取何种车流调整措施，如何进行调整？

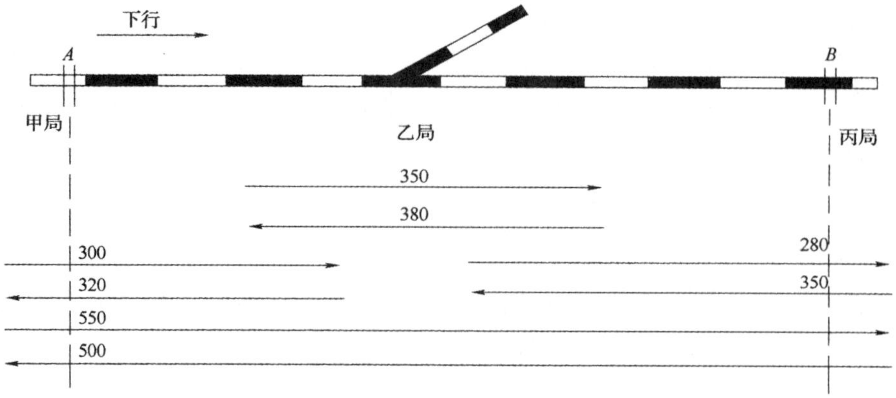

图 1 乙局旬装车计划及分界口重车交接计划

任务二 调度日（班）计划编制

任务描述

本学习任务主要介绍调度日（班）计划的内容、编制原则、依据和编制程序；日间总计划的编制方法，其中包括推算当日 18:00 各种运用车保有量、卸车计划、排空及装车计划、分界站交出货车及货物列车列数计划、日计划指标等；列车工作计划中区段管内车流输送计划的编制；车站作业计划的内容及编制方法。通过学习编制调度日（班）计划，能够较好地培养学生具备较强的文件理解能力、资料组织能力和进行调度指挥的综合能力。

知识准备

铁路运输生产是一个动态过程，装车、卸车、解编作业和列车运行等每天都有变化，而铁路运输本身又要求每日的工作任务相对稳定和均衡，以提高运输效率，这就产生了客观情况和主观要求的差距。为了解决这个矛盾，就产生了进行各种调整工作的日常计划。

铁路运输工作日常计划，包括旬计划、日（班）计划和车站作业计划。一切装车、卸车、编组列车、列车运行以及分界站的交接等运输工作，都以此为依据进行组织，以保证完成月度货物运输计划和技术计划规定的任务，实现列车运行图、列车编组计划和运输生产经营计划。

调度日（班）计划是日常运输组织工作的基础，应按列车编组计划、列车运行图、月度运输生产经营计划、施工计划进行编制，保证均衡地完成运输生产和施工任务。

调度日（班）计划是一日（班）内的运输工作计划，包括国铁集团调度日计划和铁路局调度日（班）计划。总公司调度日计划包括分界口列车交接计划、货运工作计划。铁路局调度日（班）计划简称日（班）计划，包括货运工作计划、列车工作计划、机车车辆工作计划和施工日计划。

国铁集团调度日计划起止时间为当日 18:00 至次日 18:00。

铁路局货运工作计划、列车工作计划、机车车辆工作计划起止时间为当日 18:00 至次日 18:00，分为两个班计划：当日 18:00 至次日 6:00 为第一班计划，次日 6:00 至 18:00 为第二班计划。铁路局施工日计划起止时间为 0:00 至 24:00。

一、调度日（班）计划编制的原则

调度日（班）计划的编制应遵守下列原则。

（1）坚持安全生产的原则。

（2）贯彻国家运输政策，保证重点运输的原则。

（3）最大限度满足运输需求的原则。

（4）坚持一卸、二排、三装的运输组织原则。

（5）按列车编组计划编车，按列车运行图行车，按运输生产经营计划组织运输，按技术作业过程和时间标准组织作业，优先组织特需、快速货物列车开行，最大限度地组织直达、成组运输的原则。

（6）按施工计划安排施工，坚持运输与施工兼顾的原则。

（7）经济合理地使用机车车辆和其他运输设备，提高运输效率和效益的原则。

（8）组织均衡运输的原则。

二、调度日（班）计划编制的分工

调度日（班）计划的编制，国铁集团由调度处长（副处长）负责组织编制；铁路局由调度所主任（副主任）负责组织编制。

三、国铁集团调度日计划的主要内容

国铁集团调度日计划包括分界口列车交接计划、货运工作计划。

分界口列车交接计划的内容：分界站交接货物列车数、临客列数、重车数、车种别空车数和重点要求。

货运工作计划的内容：到局别使用车数、能力紧张去向的装车数和重点要求。

国铁集团每日向铁路局下达调度轮廓计划，其内容、编制人员、起止时间与日计划相一致。

四、铁路局调度日计划编制的主要依据

① 国铁集团下达的调度日计划、轮廓计划。

国铁集团每日应在 9:00 前向铁路局下达次日轮廓计划。总公司轮廓计划的内容有：分

界站交接列车数、重车数、车种别排空车数、到局别使用车数、通过限制口的装车数和重点要求。

② 月度运输生产经营计划、列车编组计划、列车运行图、机车周转图、机车车辆检修计划、有关技术作业时间标准。

③ 日运输需求车数及相关要求（军用应有军运任务通知书，超限超重货物应依据确认电报）。

④ 预计当日 18:00 各类运用车数、车站现在车数（重车分去向，其中到本局和邻局管内摘挂车流分到站；待卸车、空车分车种）和机车、机车乘务员分布情况。

⑤ 旅客列车临时加开、停运、变更径路、途中折返、车辆甩挂、客车回送的调度命令或文件、电报。

⑥ 机车车辆试运行计划。

⑦ 国铁集团特需、快速货物列车开行计划、命令及铁路局管内特需、快速货物列车开行方案。

⑧ 列车预确报。

⑨ 分界站协议。

⑩ 月度施工计划（含临时文电批复的）及主管业务处提报的施工计划、路用列车开行申请。

⑪ 设备维修作业计划。

五、铁路局调度日计划主要内容

（一）货运工作计划

（1）各站装车需求批准数（包括发站、发货人、品类、到站、到局、运费、限制口、车种别装车数）。

（2）各站卸车计划（包括到站、车种、卸车数，整列货物要有收货人及品类）。

（3）特需货物列车、快速货物列车、企业自备车等直达列车和成组装车的列数及辆数。

（4）篷布、集装箱运用计划。

（5）专用货车使用计划。

（二）列车工作计划

（1）列车到、发及运行计划，包括列车车次、发站、到站、发到时分、编组内容、特定运行径路，始发列车车辆来源。

（2）分界站列车交接计划，包括列车车次、交接时分、各列车中去向别重车数（到邻局的摘挂车流分到站）和车种别空车数。

（3）管内工作车输送计划、各站配空挂运计划和摘挂列车的甩挂作业计划。

（4）专用货车的调整、挂运计划。

（5）装载超限超重、军运物资（人员）、剧毒品、运输警卫方案货物车辆，有运行条件限制的机车车辆、自轮运转特种设备挂运和专列开行计划。

（6）旅客列车的临时加开、停运、变更径路、途中折返、车辆甩挂、客车回送计划。
（7）机车车辆试运行计划。
（8）区间装卸作业计划。
（9）路用列车运行计划。

（三）机车车辆工作计划

（1）各区段（含跨局）机车周转图，包括机车交路、机型及机车号。
（2）机车沿线走行公里、机车运用台数和机车日车公里。
（3）机车出（入）厂、检修、回送计划及重点要求。
（4）各车辆检修基地（含站修）扣修、修竣车辆取送计划。
（5）各沿线车站停留故障车辆检修计划。
（6）跨局及铁路局管内客、货检修车回送计划及重点要求。
（7）动车组车底运用方案。

（四）施工日计划

（1）施工编号、等级、项目。
（2）施工日期、作业内容、地点（含线别、区间、车站、股道、道岔、行别、里程）和时间。
（3）施工限速、影响范围、行车方式变化及设备变化。
（4）施工单位（含配合单位）、施工负责人。
（5）施工作业车进出施工地段方案。

六、调度日（班）计划的编制规定

（一）收集资料

铁路局各工种调度人员，在每日 14:30 前向有关站段收集编制日（班）计划的资料，并向调度所主任（副主任）提供。

1. 货运调度员

预计当日 18:00 各站卸车数、装车数和去向别装车数、重点物资装车数，特需、快速货物列车装卸情况，18:00 待卸车，有关停、限装命令，卸车单位的卸车能力，次日运输需求情况及总公司调度轮廓计划。

2. 计划及列车调度员

预计当日 18:00 各站运用车（重车分去向，其中到本局和邻局管内摘挂车流分到站；待卸车、空车分车种）、备用车等分布情况，在途列车的编组内容和预计到达编组站、区段站、分界站的时分。特需、快速货物列车编组情况和预计到达分界站的时分。

3. 特运调度员

整列和零星军用、罐车、冷藏车运输需求的车种、吨位、辆数、配车时间及挂运要求；长大货物车（D 型车）、装载超限超重、剧毒品货物车辆的分布及挂运条件、车次及挂运通知单；专用货车的备用、解除和调配计划；预计 18:00 篷布分布情况。

4. 机车调度员

预计当日 18:00 运用机车和机车回送计划，机车检修、试运行情况，机车、机车乘务员分布动态情况。

5. 车辆调度员

预计当日 18:00 货车扣修、修竣、检修车分布及回送情况。车辆段结存检修车、扣修、修竣车数及车种，次日检修车计划，检修能力，有运行条件限制故障车辆回送挂运电报或计划申请。管内货车检修工厂结存检修车、修竣车数及车种，货车制造工厂新造出车数量及车种，次日入厂修计划。客车车辆试运行计划。

6. 供电调度员

牵引供电及电力供电、设备运行、次日维修计划情况。

7. 客运调度员

旅客列车的加开、停运、变更径路、中途折返和客车车辆回送、甩挂等情况。

8. 施工调度员

各站、各区段施工计划，慢行处所及限速条件。自轮运转特种设备、路用列车开行方案，路料装卸作业方案。

9. 快运调度员

预计当日 18:00 特需、快速货物列车装卸、开行及在途运行情况。

10. 集装箱调度员

预计当日 18:00 管内集装箱分布、装卸及运用情况，次日集装箱运输需求情况。

（二）编制货运工作计划的规定

（1）卸车计划：根据预计当日 18:00 管内工作车结存和次日产生的有效管内工作车数，确定次日卸车计划；根据 18:00 实际管内工作车确定次日应卸车数，并以此考核铁路局卸车完成情况；根据《管内工作车去向表》（运货 4）确定各站的卸车任务。

（2）装车计划：必须在保证排空任务的前提下，严格按照总公司下达的调度轮廓计划及各站运输需求情况确定装车日计划。

（3）第一班装、卸车计划应达到全日计划的 45%以上。

（三）编制列车工作计划的规定

（1）列车工作计划必须有全日车次和全日编组内容。

编制列车工作计划必须有可靠的资料，禁止编制无车流保证的空头计划。各区段日计划列数，要按列车运行图做到基本均衡。

（2）实行分号列车运行图时，选定列车车次、确定日计划列数应以分号列车运行图为基础，首先保证核心列车开行。当分号列车运行图的列车开满后，可开行基本列车运行图的列车车次；增开的跨局列车车次，由相邻铁路局协商确定。

（3）列车运行图规定的货物列车是否开满，跨局列车以分界站全日交接列车计算；铁路局管内列车以编组站或区段站全日发出列车计算；干支线衔接的区段，列车对数应分别计算；列车运行图规定在中间站始发和到达的列车未开满，但贯通全区段运行的列车已开满时，可视为列车运行图已开满。

（4）列车工作计划要确保排空列车的开行。第一班计划的排空车数应达到全日计划的45%以上。

（5）始发列车计划应按列车运行图规定的时分制定；中转列车可按预计到达时分，在分号列车运行图中选定紧密衔接的适当运行线。

图定车次贯通到底的直达货物列车，在接续的区段站或编组站因晚点不能使用原图定运行线，在制定日（班）计划时，准许利用图定的直达或直通列车运行线开车，但必须保持原车次不变。

（6）摘挂列车与其他货物列车运行线不得互相串用。

（7）加起停车附加时分。

（8）开行临时定点列车的规定：

① 基本列车运行图的列车开满后，方准加开临时定点的列车（特需、快速货物列车除外）。

② 始发列车无适当车次使用时，可制定临时定点列车计划，其旅行时间不得超过本区段内同类列车最长旅行时间。跨局运行时，须征得邻局的同意。

③ 开行列车运行图以外的阶梯直达列车，只限于作业站间可临时定点。

④ 挂有运行条件限制机车车辆的列车、有时间限制的军用列车和在区间整列装卸的列车，不能利用列车运行图中的运行线时，可开行临时定点列车。

挂有运行条件限制机车车辆的列车，在制定日（班）计划时允许指定始发和到达时分，运行时分可在 3 ~ 4 h 列车运行调整计划中确定。

⑤ 途中停运的列车，恢复运行时应利用空闲运行线。如确无适当运行线可利用时，方准开行临时定点列车到达前方第一个技术作业站。

（9）分界站当日未交出的晚点列车，需纳入次日计划。接近 18:00 的晚点列车，来不及纳入次日计划时，准许 18:00 后晚点交出。

（10）原则上不准编制跨局的超重、超长列车计划；必须时，须征得邻局的同意。

（11）挂有装载超限超重、剧毒品货物车辆和运行条件限制机车车辆的列车跨局运行时，应向邻局重点预报。

（12）班计划一经确定，必须维护计划的严肃性，在执行中原则上不准变更列车车次和整列方向别的编组内容；跨局列车遇有特殊情况必须变更日（班）计划确定的列车车次和整列方向别的编组内容时，要预先征得邻局的同意。

（13）列车工作计划编制后，相邻铁路局调度所必须主动将分界站列车交接计划（包括车次、时刻、编组内容、机车交路）核对一致后，方准上报总公司批准。

（14）严格执行编组计划，遇特殊情况违反编组计划时，须经铁路局计划调度员准许并发布调度命令（跨局时须经总公司调度命令准许）。

（四）编制机车车辆工作计划的规定

（1）机车车辆工作计划要保证日常运输任务的需要，按列车工作计划供应质量良好的机车车辆，合理安排机车车辆检修计划。

（2）机车周转图必须根据列车工作计划和规定的技术作业时间、乘务员劳动时间、机车交路进行编制。不准编制反交路，消除对放单机，减少单机走行。如编有紧交路时，必须采取兑现计划的组织调整措施。

（3）跨局长交路机车工作计划编制由机车配属局机车调度员负责，支配局、有继乘站的机车经过局机车调度员配合共同编制。编制的跨局长交路区段机车工作计划必须完整准确，跨局长交路相关铁路局要实现计划、实际机车周转图的数据共享。

（五）编制、下达施工日计划的规定

（1）施工单位于施工前 3 日将施工日计划申请报铁路局主管业务处室，主管业务处室审核（盖章）后，于施工前 2 日 9:00 前向施工办提报施工日计划申请，其中铁路局所管设备越过局间分界站延伸至邻局调度管辖区段的施工日计划申请向调度管辖区段铁路局施工办提报。

（2）施工办应将主管业务处室提报的施工日计划申请与月度施工计划（含临时文电批复的）进行核对，同时将 I 级施工和繁忙干线国铁集团管理施工项目的施工计划申请于施工前 2 日 15:00 前报国铁集团调度处，调度处根据国铁集团月度施工计划和批准的施工文电进行审核后，于施工前 2 日 18:00 前反馈相关铁路局施工办，施工办据此编制施工日计划。

（3）因运输原因不能安排施工计划时，须经铁路局分管运输副总经理（总调度长）同意。因专特运原因不能安排施工计划时，按国铁集团（铁路局）调度命令执行。

（4）编制的施工日计划经调度所主任（副主任）审核后，纳入调度日计划。

（5）施工办于施工前一日 12:00 前（0:00 至 4:00 执行的施工日计划于前一日 8:00 前）将施工日计划下达本局有关机务段、车务段（直属站），传（交）主管业务处室和相关计划调度台、列车调度台、供电调度台，其中涉及邻局的车务段（直属站）和相关调度台，传（交）

邻局施工办并由其负责转达。主管业务处室负责通知施工单位、配合单位，车务段（直属站）负责通知相关车站。

（6）I 级施工和繁忙干线国铁集团管理施工项目的施工日计划，施工办于施工前一日 15:00 前报国铁集团调度处。

（7）施工日计划下达后，不得随意取消施工日计划（项目）。因特殊原因临时取消时，须经铁路局分管运输副总经理（总调度长）批准 I 级施工和繁忙干线国铁集团管理施工项目还须经国铁集团调度处处长（或副处长批准）并采取行车安全措施后，以调度命令办理取消（含取消或重新发布运行揭示调度命令）。

（8）施工日计划下达后，施工开始前，施工单位自身原因取消施工和维修时，不发布取消施工和维修的调度命令。涉及运行揭示调度命令的施工取消时，施工单位须登记行车条件，铁路局调度所根据登记发布调度命令。

七、调度日计划的审批和下达

（1）国铁集团每日 10:00 前向铁路局下达次日调度轮廓计划。

（2）铁路局调度日计划经分管副总经理（总调度长）批准后，于 17:00 前将需国铁集团调度日计划批准的内容报国铁集团调度处。

（3）国铁集团调度日计划经调度处处长（副处长）批准后，于 17:20 前以调度命令下达各铁路局。

（4）铁路局调度日计划于 17:30 前以调度命令下达有关单位、调度台。

（5）18:00 至 21:00、6:00 至 9:00 的列车工作计划，应分别于 16:00、4:00 前下达有关单位。对货物列车车次的考核，仍以正式下达的日（班）计划为依据。

（6）第二班的调整计划，由铁路局调度所值班主任负责组织各工种调度人员，根据第一班计划的执行情况和日计划任务进行调整，铁路局于 6:00 前以调度命令下达有关单位。

（7）施工日计划审批和下达按调度规则第四十三条执行。

八、铁路局调度日（班）计划的编制程序

（一）审批次日要车计划

每日 10:00 开始（9:00 下达轮廓计划），最晚不晚于 14:00 结束，由主任货运调度员负责，根据国铁集团下达的轮廓计划中装车计划的要求，审批各站次日要车计划。

（二）召开日计划会议

一般 14:00 开始，由调度所主任主持，值班主任及有关人员参加。

（三）编制日计划

（1）调度所副主任负责编制日间总计划，包括全铁路局的卸车数、装车数、各分界站交接重空车数及列数、日计划指标等。

（2）主任货运调度员负责编制详细的货运工作计划，包括各站的装卸车数、直达列车及成组装车等。

（3）主任机车调度员负责编制详细的机车工作计划，包括各区段机车周转图、机车运用台数、机车检修工作安排等。

（4）计划调度员负责编制详细的列车工作计划，包括列车到发及运行计划、分界站列车交接计划和区段管内车流输送计划。

（5）施工调度员负责编制各站、各区段施工计划。

（6）主管运输方案的主任调度员负责协助计划调度员、货运调度员等按运输方案的规定编制计划。

（四）调度日计划的审批和下达

（1）国铁集团每日 10:00 前向铁路局下达次日调度轮廓计划。

（2）铁路局调度日计划经分管副总经理（总调度长）批准后，于 17:00 前将需国铁集团调度日计划批准的内容报国铁集团调度处。

（3）国铁集团调度日计划经调度处处长（副处长）批准后，于 17:20 前以调度命令下达各铁路局。

（4）铁路局调度日计划于 17:30 前以调度命令下达有关单位、调度台。

（5）18:00 至 21:00、6:00 至 9:00 的列车工作计划，应分别于 16:00、4:00 前下达有关单位。对货物列车车次的考核，仍以正式下达的日（班）计划为依据。

（6）第二班的调整计划，由铁路局调度所值班主任负责组织各工种调度人员，根据第一班计划的执行情况和日计划任务进行调整，铁路局于 6:00 前以调度命令下达有关单位。

（7）施工日计划审批和下达按本规则第四十三条执行。

九、调度日（班）计划的编制举例

铁路局日间总计划如表 5.2 所示。

表 5.2　丙铁路局日间总计划表

预计当日运用车

项目	实际
月计划	2 026
昨日存	2 056
出入差	−10
转出	0
转入	0
结存	2 046
差	+20

预计当日管内工作车

项目		月计划	实际
月计划		—	—
昨日存		583	541
接入计		258	278
其中	乙	163	163
	丁	95	115
自装		292	300
卸车		550	550
结存		583	569
差			−14

预计当日空车 / 预计次日空车

项目		月计划	实际	预计次日空车
月计划		—	—	—
昨日存		430	465	427
接入	乙	270	235	270
	丁	50	50	50
交出	乙	0	0	0
	丁	123	123	123
装车		747	750	745
卸车		550	550	609
转出		0	0	0
转入		0	0	0
结存		430	427	488
差			−3	+58

重点工作

1. 空车较多，争取多装；
2. 丁口移交车保有量不足，应多组织装该口的移交车

预计当日移交重车

去向＼项目	月计划	昨日存	接入 乙	接入 丁	自装交出	当日交出	结存	差
乙	540	563	—	600	65	665	563	+23
丁	473	487	205	—	385	590	487	+14
计	1 013	1 050	205	600	450	1 255	1050	+37

次日分界站出入计划

分界站＼接或交	接入 列数	接入 总车数 重/空	交出 列数	交出 总车数 重/空
乙	13	$633\frac{363\ (\text{其中自卸 }213)}{270}$	14	$665\frac{665\ (\text{其中自装 }65)}{0}$
丁	15	$745\frac{695\ (\text{其中自卸 }95)}{50}$	15	$724\frac{601\ (\text{其中自装 }440)}{123}$
计	28	$1\ 378\frac{1\ 058}{320}$	29	$1\ 378\frac{1\ 266}{123}$

次日分界站出入车轮廓计划

分界站＼接或交	接入 列数	接入 总车数 重/空	交出 列数	交出 总车数 重/空
乙	13	$633\frac{363}{270}$	14	$665\frac{665}{0}$
丁	15	$740\frac{690}{50}$	15	$710\frac{587}{123}$
计	28	$1\ 373\frac{1\ 053}{320}$	29	$1\ 375\frac{1\ 252}{123}$

次日计划指标

项目	当日运用车	出入差	转出	转入	次日运用车	接运重车	使用车	卸空车	工作量	周转时间
月计划	2 026	—	—	—	2 026	1 058	747	550	1 805	1.12
日计划	2 046	−11	0	0	2 035	1 058	755	609	1 813	1.13

（一）推算运用车保有量

运用车保有量是指全路、铁路局为完成规定的运输任务，所应保有的运用货车数。运用车数量多了，会积压、堵塞，效率低，完不成指标任务；少了则会出现“无米下锅”，编不出车去，造成始发列车停运，严重影响列车的运行秩序，问题更严重。

1. 有关编制资料

（1）丙铁路局管辖范围如图 5.2 所示。

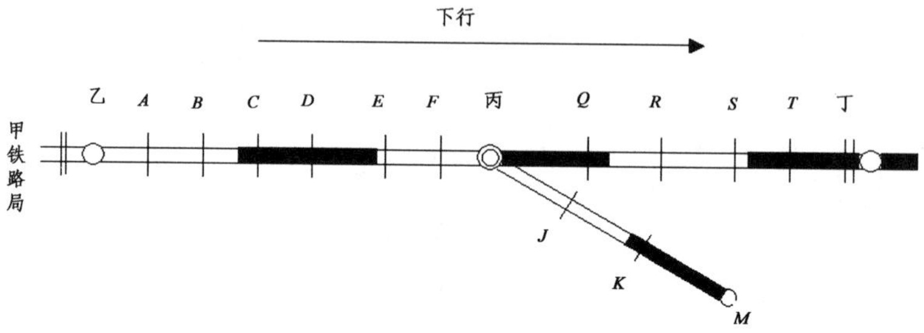

图 5.2　丙铁路局管辖范围示意图

（2）技术计划规定的有关指标：

① 装车数 747 车，卸车数 550 车。

② 运用车保有量 2 026 车。其中，管内工作车 583 车、移交重车 1 013 车、空车 430 车。

③ 运用车周转时间为 1.12 d。

④ 各分界站出入重空车数及列数见表 5.3 所示。

表 5.3　分界站出入表

接、交分界站	接入		交出	
	列数	重车/空车	列数	重车/空车
乙	13	363(其中自卸 163)/270	14	665(其中自装 65)/0
丁	15	695(其中自卸 95)/50	15	590(其中自装 390)/123
合计	28	1 378	29	1 378

（3）昨日 18:00 运报-2、运报-3 所记载运用车实际结存总数为 2 056 车。其中管内工作车 541 车、移交重车 1 050 车（乙分界站 563 车、丁分界站 487 车）、空车 465 车。

（4）国铁集团下达的次日轮廓计划：装车 745 车，卸车 600 车。各分界站交接车数见表 4.2 中“次日分界站出入车轮廓计划”栏。

（5）其他资料，如列车编组计划、列车运行图、运输方案等，此处不再一一列出。

编制资料分析：

（1）从丙铁路局管辖范围示意图看：

① 丙局上行方向与甲局相邻，下行方向与戊局相邻。

② 丙局既与他局相邻，就有分界站，分别为乙站和丁站。再看，乙站为丙局管辖，而丁站属戊局管辖。

③ 丙局的范围：包括一条干线，一条支线（因 M 站为尽头站，所以丙—M 肯定是支线）。即包括三个区段：乙—丙、丙—M、丙—丁。

（2）技术计划规定有关指标：

① 装车数 747 车，卸车数 550 车。

装车数与一个指标有关，即使用车数：

$$u_{使}=u_{装}+\Delta u_{使}\ （车）$$

式中　$u_{使}$——装车数；

$\Delta u_{使}$——增加使用车数，因统计规则的问题而出现，通常量很小。此处 $\Delta u_{使}=0$，$\Delta u_{卸空}=0$。

即：　$u_{使}=u_{装}=747$（车）

同理：　$u_{卸空}=u_{卸}=550$（车）

另外：　$u_{使}=u_{自装自卸}+u_{自装交出}$（车）

$u_{卸空}=u_{自装自卸}+u_{接入自卸}$

说明：自装交出需查表 5.3。

通过表 5.3 的交出部分可以看出：通过乙分界站自装交出重车 65 车；通过丁分界站自装交出重车 390 车。

丙局共计自装交出重车：65 + 390 = 455（车）

即：　$747=u_{自装自卸}+455$

故技术计划规定：$u_{自装自卸}=292$ 车

② 运用车保有量 2 026 车。其中，管内工作车 583 车，移交重车 1 013 车，空车 430 车。

在本题中：$N=2\ 026$ 车

且：　$N=N_{管内}+N_{移交}+N_{空}$（车）

本题所给数据证明该公式成立。

③ 货车周转时间 1.12 d。

在本题中，$\theta=1.12$ d。

计算：　$\theta=\dfrac{N}{u}=\dfrac{N}{u_{使}+u_{接重}}=\dfrac{2026}{747+1058}=1.12$（d）

说明：接运重车需查表 5.3。

通过表 5.3 的接入部分可以看出：通过乙分界站接入重车 363 车；通过丁分界站接入重车 695 车。

丙局共计接运重车：363 + 695 = 1 058（车）

④ 各分界站出入重空车数及列数。

凡是涉及接入及交出的货车情况，均应查表 5.3。

接入部分：乙分界站接入重车 363，空车 270，共 633 车；

丁分界站接入重车 695，空车 50，共 745 车。

丙局共计接运运用车：

$$633 + 745 = 1\,378（车）$$

（其中，接运重车 1 058 车，接运空车 320 车。）

另外，乙分界站共接入 633 车，接入 13 列车，则可据此推算列车平均编成辆数：

$$\frac{633}{13} \approx 50(辆)$$

丁分界站接入列车的编成辆数依次类推。

同理，丙局共计移交运用车：665 + 713 = 1 378 车。（其中：移交重车 1 255 车，移交空车 123 车）

（3）昨日 18：00 运报-2、运报-3。

① 运报-2：现在车报表；

运报-3：18：00 现在重车去向报表。

② 现在车报表中：昨日运用车数：2 056 车；

技术计划的运用车数：2 026 车

+30 车。

③ 重车去向报表中：管内工作车：541 车；

移交重车：1 050 车；

（空车）：465 车（可计算得到）。

今日的工作要在昨日工作基础上展开，所以要回顾昨日，抓紧当日，还要展望明日。

表 5.3 的图形化表示如图 5.3 所示。

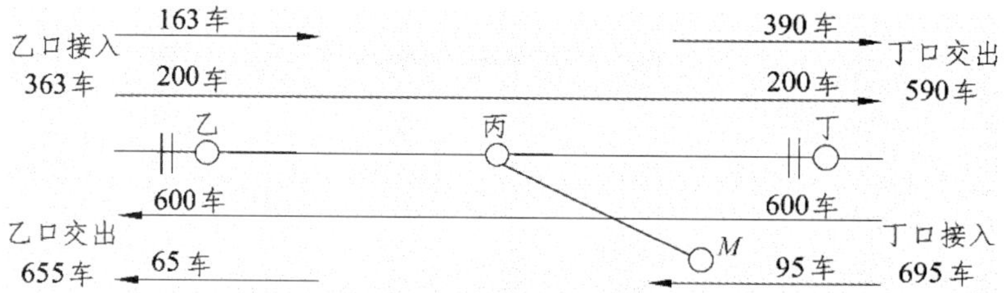

图 5.3　分界站重车出入图

（4）次日装卸车轮廓计划（铁路总公司下达）。

① 装车：745 车；　　卸车：600 车；

技术计划：747 车　　技术计划：550 车

-2 车　　+50 车。

② 轮廓计划各分界站交接车数：见表 5.2“次日分界站出入车轮廓计划”部分；对比技术计划之分界站交接车数：见表 5.3（所有涉及分界站交接的情况都在此表内）。

（5）其他资料（略）。

2. 当日工作情况

召开日班计划会议，了解当日工作情况和上级主管的重要指示。

（1）值班主任收集当日运输工作的全面情况及各技术站作业情况，并预计全日能完成的交接列数及车数。

乙口接入：　移交重车：205 车；
　　　　　　管内工作车：163 车；
　　　　　　　　空车：235 车。　合计：603 车。
乙口交出：　重　车：665 车；　　合计：665 车。
丁口接入：　移交重车：600 车；
　　　　　　管内工作车：115 车；
　　　　　　　　空　车：50 车。　合计：765 车。
丁口交出：　重　车：590 车；
　　　　　　空　车：123 车；　　合计：713 车。

分界站接入总计：1 368 车；交出总计：1 378 车；出入差：－10 车。

将以上交接车数汇总，用表 5.4 来表示。

表 5.4　丙局分界口站交接车数汇总表

	移交重车	管内工作车	空车	重车	合计
乙分界站接入	205	163	235		603
丁分界站接入	600	115	50		765
接入合计	805	278	285		1 368
乙分界站交出				665	665
丁分界站交出			123	590	713
交出合计			123	1 255	1 378

（2）主任货运调度员预计全日货运工作情况和次日批准要车计划情况。

当日预计完成装车：750 车，其中：自装自卸 300 车、自装交出 450 车（乙分界站 65 车，丁分界站 385 车）；预计完成卸车 550 车；次日批准要车计划 745 车，其中：自装自卸 290 车。

（3）运输方案调度员汇报当日空车运用及运输方案执行情况、存在的问题，提出次日编制计划的要求。

（4）主任机车调度员汇报当日机车运用情况及问题，当日 18:00 货运机车分布情况。

（5）调度所主任传达铁路总公司及铁路局领导的重点指示，提出编制次日计划的重点要求。

当日工作情况分析：

（1）值班主任预计的分界站交接情况。

① 接入情况。

接入移交重车：205 + 600 = 805（车）；

接入自卸：163 + 115 = 278（车）；

合计接入重车：805 + 278 = 1 083（车）；接入空车：235 + 50 = 285（车）。共计接入运用

车 1 368 车，其中，重车 1 083 车，空车 285 车。

② 交出情况。

交出移交重车：665 + 590 = 1 255（车）；

交出空车：123（车）；

共计交出运用车 1 378 车，其中，重车 1255 车，空车 123 车。

结论：出入差 – 10 车。

思考问题：

验证“移交重车 = 自装交出 + 接运通过”。

即：1 255 = 450 + 805。刚好。

（由 2. 当日工作情况中（2）可知，主任货调预计当日自装交出 450 车）

（2）主任货运调度员。

① 预计当日装车：750 车；

技术计划装车：747 车；

+3 车。

即：$U_{使} = 750$ 车 $= U_{自装自卸} + U_{自装交出} = 300$ 车 + 450 车。

② 预计当日卸车：550 车；

技术计划卸车量：550 车；

0 车。刚好。

③ 次日要车：

铁路总公司次日轮廓计划：745 车；

故次日要车就批准：745 车。

其中自装自卸 290 车，自装交出：745 – 290 = 455（车）。

说明：批准的次日要车计划可做调整，并非固定不变。若次日空车结存较多，可经请示国铁集团后多装。

3. 预计当日 18:00 的运用车保有量

预计当日 18:00 各种运用车保有量，不仅是反映运输情况，并据以确定次日调整措施的资料，而且是确定次日计划任务的依据。因此，在编制日计划前首先需要推算（预计）当日 18:00 各种运用车保有量。

（1）运用车保有量总数 $N_{当日}$：

$$N_{当日} = N_{昨日} + \Delta u_{出入差}^{当日} + u_{转入}^{当日} - u_{转出}^{当日}(车)$$

式中　$N_{昨日}$——昨日 18：00 运用车保有量实际数；

$\Delta u_{出入差}^{当日}$——当日预计各分界站接入与交出重空车总数之差，用下式计算：

$$\Delta u_{出入差}^{当日} = u_{接入}^{当日} - u_{交出}^{当日}(车)$$

式中　$u_{转入}^{当日}$——当日预计由非运用车转为运用车的货车总数；

$u_{转出}^{当日}$——当日预计由运用车转为非运用车的货车总数。

丙铁路局：$\Delta u_{出入差}^{当日}=1\ 368-1378=-10$（车）

$N_{当日}=2\ 056-10+0-0=2\ 046$（车）

（2）管内工作车保有量 $N_{管内}^{当日}$：

$$N_{管内}^{当日}=N_{管内}^{昨日}+u_{接卸}^{当日}+u_{自装卸}^{当日}-u_{卸}^{当日}(车)$$

式中 $N_{管内}^{昨日}$——昨日 18：00 管内工作车保有量实际数；

$u_{接卸}^{当日}$——预计当日接入自卸的重车总数；

$u_{自装卸}^{当日}$——预计当日完成自装自卸的装车数；

$u_{卸}^{当日}$——预计当日完成的卸车数。

丙铁路局：$N_{管内}^{当日}=541+(163+115)+300-550=569$（车）

（3）移交重车保有量 $N_{移交}^{当日}$：

$$N_{移交}^{当日}=N_{移交}^{昨日}+u_{自装交出}^{当日}+u_{接入通过}^{当日}-u_{交重}^{当日}(车)$$

式中 $N_{移交}^{昨日}$——昨日 18：00 移交重车保有量实际数；

$u_{自装交出}^{当日}$——预计当日完成自装移交的装车数；

$u_{接入通过}^{当日}$——预计当日接入的通过重车总数；

$u_{交重}^{当日}$——预计当日完成的交出重车数。

丙铁路局：$N_{移交}^{当日}=1\ 050+450+(205+600)-(665+590)=1\ 050$（车）

（4）空车保有量 $N_{空}^{当日}$：

$$N_{空}^{当日}=N_{空}^{昨日}+u_{接空}^{当日}+u_{转入}^{当日}+u_{卸}^{当日}-u_{交空}^{当日}-u_{转出}^{当日}-u_{装}^{当日}(车)$$

式中 $N_{空}^{昨日}$——昨日 18：00 空车保有量实际数；

$u_{接空}^{当日}$——预计当日接入的空车总数；

$u_{交空}^{当日}$——预计当日完成的交出空车数；

$u_{装}^{当日}$——预计当日完成的装车数。

丙铁路局：$N_{空}^{当日}=465+(235+50)+0+550-123-0-750=427$（车）

推算的当日 18：00 管内工作车、移交重车、空车保有量之和，应与推算的 18：00 运用车总数相等，即：

$$N_{当日}=N_{管内}^{当日}+N_{移交}^{当日}+N_{空}^{当日}（车）$$

丙铁路局：$N_{当日}=569+1\ 050+427=2\ 046$（车）

通过验算检查，说明推算正确。

（二）确定卸车计划

1. 次日卸车来源

（1）当日 18:00 结存的管内工作车。

由表 4.2 知：当日管内工作车结存：569 车。

（2）次日由各分界站接入的管内卸车。

由表 4.2 可知：

乙口接入自卸：213 车；丁口接入自卸：95 车。

合计：213 + 95 = 308（车）。

（3）次日自装的管内工作车：

即次日的自装自卸，通过（一）推算运用车保有量/2.当日工作情况中可知，（2）主任货调预计次日自装自卸：290 车。

2. 有效卸车数的确定

在上述三项卸车来源中，有的可以在次日 18:00 前卸空，称为有效卸车；有的不能卸空，称为无效卸车。有效卸车与无效卸车的区分标准是能否在次日 18:00 前卸空，区分意义在于只有有效卸车数才可纳入次日的卸车计划。

有效卸车数（即次日卸车计划）的确定方法：

（1）当日 18:00 结存的管内工作车。

18:00 结存的管内工作车有效卸车数由以下公式计算：

$$u_{结存}^{有效卸车} = N_{管内} \times p_{结存}^{卸}$$

式中　$p_{结存}^{卸}$——18:00 结存管内工作车有效卸车数的概率。

现以丙铁路局为例，确定次日卸车计划。

（1）根据以往的规律，18:00 管内工作车中次日有效卸车的概率是 0.65，即有 $569 \times 0.65 \approx 370$（车），可纳入卸车计划。

（2）次日自装的管内工作车（即自装自卸部分）：

根据以往规律第一班装的 125 车可在 18:00 前卸空，是有效卸车数，可将这 125 车作为自装有效卸车数纳入卸车计划。

（3）次日接入的管内工作车（即接入自卸部分）：

按邻局来车计划和运行图规定的时刻，其中有 114 车可作为有效卸车数纳入次日的卸车计划。所以，次日计划卸车数为三项有效卸车之和。

故次日卸车计划为：370 + 125 + 114 = 609（车）

对其他有效车（如移交有效车等）也可按此法计算。

3. 次日应卸车数

根据当日 18：00 管内工作车实际车数和月计划规定的管内工作车周转时间，可按下式推算次日应卸车数：

$$u_{应卸} = N_{管内}^{昨日}/\theta_{管内}^{计}\quad（车）$$

式中　$\theta_{管内}^{计}$——月计划规定的管内工作车周转时间。

次日应卸车数是上级考核铁路局完成卸车情况的依据，所以，在确定次日卸车计划时，其数字不应小于应卸车数。但因编制日计划时，尚无 18:00 实际管内工作车数，为推算应卸车数，可以借用预计 18:00 管内工作车保有量进行测算，以保证卸车计划不小于应卸车数。

丙铁路局本月的 $\theta_{管内}^{计}$ 为 0.95d，推算的 $N_{管内}^{当日}$ 为 569 车（次日之昨日为当日，即式中的昨日管内实为当日管内），则：

$$u_{应卸}=569\div 0.95=599\text{（车）}$$

计算表明，计划卸车数不小于预计应卸车数。可以确定次日卸车计划为 609 车，大于次日应卸车数 599 车，符合要求。最终次日的卸车计划定为 609 车。

（三）确定排空及装车计划

按照“一卸、二排、三装”的运输组织原则，装车计划应在完成排空任务后确定。

1. 排空计划

排空计划要保证完成各分界站排空任务，严格按日（班）计划规定的排空车次、车种、车数组织实现。当排空与装车发生矛盾时，应先排后装。

丙铁路局排空计划，按国铁集团下达的轮廓计划确定，即经丁分界站排空 123 车，在此基础上再调整本局的装车数。

2. 装车计划

必须在保证排空任务的前提下，由调度所主任会同货调主任，严格按货运轮廓计划审批各站日要车，确定装车日计划。

为保证每天运输工作的均衡，在确定装车计划前，还需推算一下次日 18:00 空车保有量：

$$N_{空}^{次日}=N_{空}^{当日}+u_{接空}^{次日}+u_{卸}^{次日}+u_{转入}^{次日}-u_{排空}^{次日}-u_{装}^{次日}-u_{转出}^{次日}\text{（车）}$$

式中　$u_{接空}^{次日}$——次日计划接入空车数；

$u_{转入}^{次日}$——次日预计由非运用车转为运用车的货车总数；

$u_{转出}^{次日}$——次日预计由运用车转为非运用车的货车总数；

$u_{排空}^{次日}$——次日预计排空车数；

$u_{装}^{次日}$——次日预计装车数。

将推算出的 $N_{空}^{次日}$ 与技术计划规定的空车保有量标准相比较，如 $N_{空}^{次日}$ 比标准数少得较多时，应当减少次日的装车数，使 $N_{空}^{次日}$ 符合或接近标准，以保证后一日运输工作的均衡。反之，可适当增加装车数。

例如，丙铁路局装车计划，首先根据国铁集团下达的装车数 745 车和其他资料计算次日空车保有量，再以次日空车保有量的多少来确定，即：

$$N_{空}^{次日}=427+（270+50）+609+0-（0+123）-745-0=488\text{（车）}$$

推算结果表明，次日空车保有量 543 车，比技术计划规定的空车保有量 430 车多 113 车。因此，可适当增加次日装车数，经请示国铁集团后，日装车计划确定为 755 车。

（四）确定次日各分界站交出重车数和列车数计划

次日交出重车数和列车数计划，应按分界站分别确定。

1. 分界站别交出重车数计划

分界站别交出重车数计划，应根据分界站的当日 18：00 预计结存移交车数、次日接入移交车数及次日自装移交车数中的有效移交车数之和确定，即：

$$u_{\text{交重}}^{\text{次日}}=N_{\text{移交}}^{\text{有效}}+u_{\text{接入通过}}^{\text{有效}}+u_{\text{自装交出}}^{\text{有效}}$$

式中 $N_{\text{移交}}^{\text{有效}}$——预计当日 18：00 结存移交重车中在次日能交出的车数；

$u_{\text{接入通过}}^{\text{有效}}$——次日接入通过的重车中能交出的车数；

$u_{\text{自装交出}}^{\text{有效}}$——次日自装移交重车中能交出的车数。

对于移交有效车数，应按分界站别，根据列车编组计划、列车运行图、技术计划以及有关作业时间标准，逐一查定后确定其车数。在编制日间总计划时，由于时间紧迫，而且有些资料尚不齐备，有效车数一般按以往的车流规律或按概率法计算。

2. 分界站别交出列车数计划

分界站别交出列车数计划，可根据确定的移交重车数，加上排空车数，按照列车编组计划的规定和列车平均编成辆数，即可计算出交出列车数。在确定分界站交出列车数时，应考虑通过能力和机车运用情况。

现根据已知资料确定丙铁路局乙、丁分界站交出重车数及交出列车数计划。

如表 5.2 所示，丙铁路局当日 18:00 结存乙分界站移交重车 563 车中，次日 18:00 前可交出 375 车，纳入计划；自装经乙分界站交出重车，第一班装车 65 车为有效，纳入计划；次日由丁分界站接入经乙分界站交出的重车 600 车中，按计划和运行图规定时刻，有 225 车移交有效，应纳入计划。所以，次日乙分界站交出重车计划车数为 375 + 65 + 225 = 665 车。

同理，次日经丁分界站交出重车计划车数为 601 车，空车为 123 车，合计 724 车。

交出列数为交出总车数除以列车编成辆数，已知乙—丙、丙—丁两区段列车平均编成辆数均为 50 车，经乙分界站交出总车数为 665 车，交出列数为 14 列；经丁分界站交出总车数为 724 车，交出列数为 15 列；两分界站合计共交出列数 29 列、车数 1 389 车。

（五）计算日计划指标

日计划指标包括：装车数、卸车数、工作量、货车周转时间等。

计划日的货车周转时间，可用车辆相关法计算。为此，应首先推算次日 18:00 的运用车保有量：

$$N_{\text{次日}}=N_{\text{当日}}+\Delta u_{\text{出入差}}^{\text{次日}}+u_{\text{转入}}^{\text{次日}}-u_{\text{转出}}^{\text{次日}}\ （车）$$

式中 $\Delta u_{\text{出入差}}^{\text{次日}}$——次日各分界站接入与交出重空车总数之差，即：

$$\Delta u_{\text{出入差}}^{\text{次日}}=u_{\text{接入重空}}^{\text{次日}}+u_{\text{交出重空}}^{\text{次日}}$$

然后，再计算工作量 $u_{次日}$：

$$u_{次日}=u_{使用}^{计}+u_{接重}^{计}\ （车）$$

最后用车辆相关法计算货车周转时间 $\theta_{次日}$，即：

$$\theta_{次日}=N_{次日}/u_{次日}\ （d）$$

例如，丙铁路局的日计划指标（增加使用车和增加卸空车数均为零，其中装车 755 车、卸车 609 车、接重 1 058 车）：

$$\Delta u_{出入差}^{次日}=1\ 378-1\ 389=-11\ （车）$$
$$N_{次日}=2\ 046-11+0-0=2035\ （车）$$
$$u_{次日}=755+1\ 058=1813\ （车）$$
$$\theta_{次日}=2\ 035\div 1\ 813=1.12\ （d）$$

将上述计算与确定的数字，分别填写在铁路局的日间总计划表（见表 5.2）内，就形成了铁路局日间总计划。

十、列车工作计划的编制

列车工作计划包括：列车到发及运行计划、分界站列车交接计划、管内工作车输送计划等。各项详细计划均应保证完成日间总计划确定的运输任务，并受日间总计划规定的控制数字所约束。

（一）列车到发及运行计划

列车到发计划由计划调度员负责与车站副站长共同编制，其编制方法与车站班计划基本相同。主要区别在于：一是使用图表不同，二是编制计划的权限不同，三是详简程度不同。车站编制人员由于对本站设备、车辆分布及各种作业情况掌握得更具体，计划的安排更详细，而调度所一般只对出发列车编组内容的车流或列车的到达站有严格要求，至于车流的来源并不十分具体。

列车运行计划由计划调度员负责与列车调度员共同编制。具体规定如下。

1. 列车运行线安排

（1）列车工作计划必须有全日车次和全日编组内容。

（2）编制列车工作计划必须有可靠资料，禁止编制无车流保证的空头计划。

（3）各区段日计划列数，要按列车运行图做到基本均衡。

（4）列车工作计划要确保排空列车的开行。第一班计划的排空车数必须达到全日计划的45%以上。

2. 分号列车运行图选定

（1）实行分号列车运行图时，选定列车车次、确定日计划列数应以分号运行图为基础，首先保证核心列车开行。

（2）当分号列车运行图的列车开满后，可开行基本列车运行图的列车车次（基本图再开满，准许加开临时定点列车）；增开的跨铁路局列车车次，由相邻铁路局协商确定，报国铁集团调度批准。

（3）列车运行图规定的货物列车是否开满，跨铁路局列车以分界站全日交接列车计算；铁路局管内列车以编组站或区段站全日发出列车计算；干支线衔接的区段，列车对数应分别计算；列车运行图规定在中间站始发和到达的列车未开满，但贯通全区段运行的列车已开满时，可视为列车运行图已开满。

3. 列车运行计划

（1）始发列车计划应按列车运行图规定的时分编制。中转列车可按预计到达时分，在分号列车运行图中选定紧密衔接的适当运行线。

图定车次贯通到底的直达货物列车，在接续的区段站或编组站因晚点不能使用原图定运行线，在制定日（班）计划时，准许利用图定的直达或直通列车运行线开车，但必须保持原车次不变。

（2）摘挂列车与其他货物列车运行线不得互相串用。

在中间站始发或终到的列车，如列车运行图规定为通过时分，在编制日（班）计划时，应另加起停车附加时分。

4. 开行临时定点列车的规定

（1）基本列车运行图的列车开满后，方准加开临时定点的列车车次。

（2）始发列车无适当车次使用时，可制定临时定点列车计划，其旅行时间不得超过本区段内同类列车最长旅行时间。跨铁路局运行时，须征得邻局的同意。

（3）列车运行图中的摘挂列车已开满，但仍有剩余摘挂车流（有一个区间达到牵引定数70%或满长）时，可加开临时定点的摘挂列车，但跨铁路局的加开列数不得超过 1 列。

（4）开行列车运行图以外的阶梯直达列车，只限于作业站间可临时定点。

（5）挂有限制运行条件机车车辆的列车、有时间限制的军用列车和在区间整列装卸的列车，不能利用列车运行图中的运行线时，可开行临时定点列车。

挂有限制运行条件机车车辆的列车，在制定日（班）计划时，允许指定始发和到达时分，运行时分可在三四小时列车运行调整计划中确定。

（6）途中停运的列车，恢复运行时应利用空闲运行线。如确无适当运行线可利用时，方准开行临时定点列车到达前方第一个技术作业站。

5. 列车编组及技术作业

（1）列车编挂车辆的去向必须符合列车编组计划的规定。

（2）列车或车流接续时间，应符合车站技术作业过程规定的时间标准。

（3）列车编成辆数应符合该区段牵引重量标准及计长（小运转和摘挂列车除外）。

（4）涉及装车需要的空车和为完成卸车任务的管内工作车输送计划，应满足数量和时间的要求。

对第二班列车工作计划进行调整时，除遵守以上规定外，第一班计划规定车次有停运车次时，第二班不准加开列车；第一班计划规定的车次已开满，第二班需要加开列车，或第一班虽未开满，第二班需要调整列车车次时，跨铁路局的必须取得相邻铁路局同意。

（二）分界站列车交接计划

填写分界站交接计划表，向邻局发出列车预报。每编完一个阶段，将分界站交出的列车车次、编组内容等资料，填写在“分界站交接计划表”上，计划调度员亲自或由预报调度员向邻局发出预报，以便邻局编制计划。

具体规定如下：

（1）列车运行图规定 18:00 后由分界站交出的列车，不准作 18:00 前的交车计划。

（2）分界站当日未交出的晚点列车，必须纳入次日计划。

接近 18:00 的晚点列车，来不及纳入次日计划时，准许 18:00 后晚点交出。

（3）原则上不准编制跨局的超重、超长列车计划；必须编制时，须征得邻局同意，并经国铁集团以调度命令准许。

（4）班计划一经确定，必须维护计划的严肃性，在执行中不准变更列车车次和整列方向别的编组内容；跨铁路局列车遇特殊情况必须变更时，要预先征得邻局同意，并须报请铁路总公司调度批准。

（5）日（班）列车工作计划编制后，相邻铁路局调度所必须主动将分界站列车交接计划（包括车次、时分、编组内容、机车交路）核对一致后，方准上报国铁集团批准。

（三）管内工作车输送计划

管内工作车输送计划，也可称为区段管内车流输送计划，主要是指对中间站配送空车和挂运重车及到达中间站卸车的运送安排。对这部分车辆可以整列输送，也可以用摘挂列车或小运转列车输送，具体方式由列车编组计划和运输方案规定。

现以乙一丙区段为例说明区段管内车流输送计划的编制方法：

乙—丙区段 18:00—6:00 开行一对摘挂列车 41001/41002 次，列车在始发站编组内容、各站装车、配空、卸车计划和 18:00 现在车情况，如图 4.3 所示。根据各站 18:00 现在车、空车需要及装卸完成情况，安排摘挂列车在各站的摘挂重、空车数和到、开及通过时刻。

乙—丙区段管内车流输送计划见图 5.4。

		卸车计划		18：00 现在车			
		上到	下到	待卸	待装	空车	待发重车
		4		P6			
丙/10	C2	5	8				
		5	6		E/2		乙/2
F/3			10			P3	
乙/5	C3	2	2				B/5
丙/3		10	3				

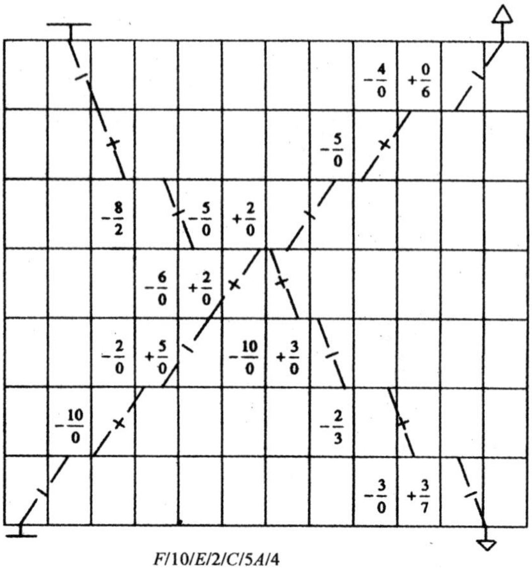

F/10/E/2/C/5A/4

图 5.4　乙—丙区段管内车流输送计划

区段管内车流输送计划的编制，是根据预计各站当日 18:00 结存车数、技术站有关列车出发计划、邻铁路局有关列车的到达确报以及各站次日装车计划，按照列车运行图和运输方案的规定，确定各种列车在区段内的甩挂作业计划。

18:00—21:00、6:00—9:00 的列车工作计划，应分别提前在 16:00、4:00 前下达到有关站、段。对车次的考核，仍以正式下达的日（班）计划为依据。

调整上报计划时，应按上级调度批准的计划，逐级以调度命令更正，并组织实现。

第二班的调整计划，由调度所值班主任负责，各工种调度人员参加。根据国铁集团批准的日计划规定，于 4:00 前报国铁集团，经值班处长同意后，于 4:30 前以调度命令下达铁路局，铁路局于 5:00 前以调度命令下达有关站段。

实训练习

1. 已知：（1）甲铁路局管辖范围示意图如图 1 所示。

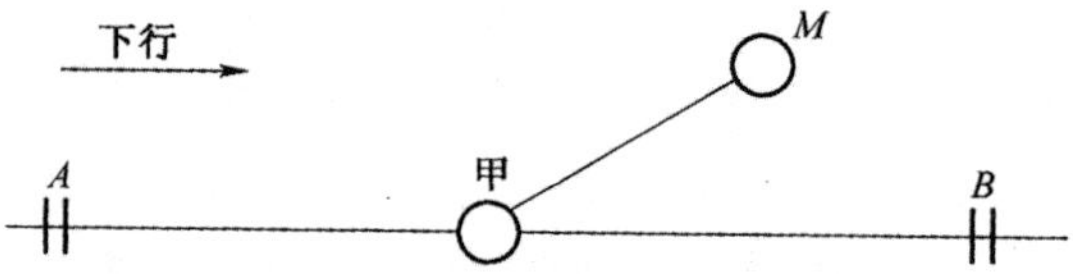

图 1　甲分局管辖范围示意图

（2）某月 8 日 15：00 预计当日出入车数见表 1。

表 1　15:00 预计当日出入车数

项目 方向	入			出		
	重车	空车	合计	重车	空车	合计
A 口	467	701	1 168	1 785	32	1 817
B 口	1 902	82	1 984	1 089	343	1 432
合计	2 369	783	3 152	2 874	375	3 249

（3）次日（9 日）分界口计算出入车数见表 2。

表 2　次日 15:00 分界口出入车数

项目 方向	入			出		
	重车	空车	合计	重车	空车	合计
A 口	600	850	1 450	1 563	31	1 594
B 口	1 698	0	1 698	1 129	250	1 379
合计	2 298	850	3 148	2 692	281	2 973

（4）次日（9 日）计划装车数为 2 040 车，计划卸车数为 1 550 车（无增加使用车和增加卸空车）。

（5）月计划管内工作车周转时间为 0.78 d。

要求：将表 3 ~ 表 8 空缺数字推算出来，并填入相应格内。

（1）推算当日运用车保有量。

表 3　当日运用车保有量推算表

项目	月计划	昨日存	出入差	备用	解除	结存	比计划增减
月计划	3 742					3742	
推算		3 888		代客 26	0		

（2）推算当日管内工作车。

表 4　当日管内工作车推算表

项目	月计划	昨日存	接入卸			自装自卸	当日卸空	预计存	比计划
			计	A 口	B 口				
推算	1 045	1 023	575	138	437	1 088	1 500		

（3）推算当日移交重车。

表 5　当日移交重车推算表

方向＼项目	月计划	昨日存	接入			自装输出	当日交出	预计存	比计划增减
			计	*A* 口	*B* 口				
A 口		877	1 465			305	1 785		
B 口		816	329			657	1 089		
合计	1 597	1 693	1 794	329	1 465	962	2 874		

（4）推算当日及次日空车。

表 6　空车推算表

项目	月计划	昨日存	接入			交出			装车	卸车	备用	解除	结存	比计划增减
			计	*A* 口	*B* 口	合计	*A* 口	*B* 口						
推当日	1 000	1 172	783	701	82	375	32	343	2 050	1 500	代 26	0		
推次日			850	850	0						代 80			

（5）当日运用车数验算。

表 7　运用车数验算表

当日运用车	其中		
	管内工作车	移交重车	空车

（6）次日计划指标。

表 8　次日计划指标推算表

项目	当日运用车数	出入差	解除备用	列入备用	次日运用车	接运重车	使用车	卸空车	工作量	货车周转时间
月计划	3 742					1 300	2 000	1 500	4 300	0.87d
日计划										

思考题

1. 车流调整的目的是什么？车流分为哪几种？
2. 重车调整的主要方法有哪些？
3. 空车调整的主要方法有哪些？
4. 什么是备用车？备用车分为哪几种？
5. 调度日（班）计划的内容是什么？
6. 调度日（班）计划编制的程序是什么？
7. 何为有效卸车？根据什么确定？
8. 铁路局次日计划卸车数和应卸车数如何确定？
9. 铁路局次日装车计划根据什么确定？
10. 分界站次日交车计划（车数、列数）如何确定？
11. 列车工作计划主要包括哪三项内容？
12. 管内工作车输送计划如何编制？

课程思政园地

社会主义核心价值观

社会主义核心价值观包括：富强、民主、文明、和谐、自由、平等、公正、法治、爱国、敬业、诚信、友善，这 24 个字是社会主义核心价值观的基本内容。富强、民主、文明、和谐是国家层面的价值目标；自由、平等、公正、法治是社会层面的价值取向；爱国、敬业、诚信、友善是公民个人层面的价值准则。

项目六　列车运行调整

教学目标

1. 知识目标

掌握列车调度员的主要工作内容和工作要求；掌握列车调度员的基本作业程序；掌握列车调度员进行调度指挥的基本方法；掌握列车运行调整计划的编制原则、编制方法。

2. 能力目标

掌握列车运行调整的基本技能，能够正确组织列车运行，掌握实绩运行图的绘制方法。

3. 素质目标

具有良好的世界观、人生观、价值观；具有良好的职业道德和职业素养；培养安全意识和大局意识，树立调度工作无小事的观念，养成爱岗敬业、团结协作、专心致志的精神。

任务一　列车运行调整计划编制与实施

任务描述

本学习任务的内容主要包括列车调度指挥原则、列车调度指挥的要求、列车调度指挥的要求、列车运行调整计划的编制原则、编制方法以及调度员进行列车运行调整的基本方法。

要求学生重点掌握列车调度员进行列车运行调整的基本方法。

知识准备

一、列车调度指挥原则

由于铁路运输工作具有高度集中，各个工作环节紧密联系的特点，所以在铁路运输组织中，必须贯彻安全生产集中领导、统一指挥、逐级负责的原则。在列车调度指挥方面，要坚持下列原则。

（一）安全生产的原则

在列车调度指挥工作中，必须坚持安全生产的原则，正确指挥列车运行。不能发布没有安全保障依据的命令和指示。

当得到有关危及行车安全的信息时，要正确、及时、妥善处理。以保证旅客列车的安全为重点，组织列车安全运行。

（二）按图行车的原则

列车正点率（尤其是旅客列车正点率是个敏感的问题）是铁路运输产品质量的重要技术指标，也是铁路运输组织管理水平的综合反映。只有按图行车，才能保持正常的运输秩序，进而保证列车的正点率。

（三）单一指挥的原则

铁路行车工作是一个由互相联系、互相影响的多部门、多单位、各工种所组成的完整系统。在这个系统中，各部门、各单位、各工种间的紧密联系和协调一致，对于保证行车安全和运输效率有着决定性的意义。铁路行车调度就是为适应铁路行车特点而设置的铁路行车工作的统一指挥者。

在列车运行调整工作中，与行车有关的人员，必须服从所在区段当班列车调度员的集中统一指挥。其他任何人不得发布与行车有关的命令和指示。

（四）下级调度服从上级调度的原则

在列车运行组织与调整过程中，相邻调度台、相邻局之间应保持紧密联系，以保证列车的正常交接。对出现的问题，双方要主动协商解决，当出现意见不一致的情况时，由上一级调度进行仲裁。调度台间的问题由值班主任解决；局间分界站出现的问题，由铁路总公司解决。一经上级调度决定，有关人员必须无条件执行。

（五）按等级进行调整的原则

列车调度员要按列车运行图指挥列车运行，当列车不能按列车运行图运行时，除特殊情况外，要按先客后货、先跨局后管内的原则和下列规定等级顺序调整：

（1）最高运行速度为 300 ~ 350 km/h 动车组旅客（检测）列车（简称动车组，下同）；

（2）最高运行速度为 200 ~ 250 km/h 动车组；

（3）直达特快旅客列车；

（4）特快行邮列车；

（5）特快旅客列车；

（6）快速旅客列车；

（7）快速行邮列车；

（8）普通旅客快车；

（9）普通旅客慢车；
（10）行包列车；
（11）军用列车；
（12）“五定”班列（定点、定线、定车次、定运到时间、定运价）；
（13）快运货物列车；
（14）2 万吨组合重载货物列车；
（15）1 万吨组合重载货物列车；
（16）单元重载货物列车；
（17）直达货物列车；
（18）直通货物列车；
（19）冷藏列车；
（20）自备车列车；
（21）区段货物列车；
（22）摘挂列车；
（23）超限超重货物列车；
（24）小运转列车。

单机、路用列车应根据用途按指定条件运行。开往事故现场救援、抢修、抢救的列车应优先办理。专运和特殊指定的列车，按指定的等级运行。

二、列车调度指挥的要求

（1）为确保实现列车工作计划，挖掘运输潜力，提高运输效率，要求：

① 组织晚点旅客列车恢复正点。

② 组织货物列车压缩区段旅行时分。

③ 组织有关部门按各项作业时分标准完成作业，压缩中停时，保证列车正点。

④ 组织单机挂车。

⑤ 组织机车紧交路。

⑥ 合理运用机车，加速车辆周转。

（2）调度指挥，必须坚持安全生产。各级调度人员应做到：

为确保列车安全正点和良好的运行秩序，列车调度员应加强与现场行车有关人员联系，及时布置重点工作。发生非正常情况时，现场行车有关人员须立即向列车调度员报告，列车调度员向行车有关人员了解情况时，有关人员须如实汇报。

① 熟悉有关站段及列车的技术设备、作业过程、各项技术作业标准及各站接发列车的有关规定，正确地指挥列车运行。

② 值班中要精力集中、坚守岗位、严格遵守规章制度，及时正确处理问题。

③ 遇有施工慢行、设备故障、“天窗”施工、区间装卸、天气不良、铁路交通事故等情况和对区间封锁、开通的处理，列车调度员要严格遵守有关规定，值班主任（值班副主任）应加强检查，调度台监控人员要加强监控。

④ 遇有铁路车辆运行安全监控系统报警时，红外线、车辆调度员应按预报等级进行处理，列车调度员接到报告后，必须确认车次，并及时安排列车停车检查或甩车处理。

⑤ 当得到现场关于列车、线路等出现危及行车安全的报告时，应及时指示有关人员立即停车，查明情况，妥善处理。

⑥ 双线反方向行车，必须确认区间空闲。

⑦ 超限超重货物车辆的挂运，必须纳入日（班）计划，根据超限超重货物运输批示电报和超限超重车辆挂运通知单规定的运行条件，由列车调度员向有关车站发布调度命令。

⑧ 装载剧毒品货物车辆的挂运，必须纳入日（班）计划，重点布置、预报、交接、跟踪掌握。

⑨ 限速机车车辆，须根据限速机车车辆挂运电报及规章制度有关规定挂运。纳入日（班）计划的按日（班）计划挂运、交接。未纳入日（班）计划时，铁路局管内由调度所主任（副主任）准许挂运；跨铁路局交接时，由相邻铁路局计划调度员共同确认有挂运电报及规章制度有关规定，并协商同意后方准挂运、交接。低于列车或线路运行速度时，列车调度员要根据限速条件发布调度命令。

⑩ 调度所须加强调度安全生产管理工作，健全完善安全管理制度，领导干部对调度室和班组包保包建要全覆盖。

调度班组及调度室要落实安全责任，抓好规章制度执行及安全生产的检查、监控、分析考核工作。

三、列车调度员的基本作业程序

列车调度员在计划调度员的领导下，组织列车按图行车，确保客货列车正点；掌握摘挂列车甩挂作业，按计划配空车和及时将车站待挂车挂出；保证所管辖车站各项运输指标的完成。铁路局调度所列车调度员一个班的基本作业程序如图 6.1 所示。

列车调度员基本作业程序主要有：

（1）接班前了解情况（7:00—7:30 或 19:00—19:30），重点任务及事项，施工安排、限速区段情况，阅览交班簿，客货列车正晚点情况，开车计划（包括车流来源、机车交路情况）及解除、保留列车计划，编组站、区段站到发线占用情况，分界站列车交接列数、车次、终到站，管内有效卸车，排空任务及第一班完成；超限列车情况，各站存车情况、装卸车任务及配空计划；摘挂列车运行作业情况等。

（2）接班会（7:30—8:00 或 19:30—20:00），汇报接班前了解的情况，对完成和兑现有困难的问题，提出自己解决问题的办法和意见，对有关岗位提出配合的要求；听取其他岗位的汇报，与本岗位有关的事项要记录下来。听取值班主任、调度所主任对本班工作布置的重点事项及要求，特别是与本台有关的事项要做好记录。

（3）交接班[8:00（20:00）]，与下班调度员进行交接，主要包括列车运行情况，特别要注意超限列车（包括限速列车）运行条件及当时运行情况，调度命令的发布及执行情况，摘挂列车甩挂作业情况。

（4）编制三、四小时阶段计划（8:00—8:30 或 20:00—20:30），按规定内容和要求编制。首先了解编组站、区段站接车、开车和机车交路情况（包括计划员三、四小时阶段计划），然后铺画三、四小时计划线。

（5）对表并下达三、四小时阶段计（8:30—8:45 或 20:30—20:45），与各站对表；用调度命令发布三、四小时阶段计划（按规定执行），布置重点事项及要求。

（6）向国铁集团汇报列车运行概况（12:00—12:20 或 0:00—0:20），列车运行点（按要求上报），回答上级咨询。

（7）收取各站 12:00（0:00）存车（12:20—12:30 或 0:20—0:30），各站存车数（重车分到站，空车分车种），保留列车车次及存放股道、车数。

（8）编制三、四小时阶段计划并及时下达（12:30—12:50 或 0:30—0:50），内容与要求与上一个三、四小时阶段计划相同。

（9）推定各站 18:00（6:00）站存车（13:00—13:30 或 1:00—1:30），重车分去向，管内工作车按到站，空车分车种，装、卸车完成情况。

（10）向国铁集团汇报列车运行情况（16:00—16:30 或 4:00—4:30），内容与上一次汇报相同。

（11）编制三、四小时阶段计划并及时下达（16:30—16:50 或 4:30—4:50），与上一个三、四小时阶段计划相同。

（12）向国铁集团汇报列车运行概况（18:00—18:10 或 6:00—6:10），与上一次汇报内容基本相同，增加过表列车位置。

（13）收各站 18:00（6:00）存车（18:10—18:20 或 6:10—6:20），内容同[12:00（0:00）]。

（14）写交班簿（19:50—20:00 或 7:50—8:00），在途列车情况、重点军用列车、重点旅客列车运行情况、超限列车（包括限速列车）运行条件、重点事项、施工情况、调度命令发布情况、摘挂列车作业情况、乘务人员超劳和可能超劳情况、其他需要交班的事项。

（15）交班（8:00 或 20:00），按交班簿所写内容交班，要求接班者签名认可。

（16）参加交班会（8:00—8:20 或 20:00—20:20），汇报本班工作情况、回答领导提问、反映现场情况等。

（17）正确及时按列车运行图填记标准，填写列车运行图；及时填写事故概况；及时逐级报告现场反映的情况和超越职责以外的需要上级处理的问题。

（18）根据有关规章规定，及时正确发布调度行车命令。

（19）根据调度组织指挥原则，随时调整列车运行，确保分界口交车，排空、装车、卸车任务完成。列车正点，特别是旅客列车正点，以及编组站、区段站列车均衡到达和调整机车交路。

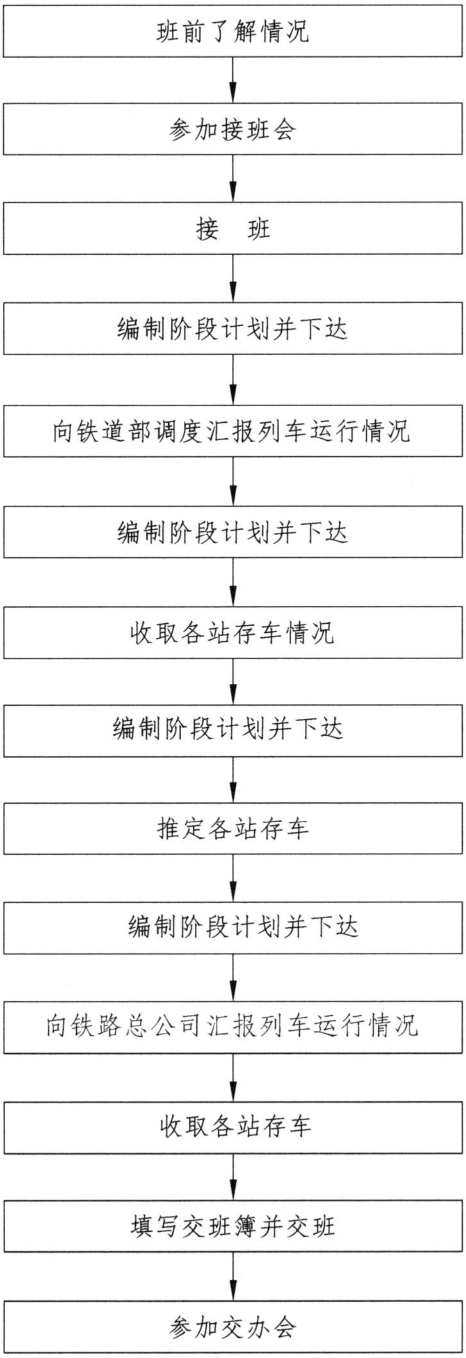

图 6.1　列车调度员基本作业过程

四、列车运行调整

（一）列车运行调整的必要性

列车运行图对旅客列车和货物列车在车站的到发时刻、停站时分以及区间运行时分均做了具体规定。但是，在日常运输组织工作中，由于货流和车流常发生变化，专运列车的开行、线路施工、气候影响、列车运缓、旅客上下超过图定停站时间、设备故障、自然灾害、行车事故以及调度不当等，经常会发生列车停运、加开、早点、晚点的情况，使每天实际开行的客货列车对数、运行时刻等与列车运行图的规定有出入。另外，一趟列车的正点运行，不仅与车站的工作有关，而且往往会涉及几个区段、几个路局，其中若有一个环节的工作做得不够，就会影响列车的安全正点运行。因此，在保证列车安全运行的前提下，组织列车按列车运行图正点运行，提高列车运行正点率，加速机车车辆周转，全面完成日（班）计划任务是列车运行调整的目的。各级调度机构均应设立专人负责列车运行调整工作。

（二）编制列车运行调整计划

列车运行调整计划（也叫阶段计划或会让计划）是列车调度员组织实现日（班）计划的具体行动计划，由列车调度员和车站值班员负责编制和组织实施，每一阶段可根据具体情况划分为 3 小时或 4 小时。

列车运行调整的目的在于安全地实现本调度区段列车工作计划规定的车流输送任务，使晚点列车尽可能恢复正点，最大限度地减少晚点和早点列车对其他列车正点到达的影响，保证按图行车的良好运行秩序，提高货物列车的旅行速度。

1. 编制原则

（1）“先客后货”“先快后慢”、按等级调整和合理会让，使晚点列车恢复正点，实现按图行车的原则。

（2）根据实际情况决定工作方法，注意使计划留有余地。

（3）保证日（班）计划任务的完成。

（4）在保证安全的前提下，努力提高效率。

2. 主要内容

（1）编组站、区段站或分界站列车到发计划。

（2）中间站列车会让计划。

（3）重点列车、超限列车及限速列车运行计划。

（4）摘挂列车甩挂作业及货物装卸作业计划。

（5）区间装卸车及施工计划。

（6）中间站始发列车作业计划（包括车流来源、出发时刻及机车安排等）。

（7）其他重点及安全注意事项。

3. 编制方法

列车调度员编制和执行列车运行调整计划的方法，一般可以分为收集资料、编制计划、下达计划、组织实现等四个步骤。

（1）收集资料。

列车调度员在编制列车运行调整计划前，应认真进行调查研究，通过各种联系方法与邻台（所）及有关站、段互通情报，收集第一手资料，特别是接班后的第一个列车运行调整计划。这个阶段正是交接班时间，容易发生计划脱节现象，造成不良后果。为了保持计划的连续性，防止问题的发生，一方面要求交班列车调度员应从整体观点出发，在编制最后一个列车运行调整计划（即跨班计划）时，要认真负责，考虑周密，下达齐全，关键问题和注意事项一定要布置清楚，发扬协作精神，打好交班基础。另一方面，又要求接班列车调度员提前到班详细了解情况；接班后尽量按上班布置的计划调整列车运行；必须变更时应部分进行调整，避免全盘否定，擦完重来；对关键问题、注意事项要反复盯问落实。

列车调度员在编制列车运行调整计划前需要了解和收集的主要资料有：

① 区段内各站现在车（空车分车种，重车分去向）情况及到发线占用情况。

② 邻台（局）及本区段内客、货列车实际运行情况。

③ 摘挂列车编组内容及前方站作业情况。

④ 技术站到发线使用和待发列车情况。

⑤ 机车整备及机车交路情况。

⑥ 区间装卸及施工情况。

⑦ 领导指示及其他情况。

（2）编制计划。

列车调度员对收集来的资料进行认真、细致、连贯起来的分析，根据列车运行图、列车编组计划、运输方案的规定及日（班）计划任务，综合运用各种列车运行调整方法，编制出列车运行调整计划。

在编制列车运行调整计划时，一定要从全局观点出发，认真贯彻党的运输政策及列车运行调整原则。既要保证重点，又要做好全面安排。对正点列车要按列车运行图做出运行计划，对晚点列车与早点列车按下列要求做出列车运行调整计划：

① 在保证安全的条件下，用最大的旅行速度运行，尽快使晚点列车恢复正点，做到“接晚不增晚，晚点赶正点”。

② 确定最合理的会让站、越行站。

③ 最大限度地合理使用区段通过能力。

④ 保证必要的车站间隔时间及区间运行时分。

编制列车运行调整计划时，一般是优先铺画旅客列车和重点列车运行线。必要时，优先安排困难区间的列车运行，充分利用通过能力。在运行图表上铺画计划运行线时，采用正铺与倒铺相结合的方法。

如图 6.2 所示，42206 次列车计划在 G 站进行摘挂车作业量比较多，什么时间开才能赶到 D 站会 K519 次客车?如果从 G 站开始铺画，往往因时间算不准而返工，若采取从 D 站向 G 站倒铺，一次铺出 G 站 19:09 必须开车。采取正铺与倒铺相结合的方法铺画节省了时间。

编制计划时，应注意留有余地，为各种必需的作业留足充分的作业时间，必要时，可拟定两个以上的调整方案，以适应情况的突然变化。

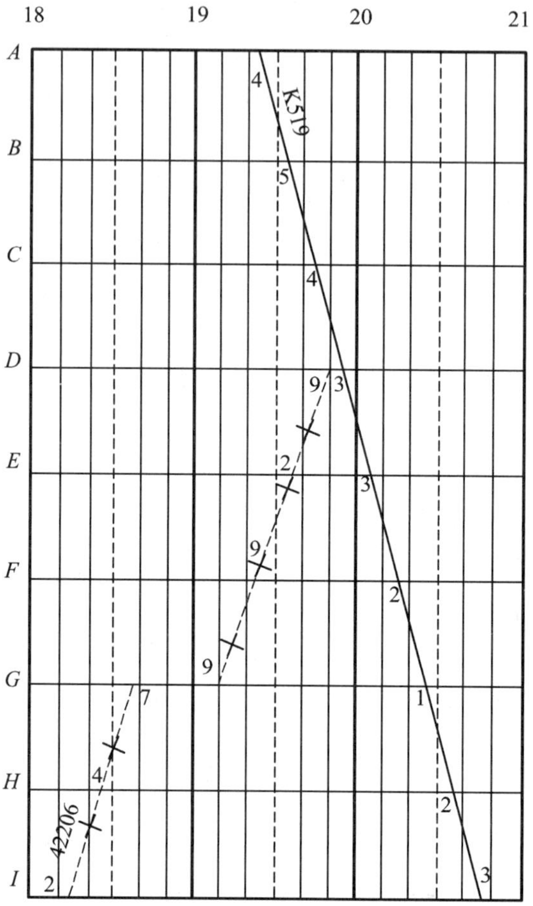

图 6.2　正铺与倒铺相结合示意图

在安排列车运行计划时，还应特别注意本区段技术站自编始发列车的车流接续和机车交路，以保证技术站有良好的工作秩序。

在编制计划时，一般采用“满表铺线，分段编制”的方法。具体做法是：接班后，根据所掌握的情况粗线条地将列车计划线铺画到 18:00（6:00），然后按照三、四小时列车运行调整计划编制列车运行调整计划。在“满表铺线”的基础上，执行上一个阶段计划列车运行调整计划的同时，边收集资料，边铺画下一个阶段的列车运行调整计划。这样一步一步地进行，在列车运行调整计划执行前一小时编制完成。

（3）下达计划。

列车调度员在阶段计划编制完成后，应在计划开始前 1 小时下达给有关站段。同时，应向基层站段执行者交代清楚，使其明确计划意图，促使行车有关人员密切配合，协调动作，按照列车运行调整计划的要求，提前做好准备工作，保证实现列车运行调整计划，质量良好地完成日（班）计划所规定的各项任务。根据具体情况，可采取集中、分段或个别的方式下达计划。下达的主要内容有：

① 技术站列车到发车次、时刻、机车型号、编组内容及辆数；

② 中间站会让、越行计划及相关注意事项；

③ 重点列车、超限列车及限速列车运行注意事项；

④ 摘挂列车甩挂作业计划；

⑤ 途中卸车及施工计划；

⑥ 调车机车、小运转机车运用和重型轨道车运行计划；

⑦ 中间站始发列车的车流来源、出发时刻及机车、运转车长的安排；

⑧ 其他事项，如上级指示、重点工作等。

（4）组织实施。

列车运行调整计划下达后，仅仅是组织计划实现的开始。在执行计划的过程中，列车调度员要随时注意列车运行情况的变化，做到勤沟通、勤联系，特别是对关键列车（如在旅客列车前面运行的货物列车，或在旅客快车前面运行的旅客慢车等）和重点车站，要及时收点，随时监督列车的运行，以便发现问题，及时采取调整措施，保证列车按计划安全正点运行。

（三）列车运行调整方法

在保证列车安全运行的前提下，组织列车按列车运行图正点运行，提高列车运行正点率，加速机车车辆周转，全面完成日（班）计划任务是列车运行调整的目的。

列车调度员进行列车运行调整时，一般可采取如下方法：

（1）组织列车按允许速度运行；

（2）选择合理的会让站；

（3）组织列车在车站进行平行作业；

（4）组织列车反方向行车；

（5）组织列车合并运行。

欲使列车按运行图正点运行，必须首先组织列车正点始发。因为始发正点不仅可以使本列车正点运行，而且可以避免影响其他列车。组织列车正点始发是保证列车正点运行和实现列车运行图的基础。反过来，列车运行正点又是列车正点始发的先决条件，为始发列车提供了车流和机车。因此，始发和运行是互为条件、互相促进、相辅相成的。列车调度员在进行列车运行调整时，要兼顾上述两个方面。当列车运行正点与始发正点发生矛盾时，应根据具体情况，权衡利弊，全面考虑，做出正确处理。

1. 组织列车始发正点

（1）组织旅客列车始发正点。

组织旅客列车正点始发是完成列车运行图的首要条件。因为旅客列车等级高，一旦晚点就会影响货物列车。因此，列车调度员在组织指挥列车运行工作中必须狠抓旅客列车始发正点这一环，以旅客列车正点来带动货物列车正点。

① 始发旅客列车的出发组织工作。

旅客列车的始发工作由客运调度员负责，在客车车底的整备、检修，客运机车整备、出库，客运乘务组和运转车长出乘，行包装卸、旅客放行等方面具体掌握，督促各有关部门按 时完成各项工作，确保旅客列车出发正点。

列车调度员应做好始发旅客列车的车底取送，行包、邮件装车，机务段机车出库等工作的检查督促，及时解决临时发生的问题，保证列车正点出发。

当列车车底到达晚点，造成折返时间不足时，应及时通知和组织车站、客车车辆段、客运段等部门，加速进行各项检修和整备作业。必要时，可不送客车整备线，而直接在到发线上整备，以缩短作业时间。

② 邻区段接入旅客列车的出发组织工作。

对于由邻区段接入的旅客列车，列车调度员应及时查看邻台实绩运行图，及时了解列车的运行情况，向客运调度员了解本区段旅客、行包作业量，做到心中有数。列车晚点到达时，应与客运调度员取得联系，加强旅客乘降和行包装卸组织，缩短停站时间，保证正点发车。如晚点较多，已不能正点出发，则应及时做出列车运行调整计划，尽量减少对其他列车的影响，并采取快速作业（如列车乘务员双开车门、旅客快上快下、行包邮件快速装卸）、区间赶点等措施，争取交出正点，或不增晚。

（2）组织货物列车始发正点。

对一个调度区段来说，始发的货物列车也有两种：自编始发的和邻区段接入的。

对于自编始发的货物列车，要使其正点发车，首先，要有必要的车流来源；其次，要有机车保证。

组织自编货物列车始发正点应从编制日（班）计划时入手。在编制日（班）计划时应根据各站、段技术作业过程、作业能力和列车实际运行情况，在充分估计现场职工主观能动性的条件下，做出切合实际的列车出发计划。严禁做出车流接续无保障或难以实现的机车紧交路计划，防止计划晚点。

在执行日（班）计划过程中，列车调度员要严格按计划组织开车，掌握好机车交路，并督促站、段提前编车、提前技检、提前出库、提前试风，做好发车准备工作。遇车流不足时，应与编组站车站调度员共同研究，搜集站内零星车流（如货场、专用线货物作业完了的车辆，段管线内货物作业完了或修竣的车辆等），或组织小运转列车、单机等将枢纽内各站车流送往编组站编车，或与邻台（所）列车调度员联系组织有接续车流的列车早到，组织编组站快速中转，以保证列车满轴编成并正点出发。遇机车赶不上交路时，列车调度员应组织列车加速放行，并与机车调度员协作，组织机车快速整备。

对于由邻区段接入的货物列车，列车调度员应及时向邻台（所）了解列车正、晚点情况。如有晚点时，应与邻台（所）列车调度员共同协商恢复正点的措施（如加速放行列车，组织技术站快速中转，加速机车整备作业等），尽量争取正点发车。

为了掌握列车运行调整的主动权，列车调度员对于货物列车早点发车也应掌握。根据《铁路货车统计规则》的规定，编组站始发的列车，根据日（班）计划规定的车次，按图定时刻正点或早点不超过 15 min 出发时按正点统计。按图定接续运行线运行的中转列车临时早点或晚点时，区段站、编组站可利用空闲运行线运行。在实际工作中，区段站、编组站为了压缩运用车，完成中、停时指标，往往要求早点发车。这时，列车调度员应全面考虑，权衡利弊。如果该列车早开又能早到，并且不影响其他列车时，列车调度员应积极支持，以加速机车车辆周转。反之，则不能同意早开。另外，列车调度员在进行列车运行调整时，为组织晚点列车恢复正点，需要某次列车由技术站早开时，列车调度员应积极组织车站早开。

2. 组织列车运行正点

列车始发正点是运行正点的基础。但是，列车在区段内运行的过程中，由于途中运缓、作业延误等原因，使正点始发的列车不一定能正点到达。所有这些情况都需要列车调度员针对列车晚点的原因采取相应的调整措施来设法防止出现或消除已出现的列车晚点，或减少其影响，尽可能使晚点列车恢复正点运行。

列车调度员在进行列车运行调整时，一般采取以下几种方法：

（1）组织列车赶点。

为了使晚点列车恢复正点运行，或为了使列车赶到指定的车站会车、让车，或为了赶机车交路、车流接续、变无效车为有效车等，可以采取充分利用线路允许速度，加速列车运行（赶点）的调整方法。

凡使用自动制动机的列车，应具有在各该运行区段的任何纵断面的线路上，当列车以最大容许速度运行时，司机施行紧急制动后，该列车能在 800 m 制动距离内停车的制动能力。在规定制动距离为 800 m 的条件下，列车运行速度与限制下坡道及列车单位重量闸瓦压力必须相适应。当列车的实际闸瓦压力高于《技规》规定的最低标准时，则加强了制动能力，对行车安全有利。这时，如遇晚点列车需恢复正点，即可在不超过线路允许速度的条件下，组织列车以高于列车运行图规定的速度运行，即所谓“赶点”，缩短列车区间运行时分。

列车调度员在组织列车“赶点”运行时，应根据列车重量、长度及编组情况，机车类型及技术状态，乘务员的思想和技术水平，线路纵断面情况及允许速度，天气条件等，提出加速运行（赶点）的要求。事先用电话直接或通过车站值班员与司机、运转车长取得联系，讲明区间列车运行情况，提出对本次列车运行上的要求，把每个区间需要压缩的运行时分交给司机，并提出为完成赶点计划给司机创造的有利条件。征求司机意见，取得司机的配合，以便实现列车运行调整计划。

在组织列车加速运行，压缩区间运行时分时，应特别注意行车安全，切忌在有不利纵断面（如长大下坡道）的区间赶点运行。列车调度员要严格履行向司机提出的保证条件，不使赶点列车在计划停车地点以外临时停车。遇特殊情况，不得已在计划停车点外停车时，应及时向司机说明原因。

例如，在某单线区段，按运行图规定 10001 要在 *B* 站停会 K168 次，实际工作中因 K168 次晚点 36 min，影响 10001 次的正点运行。列车调度员预先了解到这种情况后，经过周密的计算分析，提前在 *A* 站通知 10001 次司机并征得同意，要求在 *A*—*B*、*B*—*C* 两区间“赶点” 4 min，至 *C* 站会 K168 次，如图 6.3 所示。

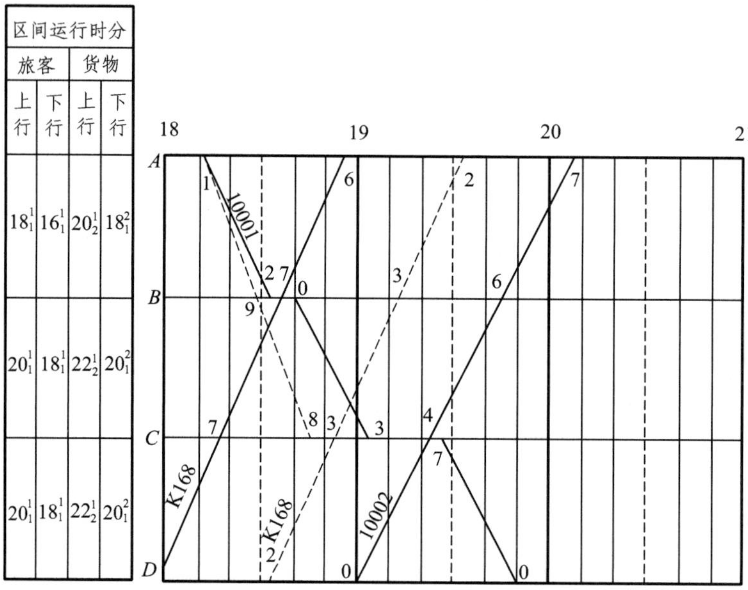

图 6.3　组织列车加速运行调整方法

注：图中实线为计划线，虚线为调整线（下同）

又如，图 6.4 中，10002 次图定通过 *c* 站，在 *b* 站等会 10003 次，由于在 *d* 站出发时晚点 2 min，按正常区间运行时分，将造成 20001 次晚点 2 min 从 *c* 站开出、10003 次在 *b* 站外停车，并将进一步影响到其他列车的运行。列车调度员如能组织 10002 次在 *d*—*c* 区间和 *c*—*d* 区间分别赶点 1 min，则 10002 次到达 *d* 站时已恢复正点，不会影响 10003 次正点通过，再组织 20001 次在 *c*—*d* 区间赶点 1 min，很快就可以消除 10002 晚点的影响。

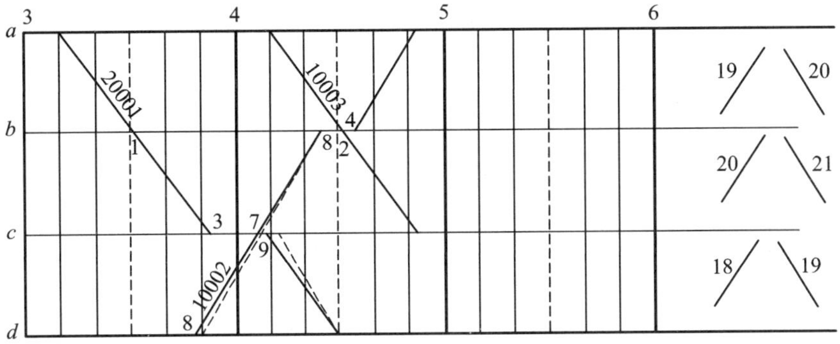

图 6.4　组织列车赶点

（2）变更列车会车地点或会车方式。

在单线区段，当列车发生早点、晚点、停运、加开情况时，往往有变更会车地点或会车方式的必要。

在当班中，列车调度员要时刻盯着上、下行列车运行情况。根据具体情况，选择合理的会车地点或会车方式，机动灵活地调整列车运行，加速放行列车。

在变更会车地点或会车方式时，应特别注意不使列车在停车后启动困难的车站停车等会。

在采取变更会车地点或会车方式措施时，往往配合使用区间“赶点”的调整方法，这样做效果更佳。

变更会车地点应尽量选择在有技术作业或车辆甩挂作业的车站，使会车与作业停站相结合。

当图定某一货物列车根据日（班）计划规定停运或临时停运时，其对向列车因会车次数减少而早点运行时，根据需要也应变更列车会车地点或会车方式。

利用变更会车地点和会车方式的方法，有时可以收到避免列车被越行的效果。

变更会车地点的规律性：当下行列车晚点较多时，会车地点向上行方向移动；上行列车晚点较多时，会车地点向下行方向移动。当晚点程度不能恰好使会车地点移动一个或一个以上区间时，则可组织对向列车途中赶点或早点始发，以适应调整列车运行的需要。若列车晚点不多时，则可组织该晚点列车加速运行，恢复正点。当停车等会的列车晚点而晚点时间不多时，可以通过变更会车方式的办法使晚点列车恢复正点。应当注意的是，采用这种调整措施时，应以被影响列车晚点不多，且其离终到站尚远，途中能加速运行为条件。否则，仍应移动会车地点，以免晚点列车影响其他列车正点运行。

同样道理，当下行列车早点较多时，会车地点应向下行方向移动；上行列车早点较多时，会车地点应向上行方向移动。如早点程度不能恰好使会车地点移动一个或一个以上区间时，则可组织早点列车加速运行压缩区间运行时分或更早一些始发，以适应运行调整的需要。若列车早点不多时，则可组织对向列车加速运行，维持图定会车地点。

例如，图 6.5 中，T72 次特快晚点 29 min 于 21:27 通过 c 站，影响了 31007 次列车正点运行。如 31007 次改为在 c 站等会 T72 次，到达 c 站的时间是 21:25，不足 2 min。列车调度员在阶段计划中决定 31007 次在 *a*—*b* 和 *b*—*c* 区段各赶点 1 min，通过 *b* 站，赶到 *c* 站会 T72 次。

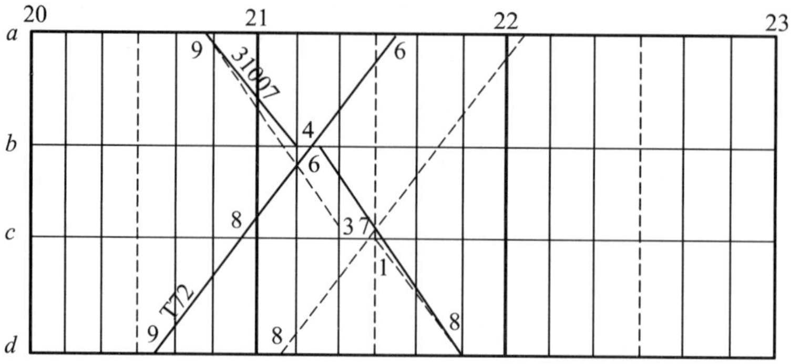

图 6.5 指示列车赶到指定车站会车

在具体组织时，列车调度员将这一调整计划及时通知了 31007 次和 T72 次司机及 *a*、*b* 和 *c* 站值班员，使列车于 21:23 赶到 *c* 站，与 T72 次会车后，于 21:30 从 *c* 站出发，从而保证了 31007 次列车正点运行。

又如，有列车早点时（见图 6.6）按运行图规定 22001 次在 *C* 站会 22002 次让 K225 次，现由于 22001 次在 *A* 站早开 15 min，此时可将 22001 次与 22002 次的会车地点改在 *D* 站，这样就不必在 *C* 站会 K225 次，提前到达终点，而 22004 也能早到 *A* 站。在双线区段，适当组织列车早开，可以减少待避次数，进而有利于提高列车旅行速度。

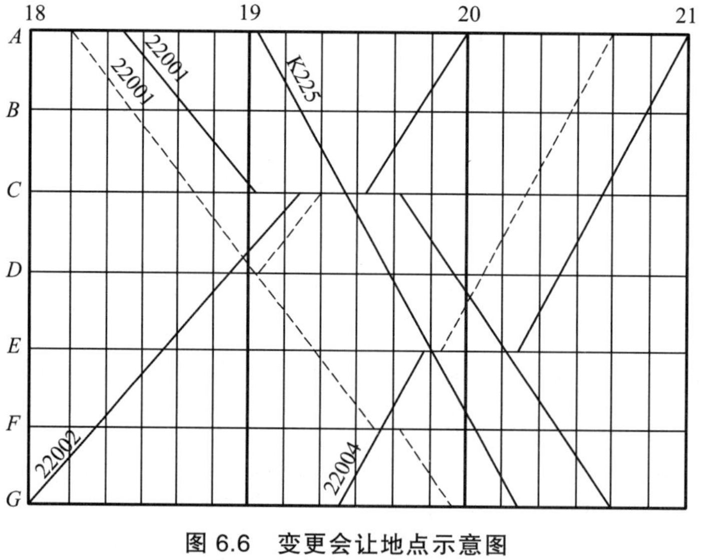

图 6.6 变更会让地点示意图

有列车晚点时（见图 6.7），11005 次图定在 18:50 到达 *C* 站停会 11006 次，但因 11005 次列车晚点 40 min，此时可将会车地点由 *C* 站改为 *B* 站，这样就保证了 11006 次列车的正点运行。

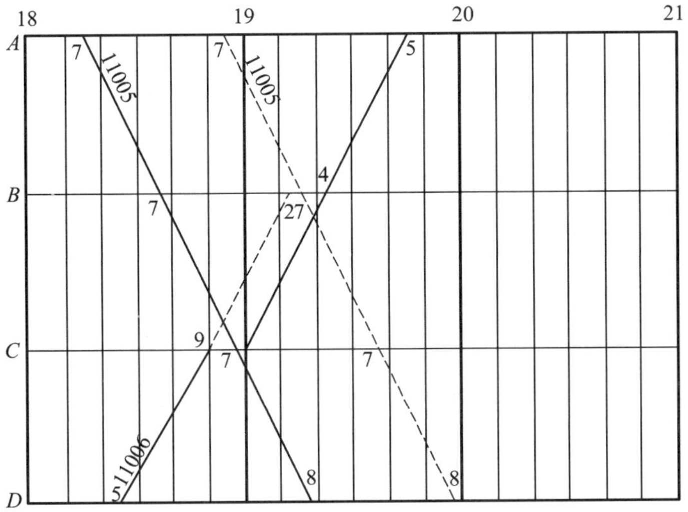

图 6.7　变更会让地点示意图

图 6.8 表示，31001 次图定 16:02 在 g 站停车等会 31002 次，由于预计晚点 8 min 到达 g 站，列车调度员在列车运行调整计划中改为 31002 次提前 2 min 从 B 站出发于 16：05 到达 g 站等会，让 31001 次 16：09 通过 g 站，正点到达终点 B 站，31002 次在 g 站于 16:11 分出发，晚点 6 min（包括启动附加时分），有望在到达 A 站前恢复正点。

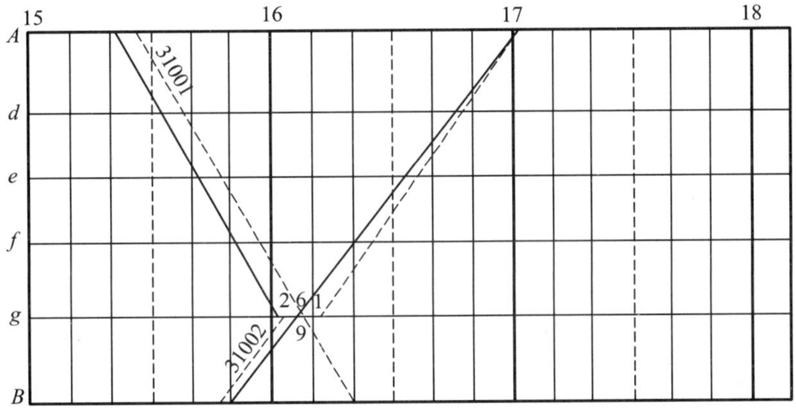

图 6.8　变更列车会让方式

在图 6.9 中，30001 次列车当日停运，列车调度员变更列车交会方式，组织 30004 次通过 g 站，30003 次通过 f 站，30006 次通过 g 站，30005 次通过 f 站早点终到 B 站。列车早点终到可以提高列车旅行速度，加速机车、车辆周转，及早为技术站提供出发车流；列车运行早点则可以为列车调度员提供列车运行调整的便利。

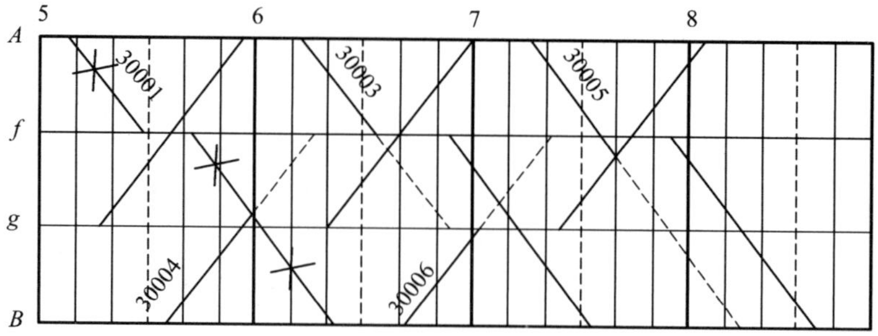

图 6.9 利用停运列车运行线提高旅速

列车调度员在列车运行调整中，正确地规定会车地点和会车方式，不只是能够加速列车的放行，而且，能够质量良好地执行机车周转图。相反，不正确地变更会车地点和会车方式，将会造成列车运行缓慢，降低旅行速度，甚至会打乱机车周转图。在决定变更会车地点或会车方式之前，一定要全面考虑，权衡利弊，分析它对其他列车运行及整个区段内的运行情况有哪些影响，做出合理的选择。

（3）变更列车越行地点。

当列车发生早点或晚点时，往往有变更越行地点的必要。列车调度员要根据具体情况，选择合理的越行地点，以保证列车正点运行，或使晚点列车恢复正点运行。一般遇有下列情况之一时应变更越行地点：

① 前行列车在各区间内连续运缓，将影响后行列车正点运行时。

② 晚点的旅客列车，或运行条件高于货物列车的专用列车赶上货物列车时。

③ 有迅速放行个别列车的特殊指示时。

地点选择在两个非困难区间之间的车站，这样，可以缩短站停时间，为晚点列车运行创造有利条件。

例如，如图 6.10 所示，10002 次图定在 *e* 站技术作业停站 12 min，在 *b* 站待避 K76 次。由于邻区段接入晚点 37 min，列车调度员将待避地点改在 *e* 站，11:11 由 *e* 站出发，12:08 通过 *b* 站，减少晚点 25 min 到达 *A* 站。

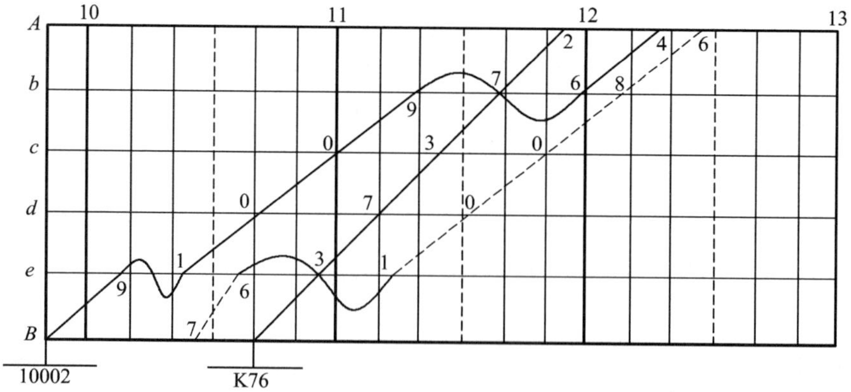

图 6.10 变更越行地点使列车技术停站与待避相结合

如果被越行列车晚点程度不能恰好使越行地点移动一个或一个以上区间时，应组织该列车加速运行，以适应需要。否则，应将被越行列车提前扣下。

可见在变更越行地点时，应尽量将越行地点改在原需停车等会或有作业的车站，使列车越行和作业需要停站相结合，可以压缩列车总的停站时间，为晚点列车恢复正点，或使被较高级的晚点列车越行的列车不受晚点列车的影响。

（4）组织反方向行车。

我国铁路信号机的设置位置以及机车司机的操纵位置均在列车运行方向的左侧（有双向闭塞设备的除外），所以，在双线区段（或在单线区段内的双线区间），列车应按左侧单方向运行，称为正向运行。

列车调度员在调整列车运行时，当双线正方向线路封锁施工、发生自然灾害或事故影响中断行车，或一方向列车密度大，而另一方向列车密度小时，可以按《技规》规定组织反方向行车。

在组织列车反方向运行时必须停止基本闭塞法，改用电话闭塞。同时，因接车站无反方向进站信号机，须用引导办法接车，在安全上有不利的一面，所以，列车调度员必须查明区间空闲以后，方可向两端站发布准许列车反方向运行的调度命令。为了保证旅客的安全，只准在特殊情况下（如正方向线路封锁施工或发生事故、自然灾害中断行车时），经铁路局调度科长准许，方可办理客运列车反方向运行。

如图 6.11，按运行图规定 42158 次列车要在 *C* 站待避 2416 次，又要会 25665 次，现 25665 次因故停运，同时 42158 次在 *B* 站的甩挂作业量较大，在此种情况下，列车调度员可组织利用下行线的空闲时间，在保证安全的前提下，组织 42158 次列车在 *C*—*B* 区间反方向运行，这样就可以保证 42158 次摘挂列车在 *B* 站有充分的作业时间，并保证其正点运行。

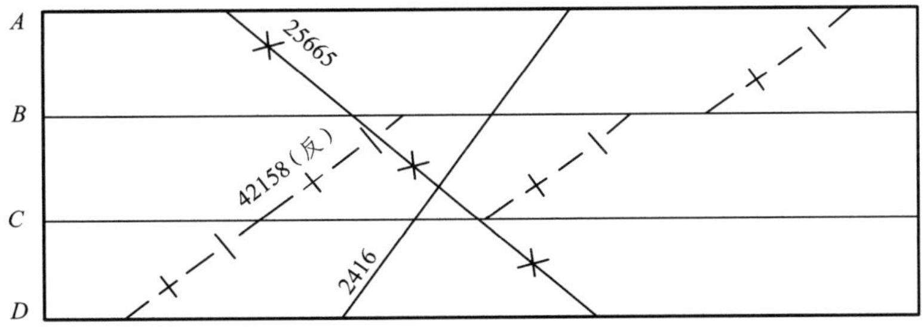

图 6.11　组织列车反向运行示意图

列车调度员在组织反方向行车时，应注意以下几点：

① 在组织反方向行车时，一般应反向开行重量比较轻的列车（摘挂列车或小运转列车）及单机。因为在使用引导信号或由引导人员以手信号引导接车时，为保证列车进站的安全，列车应以不超过 20 km/h 的速度进站，并应随时做好停车的准备，以防万一进路准备错误或进路上有障碍物时，可以在短距离内立即停车。重量比较轻的列车或单机因故停车及停车后

启动均较方便，不容易耽误对向列车。

② 对反方向运行列车的区间运行时分，应按规定的标准加 3 ~ 4 min。这是因为该种列车以 20 km/h 的速度引导进站，延长了进站走行时间。

③ 正确掌握反向运行的列车在其接车站与待发的正向（对向）列车的会车间隔时间。

④ 在区间线路封锁施工需组织反方向行车时，应正确掌握施工封锁时间。

⑤ 应督促和检查反方向运行列车的接车站的车站值班员及时准备好接车进路，准备迎接由两条正线上开来的两列同向列车。在接车站无引导信号时，应督促车站值班员及时派出引导人员，保证及时将列车引导进站，避免站外停车。

（5）组织列车合并运行。

当列车运行密度大，区间通过能力紧张或编组站到发线使用紧张时，列车调度员对某些单机、小运转或牵引辆数较少而运行前方各站无作业的列车可以采取合并运行的办法，以缓和接车线路紧张的矛盾。

如图 6.12 所示，将两个在途列车（包括单机）合并成一条运行线运行，是列车调度员在调整列车运行时，为了缓和区间通过能力和车站到发线使用紧张时采取的一种运行调整方法。一般对单机、小运转列车或牵引辆数较少而前方又无作业的列车采用此方法。

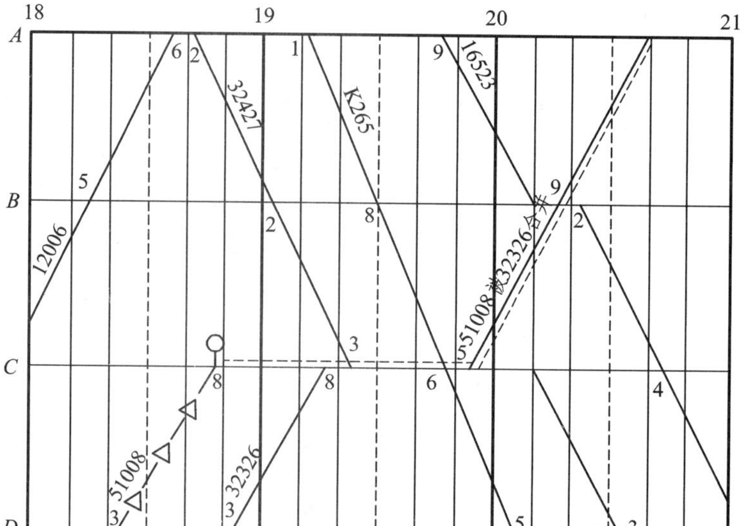

图 6.12　组织列车合并运行

将单机 51008 次与 32326 次列车合并，不但节省了一条运行线，而且还可以增加 32326 次列车的牵引力。

列车调度员在组织列车合并运行时，应考虑合并后的列车长度，使其尽量不超过图定计长。

若超过时，应尽量组织该列车不停车通过前方各中间站。同时，应根据机车乘务员连续劳动时间的长短、合并与分开作业方便条件等选择好列车合并后的本务机车及值乘的运转车长。

（6）组织车站快速、平行作业，缩短列车作业停站时分。

列车在运行途中进行的作业，包括在技术站的中转作业，旅客列车在客运站办理旅客乘降、行包和邮件装卸、上水、进备品和餐料、卸垃圾袋，摘挂列车在中间站甩挂车辆，列车在进入长大坡道的后方站进行技术检查、下坡凉闸等。

① 缩短停站时间：为了使晚点列车恢复正点，列车调度员应把握压缩列车区间运行时分和在站作业时间两项的可能性。对于晚点列车，缩短在有作业车站的停站时间是减少晚点或恢复正点的非常有效的方法。在采用这一方法时，列车调度员应及时与车站和列车乘务组联系，组织车站提前做好准备，进行快速作业，按可能发车的最早时刻发出列车。

② 利用列车接续的宽余时间：在运行图中，列车在站的停点，特别是在技术站，往往有一定弹性。图定停站时间的宽余部分，也是列车调度员可以利用的运行图资源。

例如，图 6.13 中，直通列车在 *B* 站的无改编中转作业时间标准为 40 min，图定 10003 次列车在 *B* 站的接续时间为 55 min。10001 原定 20:40 通过 *k* 站，由于晚点 6 min 造成 10002 次列车晚点至 20:48 可以从 *k* 站发车，并进一步影响到 10003 次在 *f* 站外停车。列车调度员考虑到 10003 次在 *B* 站的接续时间有宽余，改 10002 次列车 20:49 从 *k* 站发车，21:17 通过 *f* 站，令 10003 次在 *A*—*j* 区间赶点 1 min，于 21:13 到达 *j* 站等会 10002 次，21:19 从 *j* 站出发。这一措施，使 10002 次列车免于晚点，10003 次列车晚点 6 min 到达 *B* 站，可以正点由 B 站出发，消除了 10001 次列车晚点的影响。

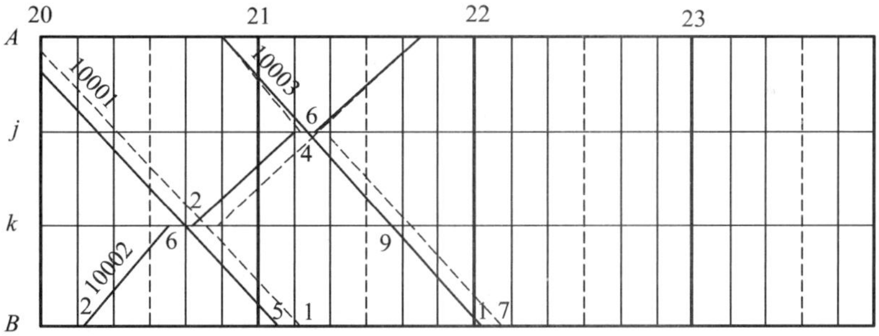

图 6.13 利用图定停站时间的宽裕部分

在可能的条件下，将货物列车待避旅客列车的停车站选择在相邻两区间列车运行时分均较小的车站，可以减少列车停站时间。

（7）组织技术站始发或中转列车早开。

列车在运行图或日（班）计划规定的出发时刻之前提早开出称为列车早开。组织列车早开以赶上在指定站交会，也是列车调度员采用的运行调整方法之一。但有停点的旅客列车及混合列车不准早开。

图 6.14 中，20013 次列车图定 7:35 从 *A* 站出发，7:57 在 b 站停车等会 12012 次。当日

12012 次晚点 36 min，于 8:37 到达 b 站。如 20013 次仍在 b 站等会也将晚点，但因时间不足又不能铺画到 c 站。如能组织 20013 次提前 7 min 从 A 站出发，则可于 8:12 赶到 c 站与 12012 次会车，避免了 20013 次列车运行晚点。由于 20013 次早点到达，又为调度调整提供了余地。

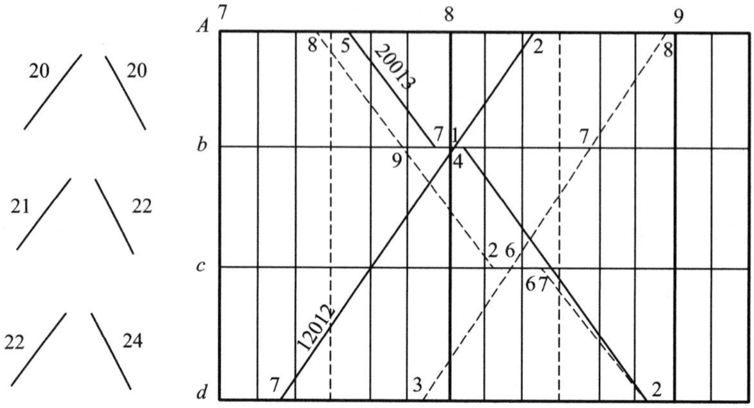

图 6.14　组织始发或中转列车提前从技术站发车

（8）组织列车早点出发并赶点。

图 6.15 中，40003 次摘挂列车图定在 b、c 站均需停站作业，根据当日情况，40003 次 b 站没有作业，而在 c 站作业量大。为了保证列车 c 站有足够的作业时间，可组织 40003 次通过 b 站，到 c 站会 10002 次。但 A—b 和 b—c 两区间下行货物列车纯运行时间为 33 min、起停附加各 1 min，而实际只有 31 min。在该两个区间内赶点 4 min 有困难，而在 b 站等会 10002 次又会因 c 站作业时间不足，不得不晚点出发，进而影响其他列车运行。如列车调度员有预见地组织 40003 次列车早点 3 min 从 A 站出发，途中再赶点 1 min，到 c 站会 10002 次，则可延长 40003 次在 c 站的作业时间，避免了从 c 站晚点出发。

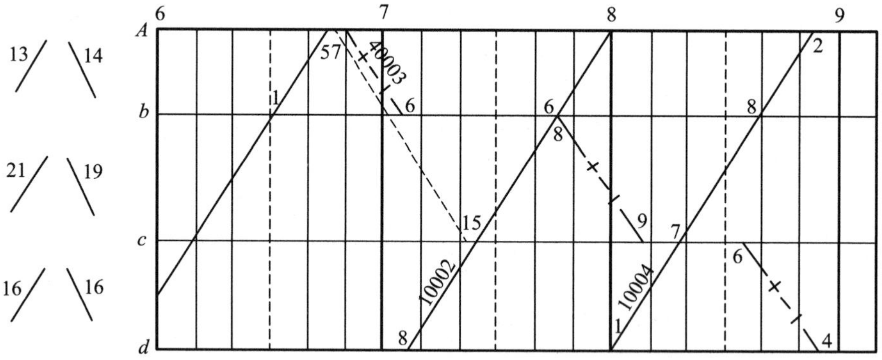

图 6.15　根据作业需要组织摘挂列车运行

（9）组织列车早点到达。

列车调度员在调整列车运行工作中，在组织列车正点始发、正点运行的同时，有时还应组织列车早点到达。

组织列车早点到达的目的，一般是赶机车交路；赶列车车流接续；化无效车为有效车，增加卸车数；超额完成排空或交重任务等。组织列车早到的措施，是根据列车运行实际情况，综合运用上述各种列车运行调整方法。

（10）相关规定。

以上所述各种列车运行调整方法，均应通过三、四小时列车运行调整计划去组织实现。

第五十六条 为实现列车工作计划，挖掘运输潜力，提高运输效率，要求：

① 组织晚点旅客列车恢复正点。

② 组织货物列车压缩区段旅行时间。

③ 组织有关运输生产单位按各项作业时间标准完成作业，压缩中、停时。

④ 组织单机挂车。

⑤ 组织机车紧交路。

⑥ 组织技术站、分界站按照运行图满轴编组和交接列车。

⑦ 合理运用机车，加速机车车辆周转。

实训练习

1. 已知：*A*—*E* 间部分列车运行图如图 1 所示，各站 $\tau_{不}$=4 min，$\tau_{会}$ = 2 min，$\tau_{连}$ = 5 min。$\tau_{起}$ = 2 min，$\tau_{停}$ = 1 min，现预计客车 3002 次晚点 20 min，其他列车正点运行。

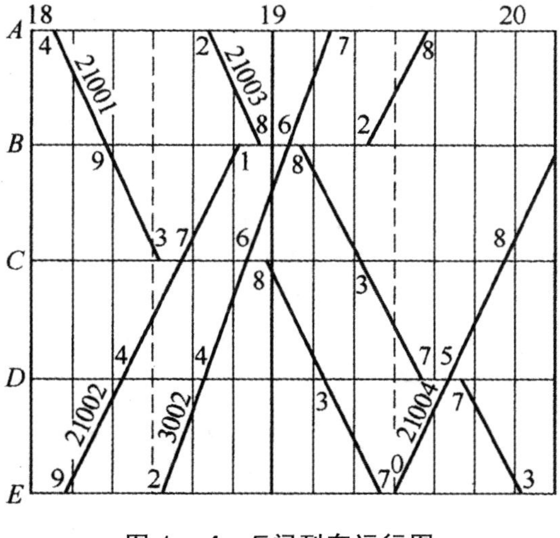

图 1 *A*—*E* 间列车运行图

要求：在图 2 中编制列车运行调整计划。

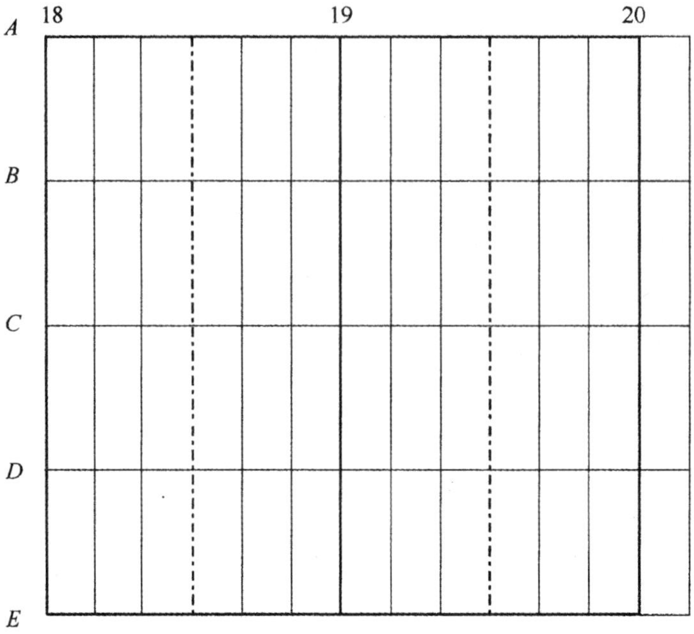

图 2　*A—E* 间列车运行调整计划

2. 已知：甲—*C* 间部分列车运行图如图 3 所示，单机 51012 次 *C* 站 13：15 开，比照 23104 次的运行时分运行，现预计 23101 次甲站早开 15 min，其他列车正点运行，各站 $\tau_{不}=4$ min，$\tau_{会}=3$ min，$\tau_{连}=5$ min。

要求：在图中编制列车运行调整计划，并说明采用的调整措施有哪些？（调整线用虚线表示）。

$t_{运货}$	
上行	下行
16_4^2	16_2^4
17_4^2	19_2^4
20_4^2	20_2^4

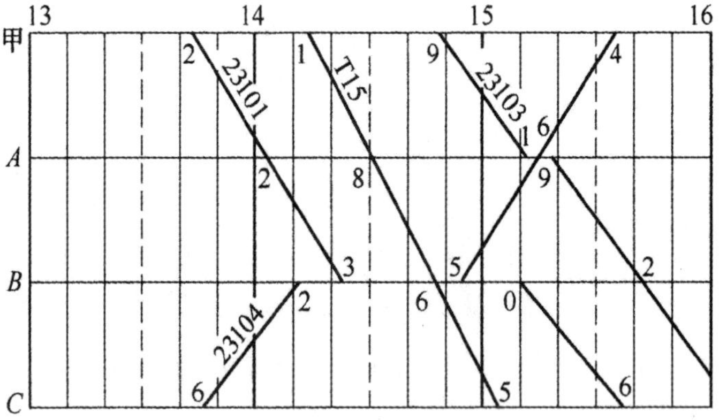

图 3　甲—*C* 区间列车运行图

任务二　列车运行实绩图绘制

任务描述

本任务主要介绍列车运行实绩图的作用、列车运行线的画法、列车运行整理符号的种类及画法，通过学习以上内容使学生掌握列车运行实绩图的绘制方法。

知识准备

列车运行图是行车组织的基础，是铁路运输工作的综合性计划，是列车调度员调整列车运行的科学依据。因此，列车调度员必须认真学习列车运行图的相关知识，熟知列车运行图的各项规定，并在实践中摸索和积累每条列车运行线在运行调整上的经验教训。只有这样，才能使“死线”变“活线”，机动灵活地调整列车运行。

专门制定的本区段列车运行图表是列车调度员进行调度指挥的工具。列车调度员利用在其上铺画的列车实绩运行线和记载的列车确报，了解本区段列车的当前位置和编组内容，利用铺画的阶段计划指挥列车运行。列车调度员应严格按列车运行图指挥行车，保证班计划的列车接续和机车交路。

列车基本运行图，是指按最大运量编制的运行图。列车运行实绩图，则是记载一个调度区段内列车运行实际情况，以及列车运行有关事项的图表，二者的作用是不相同的。

《调规》规定所有调度图表均统一用草绿色绘制，并规定了实绩列车运行线和运行整理符号的图形和颜色，其中计划运行线用黑线表示。

一、列车运行实绩图的作用

列车运行实绩图的作用主要体现在以下几个方面：

（1）通过铺画实绩图，可以随时掌握调度区段内的列车运行情况、有关车站到发线占用、作业情况及机车交路等。

（2）通过实绩图，可以及时发现问题，便于提早考虑采取必要的调整措施。

（3）作为统计列车正晚点、列车技术速度、旅行速度等项指标的主要依据。

（4）列车运行实际图是分析列车运行情况，不断提出改进意见的重要资料。

二、列车运行实绩图的画法

（一）列车运行线的表示方法

有关列车运行线表示方法、列车运行整理符号，应按下列规定进行填绘。调度规则未规定的，各铁路局可自行规定。列车运行线的表示方法见表 6.1，列车基本运行图与实绩图中列车运行线的表示方法一致。

表 6.1　列车运行线的表示方法

列车种类	表示方法		备注
旅客列车、动车组检测列车、动车组确认列车、回送动车组列车、试运转动车组列车	红单线	————	以车次区分
临时旅客列车	红单线加红双杠	—‖—‖—	
回送客车底	红单线加红方框	—□—□—	
160 km/h 特需货物列车	橙单线加橙圈	—○—○—	
120 km/h 特需货物列车	橙单线加橙方框	—□—□—	
80 km/h 特需货物列车	橙单线	————	
特快货物班列	蓝单线加红圈	—○—○—	
快运货物列车（普快货物班列除外）	蓝单线加蓝圈	—○—○—	
远程技术直达列车	蓝单线加蓝方框	—□—□—	
“点到点”快速货物列车	蓝单线	————	
直达列车（普快货物班列）	黑单线加黑圈	—○—○—	
直通、自备车、区段及小运转列车	黑单线	————	以车次区分
摘挂列车	黑单线加“+”“|”	－＋－|－	
重载货物列车	蓝色断线	- - - - - -	以车次区分（铁路局可根据具体情况补充规定）
冷藏列车	黑单线加红圈	—○—○—	
军用列车	红色断线	-- --- -- --	
回送军用列车	红色断线加红方框	--□--□--	
超限超重货物列车	黑单线加黑方框	－□－□－	
路用列车、试运转列车（不含动车组）	黑单线加蓝圈	－○－○－	以车次区分
单机	单线加黑三角	－▷－▷－	
高级专列及先驱列车	红单线加红箭头	—→—→—	以车次区分
救援、除雪列车	红单线加红“×”	—×—×—	以车次区分
重型轨道车	黑单线加黑双杠	—‖—‖—	

注：特需、快速货物列车以外的货物列车中，如挂有装运跨局零散货物快运车辆时，基本车次前加字母“X”的列车，运行线表示方法仍使用原基本车次运行线的表示方法。

（二）计划列车运行线与实绩运行线的区别

1. 计划运行线

通常，把一个班的 12 h 分为 4 个阶段，每个阶段 3 h。列车调度员要根据现场的实际情况和列车的当前位置继续向前铺画出下一阶段的列车运行线，此即为列车运行调整计划。组成阶段计划的列车运行线是用于行车调度指挥、尚未实现的列车运行线，称为计划运行线。

在铺画计划运行线时，列车调度员要努力使晚点列车恢复正点，保证按图行车。因此，阶段计划是列车调度员智慧和经验的结晶，编制和执行阶段计划是列车调度员的基本职责。

当区段行车量不大，通过能力有较大富余时，阶段计划的时间间隔可以延长至 4 h；而当区段行车量较大，通过能力利用已达较高程度时，时间间隔应适当缩短。因为在能力利用率较高的区段，列车之间的影响较大，使新的情况发生时后面铺画的计划线难以实现，而需要重铺。

由于列车运行调整的阶段计划一般为 3 ~ 4 h，所以阶段计划又称为三、四小时列车运行调整计划。

阶段计划应在阶段开始前 1 h 编制完毕并下达给中间站值班员，使中间站对下一阶段的列车运行方法（停车还是通过，交会或越行哪趟列车，在站或区间进行什么作业）心中有数。精心编制的阶段计划是列车调度员回答车站值班员询问的依据。为了避免在交接班时，因接班调度员既要熟悉情况又要编制计划而造成忙乱，我国铁路通常 20:00（8:00）接班。此时，该班的第一阶段计划已由交班调度员编制完毕，并已开始执行，这就给接班调度员以缓冲的余地。

2. 实绩列车运行线

当列车到达、出发和通过时，车站值班员要向列车调度员报点，列车调度员在运行图表上标记列车在该站的到、发时刻，铺画列车实绩运行线。依据列车在区段内各站实际到、发和通过时刻铺画的列车运行线记录了列车在区段内运行的实绩，称为实绩列车运行线。因而，通过列车实绩运行线可以清楚地看出有哪些列车正在该区段运行、这些列车在该区段的运行轨迹以及当前位置。

（三）列车运行实绩图的绘制方法

1. 绘制实绩图的基本方法

列车基本运行图，是指按最大运量编制的运行图。随着时间的推移，铅笔做的计划运行线逐步被擦去，代之以列车实绩运行线，然后新的阶段计划又铺画出来。这样到当日的两班结束时，运行图纸上将只剩下实绩线。此时尚在本区段内运行的列车需要铺画到下一日的运行图上去，称为过表。跨两日运行的列车称为过表列车。

完成的列车运行图真实地记录了当日两班列车的运行实绩和行车调度员的工作，称为实绩运行图。当日结束后，实绩运行图送调度所分析室．进行列车运行和调度调整工作分析。

列车运行实绩图一般采用十分格运行图，有关列车运行、列车运行整理符号应按规定填绘在规定的表格内。其中列车运行线的填绘规定见前面表 6.1，列车运行整理符号如下。

（1）列车始发、终止、在中间站临时停运及由邻接区段转来或开往邻区段。

① 列车始发，如图 6.16 所示。

② 列车终止，如图 6.17 所示。

③ 列车在中间站临时停运，如图 6.18 所示。

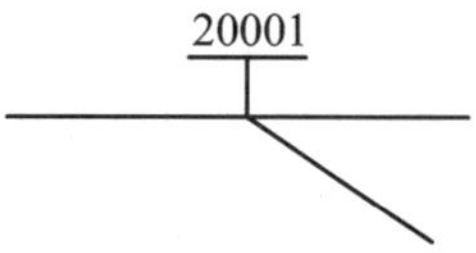

图 6.16　列车始发图

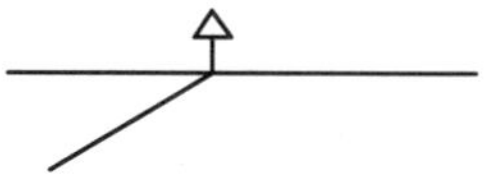

图 6.17 列车终止图

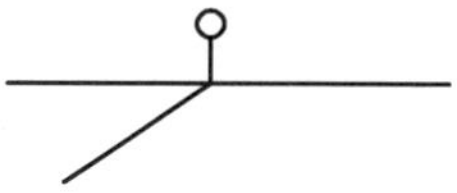

图 6.18 列车在中间站临时停运

④ 列车由邻接区段转来，如图 6.19 所示。

⑤ 列车开往邻接区段，如图 6.20 所示。

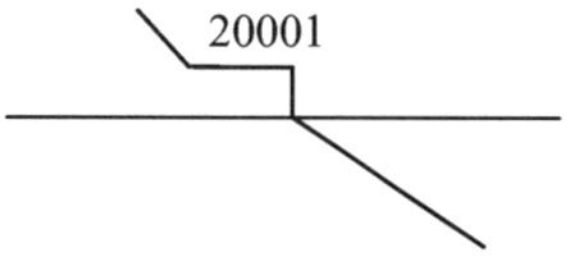

图 6.19　列车由邻接区段转来

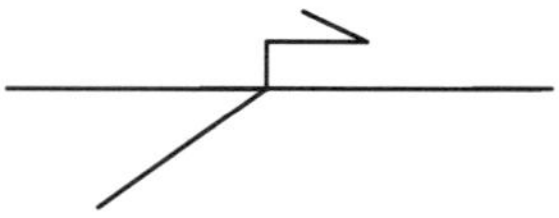

图 6.20　列车开往邻接区段

列车到开时分记在钝角内。早点用红圈、晚点用蓝圈记于锐角内，圈内注明早、晚点时分。晚点原因可用简明略号注明，如因编组晚点可只写“编”字。

（2）列车合并运转时（在列车运行线上注明某次列车被合并），如图 6.21 所示。

（3）列车让车时，如图 6.22 所示。

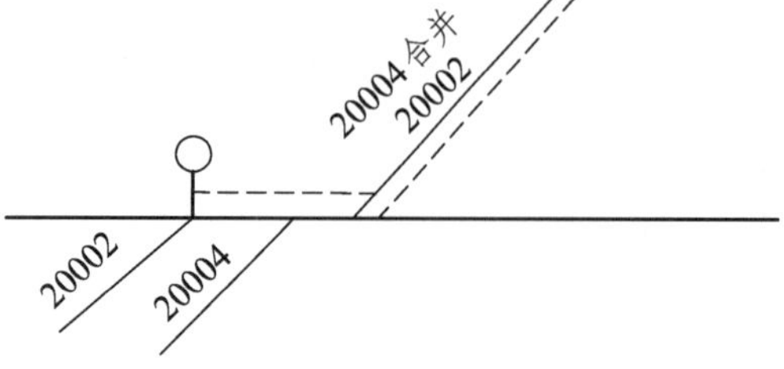

图 6.21　列车合并运行

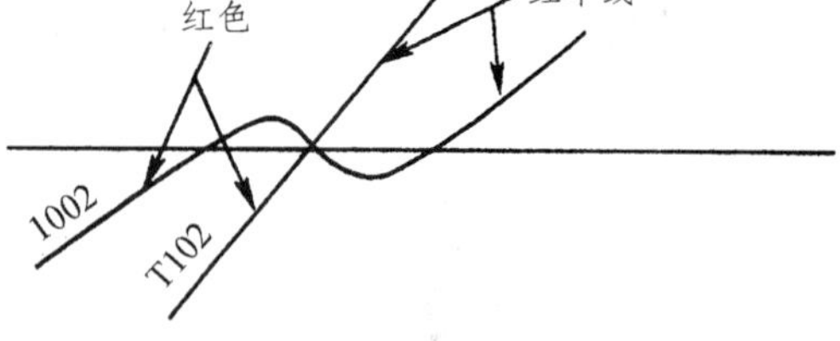

图 6.22　列车让车

（4）列车反方向运行时，在反方向运行区间的运行线上填写车次（反）字，如图 6.23 所示。

（5）列车在区间内分部运行时，如图 6.24 所示。

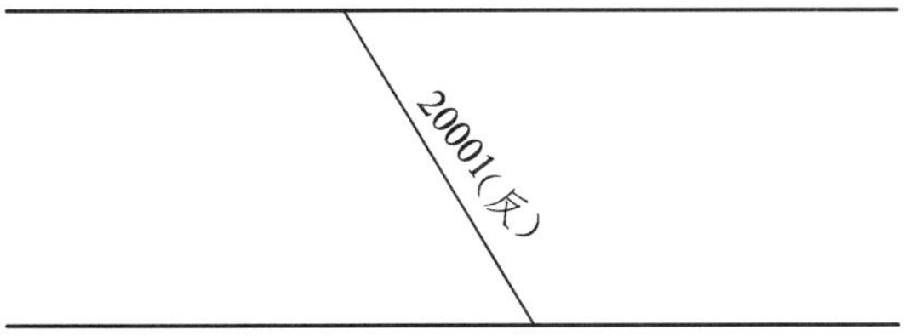

图 6.23　列车反方向运行

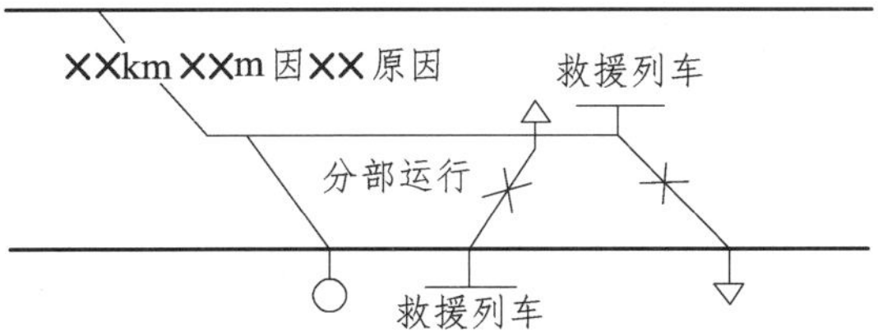

图 6.24　列车在区间内分部运行

（6）补机途中折返时，如图 6.25 所示。

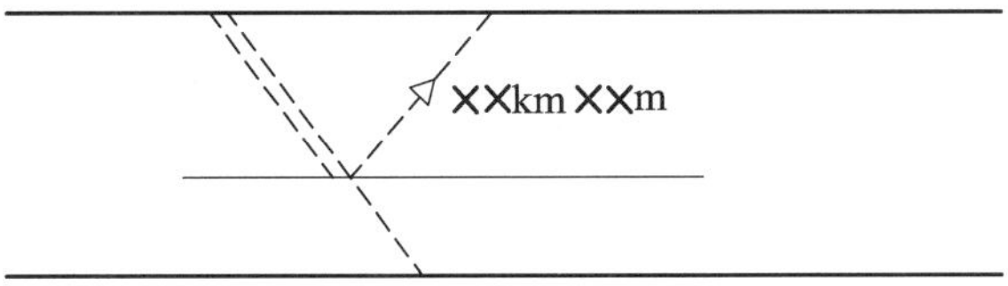

图 6.25　补机途中折返

（7）线路中断或施工封锁区间时，要在该区间内画一红横线表示，单线区间中断或封锁时，如图 6.26 所示。

双线区间上、下行线路全部中断或封锁时，表示方法与单线区间相同；有一线中断或封锁时，以在红横线上或下画的蓝断线表示上行线或下行线中断或封锁，如图 6.27 所示。

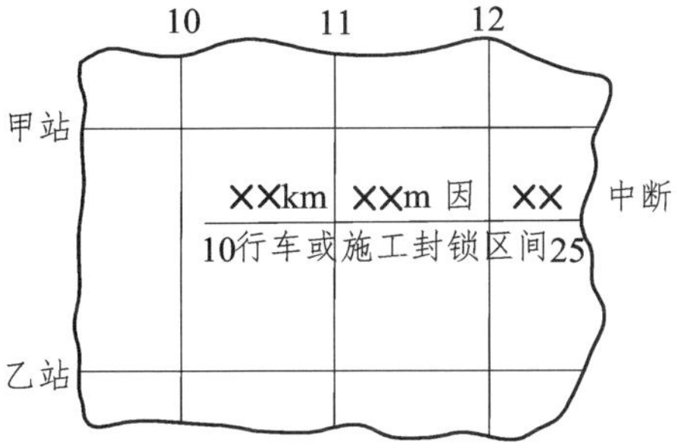

图 6.26　单线区间中断或封锁

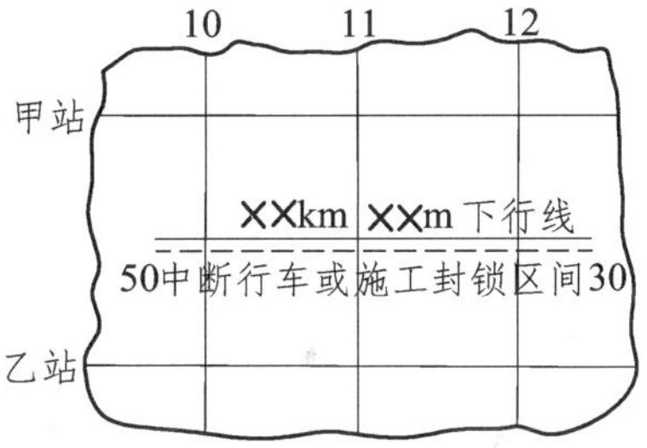

图 6.27　复线区间中断或封锁

（8）因施工或其他原因导致区间内需要慢行时，由开始时起至终到时止，用红色笔画断线表示，并标明地点、原因、限制速度（如双线就标明上行线或下行线），如图 6.28 所示。

（9）列车在区间内有装卸作业时，要标明车次、作业地点、装卸货物品名，如图 6.29 所示。

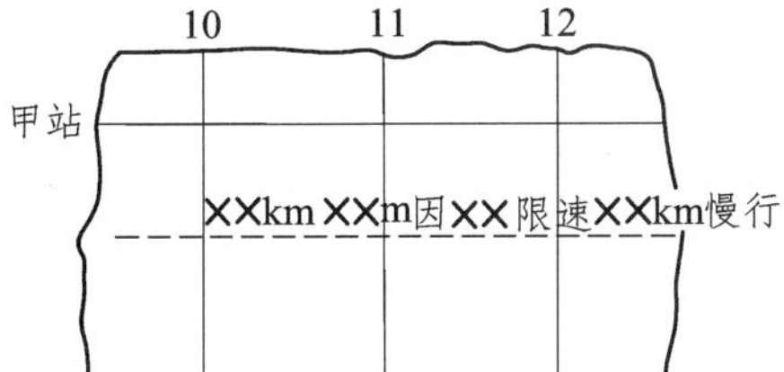

图 6.28　区间限速慢行

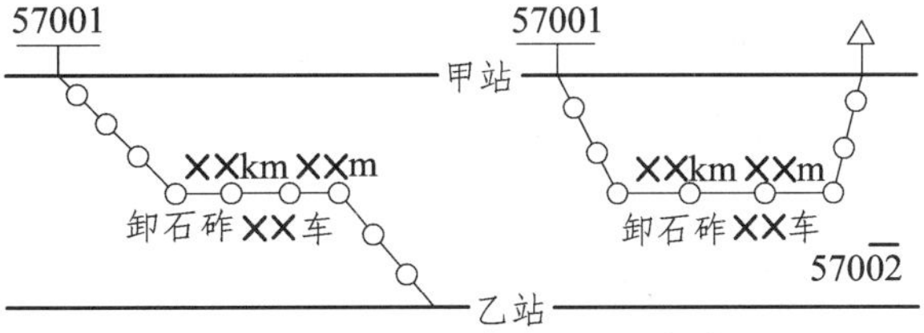

图 6.29　列车在区间内有装卸作业

（10）列车在中间站不摘车作业，用红色笔表示：

$$\frac{5}{8}\begin{matrix}\rightarrow \text{装车数}\\ \rightarrow \text{卸车数}\end{matrix}$$

（11）列车在中间站甩挂作业，用蓝色笔表示，“+”表示挂，“－”表示甩：

$$\frac{+6-2}{+3-5}\begin{matrix}\rightarrow \text{挂重车6车, 摘重车2车}\\ \rightarrow \text{挂空车3车, 摘空车5车}\end{matrix}$$

（12）列车运缓时，在列车运行线上方用蓝色笔标明运缓时分；赶点时在列车运行线上方用红色笔标明赶点时分。

（13）列车在进站信号机外停车时，用红色笔画“△”，并标明停车时分，如图 6.30 所示。

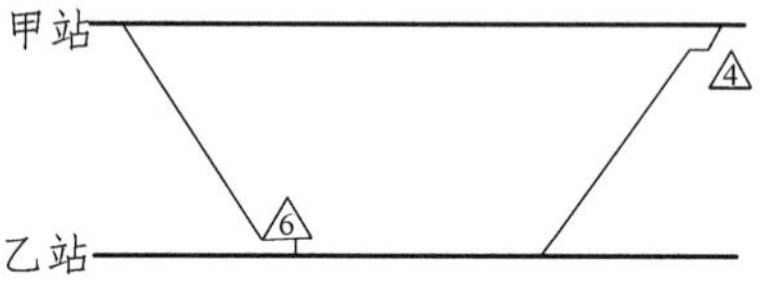

图 6.30　列车在进站信号机外停车

（14）机车交路及机车出入库时间的表示方法：机车在本段交路用蓝色笔，在折返段用黑色笔画实线，并在交路上逐列标明出入库时间，如图 6.31 所示。

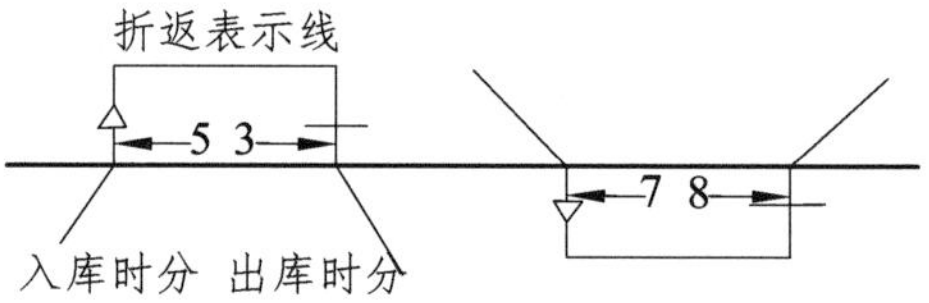

图 6.31　机车交路及机车出入库时间的表示方法

2. 列车调度员填记列车运行实绩图的要求

铁路行车工作时间性、连续性强，要求十分严格。列车调度员应将列车会让、编组、甩挂作业计划布置到 10:00 或 22:00，给接班者留有充分的思考时间，不致忙乱被动，接班调度员必须于接班前 15 ~ 30 min 了解运输生产情况及日（班）计划任务。从列车运行实绩中或向当班的列车调度员了解正在区段内运行的列车情况、列车会让计划、摘挂列车作业情况及各次列车的司机。向邻台列车调度员了解相邻区段与本区段接续列车（特别是旅客列车）的运行情况，预计到达本区段的时刻。从班计划中了解本班装卸车计划、列车到发计划、施工计划及班计划中的关键问题和注意事项。当班列车调度员已接受及发出的正在执行的或仍未开始执行的调度命令。同时，要认真研究、慎重对待交班列车调度员所做出的跨班列车运行调整计划，必要时可进行适当的修改，要认真与现场核对计划及注意事项的下达情况，严禁臆测行事，以防因漏发、错发计划而耽误行车，甚至发生行李事故。

车站于列车到、开或通过后，应及时报告车次、时分和列车状态。列车调度员应随时收取车站关于列车到、发、通过时刻的报告，及时、正确、完整地填记列车运行实绩图。

列车调度员在交班时要打好交班基础，做到跨班的运行调整计划及注意事项下达清楚、彻底；该下达的命令、指示下达完毕、齐全；列车运行实绩图填记的正确、清晰、完整；各种报表及交班资料填写齐全、准确，以便上、下班之间工作紧密衔接，为接班列车调度员创造良好的工作条件。

3. 在 TDCS 中，列车实际运行图的自动生成

在 TDCS 中，列车实绩运行图由系统自动采点、记录和铺画；运行调整的阶段计划也由系统自动编制，列车调度员可以用鼠标拖动、修改，系统利用列车运行参数相应调整受到影响的其他运行线；工作日结束时自动生成的实绩运行图可以打印出来，送交分析室分析。

（四）铁路局列车工作计划表按下列规定填记

（1）纳入日计划开行的列车，在其车次上用蓝色笔画“√”表示。

（2）日计划调整开行的列车，在其车次上部用红色笔画“√”表示。

（3）停运的车次用蓝色笔画“-”表示，并简要注明停运原因。

（4）班计划以外临时加开的列车，用红色笔画“＋”表示。

（5）按照列车性质，另行指定车次而利用列车运行图（车次）时刻运行，在编制日计划时，用蓝色笔括上原车次，在原车次上部写指定的新车次；日计划调整时，用红色笔表示，方法同前。

（五）车站技术作业图表的填画和表示方法（图例）

（1）列车到发（见图 6.32）。

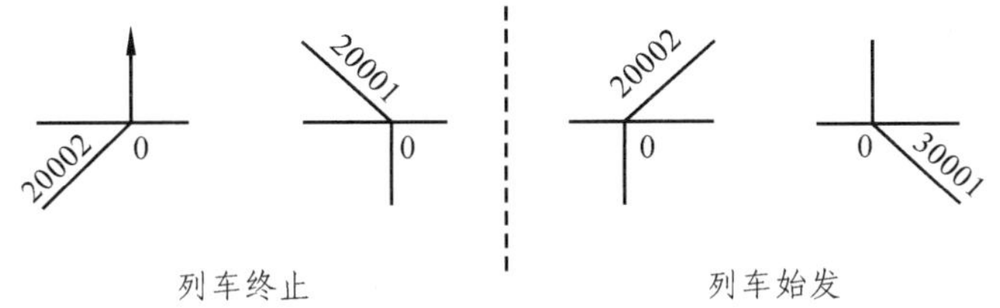

图 6.32 列车到发运行线表示

（2）列车技术检查和占用到发线时间（见图 6.33）。

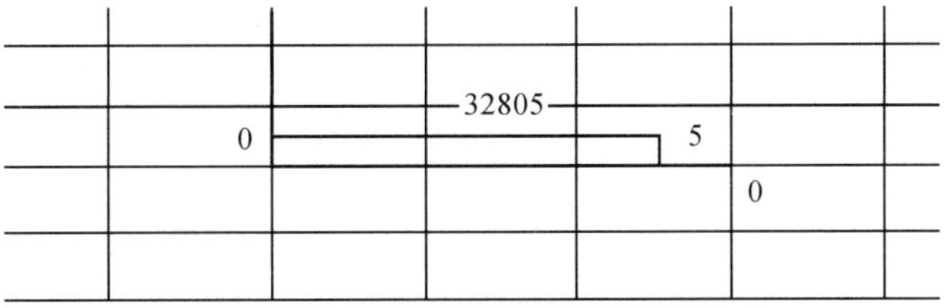

图 6.33 列车技术检查和占用到发线时间表示

（3）列车解体（见图 6.34）。

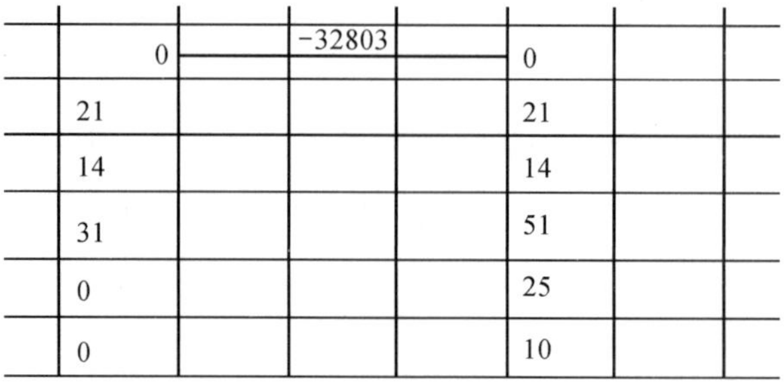

图 6.34 列车解体线表示

（4）列车编组（见图 6.35）。

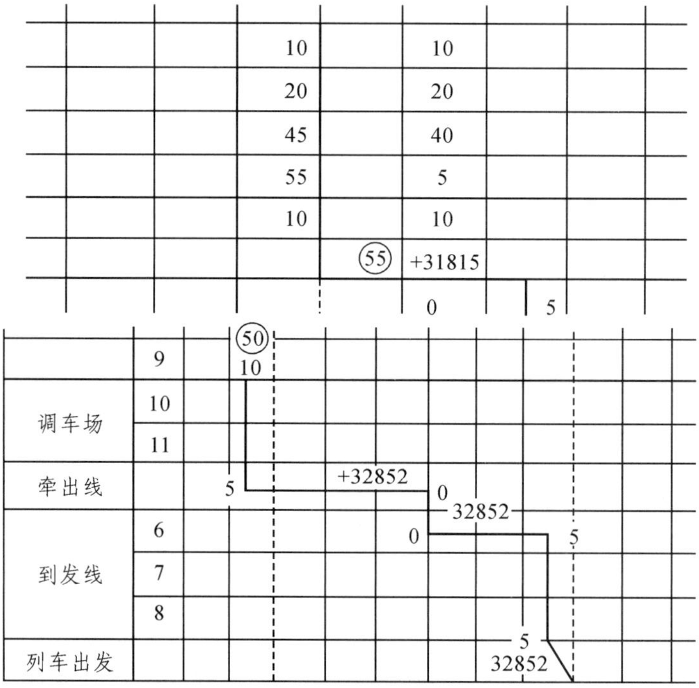

图 6.35 列车编组线表示

（5）列车编组内容（见图 6.36）。

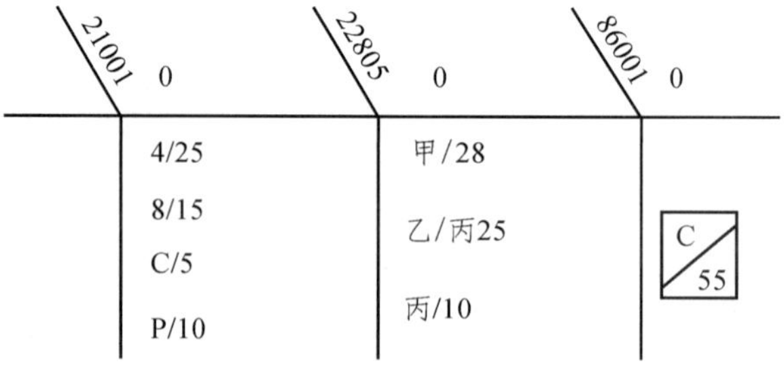

图 6.36 列车编组内容表示

（6）取送作业（见图 6.37）。

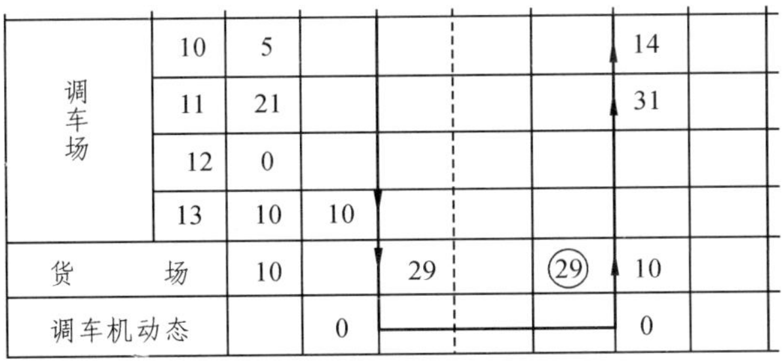

图 6.37　取送作业表示

（7）调车线栏（见图 6.38）。

12	4			9			
13	6			6			
14	2			10			
15	2			8			
16	6			16			
17	0			5			
18	0			0			

（a）

6		1		7	
8				8	
3		7		10	
2		6		8	
6		10		16	
1		5		5	

（b）

图 6.38　调车线栏

（8）调车机动态（见图 6.39）。

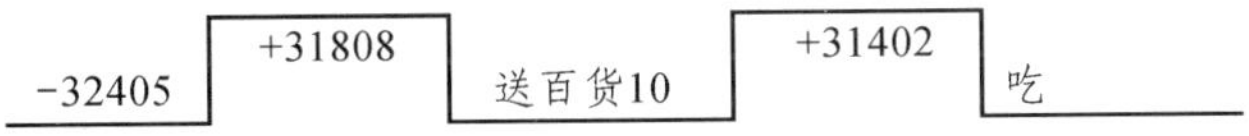

图 6.39　调车机动态表示

（9）机车交路（见图 6.40）。

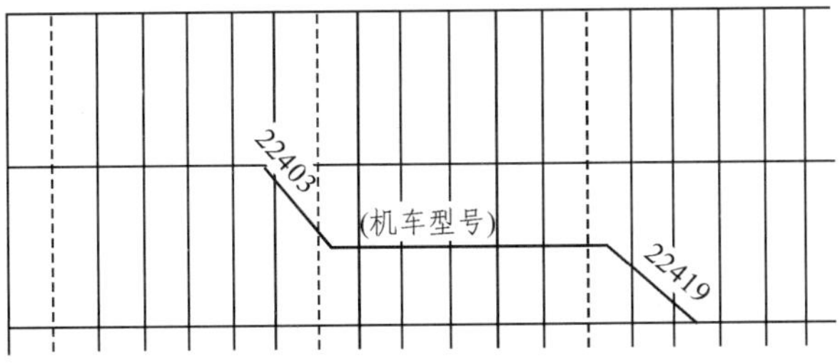

图 6.40　机车交路表示

注：

计划：黑线。

实际：到、发旅客列车、出发货物列车为红线。

其他货物列车为蓝线。

列车正点到达、出发为红圈。

列车晚点到达、出发为蓝圈。

调车机作业计划：为黑直线；实际：为蓝直线。

调车机交接班、上煤、上水、上油计划为黑曲线；实际为蓝曲线。

调车机非生产时间：吃饭为红曲线；其他为红直线。

调车机作业动态代号：

交接班（J）、上水（S）、上煤（M）、上油（Y）、机车故障（JG）、信号故障（XG）、吃饭（C）、整备（ZB）、解体（－）、编组（＋）、甩挂（－　＋）、取车（QC）、送车（SC）、待命（D）、等信号（DX）、等检（DJ）、等装卸（ZX）、等解体（等）。

实训练习

1. 分析运行图的基本图、计划调整图以及实绩图之间的区别。
2. 根据任务一绘制的阶段调整计划图，使用列车运行整理符号绘制列车运行实绩图。

思考题

1. 列车运行调整的原则？
2. 列车运行调整计划的主要内容是什么？
3. 列车调度员在编制列车运行调整计划前需要了解和收集的主要资料？
4. 列车运行调整计划是如何编制的？
5. 进行列车运行调整的常用方法有哪些？
6. 组织列车早点到达的目的是什么？
7. 简述列车晚点的原因以及对晚点列车如何恢复正点运行。
8. 简述变更列车越行地点所要满足的情况。
9. 简述组织反方向行车时应注意的问题。
10. 简述组织列车合并运行的条件及需要注意的问题。
11. 列车运行实际图的作用是什么？
12. 简述列车运行线的表示方法。

13. 计划列车运行线与实际运行线的区别是什么？
14. 列车运行整理符号有哪些？
15. 列车调度员填记列车运行实绩图的要求是什么？
16. 在 TDCS 中，列车实际运行图的自动生成原理是什么？

课程思政园地

“人民铁路为人民”是铁路的根本宗旨

“人民铁路为人民”是铁路的根本宗旨，是铁路人的行动指南，是铁路职工急人民之所急、想人民之所想，一切以人民群众评价为准则的庄严承诺。时代在变，但誓言永恒，“人民铁路为人民”的初心和使命永不褪色。

践行“人民铁路为人民”的根本宗旨，对于铁路人践行以人民为中心的发展思想，实现交通强国、铁路先行历史使命，具有重大而深远的影响。

项目七　调度命令发布规定与编制

教学目标

1. 知识目标

掌握调度命令的基本概念、作用和基本式样；掌握调度命令发布权限；调度命令发布的基本规定；掌握需要发布调度命令的情况；掌握调度命令下达方法及注意事项；掌握常用运行揭示调度命令基本用语及使用。

2. 能力目标

能够根据需要发布调度命令的情况，会使用行车调度命令用语编写调度命令；能够按照规定程序发布下达调度命令。

3. 素质目标

具有良好的世界观、人生观、价值观；具有良好的职业道德和职业素养；培养安全意识和大局意识，养成爱岗敬业、认真负责、严谨细致的精神。

任务一　调度命令有关规定认知

任务描述

本任务主要包括：调度命令的基本概念与式样、发布调度命令的权限、发布调度命令的基本规定、需要发布调度命令的情况、调度命令号码的规定、发布行车调度命令的规定、使用列车调度电话发布或转达调度命令内容的规定、发布列控限速命令的规定、发布运行揭示调度命令的有关规定等学习内容。通过学习，使学生熟悉并掌握需要发布调度命令情况、发布调度命令基本规定以及发布行车调度命令规定。

知识准备

正确、及时地发布调度命令是铁路集团有限公司、铁路局调度人员加强运输组织工作、保证行车安全、提高运输效率的重要手段；是行车工作实现集中领导、统一指挥的重要措施；是衡量调度人员业务素质和指挥水平的重要标志。为此，各级调度人员应明确对发布调度命令的要求；熟悉发布调度命令的情况和用语；采取有效措施和方法，发布转达调度命令。

铁路总公司、铁路局调度在组织指挥日常运输工作中，应及时发布与运输有关的调度命令，下级调度以及行车有关人员必须坚决执行。

一、调度命令的基本概念

（一）调度命令

（1）定义：调度命令是行车调度处理日常行车工作中的有关问题，以及在非正常情况下组织指挥行车有关部门、单位和人员办理行车工作、指示作业方法和安全注意事项的带有约束性的指令，是编有调度命令号码并在“调度命令登记簿”上登记的书面命令。

（2）作用：

① 行车各部门具体办理行车工作的依据。

② 行车调度组织指挥行车工作和安全生产的必要手段。

③ 考察行车调度组织指挥工作的过程及工作质量的依据。

（3）调度命令的式样。

表 7.1 为调度命令，表 7.2 为调度命令登记簿。

表 7.1 调度命令

20_____年_____月_____日_____时_____分　　第_____号

受令处所		调度员姓名	
内容			

（规格 110 mm×160 mm）　　受令车站__________车站值班员__________

表 7.2 调度命令登记簿

月日	发出时刻	命令			复诵人姓名	接受命令人姓名	调度员姓名	阅读时刻（签名）
		号码	受令及抄知处所	内容				

（规格 190 mm×265 mm）

（二）口头指示

（1）除调度命令外，调度员在日常生产指挥中向有关人员发布的完成运输生产任务的具体部署和指挥行车工作的指令，称为口头指示。

（2）作用：

口头指示和调度命令具有同等作用，有关人员必须坚决执行。发布口头指示，也应正确、及时、清晰、完整。

调度命令和口头指示都是指挥行车的约束性指令，下级调度及有关行车人员必须坚决执行，服从调度指挥，不得违反。

二、发布调度命令的权限

调度命令的发布必须贯彻行车工作集中统一指挥的原则，各级调度机构和各工种调度的调度命令只能在规定的权限范围内发布，不得越级或越权。

三、发布调度命令的基本规定

（1）调度命令发布前，应详细了解现场情况，听取有关人员的意见，书写命令内容、受令处所必须正确、完整、清晰。

（2）使用计算机、传真机、调度命令无线传送系统发布调度命令时，必须严格遵守"一拟写、二审核（按规定需监控人审核的）、三签发（按规定需领导、值班主任签发的）、四发布、五确认签收"的发布程序。命令接受人员确认无误后应及时反馈回执。

（3）使用电话发布调度命令时，必须严格遵守"一拟写、二审核（按规定需监控人审核的）、三签发（按规定需领导、值班主任或值班副主任签发的）、四发布、五复诵核对、六下达命令号码和时间"的发布程序。使用电话发收调度命令时，应填记《调度命令登记簿》（列车调度员使用调度命令系统记录时除外），指定受令人员中一人复诵，并记明发收人员姓名及时刻。

（4）已发布的调度命令遇有错、漏或变化时，尚未开始执行的，必须取消前发命令，重新发布调度命令；已开始执行的，应立即停止执行错误或变化内容，并及时发布调度命令进行修正。

（5）调度命令书写不正确时，应重新书写。

（6）发布有关线路、道岔限速的调度命令，必须注明具体地点、起止里程及限速值。

（7）发布救援调度命令，必须注明被救援列车或车列的救援端里程。

（8）使用常用行车调度命令模板（附件 2）、常用运行揭示调度命令模板（附件 3）拟写调度命令时，可根据需要对命令模板内容进行增加或删减。

（9）发布运行揭示调度命令，不准夹带与受令处所无关的内容和命令。

四、需要发布调度命令的情况

（一）应发布调度命令的情况

指挥列车运行的命令和口头指示，只能由列车调度员发布。列车调度员在发布调度命令之前，应详细了解现场情况，并听取有关人员意见。遇表 7.3 所列情况时，须发布调度命令。

表 7.3　行车调度命令项目表（适用于普速铁路）

顺序	命令项目	受令者	
		司机	车站值班员
1	封锁、开通区间		○
2	向封锁区间开行救援列车、路用列车	○	○
3	临时变更或恢复原行车闭塞法	○	○
4	双线反方向行车、由双线改为单线或恢复双线行车	○	○
5	变更列车径路	○	○
6	发出在区间内停车或由区间返回的列车	○	○
7	开往区间内岔线的列车	○	○
8	发出临时由区间内返回后部补机的列车	○	○
9	列车需临时降弓运行	○	○
10	因行车设备故障、灾害或施工，以及列车中挂有限速的机车车辆等，需要使列车临时限速运行（纳入运行揭示调度命令或本务机车、动车组自身设备原因限速时除外）	○	○
11	动车组列车空调失效需打开部分车门限速运行	○	○
12	车站使用故障按钮、总辅助按钮		○
13	超长列车或列车挂有装载超限货物的车辆	○	○
14	单机附挂车辆	○	○
15	半自动闭塞区间，超长列车头部越过出站信号机（未压上出站方面的轨道电路）发车	○	○
16	在非到发线上接发列车	○	○
17	调度日（班）计划以外，后临时加开或停运列车（单机除外）	○	○
18	双线区间在区间内进行跨线装卸作业时，对开入其邻线的列车	○	○
19	双线区间内有除雪机、起重机工作时，对开入其邻线的列车	○	○
20	双线区间在区间内发生冲突、脱轨、火灾、爆炸事故，对开入其邻线的列车	○	○
21	列尾装置故障（丢失）的货物列车继续运行	○	○
22	改按天气恶劣难以辨认信号的办法行车或恢复正常行车	○	○
23	动车组列车转入或退出隔离模式（被救援时除外）	○	○
24	动车组列车在列控车载设备控车和列车运行监控装置控车之间人工转换	○	○
25	临时利用本务机车调车作业	○	○
26	利用天窗施工、维修作业		○
27	施工、维修作业较指定时间延迟结束		○
28	运行揭示调度命令与实际限速、行车方式或设备不符时	○	○
29	正线、到发线接触网停电或送电（接触网倒闸、跳闸后试送电、向中性区送电或弓网故障排查除外）		○
30	正线、到发线接触网停电后准许登顶作业	○	○
31	双管供风旅客列车运行途中改为单管供风	○	○
32	列车调度员认为有必要记录的上述以外的命令	有关人员	

注：① 划○者为受令人员。② 天窗维修作业在指定的时间内完成并销记后，列车调度员不再发布惟修作业结束恢复行车的调度命令。③ 动车组列车改按列车运行监控装置方式运行需将列控车载设备隔离时，列车调度员仅发布改按列车运行监控装置方式行车的调度命令。④因调车作业动车组控车模式转换，不发布调度命令。自动站间闭塞法行车转为半自动闭塞法行车及转回的调度命令，可不发给司机。上述调度命令如涉及其他单位和人员时，应同时发给。

（二）不应发布调度命令的情况

除《铁路技术管理规程》（普速铁路部分）有明确规定外，遇下列情况，列车调度员亦不发布调度命令：

（1）使用绿色许可证或半自动闭塞发车进路通知书发出列车时。

（2）自动闭塞区间一架通过信号机故障。

（3）旅客列车在技术停车站（不办理客运、通勤业务和技术作业）临时变更通过。

（4）使用引导信号接车（使用引导手信号除外）。

（5）站内采用调车方式救援。

（6）已发布运行揭示调度命令的变更旅客列车固定走行径路。

（7）接发动车组列车变更固定股道。

（8）区间内机车信号、列车运行监控装置（LKJ）、轨道车运行控制设备（GYK）发生故障，运行至前方站停车处理。

（9）列车退行。

（10）自轮运转特种设备自走行时因自身设备原因限速。

（11）旅客列车发生制动关门，依据《旅客列车制动关门限速证明书》限速；货物列车编入关门车数超过现车总辆数的 6%，依据《制动效能证明书》限速。

五、调度命令号码的规定

调度命令号码的编制应按不同工种分别规定。铁路局调度所行车调度命令按日循环，运行揭示调度命令及其他工种调度命令按月循环；总公司各工种的调度命令按月循环（其中总公司货运和列车工作日计划命令按年循环）。

调度命令日期的划分，以 0:00 为界。调度命令循环号码的起止时间，以 00:00 区分。

各级调度命令应保管 1 年。

总公司调度命令号码分为：

（1）货运和列车工作日计划命令号码 0001 ~ 0366。

（2）车流调整命令号码 0401 ~ 0499。

（3）行车调度命令号码 0501 ~ 1799。

（4）专运调度命令号码 1801 ~ 1899。

（5）客运调度命令号码 1901 ~ 2399。

（6）货运调度命令号码 2401 ~ 2699。

（7）行包调度命令号码 2701 ~ 2999。

（8）机车调度命令号码 3001 ~ 3299。

（9）车辆调度命令号码 3301 ~ 3399。

（10）军运调度命令号码 3401 ~ 3699，长大货物车（D 型车）使用、回送及超限专列命令号码 3601 ~ 3699。

（11）特运调度命令号码 3701 ~ 3999，其中：机械冷藏车使用及回送命令号码 3701 ~ 3799，重点石油装车命令号码 3801 ~ 3899，总公司所属罐车调整命令号码 3901 ~ 3999。

（12）供电调度命令号码 4001 ~ 4099。

（13）停、限装及恢复装车命令号码 4101 ~ 4399。

（14）备用车命令号码 4401 ~ 4999。

（15）集装箱命令号码 5001 ~ 5599。

（16）施工命令号码 5601 ~ 5899。

（17）备用命令号段 5901 ~ 5999。

铁路局与总公司调度命令号码不得重复，具体由铁路局规定。

六、发布行车调度命令的规定

铁路局集团公司列车调度员发布行车调度命令时，除严格执行《铁路技术管理规程》（普速铁路部分）有关要求外，还应遵守以下规定。

（1）发布行车调度命令，要一事一令，不得发布无关内容。一事一令是指对一个独立事件发布一个命令，该独立事件包括单因素事件和多因素事件两类。单因素事件是指不与其他工作发生关联的简单事件；多因素事件是指涉及两项及其以上工作内容，且因此及彼、因果相关、时间相连的复杂事件，可发布一个调度命令。

（2）设有双线双向闭塞设备且作用良好的区间，需要连续反方向行车时，可发布一个调度命令。

（3）交付调度命令的规定如下。

① 具备调度命令无线传送系统的，列车调度员（车站值班员）应使用调度命令无线传送系统向值乘司机发布（转达）调度命令。

② 语音记录装置良好条件下，符合使用列车无线调度通信设备发布、转达调度命令内容的，列车调度员（车站值班员）可使用列车无线调度通信设备向列车司机发布（转达）调度命令。

③ 不具备上述条件时，本区段有停车站，列车调度员指定车站值班员在列车进入关系地点前的停车站交付调度命令；本区段无停车站或来不及时，在列车进入关系地点前的车站停车交付调度命令。

（4）交付和核对限速调度命令的规定如下。

① 限速调度命令，须在列车进入限速地点前发布（转达）完毕，如来不及时，必须在列车进入限速地点前的车站停车转达调度命令。

② 具备使用调度命令无线传送系统或提前在停车站交付调度命令条件的，须传送（交付）书面调度命令。

③ 不具备使用调度命令无线传送系统或提前在停车站传送（交付）书面调度命令，需使用列车无线调度通信设备发布（转达）调度命令时，列车调度员除发给限速地点关系站外，还应发给转达调度命令车站，转达调度命令车站应在列车于本站通过（开车）前转达完毕。

限速地点关系站（简称关系站）：限速地点在区间内，关系站为区间的两端站；限速地点在车站站内或站内跨区间，关系站为限速地点车站和相邻车站。

限速地点关系站示意图如图 7.1 ~ 7.4 所示。

a. 站内限速（*C* 站站内限速，关系站为 *B*、*C*、*D* 站，图 6.1 运行方向 *A* 站或其后方站转达，*B* 站核对）

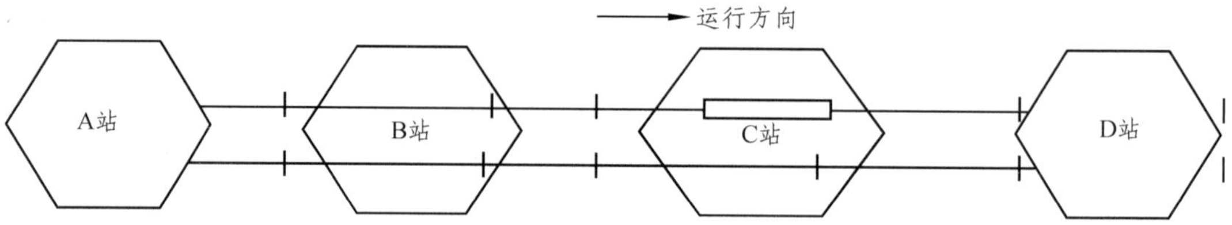

图 7.1　站内限速

b. 区间限速（*B* 至 *C* 站区间限速，关系站为 *B*、*C* 站，图 7.2 运行方向 *A* 站或其后方站转达，*B* 站核对）

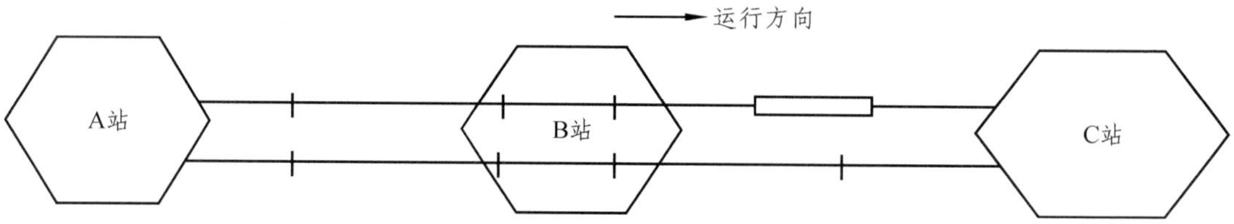

图 7.2　区间限速

c. 站内跨区间限速（*C* 站及 *C* 至 *D* 站区间限速，关系站为 *B*、*C*、*D* 站，图 7.3 运行方向 *A* 站或其后方站转达，*B* 站核对）

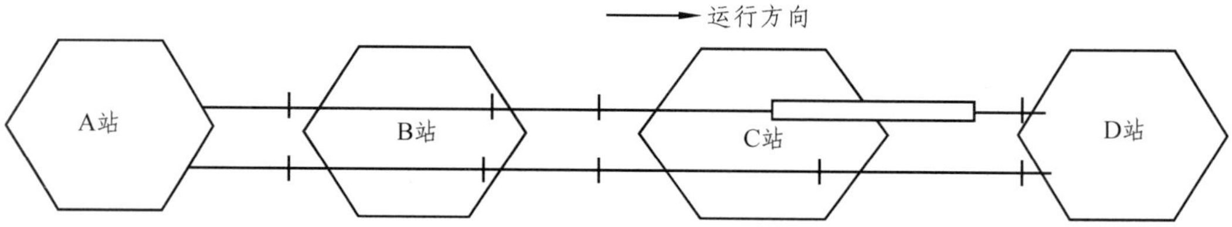

图 7.3　站内跨区间

d. 一站两区间（*C* 站及 *B* 至 *C*、*C* 至 *D* 站区间限速，关系站为 *B*、*C*、*D* 站，图 7.4 运行方向 *A* 站或其后方站转达，*B* 站核对）

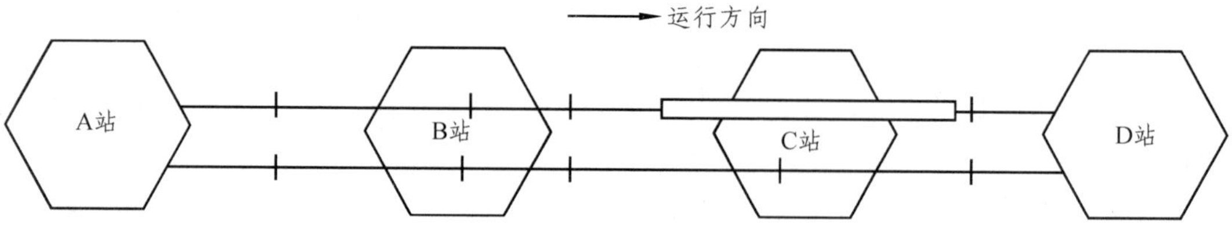

图 7.4　一站两区间

④ 对限速调度命令，列车进入限速地点前的关系站在列车通过（开车）前，须逐列与司机核对限速内容。调度集中区段、装备列控设备区段，有关核对要求由铁路局规定。

⑤ 核对不一致时，司机应在进入限速地点前的车站停车并向车站值班员报告，车站值班员立即向列车调度员报告，列车调度员核实后，发布（交付）正确的限速调度命令。

（5）对跨局（调度台）的列车，接车铁路局（调度台）列车调度员可委托发车铁路局（调度台）列车调度员发布调度命令。接车铁路局（调度台）要将需转发的调度命令号码和内容发给邻局（调度台），邻局（调度台）在时间允许情况下，不得拒绝委托，并将受令情况向接车铁路局（调度台）列车调度员通报。

（6）发布行车调度命令时，涉及限速内容应一并下达（司机已有限速调度命令除外）。

（7）国铁集团规定的“常用行车调度命令模板”以外确需发布行车调度命令的事项，由铁路局制定“补充常用行车调度命令模板”。

七、使用列车无线调度通信设备发布、转达调度命令内容的规定：

以下调度命令可使用语音记录装置良好的列车无线调度通信设备向司机发布、转达。

（1）临时变更（改按电话闭塞法行车除外）或恢复原行车闭塞法。

（2）设有双线双向闭塞设备且作用良好的区间，双线反方向行车。

（3）变更列车径路。

（4）列车需临时降弓运行。

（5）有计划封锁施工开通后，指定 1，2，3，…列限速。

（6）临时限速（指未纳入运行揭示调度命令的限速，下同）。

（7）动车组列车空调失效需打开部分车门限速运行。

（8）超长列车。

（9）单机附挂车辆。

（10）半自动闭塞区间，超长列车头部越过出站信号机（未压上出站方面的轨道电路）发车。

（11）在非到发线上接发列车。

（12）日（班）计划以外临时加开或停运列车。

（13）双线区间内进行跨线装卸作业，区间有除雪机、起重机工作，区间内发生冲突、脱轨、火灾、爆炸事故，对开入其邻线的列车。

（14）列尾装置故障（丢失）的货物列车继续运行。

（15）改按天气恶劣难以辨认信号的办法行车。

（16）动车组列车转入或退出隔离模式。

（17）动车组列车在列控车载设备控车和列车运行监控装置（LKJ）控车之间人工转换。

（18）临时利用本务机车调车作业。

（19）正线、到发线接触网停电后准许登顶作业。

（20）双管供风旅客列车运行途中改为单管供风。

（21）运行揭示调度命令与实际限速、行车方式或设备不符时。

（22）调度集中区段，由列车调度员办理接、发列车，作为行车凭证的调度命令。

（23）使用引导手信号接车。

（24）遇特殊情况，向已进入关系区间的列车司机发布（交付）的调度命令。

（25）铁路局规定可以利用列车无线调度通信设备发布、转达的调度命令。

八、发布列控限速命令的规定

普速铁路装备列控设备区段列控限速调度命令的发布办法，由铁路局根据具体设备条件规定。跨局列控限速调度命令的发布办法，由相邻铁路局根据设备情况协商确定。

（1）在既有线 CTCS-2 区段运行的动车组，遇区间或站内正线有限速时，列车调度员必须提前向相关车站发布列控限速调度命令（数据格式）。遇临时产生的限速或施工等实际产生的限速与运行揭示调度命令限速不符时，列车调度员还应通过调度命令无线传送系统向动车组司机发布限速调度命令。所有列控限速调度命令设置及取消必须经调度台监控人员审核后方可发布。

（2）遇列控中心故障或列控限速调度命令（数据格式）未正确设置时，列车调度员应及时发布调度命令，指示动车组改按 LKJ 方式行车越过限速地点。

（3）跨铁路局限速调度命令涉及两个铁路局的相邻车站，特别是站内限速调度命令需要同时发送给本站及其相邻的两端车站，由限速地点所在铁路局列车调度台的调度员拟定列控限速调度命令，发布给本局管辖的车站和相邻铁路局的一个站。

九、发布施工调度命令的有关规定：

施工调度命令是指施工作业当日由列车调度员发布的准许施工作业开始、确认施工作业结束等与实际施工作业有关的调度命令。

（1）施工调度员负责拟写次日施工调度命令，经一人拟写、另一人核对后，传（交）列车调度员。

（2）列车调度员根据施工日计划与车站值班员的施工作业申请（CTC 区段无车站值班员的车站，由施工单位负责人申请）核对一致后，发布准许进行施工作业的调度命令。

（3）施工作业结束后，列车调度员根据车站值班员申请（CTC 区段无车站值班员的车站，由施工单位负责人申请），应及时发布施工作业结束的调度命令。

（4）施工开通后有第 1、2、3……列限速要求的列车，由列车调度员发布调度命令。

（5）施工开通后启用新版本 LKJ 数据涉及径路、线路允许速度变化的第一列列车，列车调度员应发布调度命令。

（6）因施工提前、延迟或其他原因造成与运行揭示调度命令与实际限速、行车方式或设备不符时，列车调度员应取消前发运行揭示调度命令，向有关司机、车站值班员、施工负责人重新发布全部内容的调度命令；相符时仍按前发运行揭示调度命令执行。

十、发布运行揭示调度命令的有关规定

运行揭示调度命令是指由施工调度员发布的涉及限速、行车方式变化和设备变化的调度命令。运行揭示调度命令内容应包括：时间、地点、因由、速度、行车方式变化、设备变化等内容。

（1）发布运行揭示调度命令，不得含有与受令处所无关的内容。

（2）施工调度员应依据施工日计划和主管业务处提报的灾害、故障涉及限速、行车方式变化和设备变化的申请编制运行揭示调度命令。

（3）国铁集团发布的“常用运行揭示调度命令模板”（附件 3）未涉及的项目，由铁路局制定“补充常用运行揭示调度命令模板”。

（4）运行揭示调度命令须一人拟写、另一人核对，施工办主管科室主任（副主任）、施工办主任（副主任）逐级审核签认，于施工前一日 12:00 前（其中 0:00 至 4:00 执行的运行揭示调度命令为前一日 8:00 前）发布至有关业务处、机务段、车务段（直属站），并传（交）相关列车调度台，其中涉及邻局的车务段（直属站）和相关调度台，传（交）邻局施工办并由其转达。主管业务处负责转交施工单位、自轮运转特种设备管理单位，车务段（直属站）负责转交相关车站。

（5）列车运行途中遇跨越运行揭示调度命令有效时段或其他原因，造成列车运行没有可依据的运行揭示调度命令时，司机须提前向车站值班员（列车调度员）报告，车站值班员立即向列车调度员报告，列车调度员安排交付书面调度命令（可在一个行车调度命令中转发有关运行揭示调度命令），跨铁路局（调度台）运行时，须通知邻局（调度台）列车调度员。

（6）运行揭示调度命令发布的限速条件需转变为 LKJ 基础数据时，除按有关 LKJ 数据管理规定程序办理外，本着“谁申请（登记）、谁取消”的原则，由申请（登记）部门按 LKJ 数据换装生效时刻后，向施工办、车站申请取消限速。施工调度员须在得到申请（登记）部门取消限速的申请后，方准取消该运行揭示调度命令。

（7）发生灾害、设备故障等突发情况，需临时限速时（含施工开通后未达到规定的放行列车条件），应由有关单位（人员）提出限速申请，列车调度员按规定发布临时限速调度命令；对于暂时不能取消的临时限速，应纳入运行揭示调度命令管理，具体纳入时机由铁路局规定，限速登记单位或设备管理单位应提出限速申请，报告主管业务处室，由主管业务处室审核后提交施工办发布运行揭示调度命令。

十一、国铁集团客运调度命令发布范围：

（1）旅客列车加挂国铁集团所属客车车辆。

（2）跨局旅客列车甩挂软卧、行李、邮政车、餐车（1 个月以内，空车除外）和重点旅客使用的其他车辆。

（3）国际联运旅客列车临时变更编组。

（4）跨局旅客列车临时变更编组顺序（1 个月以内）。

（5）旅客列车加挂健康快车等特殊车辆。

（6）因灾害或事故影响跨局旅客列车停运、折返或变更径路。

（7）跨局临时旅客列车、旅游列车等加开、停运。跨局整列客车底回送及有特殊要求的客车回送。

（8）调用铁路局客车和临时调用票额。

（9）跨铁路局的客车借用。

（10）其他事项需要发布的调度命令。

十二、铁路局客运调度命令发布范围

（1）转发国铁集团调度命令，接收、转发、传递有关铁路局的调度命令。

（2）跨局旅客列车调整编组（含临时甩、挂客车，但不得超过图定编组辆数）1 个月以内（软卧车除外）及铁路局管内旅客列车临时变更编组。

（3）因灾害或事故影响，铁路局管内旅客列车的停运、折返或变更径路。

（4）铁路局管内旅客列车加开、停运（铁路局业务处以文件、电报公布的除外）。

（5）铁路局管内调用、回送客车，零星军用客车回送。客车附挂旅客列车回送、附挂货物列车回送及局管内整列客车底回送。

（6）铁路局管内票额临时调用。

（7）准许装运超重包裹或行李车内预留货位。

（8）货物列车加挂客车（含回送军用客车）。

（9）旅客列车加挂国铁路用车（轨道、电务、接触网、隧道检测车，牵引试验车等）。

（10）其他事项需要发布的调度命令。

十三、客运调度命令发布的规定

（1）铁路局客运调度发布旅客列车的临时加开、停运、折返、变更径路及车辆甩挂的调度命令时，须经调度所值班主任审核同意后，方准发布；总公司客运调度发布调度命令时，须经国铁集团调度处值班处长审核同意后，方准发布。

（2）各级客运调度员发布旅客列车变更编组、加开、停运、折返及甩挂、回送检修车辆的调度命令时，应抄送给同级车辆调度，客车厂修入厂回送命令，与车辆调度会签。

十四、救援列车开行及救援队出动的调度命令发布规定

铁路局管内发生铁路交通事故等，需出动救援列车或救援队时，由机车调度员发布救援列车出动、列车调度员发布救援列车开行及救援队出动的调度命令，需出动外局救援力量时，应及时通知相关铁路局调度所，并向国铁集团调度申请，由国铁集团机车调度员发布跨局救援列车出动的调度命令，由国铁集团行车调度员发布跨局救援队出动的调度命令。

实训练习

1. 识别纸质调度命令的式样与基本格式。
2. 识别计算机模板规定的调度命令的式样与基本格式。

任务二　调度命令编制与下达

任务描述

本任务包括：常用行车调度命令用语、常用运行揭示调度命令基本用语、常用行车调度命令的标准格式、调度命令发布工作程序及安全注意事项、错误发布调度命令事故案例分析、调度命令的下达注意事项和利用计算机按给定的条件下达调度命令的操作方法。通过学习和实训练习，使学生掌握按照调度命令的标准格式编写调度命令和发布调度命令的工作程序。

知识准备

一、常用行车调度命令用语

为了使行车调度命令的发布规范化、用语标准化，国铁集团根据《技规》和《调规》的有关规定，对全路常用行车调度命令用语作了统一规定，其目的是强化调度命令的标准化作业，以保证行车安全。

对国铁集团规定的“常用行车调度命令用语”以外确需发布行车调度命令的事项，由铁路局根据各自的具体情况自行制定“补充行车调度命令用语”，报国铁集团备案。

二、全路常用行车调度命令模板

（一）封锁及开通区间

1. 封锁区间

________站至_______站间________行线因________，自接令时（________次列车到________站）起（至________时________分止），区间封锁。

2. 开通封锁区间

根据________站报告，________站至________站间________行线________完毕，（区间已空闲）自接令时起区间开通。

（二）向封锁区间开行救援列车

1. 向封锁区间开行救援列车

（自接令时起，________站至________站间　　行线区间封锁。）

准许________站（利用________机车）开________次列车，进入________站至________站间________行线封锁区间________km________m 处进行救援，将________次列车推进（拉回）至________站（返回开________次列车）（按救援负责人的指挥办理）。

2. 列车分部运行

根据________站报告，________次列车因________，自接令时起________站至________站间________行线区间封锁。

准许______站利用______机车开行______次列车进入封锁区间_____km____m 处挂取遗留车辆，将_______次列车推进（拉回）至________站。（返回开______次列车）。

（三）临时变更或恢复原行车闭塞法

1. 停用基本闭塞法，改用电话闭塞法

自接令时（________次列车到________站）起，________站至________站间________行线停用基本闭塞法，改用电话闭塞法行车。

2. 恢复原行车闭塞法

自接令时（________次列车到________站）起，________站至________站间________行线，恢复基本闭塞法行车。

3. 停用自动站间闭塞法，改用半自动闭塞法

自接令时（_______次列车到_______站）起，_______站至_____站间_____行线停用自动站间闭塞法，改用半自动闭塞法行车。

4. 由半自动闭塞法恢复自动站间闭塞法

自接令时(________次列车到________站)起,________站至________站间________行线,恢复自动站间闭塞法行车。

5. 双线反方向行车(未设双线双向闭塞设备或双线双向闭塞设备故障)

自接令时(__________次列车到__________站)起,___________站至______________站间________________行线停用基本闭塞法,改用电话闭塞法行车。准许______________次列车在___________站至__________站间利用___________行线反方向行车,__________次列车到__________站后,恢复__________行线基本闭塞法行车。

6. 双线改单线行车(未设双线双向闭塞设备或双线双向闭塞设备故障)

自接令时(__________次列车到____________站)起,___________站至____________站间_________行线停用基本闭塞法,改用电话闭塞法,按单线行车。

7. 恢复双线行车(未设双线双向闭塞设备或双线双向闭塞设备故障)

自接令时(________次列车到________站)起,恢复________站至______站_________行线基本闭塞法,________站至________站间恢复双线行车。

8. 列车反方向进入区间并运行至前方站(未设双线双向闭塞设备或双线双向闭塞设备故障)或发出由区间返回的列车

自接令时(_________次列车到_________站)起,_______站至_______站间_________行线停用基本闭塞法,改用电话闭塞法行车。准许_________站开_________次列车(反方向)进入区间_______km_______m至_______km_______m处_______,(返回开_________次列车)限_________时_________分前到_________站,本列到达后恢复基本闭塞法。

9. 单线半自动闭塞或双线反方向越出站界调车

自接令时(_____次列车到_____站)起,_____站至_____站间_____行线停用基本闭塞法,改用电话闭塞法。准许_____站利用该区间越出站界调车,限_____时_____分前完毕,作业完毕后恢复基本闭塞法。

(四)双线反方向行车或双线改单线(设有双线双向闭塞设备)和恢复双线行车

1. 双线反方向行车

自接令时(_____次列车到_____ 站)起,准许_____次、_____次……列车在_______站至_________站间利用_______行线反方向运行。

2. 双线改单线行车

自接令时(_______次列车到_______站)起,_______站至_________站间_________行线改按单线行车。

3. 恢复双线行车

自接令时（________次列车到__________站后）起，恢复_________站至_________站间双线行车。

（五）变更列车进路

准许_________次列车由原运行径路，改经_________运行，各站按现时分办理。

（六）列车在区间内停车并运行至前方站的列车（使用基本闭塞法）

1. 发出正方向进入区间内停车并运行至前方站的列车

准许______站开______次列车进入______站至_____站间______行线_____km______m至________km________m处_______，限__________时__________分前到_________站。

2. 发出反方向进入区间并运行至前方站的列车（设有双线双向闭塞设备）

自接令时（________次列车到_________站）起，准许_________站开______________次列车反方向进入__________站至_____________站间_____________行线_______km__________m至________km________m处_________，限__________时_________分前到_________站。

（七）列车需临时降弓运行

临时降弓运行。

自接令时起，____站至____站间____行线（站内____道）____km____m至____km___m处，降弓（限速____ km/h）运行。

（八）列车临时限速运行

1. 站内或区间临时限速

自接令时（______时_____分）起至另有命令时（_______时_______分）止，_________站至________站间________行线______km_____m至_____km_______m处限速______km/h。

________次列车运行至_________站至_________站间_________行线_______km______m至______km______m处限速_______km/h。

2. 列车中挂有限速的机车、车辆

_________次列车在________站挂有限速_______km／h车辆（机车），运行至________站。

3. 旅客列车车辆故障、动车组安装过渡车钩限速运行

_________次列车因空气弹簧故障（密接式车钩因故更换为15号车钩、动车组安装过渡车钩），限速_________km/h运行。

（九）动车组列车空调失效需打开部分车门限速运行

动车组列车空调失效需打开部分车门限速运行。

次列车因空调失效打开部分车门限速 60 km/h 运行，通过邻靠高站台的线路时限速 40 km/h 运行。

（十）车站使用故障按钮、总辅助按钮

1. 半自动闭塞区段车站使用故障按钮

根据_____站申请，现查明_____站至_____站间_____行线区间空闲，准许_____站使用故障按钮办理闭塞机复原。

2. 自动闭塞区段车站使用总辅助按钮

根据_____站申请，现查明_____站至_____站间_____行线区间空闲，准许_____站使用总辅助按钮改变闭塞方向。

（十一）超长列车或列车挂有装载超限超重货物的车辆

1. 货物列车超长

次列车换长_____，准许在_____站至_____站间超长运行。

2. 列车挂有装载超限货物的车辆

______次列车挂有超限超重货物_______辆，_______站至________站间运行条件如下：

（1）限速________km/h；

（2）行经 300 m 及其以下半径曲线，限速________km/h；

（3）进出站经侧向道岔限速_________km/h，禁止（侧向）通过_____号及其以下道岔；

（4）_________站至_________站间区间会车限速_________km/h，……

（5）_________ 站至_________站间 …… 禁止在区间会车；

（6）_________站至_________站间……禁止在区间会_________列车；

（7）禁止接（进）入有高站台的线路；

（8）各站按《站细》规定的线路接发；

（9）其他要求。

（十二）单机附挂车辆

单机附挂车辆。

准许_______次列车在_______站挂车______辆到_______站，尾部车辆车号________。

（十三）半自动闭塞区间，超长列车头部越过出站信号机（未压上出站方面的轨道电路）发车。

准许_________次列车在_________站________道_________行出站信号机开放情况下越过出站信号机发车。

（十四）在非到发线上接发列车

1. 在非到发线上接车

准许________次列车接入________站非到发线________道。

2. 半自动闭塞、自动站间闭塞区间在非到发线上发车

自接令时（______次列车到________站）起，______站至______站间________行线停用基本闭塞法，改用电话闭塞法行车，准许______次列车在______站非到发线________道发车，本列到________站后恢复基本闭塞法行车。

3. 自动闭塞区间在非到发线上发车

准许__________次列车在__________站非到发线__________道发车。

（十五）调度日（班）计划以外，临时加开或停运列车（单机除外）

1. 临时停运列车

准许________次列车在________站停运，________站至_______站间加开________次列车，按现时分运行。

2. 临时加开列车

准许________站至________站间加开________次、_______次……列车，________站至________站间加开________次、________次……列车，按现时分运行。

3. 加开救援列车

站至_____站间加开_____次列车，（限速_____km/h，）站_____时_____分开，按现时分办理。

（十六）双线区间在区间内进行跨线装卸作业，有除雪机、起重机工作，发生冲突、脱轨、火灾、爆炸事故时，对开入其邻线的列车

双线区间在区间内进行跨线装卸作业，有除雪机、起重机工作，发生冲突、脱轨、火灾、爆炸事故时，对开入其邻线的列车

因_____站至_____站间_____行线_____km_____m 至_____km_____m 处_____，_____次列车注意运行。

（十七）行车设备故障

1. 列尾装置故障（丢失）的货物列车继续运行

根据_____站报告，_____次列车列尾装置故障（列尾主机丢失），（_____站负责吊起尾部软管，）准运行至_____站，各站注意接车。

2. 货物列车列尾主机回送

指定_____次列车携带货车列尾主机_____台（回送）到_____站。

（十八）改按天气恶劣难以辨认信号的办法行车或恢复正常行车

1. 改按天气恶劣难以辨认信号的办法行车

根据_____报告，_____站至_____站间信号显示距离不足 200 m，自接令时起，改按天气恶劣难以辨认信号的办法行车。

2. 天气转好，恢复正常行车

根据_____报告，_____站至_____站间天气转好，自接令时起，恢复正常行车。

（十九）动车组列车转入或退出隔离模式（被救援时除外）

1. 列车将列控车载设备转入隔离模式

准许_____次列车将列控车载设备转入隔离模式。（运行至_____站后将隔离模式退出，转换为列控车载设备方式行车。）

2. 列控车载设备由隔离模式退出，转换为列控车载设备方式行车

准许_____次列车将隔离模式退出，转换为列控车载设备方式行车。

（二十）动车组列车在列控车载设备控车和 LKJ 控车之间人工转换

1. 由列控车载设备行车转换为 LKJ 方式行车

准许______次列车（在_______站）由列控车载设备方式行车转换为 LKJ 方式行车（运行至_____站后，由 LKJ 方式行车转换为列控车载设备方式行车）。

2. 由 LKJ 方式行车转换为列控车载设备行车

准许_______次列车（在__站）由 LKJ 方式行车转换为按列控车载设备方式行车。

（二十一）临时利用本务机车调车作业

指定_____次列车本务机车在_____站进行调车作业。

（二十二）利用天窗施工、维修作业

1. 施工作业

（1）封锁区间并向封锁区间开行路用列车（适用于每端各进一列）。

站至______站间____行线因施工，自______时_______分（_____次列车到______站）起区间封锁，限______时______分施工完毕。

① 准许工务部门在_________km_______m 至 ______km____m 处施工。

② 准许供电部门在__________km_______m 至_____km________m 处施工。

③ 准许______部门在_____km_____m 至_____km_____m 处施工。

准许_____站开_____次列车，进入封锁区间_____km_____m处停车，按施工负责人的指示进行作业，（返回开_____次列车，）限_____时_____分前到达_____站。

准许_____站开_____次列车，进入封锁区间_____km_____m处停车，按施工负责人的指示进行作业，（返回开_____次列车）限_____时_____分前到达_____站。

（2）自动闭塞区间路用列车跟踪进入区间后封锁施工。

准许______站开______次列车跟随______次列车按自动闭塞方式进入_____站至_____站间_____行线，在_____km_____m处停车。_____次列车到达_____站后区间封锁。准许_____部门在_____km_____m至_____km_____m处施工，限_____时_____分施工完毕。_____次列车按施工负责人的指示进行作业，（返回开_____次列车，）限_____时_____分前到达_____站。

（3）信联闭施工（采用施工特定行车）。

自_____时_____分（_____次列车到_____站）起，准许____站至_____站间___行线_____部门施工，限_____时_____分施工完毕，施工期间：

① ______站______行进站（_____接车进路）信号停用。

② _____站_____道_行出站（______发车进路）信号停用。

③ 自____时____分（_____次列车到达_____站）起____站至____站间_____行线停用基本闭塞法，改用电话闭塞法行车。

④ 有关行车凭证的交付和正线通过列车的引导按“施工特定行车办法”规定办理。

2. 维修作业

（1）单个区间和车站维修作业

自_____次列车_____站出站（到达）（____时____分）起，准许_____站（含、____道、_____号道岔）至_____站（含、____道、_____号道岔）_____行线进行_____分钟维修作业。

（2）单线连续多个区间和车站维修作业

站（含、____道、__号道岔）至_____站（含、______道、_____号道岔）间自_____次列车各站出站或到达起，准许各站及后方区间进行_____分钟维修作业。

（3）双线维修“V形天窗”作业（连续多个区间和车站）

站（含、_____道、_____号道岔）至_____站（含、_____道、_____号道岔）间_____行线自_____次列车各站出站或到达起，准许各站及后方区间进行_____分钟维修作业。

（4）维修“垂直天窗”作业

自接令时（_____次列车到达_____站、______次列车到达_______站、_______次列车到达_____站……）起，_____站（含、_____道、_____号道岔）至_____站（含、_____道、_____号道岔）间上下行线准许各区间及站内进行_____分钟维修作业。

（二十三）施工、维修作业较指定时间延迟结束

施工、维修作业较指定时间延迟结束。

根据_____站申请，准许_____站（含、___道、_____号道岔）至_____站（含、___道、号道岔）间_____行线施工（维修）延迟至_____时_____分结束。

（二十四）运行揭示调度命令与实际限速、行车方式或设备不符时

运行揭示调度命令与实际限速、行车方式或设备不符时。

次列车前发_______号运行揭示调度命令取消，运行条件如下：

（1）_____站（含、_____道、_____号道岔）至_____站（含、___道、____号道岔）间_____行线_____km_____m 至_____km_____m 限速_____km/h。

（2）_____站至_____站间_____行线按基本闭塞法行车。

（3）施工结束后设备变化情况……

（二十五）正线、到发线接触网停电或送电（接触网倒闸、跳闸后试送电、向中性区送电或弓网故障排查除外）

1. 接触网有计划停电

根据供电调度_____号申请，自接令时（_____次列车到_____站）起，准许_____站（含）至_____站（含）间___行线（___km___m 到________站至_______站间_____km_____m）接触网停电。

2. 接触网故障停电

根据供电调度_____号通知，自接令时起，_____站（含）至_____站（含）间_____行线（_____km_____m 到_____站至_____站间_____km_____m）接触网已停电。

3. 接触网送电

根据供电调度_____号通知，_____站（含）至_____站（含）间_____行线（_____km_____m 到_____站至_____站间_____km_____m）接触网已恢复供电。

（二十六）正线、到发线接触网停电后准许登顶作业

正线、到发线接触网停电后准许登机车（车辆）顶部作业。

根据供电调度_____号通知，_____站（含）至_____站（含）间_____行线（_____km_____m 到_____站至_____站间_____km_____m）接触网已停电，自接令时起，准许采取安全措施后进行登顶作业。

（二十七）双管供风旅客列车运行途中改为单管供风

双管供风旅客列车运行途中改为单管供风。

准许_____次列车在_____站由双管供风改为单管供风运行至终到站。

（二十八）调度集中区段，由列车调度员办理接、发列车，作为行车凭证的调度命令

1. 调度集中区段，由列车调度员办理发车，调度命令用作允许列车运行的行车凭证

（1）因____站至____站间____行线停用基本闭塞法，现查明_____站至____站间____行线区间空闲，准许____次列车由____站发往____站。

（2）在_____站____道出站（____发车进路）信号机故障（未设出站信号机、列车头部越过出站〔_____发车进路〕信号机）的情况下，准许______次列车由_____道发车。

2. 调度集中区段，由列车调度员办理接车，调度命令用作允许列车运行的行车凭证

因________站_____行进站（____接车进路）信号机故障，准许_____次列车以不超过20 km/h 速度越过______站_____行进站（____接车进路）信号机进入_____站_____道。

（二十九）其他

（1）自接令时起取消前发____年___月___日______号命令。

（2）施工开通启用新版本 LKJ 数据涉及径路、线路允许速度变化列车。

次列车为施工开通启用新版本 LKJ 数据后第 1 列（或第 2 列、第 3 列……）列车：

① 经由（_____线）_____站（含）至_____站（含）间_____行线运行。

② 经由______站_____道运行。

③ 运行至（_____线）_____站（含）至_____站（含）间_____行线_____km______m 至km_____m 处限速_____ km/h 运行（按线路允许速度_____ km/h 运行）。

（注：限速和线路允许速度在同一命令中最多只能包含一项；限速列车为施工开通后低于线路允许速度且未纳入运行揭示调度命令的第 1、2、3……列临时限速列车。）

三、常用运行揭示调度命令模板

（一）限　速

月_____日_____时_____分至_____月_____日____时____分（另有命令时），____线____站（含、____道、____号道岔）至___站（含、____道、___号道岔）间____行线____km____m至____ km____m 处施工（灾害、故障），限速____ km/h。

（二）封锁施工限速

因_____月_____日_____时_____分至____月____日_____时_____分，_____线_____站（含、______道、_____号道岔）至_____站（含、______道、______号道岔）间_____行线封锁，_____ km____m 至____ km____m 处施工。

开通后____线____站（含、____道、____号道岔）至____站（含、____道、____号道岔）间____行线___km__m 至____ km____m 处第 1 列限速____ km/h，第 2 列限速____ km/h，第 3 列限速____ km/h,（……）；_____月____日____时____分至____月_____日_____时____分限速____ km/h 运行。其中开通后第 1、2、3……列限速由列车调度员发布调度命令。

设备变化：……

（三）信联闭设备停用

月____日____时____分至____月_____日_____时______分，因____线____站施工，施工期间：

（1）____行进站（____接车进路）信号停用，列车凭引导（手）信号的显示进站。

（2）（____道）____行出站（____发车进路）信号停用，列车凭绿色许可证发车。

（3）_____站至_____站间____行线停用基本闭塞法，改用电话闭塞法行车。____站____行列车凭路票发车。

（4）设备变化：……

（四）施工特定行车

月____日____时____分至_____月_____日_____时_____分，因____线____站施工，施工期间执行施工特定行车办法。

（1）____行进站（____接车进路）信号停用，引导接车并正线通过时，列车凭特定引导手信号的显示，以不超过 60 km/h 速度进站。

（2）____道____行出站（_____发车进路）信号停用，车站使用列车无线调度通信设备（其语音记录装置须作用良好）将绿色许可证编号和调度命令号码通知司机，列车凭通过手信号通过车站。

（3）_____站至_____站间____行线停用基本闭塞法，改用电话闭塞法行车。____站使用列车无线调度通信设备（其语音记录装置须作用良好）将路票电话记录号码和调度命令号码通知司机，列车凭通过手信号通过车站。

（4）设备变化：……

四、常用行车调度命令的标准格式

行车调度员必须了解调度命令发布的有关规定，熟悉常用调度命令的标准格式与调度命令的交付方法，常用调度命令的标准格式见表 7.4 至表 7.13。

表 7.4　调度命令（BDI）

（封锁、开通区间及向封锁区间开行救援列车或路用列车）

20××年 4 月 11 日 11 时 00 分　　　　第 401 号

<table>
<tr><td>受令处所</td><td>成都东　站　沙河堡 站
成都东　站抄交施工负责人　雷××
沙河堡　交 57006 次 司机、车长</td><td>调度员姓　名</td><td>刘××</td></tr>
<tr><td>内容</td><td colspan="3">1.沙河堡值班员杨光明报告，根据西昌大修段领工员雷光请求，成都东站　至　沙河堡站 K5+10—K10+00 处 行线因　线路大修施工自 11 时 10 分（　　　次列车到　　　站）起，至 13 时 00 分止，区间封锁。准 沙河堡　站开 <u>57006</u> 次列车进入 沙河堡　站至 成都东 站间 5 公里 10 米至 10 公里 00 米处施工，区间限速　　　公里/小时，返回开　57005 次，凭引导信号（手信号）进站，限 13 时 00 分到沙河堡站。
2.根据　　　　　　报告，　　　站至　　　　站间　　行线完毕，自　　时，　　分起，开通区间。</td></tr>
</table>

注：不用字句圈掉，不用项划掉项号　　受令站：成都东　　车站值班员：张××

受令站：沙河堡　车站值班员：张××

表 7.5　调度命令（BD2）

（变更闭塞法行车及反方向行车）

20××年 12 月 6 日 16 时 00 分　　　　第 201 号

<table>
<tr><td>受令处所</td><td>石码坝　站　　绵阳北站
石码坝 站 抄交 下行各 次列车司机、车长</td><td>调度员姓　名</td><td>刘××</td></tr>
<tr><td>内容</td><td colspan="3">1、石码坝 站 至 绵阳北 站 下 行线因 电务设备故障 自　　时　　分（T7　次列车到 绵阳北 站）起，基本闭塞法停用，改用电话闭塞法行车。
2、　　站至　　　站间　　行线自接令时（　　次列车到　　　站）起恢复基本闭塞法行车。
3、准　　次列车在　　　站至　　　站间利用　　行线反方向运行，　　　次列车到达　　　站后，恢复基本闭塞法行车。</td></tr>
</table>

注：不用字句圈掉，不用项划掉项号。　受令站：绵阳北　　车站值班员：霍××

受令站：石码坝　　车站值班员：雷××

表 7.6　调度命令（BD3）

（变更闭塞法行车及反方向行车）

20××年 12 月 6 日 6 时 00 分　　　　第 203 号

<table>
<tr><td>受令处所</td><td>石码坝　站　　绵阳北站
绵阳北　站抄交　15022　次列车司机、车长</td><td>调度员姓　名</td><td>刘××</td></tr>
<tr><td>内容</td><td colspan="3">1、　　站 至　　站　行线因　　自　　时　　分（　　次列车到站）起，基本闭塞法停用，改用电话闭塞法行车。
2、　　站至　　　站间　　行线自接令时（　　次列车到　　　站）起恢复基本闭塞法行车。
3、准 15022　次列车在　绵阳北　站至 石码坝 站间利用 下 行线反方向运行，15022 次列车到达　石码坝 站后，恢复基本闭塞法行车。</td></tr>
</table>

注：不用字句圈掉，不用项划掉项号。　受令站：绵阳北　　车站值班员：霍××

受令站：石码坝　　车站值班员：雷××

表 7.7 调度命令（BD4）

（列车挂有装载超限货物的车辆）

20××年 12 月 6 日 16 时 00 分　　　　第 201 号

受令处所	德阳 站 站 德阳 站抄交 40025 次司机、车长	调度员姓名	刘××
内容	根据部（局）超限电报 025 号，40025 次列车挂有超限货物 1 辆，德阳 站至 遵义南站 间运行条件如下： 1. 区间限速 50 公里/小时； 2. 行经 300 米及其以下曲线半径，限速 公里/小时；（无 300 米及以下曲线半径） 3. 进出站侧向道岔限速 15 公里/小时； 4. 德阳 站至 青白江 站间区间会车限速 30 公里/小时；区间禁止会客车。 5. 双线 站至 站间区间禁止在区间会车； 6. 禁止接入靠高站台、煤台的线路； 7. 各站按《站细》规定线路接发； 8. 其他要求。所经桥梁均限 40 公里/小时		

注：不用字句圈掉，不用项划掉项号　　受令站：德阳北　　车站值班员：张××

表 7.8 调度命令（BD5）

（单机附挂车辆）

20××年 12 月 8 日 11 时 00 分　　　　第 902 号

受令处所	倮果 站 倮果 站抄交 52002 次司机，并传至 攀枝花 站	调度员姓名	刘××
内容	准 52002 次在 倮果 站挂车 5 辆到 攀枝花 站，各站接车注意。尾部车号 4514249。		

注：不用字句圈掉，不用项划掉项号　　受令站：倮果　　车站值班员：任××

表 7.9 调度命令（BD6）

（临时加开或停运列车）

20××年 12 月 6 日 0 时 00 分　　　　第 301 号

受令处所	天回镇 站 成都东 站 天回镇 站抄交 40023 次列车司机、车长	调度员姓名	杨××
内容	1、40023 次列车在 天回镇 站停运（保留），天回镇 站至 成都东 站间加开单机 50023 次，车长随本务机车便乘（待命）。50023 次天回镇 0 时 30 分开，现点运行。 2、　次保留列车恢复运行，　站至　站间 按　次运行线运行。（　站　时　分开，　站　时　分到，各站按现点办理）。 3、　次列车在　站至　站间停运，　站至　站间加开　开　次列车，按　次图定时刻运行（　站　时　分开，　站　时　分到，各站按现点办理）。		

注：不用字句圈掉，不用项划掉项号　　受令站：天回镇　　车站值班员：陆××

受令站：成都东　　车站值班员：张××

表 7.10　调度命令（BD7）

（单线半自动闭塞或双线反方向越出站界调车）

20××年 6 月 8 日 11 时 00 分　　　　第 552 号

受令处所	汉源站　　尼日站	调度员姓　名	刘××
内容	汉源 站至 尼日 站　行线自 9 时 20 分起至 9 时 40 分止，基本闭塞法停用，改用电话闭塞法行车。准 汉源 站利用该线区间越出站界调车；作业完毕后，恢复基本闭塞法行。		

注：不用字句圈掉，不用项划掉项号　　受令站：汉源　　车站值班员：程××

受令站：尼日　　车站值班员：章××

表 7.11　调度命令（BD8）

（临时由区返回后部补机的列车）

20××年 5 月 8 日 11 时 00 分　　　　第 502 号

受令处所	燕岗站　　九里站 燕岗站抄交 25403 次司机，后部补机司机	调度员姓　名	李××
内容	自接令时（　　　次列车到　　　站）起，燕岗 站至 九里 站间　行线基本闭塞法停用，改用电话闭塞法行车；25403 次列车补机加补到　603 公里　300　米处，折返　52002 次返回 燕岗 站，凭引导信号（手信号）进站，列车到达 九里 站及补机返回 燕岗 站后，该线恢复基本闭塞法行车。		

注：不用字句圈掉，不用项划掉项号　　受令站：燕岗　　车站值班员：闫××

受令站：九里　　车站值班员：朱××

表 7.12　调度命令（BD9）

[半自动闭塞区段，超长列车头部越过出站信号机（未压上出站方向的轨道电路）发车]

20××年 12 月 20 日 11 时 00 分　　　　第 802 号

受令处所	史家乡 站 史家乡 站　抄交 42183 次司机	调度员姓　名	张××
内容	准 **42183** 次在 史家乡 站出站信号机开放情况下越过出站信号机发车。		

注：不用字句圈掉，不用项划掉项号　　受令站：史家乡　　车站值班员：王××

表 7.13 调 度 命 令（BD10）

（双线改单线或恢复双线行车）

20××年 12 月 8 日 10 时 00 分　　　　第 201 号

受令处所	江油 站　老坪坝 站 江油 站抄交 上行各 次司机、车长 老坪坝 站抄交 下行各 次司机、车长	调度员姓　名	刘××
内容	1、江油 站 至 老坪坝 站间 上 行线因 **15022** 次坡停，自 发令 时　分（　次列车到　　站）起停止使用，江油 站至 老坪坝 站间 下 行线改按单线行车，停止基本闭塞法，改为 站间 电话闭塞法行车。 2、　站至　站间　行线　　完毕，自　时　分起开通使用，恢复双线行车和基本闭塞法。		

注：不用字句、不用项划掉　　受令站：江　油　　车站值班员：李××

受令站：老坪坝　　车站值班员：陈××

五、调度命令发布的工作要求

各级调度机构要加强调度命令发布的管理工作，建立严格的制度，规定调度命令发布的程序、方法、范围、格式和注意事项，经常检查监督，考核调度命令发布的质量，及时纠正出现的错误和漏洞。要加强技术业务训练，组织调度人员结合行车指挥实际，演练在各种模拟情况下处理问题和发布调度命令的技能，特别要锻炼在各种复杂、紧急情况下判断情况、采取对策、正确发布调度命令的能力，达到熟练、果断、准确、迅速的程度。行车调度要高度重视调度命令发布工作的重要性，在各个环节上进行整顿、加强和提高，坚持安全第一的原则，杜绝把不安全因素通过不合格的调度命令带到行车工作中去，提高调度安全指挥的质量，保证行车工作安全。

六、调度命令发布的工作程序

调度命令发布工作按照工作程序可以划分为六个主要环节，即：掌握情况、规章依据、接受命令人、命令内容、使用措辞、命令记载。行车调度员应把握住这六个环节，按照规范化、标准化的要求，分别做到：情况清楚、规章明确、受令人齐全、内容确切、措辞简明、记载完整。

1. 情况清楚

在发布命令前，应详细了解现场当时的线路、设备、列车或机车车辆所处的状态，需要进行的作业的性质、要求和必要性，了解有关领导的指示和日（班）计划的要求，并认真听取有关行车领导、其他工种调度和现场有关行车人员的意见，对现场的实际情况做出全面、正确的判断，确定该不该发布调度命令和如何正确发布调度命令，做到情况不清不发调度命令。

2. 规章明确

规章制度是列车调度员发布调度命令的依据。当需要发布调度命令时，调度员应根据《技规》《行规》《调规》等有关行车工作的文件、电报和领导指示等有关规定条文，正确及时地发布相应的调度命令。

3. 内容确切

调度命令的内容要严密、确切、详细、完整，在调度命令中一般应包括：作业的主体、对象、时间（包括起止时间）、地点（包括起止地点）、具体方法和安全注意事项。不得模棱两可，不明不白，防止命令下达后，被受令人误解、曲解而出现漏洞。

4. 受令人齐全

调度命令发出后，有关受令人将以调度命令为依据进行作业，为了保证这些部门和人员工作时协调一致，发布调度命令时，必须受令人齐全，不可遗漏。

5. 措辞简明

发布调度命令时，措辞必须简明扼要、准确、文理通顺。要用最简洁明确的语言表述调度命令的全部内容，也要注意不要随意简化、省略必要的内容。调度命令应尽可能规范化、标准化，以利于调度员迅速下达和受令人迅速抄收，使命令执行人正确理解和执行调度命令。

6. 记载完整

调度命令的号码、发布时间、受令人及转抄受令人、复诵人、命令内容、发令人等，必须在《调度命令登记簿》中逐项记载齐全，并书写清楚，保管期限为一年。

在行车指挥中，行车调度通过调度电话只能与车站值班员、机务（折返）段值班员、乘务室（列车段）值班员等装设调度电话单位的行车值班人员直接进行联系，也只能向这些单位的人员直接发布调度命令。这些人员是调度命令的直接受令人。需要向司机、运转车长等列车乘务人员和车辆、工务、电务等部门的人员发布调度命令时，则需通过直接受令人抄收后再向他们交付。

七、调度命令发布时应注意的安全事项

（1）调度命令的发布必须贯彻“行车工作集中统一指挥”的原则，各级调度机构和各工种调度的调度命令只能在规定的权限范围内发布，不得越级或越权。

指挥列车运行的调度命令和口头指示，只能由列车调度员发布。

旅客列车的加开、停运、折返、变更径路及车辆甩挂的命令，经国铁集团、铁路局客运调度分别报告值班处长、值班科长、值班主任同意签字后，由客运调度员发布。

规定有批准权限范围和批准程序的命令必须按规定方法发布，不能在未经请示批准的情况下擅自发布，如：在双线区段，客运列车需反方向运行时，必须经铁路局调度所主任准许，方准发布调度命令，局调度不得未经请示批准擅自下令。

发布调度命令的内容涉及其他工种调度时，应事先征求意见；发布命令后，应及时通报，以达到工作的统一和协调。如：变更机车交路、列车在途中更换机车等涉及机车运用的调度命令，应与机车调度员协商后再发布。

（2）调度命令中指示的工作方法要参照有关的技术标准，要有科学根据，对现场工作提出的要求要合情合理。即便有困难也应通过积极的组织指挥去设法解决，不能超越实际地盲目指示，更不能发赌气命令，以免造成不安全因素。如指示中间站调车作业和区间卸车等项作业的调度命令，应参照各该项作业的时间标准和实际需要，确定合理的作业时间，不能在条件不具备的情况下不切实际地压缩必需时间；指示列车限速通过施工或灾害地段的调度命令，其行车速度应根据施工计划的规定或工务、车站有关负责人的请求和意见确定，列车调度员不能够主观臆测、自行指定。

（3）某项行车作业的必需条件不完备时，应积极组织现场有关部门和人员创造条件；不能盲目用调度命令取代这些条件。如：解除备用货车时，规定需经基地检车员检查。如果在解除备用时，现场没有检车员，列车调度员应积极组织附近车辆段或列检所派人赶赴货车备用地点进行技术检查，不能以普通调度命令代替解备命令或解备条件。

（4）在行车调度指挥工作中，有许多问题，不能靠发布调度命令去硬性要求和约束，而应通过行车调度的周密组织指挥，正确地进行处理。一般常见的主要有以下几种情况：

① 天气不良，降雾、暴风雨雪或有沙暴时，确实影响行车，车站值班员、司机等现场行车人员已提出不能继续作业或行车时，调度员应考虑实际情况，在不能确保安全的情况下，不能以调度命令强迫继续作业或行车。

② 线路、设备发生故障或性能不稳定，有关维修部门提出不能继续使用或要求封闭要点维修时，列车调度员应积极组织力量和创造条件修复，不能以调度命令要求继续使用或拒不发给停止使用和进行维修的调度命令。

③ 机车缺乏燃料、水，在司机提出后，列车调度员应立组织设法补充，或采取其他补救措施。不能在没有根据的情况下强迫司机继续运行或进行其他作业。特别是对调度机车和沿线职工生活供应列车的机车，更要注意避免发生这种情况。

机车发生故障时，在段内应根据机务（折返）段值班员意见，在列车运行途中或出段后应根据机车调度员意见处理。不得在未判明有关技术问题的情况下硬性要求机车牵引列车或继续作业。

机车乘务员因超过规定的劳动时间，提出调休的要求时，列车调度员应很好安排，特殊情况下应配合机车调度员和机务段值班员与机车乘务员协商处理办法、不能发布调度命令强迫司机继续运行。

④ 列车晚点时，列车调度员应采取同司机联系交底等组织方法和压缩列车站停时间、变更给水站等运行调整措施组织列车赶点，争取恢复正点。不能在没有技术根据和安全保证的情况下，盲目要求司机赶点，甚至许“空头支票”或发布调度命令限定司机赶点，以免造成司机盲目超速行车或造成冒进信号等事故。

⑤ 对超重列车，应很好地组织，必须事先征得司机或机务（折返）段值班员同意。在未获同意时，不能强迫或变相强迫，更不能发布调度命令指示列车超重。

在车站已准备好接发列车进路并开放信号机后，如需变更信号或取消发车进路，必须在《站细》规定的开放信号时机内按照规定的变更信号程序或取消发车进路的程序办理，如错过时机或未按规定程序，则不准强迫车站变更信号或取消发车进路，更不能发布调度命令指示车站如此办理。但遇特殊情况，为避免导致危及行车安全的严重后果而必须使列车停车时除外。

⑥ 列车中车辆技术状态或货物装载状态不良，有关人员提出不能保证行车安全时，列车调度员应判明情况处理。在未判明情况或不能确保安全的情况下，应用车、组织车站派人整理或采取其他有效措施，但不能发布调度命令盲目指示继续运行。

⑦ 货车商务状态不良，发生交接扯皮时，应要求双方按站车交接的有关规定办理。如：门窗关闭不良、铅封丢失或失效，货物丢失或短少时，牵涉到货物损失和赔偿问题，应由交方补封、编制商务记录或普通记录，货物丢失情况不清或不能确定是否丢失时，应用车行清点。行车调度在遇到此类问题时，不能盲目发布调度命令强迫接方接收。

（5）在铁路营业线上，除铁路运用机车和回送的铁路有火机车、乘坐旅客的运用客车和代用客车以及普通棚车、敞车和平车外，其他机车、车辆和轨道机械的挂运和回送，必须办理规定的手续，具备挂运凭据。挂运凭据一般包括运单和货票、特殊货车及运送用具回送清单及调度命令等三种。

调度命令作为部分机车、车辆的挂运凭据，不能超出其使用范围代替运单和货票或“特殊货车及运送用具回送清单”等挂运凭据使用。不适用调度命令办理挂运的机车、车辆和用具，必须按规定手续办理挂运凭据。列车调度员不能为了图省事、图方便、简化手续，滥发调度命令，以免在挂运中造成不安全因素或经济损失。

（6）当发生票货分离，如确知该车有货票，并组织随后送时，经请示有关领导，行车调度可以发布调度命令，指示该车辆在局管内继续挂运。货票已丢失时，应由车站或由运转车长委托车站编制商务记录继续挂运，不能发布调度命令：临时代替货票作为挂运凭据。

调度命令的发布是一项十分复杂和重要的工作，是调度基础工作的一项重要内容。行车调度要充分认识到调度命令发布工作与安全指挥工作的密切关系，以严肃认真的态度和踏实细致的作风努力加强这项工作，使调度命令的发布达到正规化、标准化的要求，严格把好这一重要的安全环节。

八、错发、漏发调度命令事故案例分析

调度命令发布工作的质量直接关系到行车指挥和行车工作的安全，特别是在非正常情况下，行车有关单位人员的联系、协调和分工要依照调度命令的规定进行。调度命令如果发生错误或疏漏，不可避免地要造成现场行车作业的混乱和冲突，造成许多不安全因素，严重时，便会造成行车事故。下面通过几个事故案例分析来说明调度命令发布的安全注意事项。

案例一

X局“4.28”事故

（一）事故概况

20××年4月28日4时38分，由北京开往青岛的T195次旅客列车运行至×铁路局管内×线×站至×站间290 km 800 m处，因超速，机后9至17位车辆脱轨，并侵入上行线。4时41分，由烟台开往徐州的5034次旅客列车运行至上行线290 km 850 m处，与侵入限界的T195次列车第15、16位间发生冲突，造成5034次列车机车及机后1至5位车辆脱轨。事故导致70人死亡，416人受伤，中断上下行线行车21小时22分。

（二）事故定性

根据《事规》第八条，认定该事故构成铁路交通特别重大事故。

（三）违反规章

调图文件下发时间过晚，应提前20天下发，实际4月24日发布的，距离执行日期只有短短4天时间，邮寄给北京局又采用平信模式，直到28日事故发生的当日10点，北京局才收到。

（四）存在问题

调度命令漏传司机，调度员发现“×站至Z站间下行线实际运行速度与运监器允许速度不符”的报告后，根据文件重新发布了4443、4444号调度命令，要求×站、×站、×站分别交上下行各次列车，在上述不符地点限速80 km。

对在途列车没有指定交令处所，命令不完整。车站值班员未按国铁集团要求与司机执行车机联控核对限速调度命令。

（五）吸取教训

（1）调图文电发布时间太晚，给此次事故的发生埋下了重大隐患。

（2）发现异状后的汇报程序需要规范，列车调度员得到运监器与现场实际不符的报告，来源是机务段派班室，而不是列车司机，说明司机发现异状后第一时间报告了机务段，而不是列车调度员，应该对这一现象予以纠正。

（3）调度员发布命令必须及时准确，受令处所齐全。

（4）车站值班员，车机联控执行不彻底，调度命令传递不到位，交递调度命令的相关规定不熟悉。

（六）思考问题

（1）发现列车司机无运行揭示调度命令后，调度命令如何交递？

（2）如何防止列车无命令超速运行？

案例二

机务段生产布局调整电报未传达到位造成漏传调度命令

（一）事故经过

20××年4月15日，×局22764号令×站至×站间限80 km/h慢行，22837号、22907号令×站至×站间45 km/h和35 km/h慢行，郑州局91775号令×站至×站间限60 km/h慢行，漏发石家庄电力机务段及北京机务段天津车间，造成X3次列车临时交递命令通过限速地点，X33次、X57次行包列车无调度命令通过限速地点。

（二）事故定性

《事规》第2.5.1条构成漏发、错发、漏传、错传命令耽误列车的一般行车事故。

（三）违反规章

《技规》第181条调度命令，如涉及其他单位和人员时，应同时发给。

发收调度命令时，应填记《调度命令登记簿》（附件七），指定受令人员中一人复诵，并记明发收人员姓名及时刻。

对跨局的列车，接车局列车调度员可委托发车局列车调度员发布调度命令。更换机车或变更限速条件时，应由有关局列车调度员重新发给机车所担当全区段的调度命令。途中乘务人员换班时，应将调度命令内容交接清楚。

列车调度员向司机、运转车长发布调度命令时，当乘务人员未离段（所、室）前，应发给有关站、段，由机务段、列车段或乘务室负责转达。当乘务人员已出乘时，应由列车始发站或进入关系区间前的停车站交付，如来不及而必须在关系区间的两端站交付时，通过列车应停车交付。

（四）存在问题

造成事故的主要原因是，北京局生产布局调整后，X3、X33、X57次列车由原北京西机务段担当分别调整为北京机务段天津运用车间、石家庄电力机务段担当牵引，并向郑州、上海局发电（2006）254号电报通知，郑州、上海局收到该电报后，两局调度所在传阅过程中，未转发施工台（室）和行调台，致使此调度命令错发给了北京西机务段。

上述两起慢行地点漏交调度命令，给行车安全造成极大隐患，性质非常严重，充分暴露出上海、郑州铁路局调度所管理混乱的问题和在文电收发、传阅文电、批示文电、行车组织、调度指挥、调度命令下发、关键环节卡控等方面的一系列严重问题。

一是上海、郑州铁路局调度所各级干部对安全工作缺乏高度的责任意识。收到电报后，各级不认真阅看，了解其中关键内容，电报在流转过程中，没有必要的接收登记制度，以至造成传递过程中出现漏洞。二是北京西机务段缺乏大局意识，接到行车调度命令后，不反馈信息，不向领导汇报，不能从大局出发，为安全着想、积极补台，而是置之不理，对危及行车安全的问题视而不见，没有站在安全大局的角度，积极堵塞漏洞，防止事故的发生。

（五）事故教训

生产力布局调整，列车运行径路变化，担当列车牵引局别调整及机车交路变化等信息传达不到位。

（六）思考问题

（1）列车调度员对挂有桥梁列车的运行的掌握注意哪些问题。

（2）对有运行限制的列车在安排阶段计划时应注意哪些问题。

（3）施工调度员如何防止漏传运行揭示调度命令。

案例三

计划不清，重点列车错办停车

（一）事故经过

20××年7月1日14时38分，××车务段××站车站值班员接到列车调度员布置："7501次列车待避L195次，L195次跟着前行的T165次开"。L195次在邻站通过后，车站值班员布置了5道接车。当L195次于15时00分在××站5道停车后，客运值班员发现L195次是调运犯人列车，即向车站值班员汇报。车站值班员与列车调度员取得联系后，才知道该列车为重点列车，随即开放信号，L195次在××站15时03分开车。

（二）事故定性

《事规》附件2《铁路行车事故处理规则》内容解释第9条：通过列车在站内停车，构成耽误列车一般事故。

（三）违反规章

《技规》第165条规定：列车调度员应注意列车在车站到发及区间的运行情况，正确、及时地处理临时发生的问题，防止列车运行事故。第166条规定：发收调度命令时，应填记《调度命令登记簿》（附件七），指定受令人员中一人复诵，并记明发收人员姓名及时刻。第167条规定：特殊指定的列车的等级，应在指定时确定。

《调规》第50条规定：列车调度员根据列车实际运行情况，及时铺画和下达3～4小时列车运行调整计划。重点列车注意事项。第51条规定：专运和特殊指定的列车，按指定的等级运行。第56条规定：调度指挥，必须坚持安全生产。各级调度人员应做到：值班中要精力集中、坚守岗位、严格遵守规章制度，正确及时处理问题。

（四）存在问题

（1）××车务段调度员于6月13日接收到关于L195次为重点列车的客调命令后，只进行了登记，没有按规定及时汇报。自6月13日至7月1日这段时间，车站未将该调度命令内容向各班传达，车站值班员对该调度命令也一直未做交接，是事故发生的主要原因。

（2）列车调度员在7月1日布置阶段计划时已经写明"L195次是重点列车、××站通过"等事项。但车站值班员对当日重点列车、重点工作心中无数，当日的重点列车也没能抄给车务段、××站值班干部的重视不够，未按要求及时上岗盯控。

（3）列车调度员对重点列车的接发会让过程布置不清晰，没有利用现有的设备进行重点监控。

（4）L195 次司机和运转车长工作不主动，明明知道值乘的是重点列车，但在听到车站值班员联控指路“L195 次 5 道停车”后，未能主动与车站联系，起到联控互控作用。

（五）吸取教训

对重点列车的调度命令要按规定登记，重点事项及时汇报，及时传达到位，做好交接班工作；当班人员对重点列车要重点掌握，做到心中有数。值班干部要及时上岗盯控。列车调度员要及时铺画和下达 3～4 小时列车运行调整计划，随时掌握列运行情况，对重点列车要重点布置、重点掌握，利用现有设备重点监控。司机和运转车长遇有变化情况要主动与车站联系，起到联控互控作用。

（六）思考问题

（1）开行重点列车应如何强化调度掌握？

（2）调度命令下达有哪些规定？

案例四

停电计划不准确，列车调度员漏发调度命令，造成电力机车进入无电区

（一）事故经过

20××年 3 月 24 日 6 时 55 分至 7 时 55 分，×局×线×站至×站间下行线接触网停电检修作业。因×供电段供电调度员未全面提报可能通过机车受电弓导通电流的分段部位，列车调度员发布停电命令时漏发停电涉及单位×机务段，造成 7 时 07 分和 7 时 10 分×机务段两台电力机车出库担当牵引任务转线过程中相继进入无电区，无人员伤亡及设备损坏。

（二）事故定性

×局×供电段供电调度员提报停电计划不全，列车调度员发布停电命令时漏发停电涉及单位×机务段，造成两台电力机车带电进入无电区，构成铁路交通一般 C 类事故。×局×供电段负主要责任，×局调度所负重要责任。

（三）违反规章

违反《铁路营业线施工管理办法》第 32 条：维修天窗作业计划由设备管理单位向有关车务段（直属站）提报，由车务段（直属站）负责编制，报铁路局运输处审批后，交调度所安排实施。各设备管理单位提报维修天窗计划时，要注明作业项目、地点、施工负责人、配合单位、影响范围等。停电范围、影响范围不全。

（四）存在问题

（1）×供电段供电调度员在提报接触网停电检修作业计划时，对停电影响范围不清楚，造成可能通过机车受电弓导通电流的分段部位漏报。

（2）×局调度所供电调度台审核计划不认真，对×供电段漏报的停电影响范围未及时发现。

（五）吸取教训

（1）供电段供电调度员要熟知所管辖区段接触网供电臂范围及供电情况，提报停电检修计划时必须认真编制，严格审核。

（2）调度所供电调度台对供电段提报的接触网检修计划必须严格审核，尤其对停电范围、禁过电力机车（电力动车组）的区段要重点把关。

（六）思考问题

列车调度员与供电调度员如何加强联系，防止电力机车带电进入无电区？

九、调度命令的下达

调度命令的交付是调度命令发布工作整体的一部分，是确保调度命令完整地传达和贯彻执行的重要一环。这部分工作是调度员通过其他行车人员间接进行的，容易产生漏洞，特别是在列车运行情况下，调度命令交付的条件很不利。所以，调度员在发布调度命令后，需要向司机和运转车长等列车乘务工作人员交付时，还必须采取正确的措施，保证调度命令完整、可靠地交付，避免调度命令发布和执行中的遗漏或脱节。

（一）调度员交付调度命令的安全注意事项

（1）发布调度命令应有计划性和预见性。对有计划的和可预见的事项以及有效期较长的调度命令，如信联闭停止使用、施工、限速等，调度员应提前向机务（折返）段、乘务室（列车段）值班员或派班员发布调度命令，由他们在司机和运转车长出乘时进行传达。

（2）对乘务人员已出乘（离段、所）及在途的列车，应在列车始发站或进入关系区间以前的停车站，由车站值班员交付命令。这里所指的停车站，包括运行图规定必须停车的车站、列车必须进行补水等技术作业由车站以及列车运行调整计划中列车进行甩挂、装卸或会让的车站。在这些列车停车站交付命令，可以充分利用列车停站时间，减少单纯为交付命令而造成的列车停车等延误。

在列车停车站交付调度命令时，调度员应指示车站接车人员在列车停妥后再向司机递交。禁止在列车未停妥时，接车人员为图省事、少跑路，在车站行车室前递交命令，也禁止列车调度员指示或暗示车站如此办理。

（3）如果用上述方法均未实现交付或来不及提前交付命令时，必须使列车在进入关系地点或关系区间前的车站（无论原计划是否是停车站）停车交付调度命令。禁止不停车交命令，以免造成漏交命令或危及行车安全。

停车交付命令以及由车站同时向列车两端的司机和运转车长交付调度命令，确实很费时间，影响列车的运行。但是，为了保证行车安全，行车调度决不能违反规定而简化作业，必须按照规定要求停车交付命令。为了避免停车交付命令对行车的影响，行车调度应加强组织，尽可能采取前两种方法交付命令。

（4）列车由邻站开车后，接车站临时发生必须向进站列车交付调度命令的情况，如：站内设备故障或发生事故，列车需限速进站时，应使列车在进站信号机外停车。车站派人去交付调度命令后，再开放进站信号机或按引导办法接入站内。列车由邻站开车后，进站信号机临时因发生故障不能开放，需按引导办法接车时，可不必向司机交付调度命令，司机凭引导信号直接进站。各局另有规定时，按各局规定办理。

（5）对跨局或跨调度区段的列车，接车局或调度区段的列车调度员可委托发车局或调度区段的列车调度员发布或转发并组织交付调度命令。但接车局或调度区段的列车调度员应在命令发布后或列车接入后进行确认。

（6）在调度命令仍然有效期间，列车在运行途中更换机车时，列车调度员应重新向更换后的机车司机交付原调度命令。选中更换乘务人员时，互相之间应将调度命令内容交接清楚，列车调度员应督促检查。

（7）调度命令交付后，因情况变化，原发调度命令的内容需变更时，列车调度员应重新发布和交付调度命令。

（8）调度命令是否确已交付，列车调度员应加以确认，有条件时应进行复核，如：列车在中间站停车时，列车调度员可以与司机或运转车长联系。确认有关命令是否已传达明确，并交代重点注意事项。调度命令未交付或未知确已交付所有受令人时，不能开始或应立即停止命令规定进行的作业。列车进入关系地点或关系区间前应停车，待完全布置妥当、命令传达彻底后再开始进行作业。

（9）装设列车无线调度电话的区段，在具备良好转接设备和录音装置的条件下，列车调度员可根据铁路局的规定，直接向司机发布口头指示；车站使用列车无线调度电话向司机或运转车长传达调度命令和行车指示，应按本局规定办理。

（二）利用计算机按给定的条件下达调度命令

调度命令的编制与下达如图 7.5 所示。

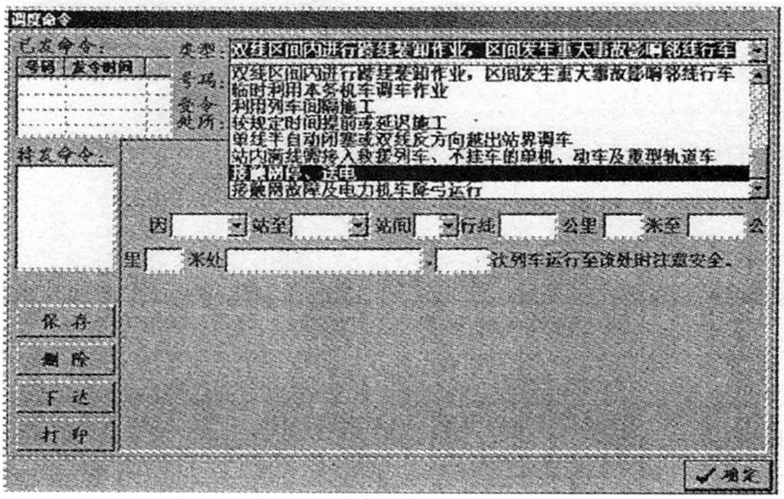

（a）

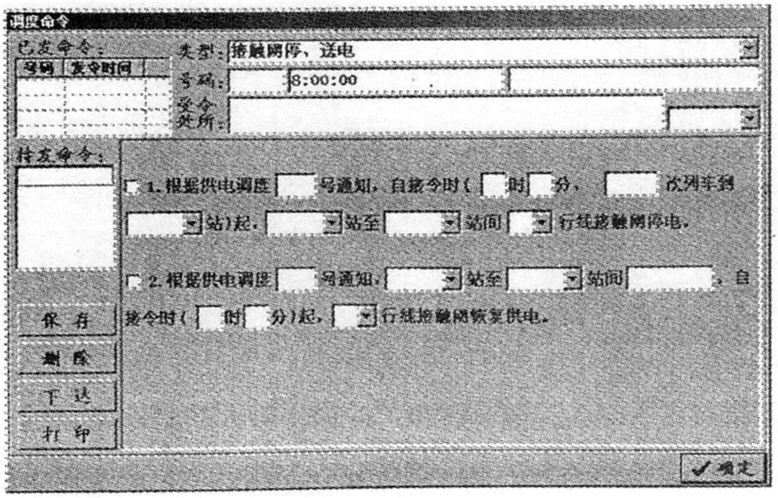

（b）

图 7.5　调度命令的编制与下达

实训练习

由任课教师给出下列练习题的练习资料，学生完成下面的几个问题。

1. 根据给定条件编制非正常行车调度命令。
2. 根据给定条件编制施工作业调度命令。
3. 根据给定条件编制行车事故调度命令。
4. 模拟办理调度命令的登记和交付。

思考题

1. 调度命令的作用和种类。
2. 调度命令发布的基本规定是什么？
3. 何种情况下发布调度命令？
4. 各种不同情况下调度命令发布的规定分别有哪些？
5. 调度命令发布有何要求？
6. 调度命令下达的方法及注意事项有哪些？
7. 调度命令的登记和交付方法有何规定？

课程思政园地

中欧班列

中欧班列是指按照固定车次、线路、班期和全程运行时刻开行，往来于中国与欧洲以及“一带一路”沿线各国的集装箱等国际铁路联运班列。近年来，在“一带一路”倡议推动下，中欧班列充分发挥其在时效、价格、运能、安全性等方面的比较优势，逐渐被中欧广大客户所接受，成为中欧间除海运、空运外的第三种物流方式。2018 年以来，中欧班列年开行数量均突破《中欧班列建设发展规划（2016—2020 年）》确定的年开行 5 000 列的目标，开行数量和质量持续稳步提升，开行范围已拓展到欧洲 21 个国家，一列列“钢铁驼队”正成为中国与“一带一路”相关国家政策沟通、设施联通、贸易畅通、资金融通、民心相通的重要桥梁。

项目八　行车调度指挥自动化运用

教学目标

1. 知识目标

掌握行车调度指挥自动化的主要内容；掌握 TDCS 的组成与功能；掌握 CTC 的组成与功能；掌握 CTC 列车调度员的主要职责及分工。

2. 能力目标

能够操作 TDCS 调整列车运行图和下达阶段计划，组织指挥列车运行；掌握 CTC 的自律模式和非常站控模式组织指挥列车运行。

3. 素质目标

具有良好的世界观、人生观、价值观；具有良好的职业道德和职业素养；培养“安全第一”的意识、大局意识和责任担当意识，养成爱岗敬业、团结协作、勤奋好学、勇于进取的精神。

任务一　TDCS 技术条件下列车运行调度指挥

任务描述

本任务主要包括列车调度指挥系统（TDCS）的组成、国铁集团调度指挥中 TDCS 的功能、铁路局调度指挥中心 TDCS 的功能、TDCS 调度命令的发送流程。通过学习，使学生掌握 TDCS 组成和基本功能。

知识准备

铁路列车调度指挥系统（Train Operation Dispatching Command System，TDCS）原名为铁路运输调度指挥管理信息系统（Dispatch Management Information System，DMIS）。1996 年铁道部决定在吸取国外先进经验的基础上，建设铁路运输调度指挥管理信息系统（DMIS）。2005 年制定《铁路信息化总体规划》时改名为“列车调度指挥系统（TDCS）”，其主要功能包括:编制计划，自动采集列车运行时刻，自动绘制列车实际运行图，列车车次车号的自动采集和跟踪，自动或人工调整阶段计划，向车站和机车自动下达阶段计划和调度命令，自动生成车站行车日志等。

一、TDCS 整体网络结构

TDCS 是铁路各级运输调度对列车运行实行透明指挥、实时调整、集中控制的现代化信息系统。TDCS 由国铁集团、铁路局 TDCS 中心局域网及车站基层网组成，是一个覆盖全路的现代化铁路运输调度指挥和控制系统。TDCS 利用信息技术、网络技术、控制技术等现代科学技术手段取代传统落后的行车指挥手段，采用并结合了先进的通信、信号、计算机网络、数据 传输、多媒体技术等现代信息技术，在保证网络安全的前提下，与相关系统紧密结合、互联 互通、信息共享，实现了铁路运输组织的科学化、现代化，增加运能，提高效率，减轻了调度人员的劳动强度，改善了调度指挥人的工作环境。

我国铁路调度指挥管理是以行车调度为核心，以站、段为基础，实行国铁集团和铁路局两级调度指挥管理的体制。为适应现行的调度管理体制，并考虑将来的铁路机构改革，TDCS 的设计分为三层网络体系结构，如图 8.1 所示。

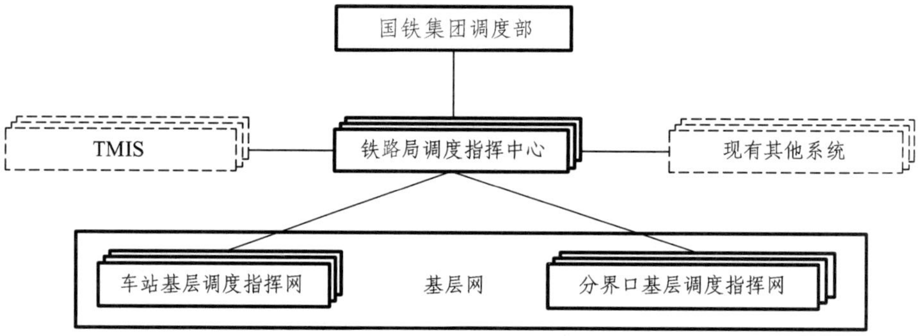

图 8.1　TDCS 系统结构

国铁集团调度指挥中心 TDCS 处于最高层，是一个集中式、综合型、透明式的现代化运输调度指挥中心，是全路运输生产的总枢纽，是现代化铁路运输调度指挥的心脏。国铁集团调度指挥中心 TDCS 以国铁集团调度指挥中心大楼为主体，构成一个为调度指挥服务的局域网，通过专线通道、数据网链路、路由器与 18 个铁路局调度指挥中心远程连接，进行信息交换，并建立全路有关专业技术资料库。国铁集团调度指挥中心能获得各铁路局分界口、重要铁路枢纽、主要干线等的运输状况和 TDCS 基层网等实时信息。它的建成极大地改善了国铁集团调度人员的工作条件，提高了行车指挥的技术水平，并且为国铁集团领导的决策提供真实可靠的信息，实现调度指挥工作的现代化管理模式。

铁路局调度指挥中心 TDCS 处于第二层，在各铁路局所在地建有铁路局调度指挥中心局域网。铁路局调度指挥中心通过专线通道、数据网链路、路由器与国铁集团、相邻铁路局调度指挥中心远程连接，进行信息交换。TDCS 不仅是一个管理层，同时也是直接调度指挥行车的指挥层；不仅要完成基层网信息的汇总、处理和标准化，给国铁集团各级调度提供监视，还要按要求将基层信息通过专线通道、数据网链路传送到上层国铁集团调度指挥中心。铁路局调度指挥中心 TDCS 具有列车调度指挥功能，其功能不仅是指挥和管理中心，同时也是行车控制中心，对于部分区段和车站，铁路局控制中心还可在 TDCS 的基础上发展调度集中，实现对列车进路的自动控制。

最下层是 TDCS 基层网，主要包括车站行车调度指挥系统等。另外，目前已有的各类信息系统，如 TMIS 等，需要向各级调度指挥中心移设或互联，实现信息共享。

在这三层网络结构中，存在以下主要的系统接口：

（1）基层网与铁路局调度指挥中心的接口；

（2）铁路局调度指挥中心与国铁集团调度指挥中心的接口；

（3）TDCS 与 TMIS 的接口；

（4）TDCS 与现有其他系统的接口。

为适应三层网络体系结构，TDCS 构造了一个覆盖全国铁路的大型网络。各局域网间通过专线方式或者采用专线为主用通道，数据网链路为备份通道方式连接，进行远程信息交换。TDCS 总体网络结构如图 8.2 所示。

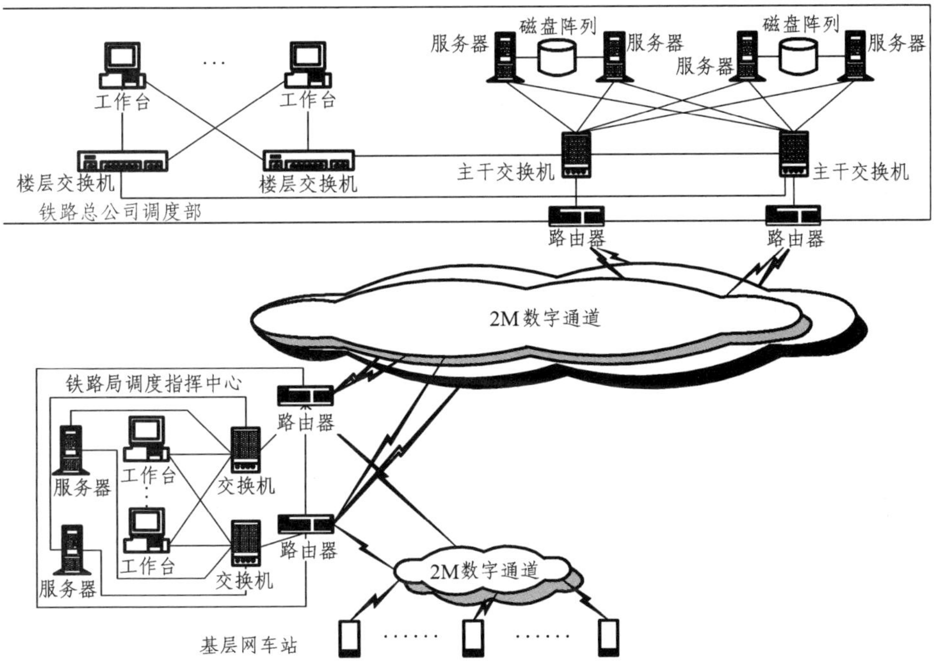

图 8.2　TDCS 网络总体结构

二、国铁集团 TDCS 的功能

国铁集团 TDCS 具备调度实时信息宏观显示、调度实时监视功能、技术资料查询、显示功能、报表统计功能、系统维护及管理功能、用户培训等功能。国铁集团 TDCS 的功能如图 8.3 所示。

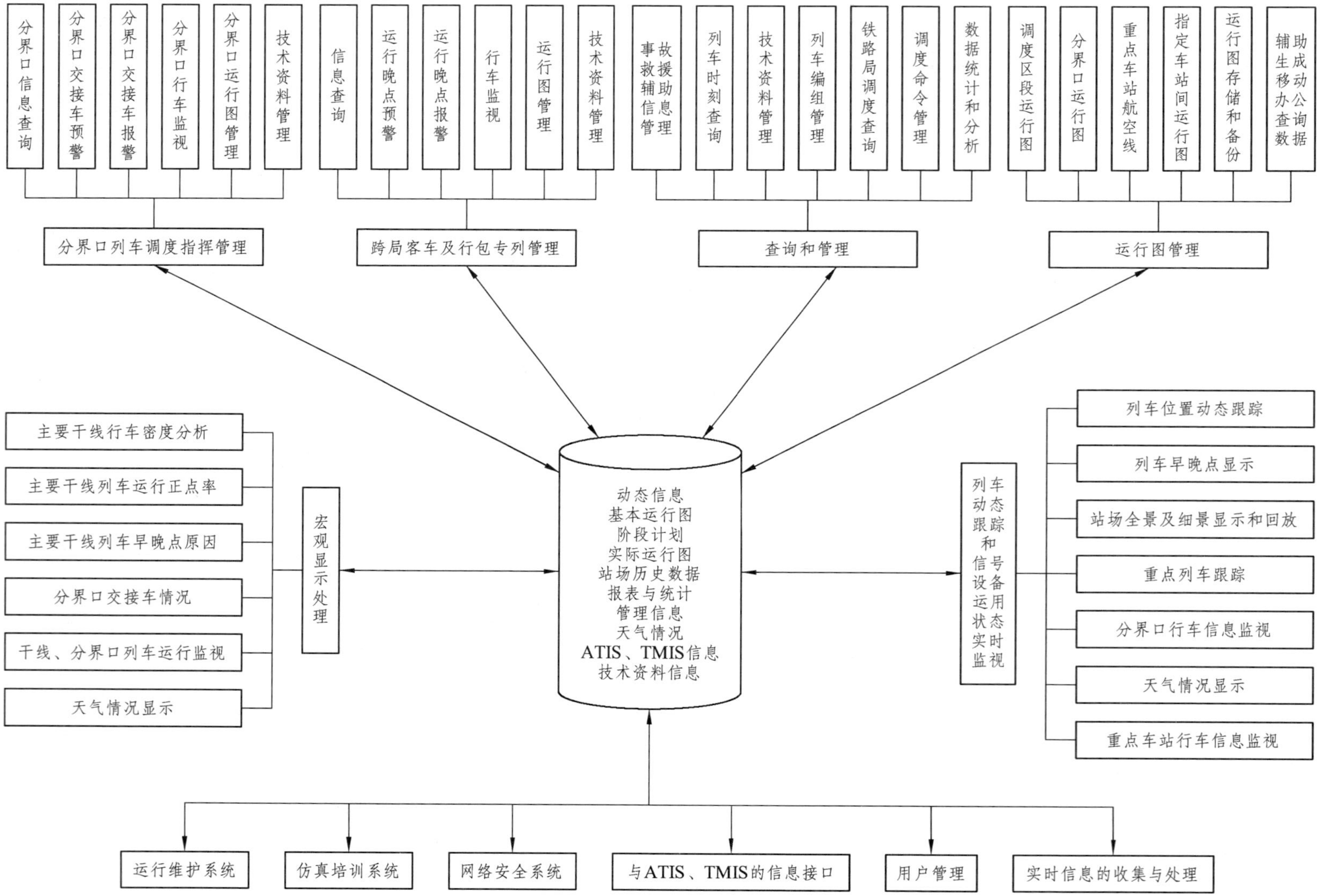

图 8.3　国铁集团 TDCS 系统功能构成图

三、铁路局调度指挥中心 TDCS 功能

为实现管理层的职能，铁路局 TDCS 可以利用显示器或大屏幕所显示的干线宏观图、区段宏观图对所管辖区段的车站、分界口、编组站、枢纽的列车运行情况进行监视，对重点列车进行追踪，进行列车运行正点率统计和列车运行密度统计分析，进行信息汇总、处理，向国铁集团和相邻铁路局提供行车信息；为实现指挥层的职能，铁路局 TDCS 应实时掌握所管辖区段的列车运行实际情况，及时下达阶段计划和调度命令，协调所辖区段的车、机、工、电、辆等各部门的工作，力争按列车运行图行车。

（一）干线列车运行秩序的宏观监视

显示铁路局管内的宏观地图，按铁路线的实际走向显示铁路局管辖范围内的铁路设施、设备位置和信息；统计列车正点率并显示和打印输出；实时动态监视主要干线上各调度区段的列车运行正点率情况，采用不同颜色的线条和文本表示正点率情况；统计列车运行正晚点现象并显示和打印输出；统计列车运行密度并显示和打印输出；实时动态监视主要干线列车运行密度，采用不同颜色的线条和文本表示不同的列车运行密度；跟踪重点列车，系统按照用户选定的列车，自动显示该列车的运行位置、正点和晚点情况。

（二）列车运行实时监视和历史查询

1. 站场实时表示信息显示

铁路局 TDCS 利用基层网提供的信息，通过表示屏，背投或高分辨率显示器，为调度员提供调度区段内列车运行实际情况。调度员可以通过软件的菜单项选择查看部分车站的列车运行情况。站场显示可随意放大缩小，并可以根据实际需要同时显示调度区段内所有站或某一个站。

站场显示的内容分为静态信息和动态信息。

静态信息包括：车站网络布局、区间线路模拟显示、信号机布置、站名及信号设备名称、道岔名称、股道编号。

动态信息包括：进、出站信号机、调车信号状态、区间通过信号机状态、列车接车、发车进路、轨道电路状态、列车运行方向、车站股道状态、区间闭塞分区状态、列车车次号及实际早晚点时间。

2. 区段透明

系统内部每个调度台的显示范围除本调度区段所辖的车站站场外，均可显示相邻调度区段的相邻车站和区间信息。

3. 列车运行回放

在正常情况下，系统会自动将列车的运行情况以数据文件的形式记录在本机的硬盘上，同时在应用服务器上也保存完整的备份。

调度员可以选择工具条上的“回放”按钮，在弹出的对话框中输入起始时间、结束时间

和回放速度，点击“确定”按钮，系统会将记录文件中的列车历史运行情况自动回放。

回放时如果本地设有需要的数据文件，系统会自动从应用服务器调取相应的数据，并保存在本机，然后开始回放。

（三）列车追踪

系统可以根据列车的运行状况和信号设备状态对列车车次号进行自动追踪，并采用无线车次号系统进行车次号自动校核。

车次号自动追踪是根据信号设备状态（占用、锁闭、信号开放）判断列车位置并随着列车的运行而不断移动列车车次，从而达到标识列车、自动采集列车到达、出发时刻的目的。

无线车次号校核是在机车和车站的联络过程中，向车站发送唯一标识列车的信息，车站无线接收设备收到信息后传送到 TDCS 基层设备，由 TDCS 基层设备校核车次的正确性，这是确保车次可靠性的保障措施，也是 TDCS 技术的关键。

1. 车次号自动追踪基本原理

车次号自动追踪的原理是：将每一站的每一股道、每一站的咽喉分别分配一个车次单元和一个临时车次单元，车次的跟踪就是车次在车次单元中的传递。

车次追踪程序周期性地检查接收到的信息来追踪列车的运行。标准的追踪模式有以下三种：进站追踪模式、出站追踪模式、自动闭塞区间追踪模式。

2. 无线车次号校核基本原理

无线车次号校核是将运行中的机车（列车）向地面（车站 TDCS、铁路局集团公司 TDCS）单方向可靠地传送数据，包括：机车（列车）的车次号、机车类型、机车号、所在公里标（位置）、速度、总重、换长和编组辆数等信息。在进、出站信号机处，机车电台向车站电台单向连续传送 2 次。第一次是在接收到车次号信息立即传送；延迟 3 ~ 5s 后传送第二次。如果 TDCS 数据采集单元需要机车电台传送车次号信息时，机车电台正在通话，机车电台则将话音与数据信号同时调制，一起发出。

当车站数据接收解码器收到车次号信息时，对数据进行纠错、检错处理确认无误后，再通过公里标比较确认是本站管辖范围内的机车电台送来的信息，则把接收到的无线车次号核对信息传送给 TDCS 车站分机，再经 TDCS 车站分机传送给 TDCS 中心，将车次号在相应的位置显示。

3. 车次号显示

车次号在表示设备上的车次窗内显示。随着列车在车站与区间之间的移动，车次号将跟随列车所在的位置显示于车站股道内车次窗和闭塞区间的车次窗。列车车次号将自动在闭塞区间与车站之间、调度台之间以及调度所之间进行显示。

车站内每一到发线的车次窗，除了用来显示列车车次外，还可以显示早、晚点时刻。列车早、晚点窗口显示在车次号方框的尾部，晚点为蓝底白字、早点为红底白字，正点时不显示早晚点窗口。早晚点超过 99 min 后不显示数字，仅显示早晚点窗口，由调度员通过鼠标查询。货车早点不显示。

（四）列车运行图管理

列车运行图的管理主要包括基本运行图的维护、日班计划的生成及调整、阶段计划的生成及调整、阶段计划下达到车站、实际运行图的绘制和输出、统计分析等功能。其主界面如图 8.4 所示。

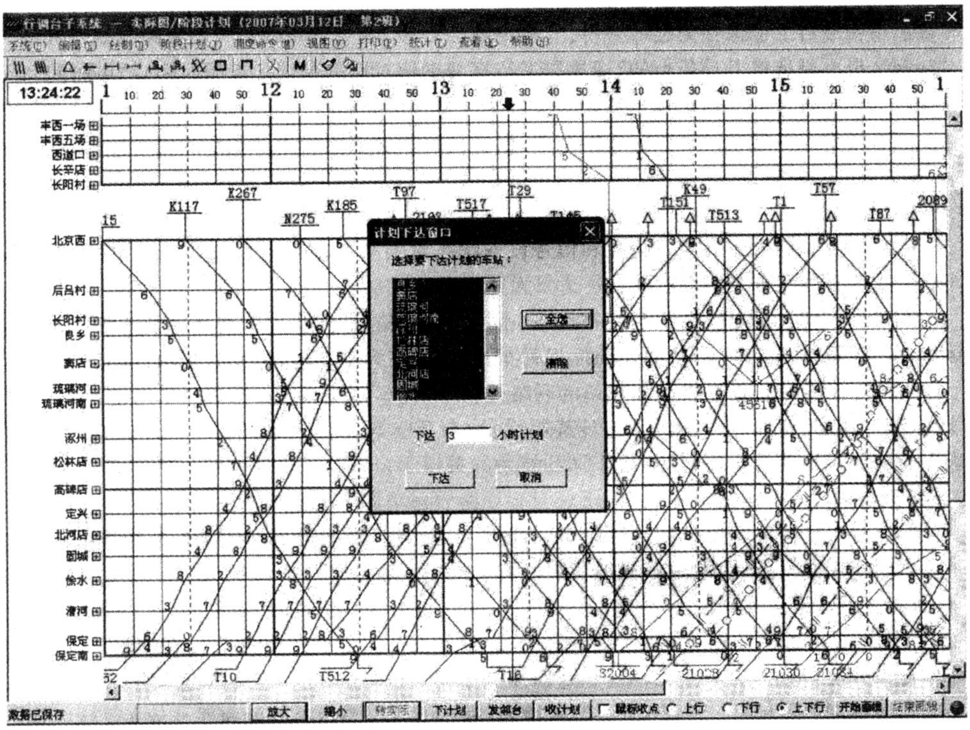

图 8.4　TDCS 系统行调台主界面

1. 基本运行图维护

基本运行图维护，可以完成基本运行图的铺画、转换、修改和打印功能。实现 TDCS／TMIS 结合后，基本运行图的数据也可以由 TMIS 来提供。

基本运行图主要包括以下信息：列车信息（车次、类别、运行等级）；区间运行时分；列车时刻表（车次、站名、到达时分、出发时分、停车原因、货物列车始发终到站名及摘挂作业）；车站股道运用；站场数据；车站作业间隔时分；线路状态数据；有关运输管理信息；区间最大通过能力数据。

2. 日班计划的生成及调整

计划员可根据当日行车工作计划以及其他实际情况，调出基本运行图数据。以基本运行图数据为基础进行修改或调整，形成日班计划。

实现 TDCS/TMIS 结合后，TDCS 系统可自动接收 TMIS 发送的日班计划。

日班计划包括以下内容：列车到达、出发时分；列车停运、加开；封锁区间、开通区间；股道封锁、区间慢行；接触网停电时间等。

3. 阶段计划的生成及调整

阶段计划以日班计划为基础，结合列车运行的实际情况进行编制，其目的是按计划行车，并随时处理突发情况，如区间停车、列车晚点、设备故障等。阶段计划可以由系统自动生成，也可以由调度员人工修改。

系统提供了自动调整和人工调整两种方式。

（1）自动调整。

自动调整是指计算机根据调度员的指令，根据预先设定的参数，自动判别各种与列车运行有关的条件，并快速计算出一个结果。该结果仅仅解决了大部分有规律性的工作，许多相对特殊的工作在现阶段还无法处理，因此计算机提供了一个可供参考的初步的会让计划，是否实用还需要调度员进行认真的审核。

自动调整的原则如下。

① 按规定进行调整的原则。

按照调整列车会让时的普遍规律，设置为默认模式，在正常情况下，计算机按照默认模式调整计划，不考虑特殊情况。依据先客后货，先快后慢的原则和《调规》确定的列车等级顺序进行调整。在调整过程中，客车参照基本图为标准进行调整；货车在满足基本径路的前提下，按照“见缝插针”的原则，只要他不影响到比它等级高的列车，同时又能够满足其他条件时，就尽量往前铺画计划。

② 对照检测的原则。

根据列车运行实际要求，逐项判别车站股道、列车等级、营业时间、技术站作业时间、线路封锁限制、列车间隔时间等条件，只有当这些条件都得到满足时，列车的会让计划才能够生成。

③ 人工指定优先的原则。

由于计算机在现阶段调整出来的计划只是一个可供参考计划，不一定能够完全满足实际运行的要求，调度员还需要对计算机调整出来的计划进行再调整，所以要给调度员一定的优先权。调度员不做特殊指定时计算机按照默认模式执行，当做出特定要求时，计算机按照调度员指定的要求执行。这种人工指定的内容包括两种类型：一种是集中录入信息—如甩挂车管理、施工作业管理等。这些集中录入的信息便成为优先于默认模式的指令；另外一种是人工针对某一趟列车进行的干预调整。这两种方式都要通过人工指定来实现，而且是以人工指定的内容为优先，所以在人工干预调整时，一定要注意检查核对计划的正确性。

（2）人工调整。

在自动调整后，运行图上的列车基本上有了一个总体框架，此后要检查计划的合理性，对不符合需要的计划进行人工干预，干预后再次自动调整，如此反复，直到调整出一个满意的计划图。

在人机交互过程中，调度员可以做以下人工干预：调整列车始发接入时间；调整区间运行时分；指定列车停车站及停车时间；临时调整列车等级；组织列车反方向运行。

4. 阶段计划下达

经过调整后的阶段计划，由行车调度员确认无误后，通过网络下达到所管辖区段的各个车站的 TDCS，阶段计划在车站 TDCS 以行车日志的方式体现。车站值班员在接收阶段计划后，要进行签收确认。

5. 实际运行图绘制和输出

系统根据列车自动采点的情况自动描绘实际列车运行线，并生成实际列车运行图。每一班别应通过绘图仪打印输出。

6. 统计分析

系统提供了运行图统计、分析的功能，可以随时输出 24 小时以内的统计报表。统计报表的主要内容包括：到发正点率日报表、运行正点率日报表、列车旅行速度和技术速度统计等。

（五）车站自动报点

TDCS 在车次号自动跟踪的的基础上，实现了自动报点的功能。列车经过车站时，无论通过或到开。都必须为列车准备进路，进路分为接车进路、发车进路、通过进路。车站为通过的列车准备通过进路，到达的列车准备接车进路，出发列车准备发车进路。系统根据车站建立的列车进路类型，区分列车在车站为通过或到开。

对于到开列车到达时，当列车尾部驶入车站股道后，系统自动记录这一时刻并加上相应的附加时分（例如：客车加 1 min，货车加 2 min）作为列车到达时刻并通过网络发送到调度台。

对于到开列车出发时，将列车头部驶出车站股道时刻减去相应的附加时分（例如：客车加 1 min，货车加 2 min）作为列车出发时刻并通过网络发送到调度台。

对于通过列车，将列车尾部驶入车站股道的时刻和列车头部驶出车站股道的时刻两者平均值作为列车的通过车站时刻。

列车实际运行时刻到达调度台后，铁路局 TDCS 自动描绘实绩运行线并生成实绩列车运行图。

（六）调度命令管理

调度员可能通过系统网络和相应的设备向车站、机务段、车务段等安装了 TDCS 终端的站段随时发布调度命令。对于安装了调度无线传输设备的区段和机车，调度员还可以直接向机车发布命令。具体过程详见后面内容。

（七）与 TMIS 的界面和接口

以行调台为界，行调台的行车调度指挥的各项功能纳入 TDCS，其他调度台的调度管理信息由 TMIS 和其他系统完成。

由 TDCS 完成阶段计划的生成、自动和实际运行图的描绘，同时向车站值班员传送阶段计划各调度命令，向司机实时传送可视调度命令，并将阶段计划和实际运行图等信息传送给TMIS；由TMIS生成基本运行图、日班计划，并将其传送给TDCS。出发列车的编组信息由TMIS在铁路局集团公司实时传送给TDCS。

四、车站TDCS功能

车站TDCS终端负责将列车到达出发时刻上报铁路局TDCS，同时发送到相邻车站；上报小编组信息；提供给车站值班员实时站场显示和历史信息回放；接收行调台下达的阶段计划；记录行车日志；接收行调台下达的调度命令；上报某阶段点的现存车情况；确报查询等。

车站TDCS与铁路局TDCS之间的通信以及车站系统和邻站之间的通信都是通过数传设备转发的。为保证信息安全和网络稳定，车站系统设双套TDCS站机（双机双屏）。

（一）信息的采集和传送

信息的采集是TDCS基层网的最基本功能，通过安装在每个站的车站分机，系统采集得到现场的动态信息，同时通过传输设备将信息及时发送到铁路局TDCS中心。在计算机联锁车站，车站分机通过串行通信接口接收车站计算机联锁的电务维护台送来的站场表示信息（状态和控制信息）；在电气集中联锁车站，车站分机采集信号联锁设备的状态信息。

采集和从计算机联锁系统得到的信息包括：进站信号、出站信号、调车信号、区间信号机的状态，股道、道岔区段的状态，道岔的状态，接近、离去区段的状态、自动闭塞区间的发车方向、接车方向、占用状态，半自动闭塞区间的状态，挤岔报警和灯丝报警。

（二）无线车次号校核

车站TDCS接收机车传来的车次号信息，校核确认车站、运行方向及相关进路，从而确认或生成列车车次号。

（三）车次跟踪及自动报点

车站分机可通过列车占用和出清轨道电路的变化实现对列车车次的自动跟踪，实现列车的自动报点，并可显示列车的早点、晚点时分。

（四）车次和到发点的人工管理

在始发站，车站值班员通过行车终端输入车次。TDCS具有软件车次跟踪功能，能够根据轨道电路光带的变化，实现车次号的自动传递。但是由于多种原因，可能会造成信息丢失、时序错误等现象。尽管TDCS针对以上情况采取了很多措施，但是还不能保证百分之百的准确率，所以专门在TDCS终端上提供了修正车次号的手段，当车次追踪出现错误时可以进行人工修改。TDCS允许车站值班员通过终端设备输入、更改车次号；车站值班员可进行人工报点，也可对到发点进行修改。

（五）显示本站和邻站信息

TDCS 终端可显示本站站场信息及相邻车站、相邻区间的有关行车信息，如：本站信号开放情况、区间信号开放情况、列车在区间的运行情况等，使车站值班员能够准确掌握所有区间列车的实际运行位置和运行速度，对于提前做好接发列车准备工作和提高车站通过能力非常有利。

（六）调度命令的签收和打印

车站值班员可对调度命令进行接收、签收、存储、查询和打印。当车站接收到新调度命令时，TDCS 终端有声音报警，说明已收到调度命令。车站值班员应签收此调度命令，签收后的调度命令自动存入车站系统，车站值班员随时可进行查询和打印。

（七）调度命令及行车凭证无线传送

TDCS 可将行调台下达的调度命令、车站值班员拟写的行车凭证，通过 TDCS 设备、无线设备发送至机车。机车接收到调度命令、行车凭证后自动向车站终端发送回执信息，司机阅读后向车站 TDCS 终端发送签收回执信息，实现了不停车交付调度命令和行车凭证。

（八）阶段计划的签收和打印

当车站接收到新阶段计划时，TDCS 终端有声音报警，说明已收到新阶段计划。车站值班员签收阶段计划后，即显示在行车日志上，也可查询和打印。

（九）现在车管理

车站值班员可以在车站 TDCS 终端上输入并向行车调度员上报现在车信息。信息内容包括：存车股道、车辆类别、车辆数量、车辆去向和说明。

（十）甩挂车作业和列车速报

车站值班员可接收调度员下发的列车甩挂车信息，并可进行存储和查询。车站值班员据此组织车站的摘挂作业。

车站值班员可输入列车速报（列车小编组），方便行车调度员指挥行车和运行图、统计报表的绘制和打印。

五、调度命令的管理

铁路运输组织工作必须贯彻安全生产、集中领导、统一指挥、逐级负责的原则。调度命令是各级调度在组织指挥日常运输工作中对下级调度或站段，以及行车有关人员所发布的有关完成日常运输生产的具体部署和指挥行车工作的指令，有关行车人员必须执行列车调度员命令，服从调度指挥。

国铁集团调度员监督、指挥全路列车运行，适时发布调度命令。国铁集团 TDCS 向国铁集团调度人员提供通过计算机网络系统编辑、存储、下达、接收与查询调度命令等功能。

铁路局调度员可以通过系统网络和相应设备向车站、机务段、车辆段等安装了 TDCS 终端的站段随时发布调度命令，对于安装了调度命令无限传输设备的区段和行车，调度员还可以直接向机车发送命令。铁路局 TDCS 向铁路局调度人员提供编辑、存储、下达、接收与查询打印调度命令等功能。

车站值班员可对调度命令进行接收、签收、存储、查询和打印。调度命令签收后即自动存入车站系统，车站值班员可进行查询和打印。TDCS 可将调度员拟写的调度命令、车站值班员拟写的行车凭证通过无限通道发送到机车。车站值班员终端判断选择合适时机进行命令发送，基层网 TDCS 具有命令发送、回执检查、自动重发、报警提示等功能。

本铁路局分界调度台调度命令应能下达到相邻铁路局调度台、分界站，同时实时接收相邻铁路局分界调度台的调度命令。调度命令流程图见图 8.5.

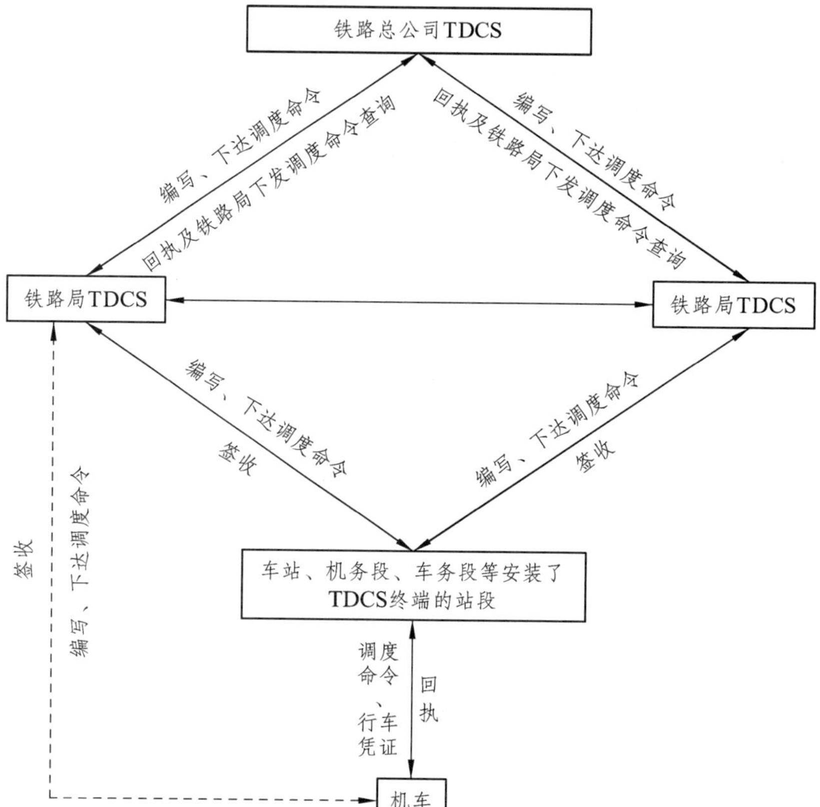

图 8.5　调度命令流程图

实训练习

1. 使用 TDCS 仿真模拟教学设备绘制单/双线计划运行图。
2. 使用 TDCS 仿真模拟教学设备练习绘制单/双线实绩运行图。
3. 熟悉仿真教学设备车站 TDCS 机的界面，并模拟操作 TDCS 的功能练习。

任务二　CTC 技术条件下列车运行调度指挥

任务描述

分散自律调度集中系统（CTC）是以 TDCS 为平台，组建分散自律、智能化、高安全、高可靠的新一代调度集中，该系统采用智能化分散自律设计原则，以列车运行阶段计划控制为中心，兼顾列车与调车作业的高度自动化的调度指挥系统。本教学任务主要介绍分散自律调度集中系统（CTC）特点、CTC 设备构成、调度集中控制模式、CTC 基本功能及基本使用方法等基本知识。

知识准备

一、列车运行调度指挥工作自动化概述

列车运行调度指挥工作自动化是铁路运营管理自动化的一个重要环节。所谓列车运行调度指挥工作自动化是指在调度集中的基础上利用电子计算机系统监督列车运行，编制列车运行调整计划，经列车调度员同意、批准后，自动办理列车进路，执行列车运行调整计划并绘出列车运行实绩图。这就可以改善列车调度员的工作条件，把他们从编制计划、发布命令、收记运行实绩等烦琐的工作中解放出来，集中精力搞好运行调整工作。

列车运行调度指挥工作自动化主要包括以下几方面的内容：

（1）利用电子计算机系统控制调度集中设备，实现列车进路自动控制。也就是使现行调度集中区段列车调度员人工监视列车运行和办理列车进路等工作实现自动化。

（2）利用电子计算机系统自动编制列车运行调整计划，并及时提供给列车调度员。列车调度员如需对提供出的计划做某些修正时，可直接进行人工修改，直到得出满意的计划为止。

（3）列车运行自动监督。

（4）利用运行图记录器自动绘制列车运行实绩图。

（5）自动完成有关运营指标及数据的统计工作。

综上所述，列车运行调度指挥工作自动化从根本上改变了行车调度指挥工作的面貌，使其更趋向于科学化、合理化，并使调度指挥工作更能适应行车密度大的要求。

二、分散自律调度集中系统的特点

调度集中（CTC）是调度中心对某一区段内的信号设备进行集中控制、对列车运行直接指挥、管理的技术装备。在采用调度集中设备的区段，列车调度员通过设在调度台上的操纵台，集中控制、直接操纵所辖区段内各车站的道岔与信号机，并且通过表示盘上的模拟光带，监督整个区段内的信号设备以及列车运行情况。列车司机根据车站上的进、出站信号机及区间内的通过色灯信号机（自动闭塞区间时）的显示操纵列车。列车调度员与司机、运转车长均可通过无线调度电话直接通话。列车运行实绩图由列车运行自动记录器自动描绘。

调度集中按其技术发展阶段来分，可以分传统调度集中系统和新一代分散自律调度集中系统。

新一代分散自律调度集中系统具有以下特点。

（一）新一代的调度集中是智能化系统

智能化就是通过计算机软硬件技术，通过对实际运输生产中的调度指挥工作流程进行优化处理，并转化为计算机控制程序；使运输组织指挥达到智能化、自动化；新一代调度集中在 TDCS 的基础上，实现列车运行计划自动调整，实际运行图自动描绘；调度命令自动下达，事件自动记录，为统计分析提供原始数据，将使行车调度员彻底摆脱老三件，调度员的主要精力、主要工作专用于行车计划管理、调整，集中精力确保列车按图运行，安全正点高效运行，提高运输效益。

（二）新一代调度集中是分散自律系统

分散自律就是基于现代计算机技术、网络技术、信息处理技术和智能化软件，实现以日班计划图、列车运行阶段计划为主轴，将阶段调整计划下传到各个车站的分散自律机中自主执行；新一代调度集中系统将没有中心控制权与车站控制权之分，只有指令不同来源之分，通过列车运行阶段调整计划进行来自多处指令的自律，科学合理地解决中心控制与车站控制（含调车作业）的矛盾；新一代调度集中只存在非常站控模式，正常情况下不存在控制权转换问题；车站参与的控制只能影响过路选择，而不能影响列车运行阶段计划的执行。

（三）新一代调度集中不仅面向列车作业，而且解决沿线调车作业问题

新一代调度集中根据我国路情，不仅要完成对列车作业的集中控制，还要实现沿线车站调车作业的集中控制。因此，新一代调度集中和传统调度集中不同，它不但要采集列车进路信息，还要采集调车进路信息。通过采用分散自律技术，在阶段计划的控制下，解决以往因调车作业带来的频繁交放权问题，实现中间站调车作业的集中控制。

（四）新一代调度集中不但适应有人车站，也要适应无人车站

新一代调度集中依靠先进的计算机技术、网络技术和智能化技术，通过对现行运输过程的优化，实现调度指挥中心对列车运行的直接集中管理与调度指挥，实现以列车运行为主、沿线调车作业为辅的行车指挥自动化，强化干线运输能力的调控手段。在配套子系统到位的情况下，例如在无线通信系统、车次号核核子系统、无线调度命令传送系统的基础上，增加取代车机联控的自动预告系统，则完全可以在没有客货运业务的中间车站实现行车、调车作业控制无人化。

（五）充分体现 TDCS 平台的基础作用

新一代 CTC 本着“以 TDCS 为平台，以 CTC 为核心”的原则进行开发。CTC 系统包含了 TDCS 的所有功能，如列车运行监督、车次号自动跟踪、到发点自动采集、实际运行图自

动描绘、阶段计划自动调整、阶段计划和调度命令的网络下达等。在此基础上进一步实现了车站信号设备的集中控制，列车进路的按图排路和调车控制。在软件、硬件设备及网络传输通道上，该系统将最大限度地利用既有 TDCS 系统的资源。

总之，新一代分散自律调度集中系统是采用智能化分散自律设计原则，以列车运行阶段计划控制为中心，由车站自律机依据计划自动选择适当的进路，控制相应的联锁设备动作；同时兼顾列车与调车作业的高度自动化的调度指挥系统。

三、CTC 系统设备及网络构成

（一）设备组成

调度集中由调度中心子系统、车站子系统和调度中心与车站及车站之间的网络子系统三部分组成。调度中心子系统与车站子系统通过网络子系统相连，使用 TCP / IP 协议通信。

1. 调度中心子系统

由调度中心机房设备和各调度台应用终端组成。

（1）调度中心机房设备。

调度中心机房设备主要由数据库服务器、CTC 服务器（双机热备）、通信前置服务器、日志服务器、网络通信设备、电源设备、网管工作站、系统维护工作站组成。

（2）调度台应用终端。

调度台终端主要由行调工作站、计划员工作站、助理调度员工作站、综合维修工作站、值班主任工作站组成，根据需要也可为其他调度台设置相应显示终端。

① 行调工作站。

实现监控管辖区段范围内列车位置、指挥列车运行的功能（人工编制和调整列车运行计划、阶段计划下达、调度命令的下达、调度命令的下达、与相邻区段调度员工作站交换信息）。

② 计划员工作站。

主要实现列车日班计划的编制和下达功能。

③ 助理调度员工作站。

主要实现无人车站的调车作业计划的编制、调整和指挥功能，实现调度中心人工进路操作控制、闭塞办理、非常处理等。

④ 综合维修工作站。

主要用于设备日常维护、天窗、施工以及故障处理方面的登销记手续办理，并具有设置临时限速，区间、股道封锁等功能。

⑤ 值班主任工作站。

主要实现行车信息显示、签发调度命令、查询列车运行阶段计划和实际列车运行图的功能。

2. 车站子系统

车站子系统主要设备包括车站自律机、车务终端、综合维修终端、电务维护终端、网络设备、电源设备、防雷设备、联锁系统接口设备和无线系统接口设备等，如图 8.6 所示。

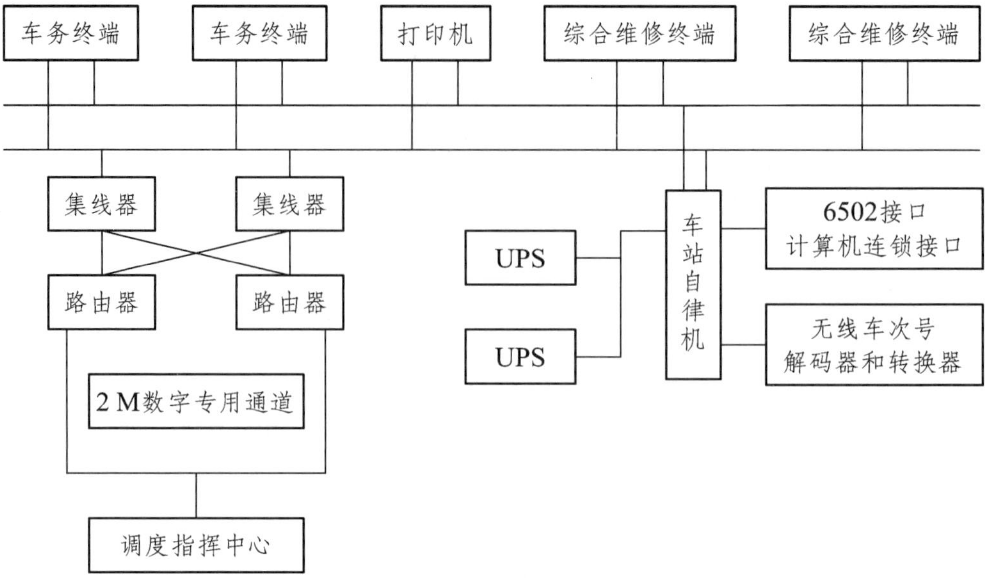

图 8.6　车站子系统设备组成

（1）车站自律机。

车站自律机是新一代分散自律型调度集中系统的车站核心设备，由其完成进路选排、冲突检测、控制输出等核心功能，其主要功能包括：

① 接收、存储调度中心的列车运行阶段计划和调车作业计划、调度中心的直接操作指令和值班员的直接控制操作指令，并可以自动按计划进行进路排列，检测无冲突后适时发送给经车站联锁系统执行；

② 实时接收、分析车站信号设备状态表示信息，进行列车车次号跟踪，收集行车运行实际数据，并上传至调度中心；

③ 掌握车站联锁系统对进路命令执行的情况，并根据反馈信息对有关进路进行必要的调整；

④ 接收相邻各两站的实际运行图和设备状态信息。

（2）车务终端。

完成列车、调车及其他特殊进路的办理；

显示行车信息，无线车次号校核信息、调度命令；

以图表形式显示本站及相邻各两站的实际运行图、列车运行阶段计划等内容，同时具备相邻各两站站间透明功能；

自动生成本站行车日志、完成调度命令签收等功能。

（3）网络子系统。

网络子系统是由网络通信设备和传输通道构成双环自愈网络，应采用迂回、环状、冗余等方式提高其可靠性。

（二）CTC 对信号、通信设备的要求

1. 对信号设备要求

车站具备集中联锁（继电联锁和计算机联锁）、区间具备自动闭塞或自动站间闭塞。调度集中对车站实行分散自律控制时，联锁关系仍由车站联锁设备保证。实现各种功能时，应保证既有联锁关系的完整性。

2. 对通信系统的要求

通信系统是分散自律调度集中正常运用的重要基础，应满足分散自律调度集中对语音、数据通信方面的功能要求。

① 调度员、司机、车站值班员之间必须具有良好可靠的语音通信。

② 调度命令（含许可证等）、接车进路预告信息、调车作业通知单应可靠传送到机车。

③ 车载设备具备车次号校核、列车停稳、调车申请等无线数据通信信息发送功能。

④ 调度集中区段的专用调车机车应配套无线调车机车信号和监控装置。

四、CTC 基本原理

新一代调度集中系统采用了分散自律的理念。所谓“分散”指的是设备分散、功能分散、危险分散。新一代调度集中系统不仅做到调度中心与管辖车站之间能互相传送信息，而且邻站间也能互相传送信息。如果车站子系统与调度中心 CTC 服务器通信中断，车站子系统仍能自动进行列车跟踪，并在一定时间内仍可以自动进行列车进路控制。

所谓“自律”，就是车站自律机把不同来源的控制指令进行协调，即调度中心下达的列车运行阶段计划、调度中心下达的人工办理列车进路指令、调度中心人工办理调车进路的指令、车站人工办理调车进路指令进行很好的协调，正常情况下没有调度中心与车站控制权的转换，从而圆满地实现系统对联锁设备的控制。如图 8.7 所示。

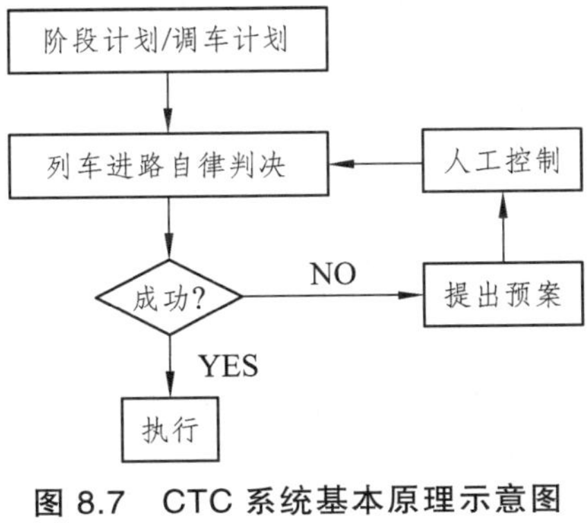

图 8.7　CTC 系统基本原理示意图

（一）调度集中控制模式

调度集中区段对信号设备的控制模式有分散自律控制模式和非常站控模式两种。

分散自律控制模式，是根据列车运行阶段计划自动控制列车进路，根据调车作业计划自

动控制调车进路，并具备人工办理列车、调车进路的功能。其基本原理如图 8.8 所示。

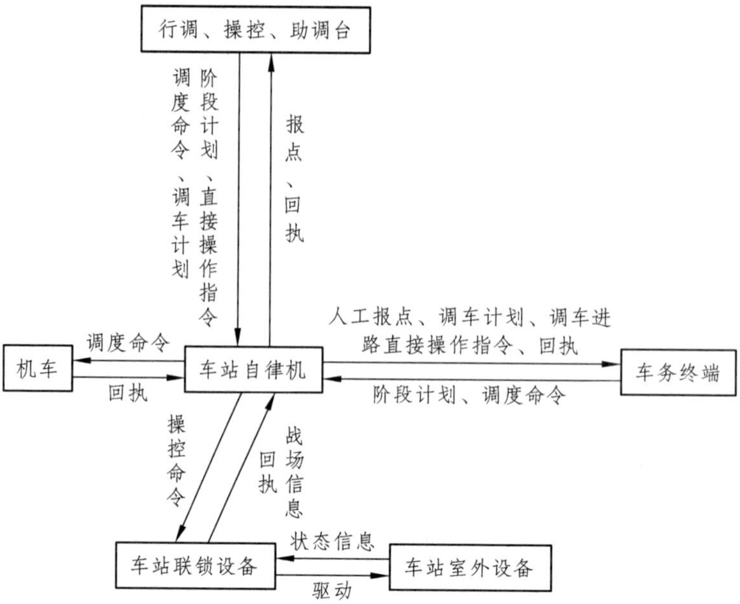

图 8.8 分散自律控制模式原理示意图

非常站控模式，是当调度集中设备故障、发生危及行车安全的情况，或者设备需要开天窗维修、施工需要时，脱离 CTC 系统控制转为传统的车站控制台（计算机联锁终端）人工控制的模式。

在分散自律控制模式下，传统的车站控制台不起作用，除非常站控按钮和接通光带按钮外，其他按钮的操作均不起作用；在非常站控模式下，调度中心不具备直接控制权，CTC 调度终端和车务终端所有按钮的操作均不起作用。

控制模式的转换由车站值班员（或应急工作人员）在车站根据调度中心的调度命令进行控制操作，系统自动对控制模式转换做出记录。非常站控按钮采用带计数器的非自复式铅封按钮。系统正常状态为分散自律控制模式，破封按下为非常站控模式。分散控制模式转向非常站控模式不检查任何条件，但向列车调度员报警；非常站控模式转回分散自律控制模式系统则检查以下条件：

（1）分散自律设备正常；

（2）非常站控模式下没有正在执行的按钮操作。

在上述条件满足时，系统应给出“允许转回分散自律控制模式”的表示，方允许转回分散自律控制模式，否则操作无效。调度集中的控制模式状态有明确的表示。在非常站控按钮处以及车务终端上设置有状态表示灯：红灯为非常站控模式，绿灯为分散自律控制模式，黄灯为允许转回分散自律控制模式。

（二）调度集中的控制方式

为区别调度集中区段调度员和车站值班员不同的操作权限，根据调度集中两种控制模式，对 CTC 系统的操作方式，也可做一些补充规定，例如对分散自律控制模式又分为三种操作方式：中心完全集中操作方式、中心部分集中操作方式及车站操作方式。

中心完全集中操作方式：调度员对列车进路及调车进路均有操作权，车站对列车及调车进路均无操作权，调车计划由调度中心编制或车站编制输入自律机后统一执行。

中心部分集中操作方式：调度员对列车进路有操作权，对调车进路无操作权；车站对调车进路有操作权，对列车进路无操作权，以增加调车作业的灵活性。

车站操作方式：车站对列车进路及调车进路均有操作权，调度员对列车及调车进路均无操作权，但列车进路按照调度员下达的列车运行阶段计划自动执行，调车计划由车站自行操作完成。

操作方式的转换由调度员与车站值班员根据需要进行操作。从车站操作方式转换到中心完全集中操作方式或中心部分集中操作方式，由调度员进行方式切换申请，车站同意；从中心完全集中操作方式或中心部分集中操作方式转换到车站操作方式时，由车站进行方式切换申请，列车调度员同意；中心完全集中操作方式与中心部分集中操作方式之间的转换，由调度员根据需要通知车站值班员后直接切换。这种操作方式解决了繁忙区段在 CTC 控制条件下调车作业频繁、需要交换操作权的问题，为繁忙区段调车作业增加灵活、方便的调整空间。

分散自律控制下，车站值班员的操作不能解锁调度员办理进路或关闭信号，调度员的操作也不能解锁车站值班员办理的进路或关闭信号。

五、CTC 基本功能

CTC 除具备 TDCS 的全部功能外，还有以下独有的功能。

（一）自动排列列车进路

车站自律机依据调度中心下达的列车运行阶段计划，自动生成列车进路指令，通过合法性、时效性、完整性和无冲突性的检查后转变为命令，实时下传给本站联锁设备执行。车站自律机因故无法排列基本进路时，系统应自动报警，调度中心可以对某一次列车进路进行人工干预（但须受分散自律安全条件控制）。

1. 选路基本原则

CTC 系统以自动选路为主，人工干预优先，即人工控制优先于自动控制。自动进路控制只选择基本进路，当基本进路选择失败时，系统提示失败原因，由调度员或车站值班员人工改选其他进路。

自动排列列车进路时应检查的条件主要有：车次号（列车性质和等级）、超限级别、列车长度、机车类型、股道用途、股道有效长、道岔弯股进路的最大允许速度。

有特殊运行要求的列车（如超限、专运、特运列车），列车调度员、车站值班员根据相关规定在列车运行计划进行相应的特点提示。

2. 股道自动选择的原则

（1）图定车次使用图定股道。

（2）非图定车次或不按图定径路运行的列车，股道设置必须满足以下条件：

① 计划通过的列车，默认正线（如人工修改为侧线通过，客货开车需人工办理）。

② 到开、始发、终到的列车，默认到发线（如人工修改为正线到开，货运列车可自触，但客运列车需设定技术停点才自触）。

③ 股道必须空闲和没有被另一列车计划占用，

④ 默认的股道必须满足《站细》中各项规定的条件。

3. 选排进路的时机

原则上依据列车运行阶段计划并提前若干时分。实际执行中必须考虑列车类型、区间闭塞类型、邻站发车时刻、区间运行时分和完整到达停稳以及前行列车发车进入区间的条件等因素，同时要考虑信息处理、进路办理的时间以及列车的速度等因素，科学合理进行确定。

（1）接车进路自动触发的时机。

根据不同等级列车运行的位置，提前若干闭塞分区办理，例如规定如下：

① 动车组提前 9 个闭塞分区。

② 特快旅客列车通过提前 6 个闭塞分区，其他旅客列车通过提前 5 个闭塞分区；旅客列车停车，提前 4 个闭塞分区。

③ 行包、货物列车、单机和路用列车通过时，提前 4 个闭塞分区；停车时为 3 个闭塞分区。

④ 相邻车站间闭塞分区数不足时，车站作为一个闭塞分区处理。

（2）发车进路自动触发的时机。

① 遵守计划发车的先后顺序。

② 满足《技规》规定的前方区间空闲间隔条件。

根据预计出发时间，客车提前 5 min 办理，货车提前 1 min 办理。

4. 接车进路信息

调度集中自动通过调度命令无线传送系统，以文字方式向司机提供接车进路预告信息。

（1）自动闭塞。

自动闭塞区段自动预告时机确定为接车站接车进路或通过进路已经排列，系统在后方站的以下位置发送列车接车进路预告信息：出站信号机、二离去信号机。

在上述任一位置系统收到自动确认信息后，在后续位置不再发送接车进路预告信息。列车越过二离去信号机后，系统未收到自动确认信息时，改由接车站发送接车进路预告信息，采取在每个闭塞分区自动向列车发送。系统收到自动确认信息或该次列车越过接车站进站信号机后，不再发送列车接车进路预告信息。

（2）自动站间闭塞。

自动站间闭塞区段自动时机确定为接车站接车进路或通过进路已经排列，系统在后方站的以下位置发送列车接车进路预告信息：出站信号机、反向进站信号机。

在上述任一位置系统收到自动确认信息后，在后续位置不再发送接车进路预告信息。列车越过反向进站预告信号机后，系统未收到自动确认信息时，改由接车站发送接车进路预告信息，采取每隔一定时间自动向列车发送。系统收到自动确认信息或该次列车越过接车站进站信号机后，不再发送列车接车进路预告信息。

（二）车站接发列车

1. 行车组织原则

在调度集中区段，根据 CTC 对区段信号设备的控制方式，行车组织原则如下：

在中心完全集中操作或中心部分集中操作方式下，车站的行车工作由本区段列车调度员统一指挥。在非常站控模式或车站操作方式下，车站的行车工作由车站值班员统一指挥。划分车场的车站，各车场的行车工作由该车场值班员统一指挥。无人站行车指挥工作由应急行车人员担任。

2. 行车闭塞

（1）非常站控模式下，办理预告的作业方式和过程与非 CTC 模式相同。

（2）非常站控模式下，采用电话闭塞法行车时，车站值班员须与邻站办理闭塞手续。如邻站为中心完全集中操作方式时，须与助理调度员办理闭塞手续。助理调度员与车站值班员办理电话闭塞时，应及时将发出或收到的电话记录号码登记在行车日志内。

（3）非常站控模式下，非 CTC 区段与 CTC 区段的相邻两站间办理接发列车作业时，由车站值班员与邻站办理预告闭塞手续。

（4）处于非常站控模式下的车站与分散自律控制模式下的车站，两相邻车站办理接发列车作业时，由车站值班员与邻站办理预告闭塞手续。

（5）处于分散自律模式下的车站与非常站控模式下的车站或非 CTC 区段的车站，两相邻车站办理接发列车作业时，分散自律模式下的车站自动向邻站发送预告请求，邻站值班员同意接车时，CTC 自动排列该次列车的发车进路，开放出站信号。不同意接车时，CTC 严禁排列该次列车的发车进路和开放出站信号，并向调度员报警，调度员与车站值班员电话联系。

3. 办理列车进路

纳入 CTC 控制的车站，准备进路、开放信号时的作业方法与非 CTC 车站以往的车站有很大不同，主要差别体现在 CTC 控制下的具体操作上。

（1）在 CTC 模式下接发列车作业，正常行车情况时，主要由列车运行阶段计划控制，车站值班员不再负责办理，只起到监控的作用。

（2）在 CTC 模式下接发列车作业，非正常行车情况下时，调度员必须参与进行相应的操作。

（3）在非常站控模式下接发列车作业，与非 CTC 区段车站作业方法相同。

（三）车站调车作业

在 CTC 区段，车站调车作业分为计划内调车和计划外调车。计划外调车是指在无人车站因车辆故障、装载不良等危及行车安全造成的临时甩挂作业。

1. 车站调车作业组织

（1）在有人车站，原则上由车站值班员担当调车领导人；在无人车站，原则上由助理调度员担当调车领导人。调车领导人应根据列车运行阶段计划、列车编组信息、站存车信息、装卸作业进度、调车机及线路运用等情况，提前编制调车作业计划。

（2）调车作业由调车长单一指挥。在有人车站，但无固定调车组的车站，利用本务机调车作业时，可由助理值班员担任调车指挥人。在无人车站，调车作业由应急行车人员担当。

（3）在有人车站，由车站值班员以人工直接操作方式办理调车作业进路。在无人车站，由助理调度员以人工直接操作方式或计划自动执行方式办理调车作业进路。

2. 调车作业计划的编制

在有人车站，由车站调度员（车站值班员）进行编制。在无人车站，由助理调度员编制。

3. 调车作业计划的下达

调车领导人编制完调车作业计划后，通过车务终端下达到车站自律机，通过调度命令无线传送系统下达到相关作业机车，调车组及作业司机由此获得调车作业通知单。但中间站利用本务机调车时，调车领导人应使用系统提供的附有线路示意图的调车作业通知单，调车指挥人应通过车务终端获得调车作业通知单。

4. 调车作业计划的变更

（1）在 CTC 控制区域内调车作业，原则上不得变更作业计划，确需变更作业计划时，必须停止调车作业，由调车领导人重新修改调车作业计划，进行重新传送（交接），调车指挥人向所有参加作业的人员传达清楚后开始调车作业。

（2）利用本务机车调车作业时，调车作业计划一经下达原则上不准变更。如必须变更时，不论钩数多少，都要重新编制书面计划，停轮向有关人员传达，确认明了后，收回原计划方可开始作业。

（3）在岔线内调车，遇实际与计划不符时，可由调车长制定计划，作业完了后应及时向车站值班员汇报计划变更和车辆停留情况。

5. 调车进路

排列调车作业进路，分为人工直接操作与计划自动执行两种方式。人工直接操作方式的调车进路采用一钩（一条进路）一办；计划自动执行方式是系统根据调车作业计划自动办理调车进路，每一钩进路排列前，司机应根据调车组的指挥，通过无线通信设备向调度集中发出调车请求信息，由车站自律机自动排列调车进路。

无论哪种调车作业进路办理方式，必须由车站自律机根据列车运行阶段计划在时间与空间上（进路预计占用时间、避让车次、相关联锁条件等）对调车进路检查运算，无冲突后方可排列。

为保证调车作业不干扰列车运行阶段计划的执行，分散自律控制模式下的调车作业，在办理与列车运行阶段计划相关的调车进路时，均应输入钩作业预计时分，否则不能办理；与列车运行阶段计划无关的调车进路，可不输入钩作业预计时分。

调车作业办理，CTC 在设计上不区分有人车站和无人车站，但运输部门依据实际情况规定。在有人车站，由车站值班员直接办理或由系统自动执行。在无人车站，调度中心助理调度员直接办理或由系统自动执行。

调车组通过车务终端（含站场平面示意图）或通过调度命令无线传送系统（不含站场平面示意图）获得调车作业通知单。

六、CTC 调度员的工作职责

（一）列车调度员的职责

（1）列车调度员为主要的行车指挥人，助理调度员和综合维修调度员均受列车调度员指挥。

（2）负责组织和完成列车在车站到开、会让、通过等行车作业，正确合理地使用车站正线、到发线、调车线，实现日班计划。根据需要，指派助理调度员通过分散自律调度集中系统正确操纵所辖区段内各车站信号、联锁、闭塞设备，向助理调度员下达中间站摘挂计划；指挥综合维修调度员及时、正确地发布调度命令。

（3）负责与计划、机调、客调等工种联系，及时、正确地在运行图上标注图表信息。

（4）检查确认综合维修调度员编写的调度命令，通过运输调度指挥管理信息系统或调度电话向车站发布调度命令；通过无线传送系统直接向机车司机发布传送调度命令。

（5）已安装无线调度电话（GSM－R 系统）且运用条件成熟的分散自律调度集中系统调度区段，负责使用无线调度电话（GSM－R 系统）向车站、列车司机发布口头指示。

（二）助理调度员的职责

（1）在列车调度员的领导下，根据列车调度员下达的列车运行计划，随时监控管辖各站列车进路和调车进路的排列情况。必要时直接操纵车站信号、联锁、闭塞设备。

（2）主动与列车调度员联系，优化作业组织。

（3）中心控制模式下，负责担任作业量较小车站的调车领导人，根据日班计划、列车编组、车站现在车、装卸车进度等信息，及时编制调车作业计划，及时确认、修改列车编组顺序表、车站站存车等信息。

（4）通过无线传送系统向调车人员和机车乘务员传送调车作业计划。

（5）负责向车站下达列车摘挂计划。

（6）使用列车无线调度电话或 GSM－R 向车站、列车司机、调车机司机发布指示、有关行车凭证。

（三）综合维修调度员的职责

（1）在列车调度员的领导下，加强与施工调度员、电力调度员的联系，按照月度施工方案和“天窗”修计划，及时编写施工、检修等的调度命令。

（2）遇调度集中设备施工、检修时，在《行车设备检查登记簿》或《行车设备施工登记簿》内与调度集中电务值班人员办理登、销记手续。

（3）协助助理调度员监控管辖各站列车进路和调车进路的排列情况。

（4）对需要人工排列的进路，与助理调度员执行“二人确认制度”。

七、CTC 基本操作

我国铁路目前使用的分散自律调度集中系统主要包括 等，各设备界面具有一定差别，但主要操作原则基本一致。下面以铁科院研制的 FZy-CTC 型设备为例介绍典型操作。

（一）行调台操作举例

行调台的主要窗口如图 8.9 所示，由标题栏、菜单栏、时间窗、标尺栏、主画布和状态栏几部分组成。

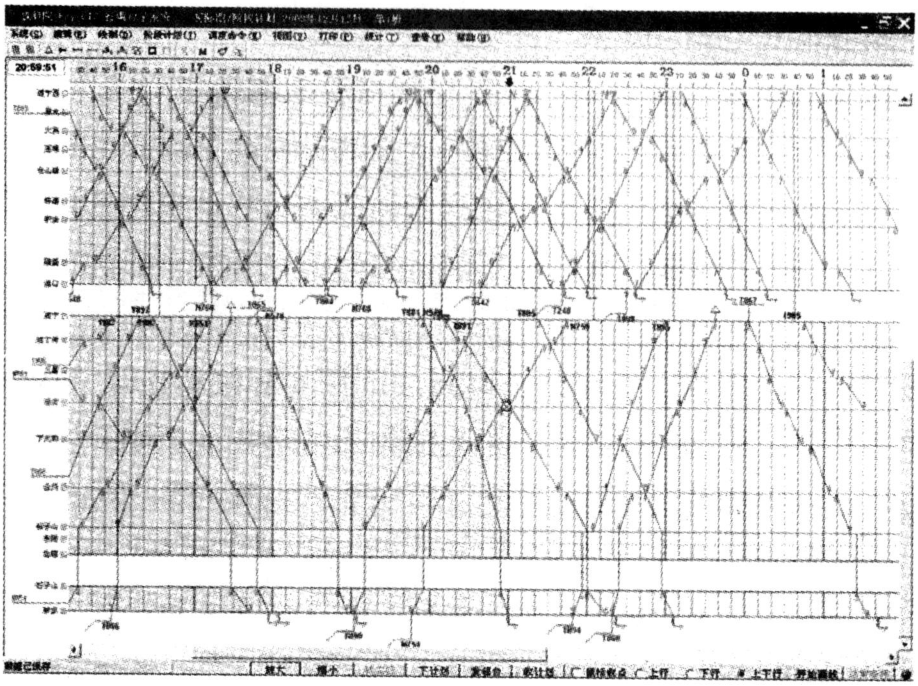

图 8.9　CTC 行调台主窗口

1. 下达计划

选择菜单中计划下达菜单或屏幕上的计划下达按钮，则计算机会将当前的计划自动传给与本台连接的车站。如图 8.10 所示。

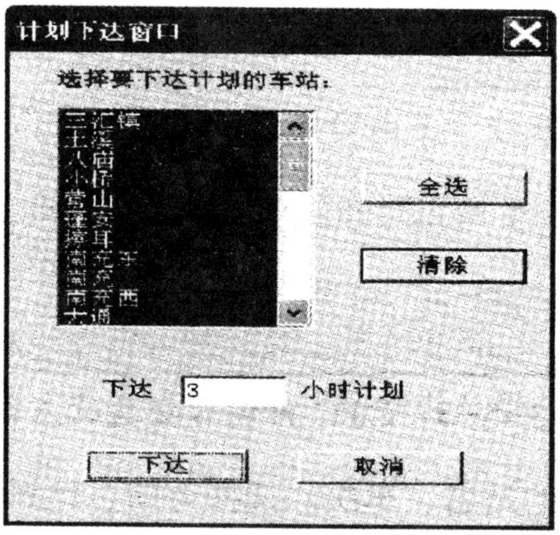

图 8.10　CTC 行调台下达计划窗口

2. 收　点

系统可自动接收车站报点，将计划点转成实际点，系统收到计划中没有的点，自动生成一条新的运行线。

人工收点有两种方式：鼠标收点和键盘收点。

鼠标收点：点击菜单中绘制→“鼠标收点”或点击控制面板中的“鼠标收点”框，使其处在打钩的状态，移动鼠标到计划线的某节点处，按下鼠标左键，即可转成实际点，若列车通过车站是到发方式，要分别点击到点和发点。若此时鼠标点在实际点上，可将实际点转成计划点。连续的实际点之间用实际线相连。再次点击菜单中绘制→“鼠标收点”或点击控制面板中的“鼠标收点”框，可退出鼠标收点状态。

键盘收点：点击菜单中绘制→键盘收点，按数字键“+ENTER”键或数字键+“*”键，可弹出如图 8.11 所示的窗口。

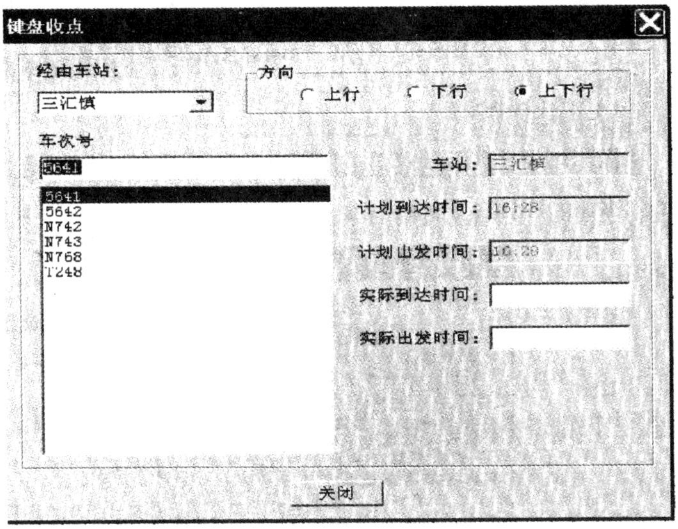

图 8.11　CTC 行调台键盘收点窗口

该窗口列出了该站的站名、车次、选择方向、计划时间、实际时间。其中车次栏里分别列出经过该站的计划线和在该站未转实际的实际线。

操作方法：选择列车的方向；输入车次号或从列表中选择车次号；通过小键盘输入时间，如果有到发点的“实际到达时间”与“实际出发时间”的两个框必须输入时间，如果是通过的可以只输入“实际出发时间”。一个框内输入完时间后按“Enter”键，光标会自动移到下一个输入框，若是一趟车报完后车次栏里的车次会自动下移。通过键盘的上下键，可以查阅前面输过的车次，不对的可以修改。报点的时间与计划的时间相差在前后 30 min 以内的可以只输入分钟数。

3. 调度命令

点击调度命令菜单栏弹出如图 8.12 所示的窗口。

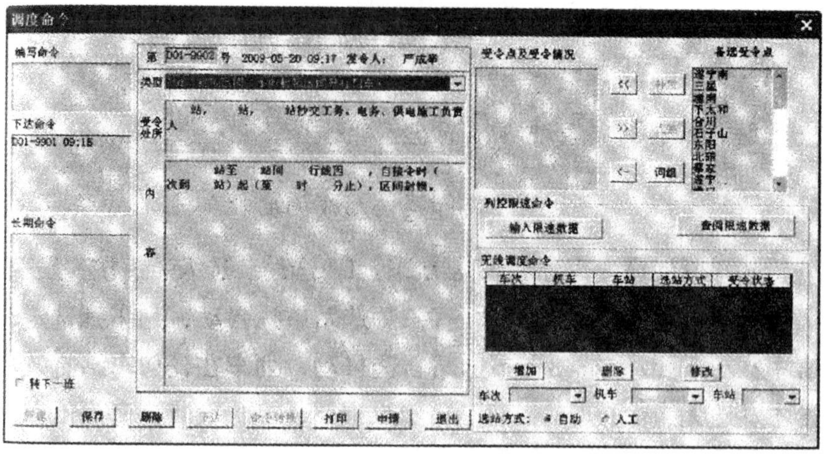

图 8.12　CTC 行调台调度命令窗口

点击类型列表框，选择需要编写的调度命令类型，则在内容处显示出此类型的调度命令模板。

在备选受令点列表中，选择要发送的车站，点击“<<”按钮，被选中的将出现在“受令处所”和“受令点及受令情况”中，若选择错了，可用鼠标在“受令点及受令情况”选中要删除的受令点，点击“>>”按钮可将其删除。

若要将调度命令发送至机车，须在“无线调度命令”区，填入正确的车次号、机车号、选站方式，然后再选择发送车站，按“增加”生成列车受令点。车次号不输入使用“××××××”，机车号不输入使用“××××××”，如图 8.13 所示。

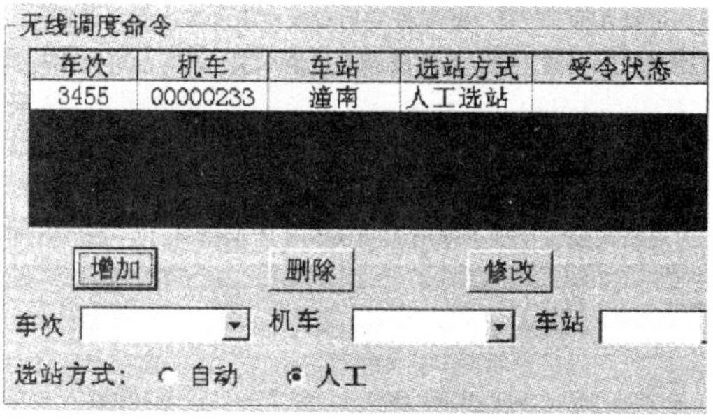

图 8.13　CTC 行调台无线调度命令窗口

无线调度命令有三种发送方式：

（1）选站、选人工，按“发送”立即从指定车站发送无线命令；

（2）选站、选自动，列车到选定车站才发送无线命令；

（3）不选站、选自动，列车在任何车站有效位置才发送无线命令。

若调度命令需要值班主任审批，按“申请”按钮。这种情况下，调度命令不直接发送到其他受令点，只发送给值班主任，调度长审批通过后，调度员才可发送给其他受令点。

4. 列　控

按普通调度命令编辑列控命令内容，选中受令车站为限速车站，调度命令和列控指令将会发向此站。

普通命令编制保存后，按“输入限速数据”按钮输入列控指令。已编好的列控命令，可按“查询限速数据”按钮限速数据。如图 8.14 所示。

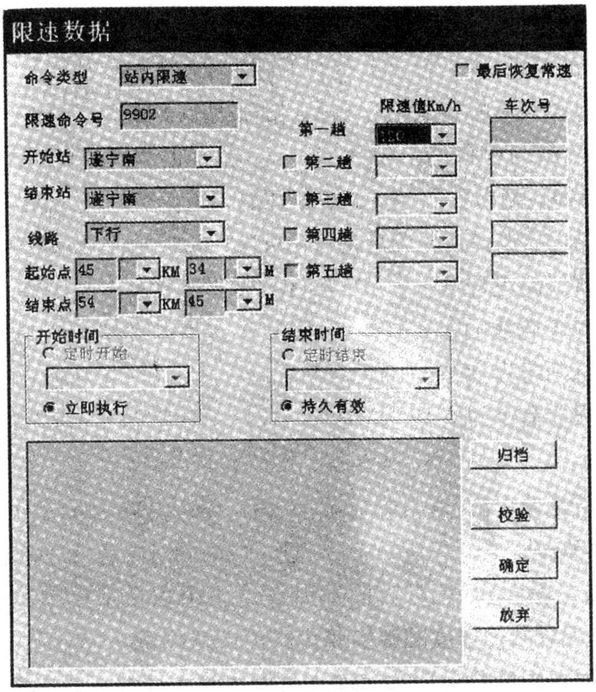

图 8.14　CTC 行调台列控限速窗口

在列控编辑界面输入限速数据，主要需要如下数据：

（1）限速命令号（可根据相关调度命令自动生成），是临时限速命令数据域中的关键数据项之一，同一时段内 CTC 系统不能向列控中心发送具有相同限速命令号的临时限速命令，如：列控中心已经执行了一条临时限速命令，且该临时限速区正处于有效状态，则在没有取消该临时限速区前，CTC 系统不能再用同一个限速命令号下达其他临时限速命令。但为了方便调度员操作，在处理连续多趟列车以逐趟提高的临时限速值通过相同线路区域的情况，列控中心允许 CTC 系统下达限速命令号相同、起、止点公里标相同，但限速值不同的临时限速命令，列控中心收到该类命令后直接执行，用新的限速值替换原有限速值，设置相应区域的临时限速。

（2）线路可选择下行、上行、下行侧线、上行侧线。

（3）起始公里标，结束公里标，先输公里（KM），后输米（M），起点、终点的里程标单位为 1 m，最小值为 K0+0，最大值为 K9999+999。当出现公里标长短链情况，需选长短链下拉列表：公里标长链时，选择英文大写字符；百米标长链时，选择英文小写字符。如果线路里程没有长链，则无须选择下拉列表。

（4）对于侧线的限速时，起始里程标固定为 K0000+000，终点里程标固定为 K9999+999。

（5）限速命令的执行时机由车站控制，调度员无须输入开始、结束时机。

（6）可选速度值包括 45、80、120、160、200、255，依次代表限速 45 km/h. 限速 80 km/h，

限速 120 km/h，限速 200 km/h，取消限速，可为同一命令设多个速度值（最多 5 个），实现限速速度的逐步变化。

（7）取消限速指令可在速度输入框内输入 255，或选中右上角“最后恢复常速”。单独的取消限速命令的其他数据项必须与设置该临时限速区时所使用的命令参数完全一致，包括：限速命令号、线路号、限速区起点、限速区终点等。

（8）无法对单车控制速度，车次号无须输入。

（9）命令类型、开始站、结束站无须选择，列控中心无法识别。

（二）助调台操作举例

助理调度员（简称助调），是分散自律 CTC 系统所特有的工种，在列车调度员的领导下工作，负责监督系统列车进路的自动排列情况，必要时进行人工干预（如手工排列进路或取消进路等），对于无人车站，助调还负责编制调车作业通知单，并监督调车进路的排列。必要时进行人干预（如手工排列调车进路或取消进路）。如图 8.15 所示。

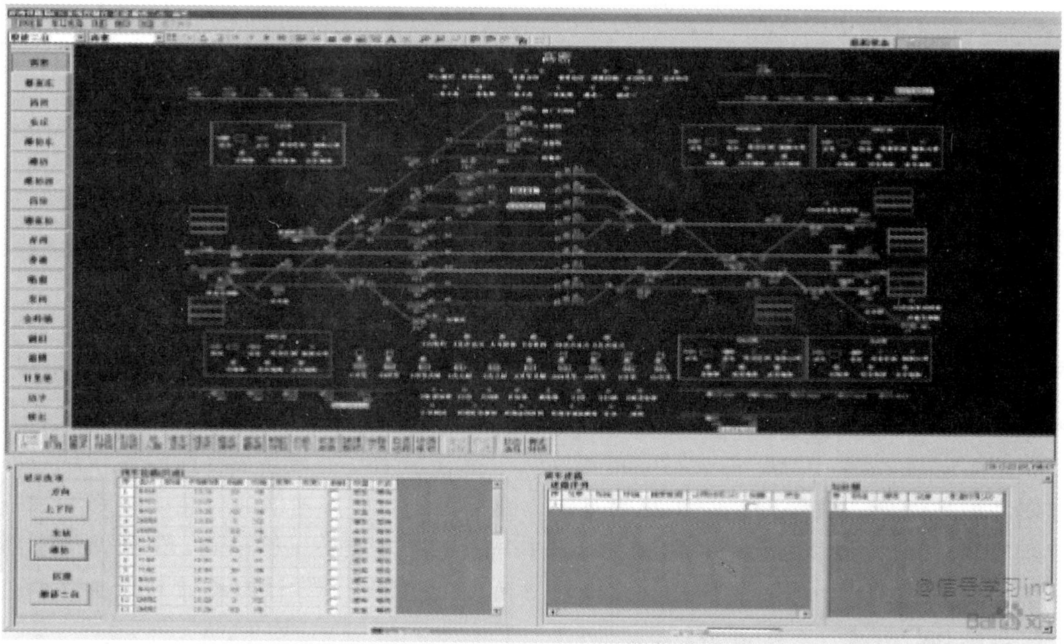

图 8.15　CTC 助调台主窗口

1. 排列进路

点击菜单“控制命令”—“排列进路”（或控制命令工具栏的“排列进路”按钮），当前操作模式转为排列进路（系统执行了任何命令后自动切换到排列进路模式）。

移动鼠标到列车按钮或通过按钮上方时，鼠标指针变成手型。用鼠标按顺序点击车站上的始端列车按钮（+变通按钮）+终端列车按钮，被选中的按钮会闪烁。

点击菜单“控制命令”—“执行命令”（或控制命令工具栏的“执行命令”），弹出如图 8.16 所示窗口。

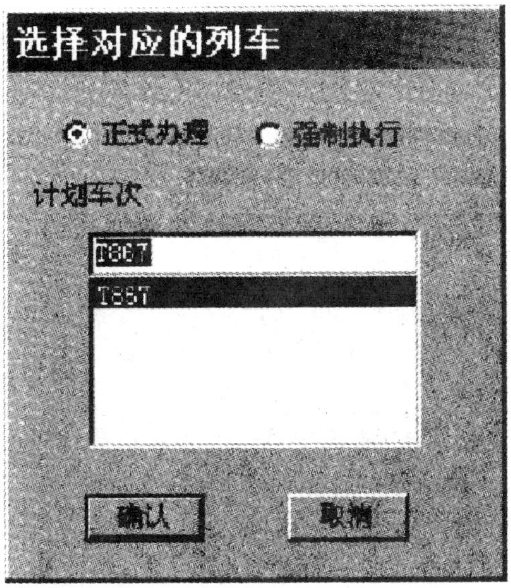

图 8.16　CTC 助调台排列进路窗口

默认方式是“正式办理”，此时系统自动从行调下达的计划中选择与此进路匹配的车次，点击确认后，系统检查联锁条件和站细条件（包括站台、超限、发车前是否停稳等），执行命令的同时进路控制列表中的进路被触发。若选择另外一种方式“强制执行”时由于不能匹配计划车次，系统只检查联锁条件，执行此命令时，也不会触发右侧列车进路表中的进路。

选中的进路变成紫色光带，同时，始端按钮出现红色框。当命令执行成功，进路变成白色光带，信号机点亮，始端按钮复原。

2. 总取消和总人解

当进路处于预先锁闭时，可通过办理总取消解锁进路，当进路处于接近锁闭时，只能通过办理总人解的方式解锁进路，进路需经过延时后才能解锁。

办理总取消的方式有两种：

（1）点击菜单“控制命令”—“总取消”（或控制命令工具栏的“总取消”按钮），当前操作模式转为总取消。移动鼠标到列车按钮或通过按钮上方时，鼠标指针变成手型。用鼠标按顺序点击要取消的进路的始端按钮，按钮闪烁。点击菜单“控制命令”—“执行命令”（或控制命令工具栏的“执行命令”），选中的进路变成紫色光带，同时，始端按钮出现红色框。

若命令执行成功，进路成空闲状态，信号机关闭。

（2）右键点击信号机，选择菜单中的“取消”。

办理总人解的操作同取消进路，须通过口令认证后才能执行此命令。命令执行成功后信号机关闭，进路不解锁，仍为白光带，信号机显示延时解锁。延时后（坡道解锁、接车进路、正线发车延时 180 s；侧线发车、调车进路延时 30 s）进路解锁，白光带消失，信号机恢复红灯（调车信号机恢复成蓝灯）状态。

3. 引导接车

当不能正常接车时，使用此命令。通过口令认证，才能执行此命令。如图 8.17 所示。

办理引导进路的方式有 3 种：

（1）点击菜单“控制命令”—“引导”，当前操作模式转为引导接车。再点击进站信号机引导按钮+股道上的列车按钮。点击菜单“控制命令”—“执行命令”（或控制命令工具栏的“执行命令”）。若命令执行成功，引导进路白光带，信号机成红白状态。

（2）首先应通过单操道岔，指定接车股道。再右键点击进站信号机，选择“引导”。若命令执行成功，引导进路白光带，信号机成红白状态。

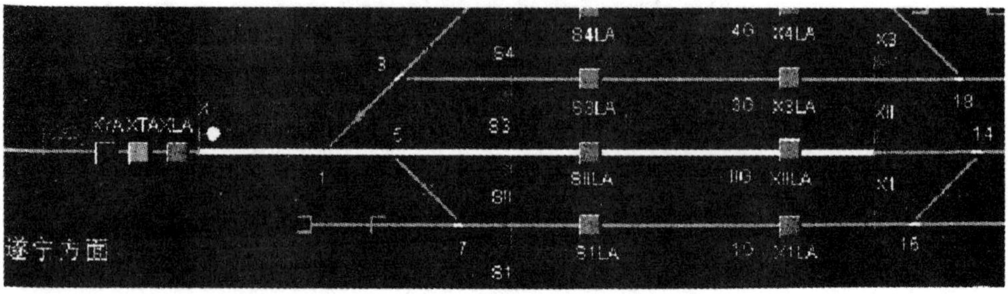

图 8.17　CTC 助调台引导进路窗口

（3）在道岔无表示的情况下，要首先执行引导总锁闭命令，再点击进站信号机引导按钮，并执行命令。若命令执行成功，引导进路不锁闭，信号机成红白状态。

4. 区段故障解锁

进路解锁时其中某区段不能解锁时使用此命令。

“控制命令”—“故障解锁”，当前操作模式转为“故障解锁”。移动鼠标到道岔或无岔区段上，鼠标指针成手型，鼠标指针旁边显示对象名称。鼠标点击此对象将其选中。

点击菜单“控制命令”—“执行命令”（或控制命令工具栏的“执行命令”）。通过口令认证，才能执行此命令。若命令执行成功，对象上的白色光带消失。如图 8.18 所示。

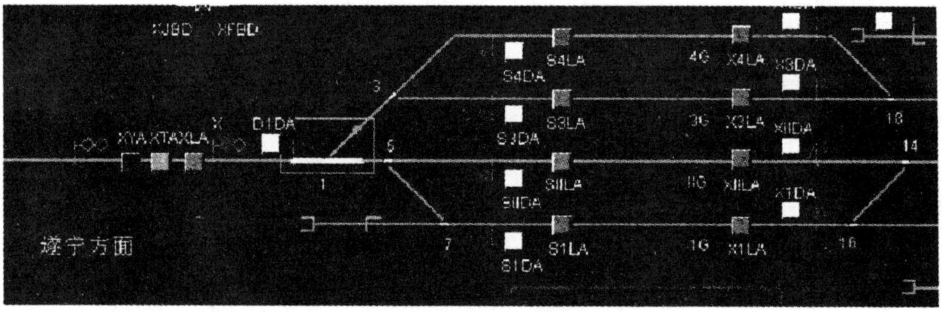

图 8.18　CTC 助调台区故解窗口

5. 道岔的操纵

道岔的操纵包括：单操、单锁与解锁、单封与解封。

图 8.19　CTC 助调台命令按钮

当道岔在反位且道岔没有被锁闭或占用也没有被单锁时“单操定位”命令有效。

菜单“控制命令”—“单操道岔定位”，当前操作模式转为“单操定位”。移动鼠标到某一道岔上，鼠标指针成手型，鼠标指针旁边显示道岔名称。用鼠标选中此道岔。点击菜单“控制命令”—“执行命令”(或控制命令工具栏的“执行命令”)。若命令执行成功，道岔转换至定位。

道岔操纵其他命令的使用条件和操作方法与上述相似。如图 8.19 所示。

6. 股道和区间的封锁与解锁

当股道未封锁，且股道空闲时此命令有效。

菜单“控制命令”—“股道封锁”，当前操作模式转为“股道封锁”。移动鼠标到某一股道上，鼠标指针成手型，鼠标指针旁边显示股道名称。用鼠标选中此股道。点击菜单“控制命令”—“执行命令”(或控制命令工具栏的“执行命令”)。弹出对话框提示输入封锁原因，输入完成后，点击对话框中“确定”按钮。若命令成功，股道状态转为封锁状态，股道上文字注明封锁原因。

类似方法可执行“股道解除封锁”“区间封锁”“区间解除封锁”。

实训练习

1. 利用 CTC 仿真教学设备熟悉其基本功能。
2. 使用 CTC 仿真教学设备练习编制/下达列车运行阶段计划。
3. 使用 CTC 仿真教学设备练习调度集中模式下的列车运行组织。

思考题

1. CTC 和 TDCS 有何不同？
2. TDCS 的基本组成？
3. TDCS 的网络体系结构各组成部分的关系？
4. 铁路总公司 TDCS 功能有哪些？
5. 铁路局集团公司调度指挥中心 TDCS 的功能有哪些？
6. 基层网 TDCS 的功能有哪些？
7. TDCS 调度命令发布的流程是什么？
8. CTC 系统的工作原理
9. CTC 系统的结构及功能
10. CTC 系统的主要特点
11. 车站自律机主要功能是什么？

12．调度集中控制模式是什么？两者之间是什么关系？

13．CTC 系统股道自动选择的原则是什么？

14．在 CTC 区段，列车进路如何排列？

15．在 CTC 区段，车站调车作业计划由谁编制？

16．在 CTC 区段，调车进路如何排列？

17. 使用分散自律调度集中系统时，列车调度员的工作职责是什么？

素质教育知识

安全是铁路工作永恒的主题

铁路运输安全生产的方针是“安全第一、预防为主、综合治理”。安全是铁路工作永恒的主题，确保铁路安全畅通，是铁路企业必须履行的社会责任，是铁路企业在激烈市场竞争中生存的根本所在，是推进铁路改革发展的前提条件。

项目九　非正常情况列车运行组织

教学目标

1. 知识目标

掌握轨道电路故障、出站信号机故障、列车运行途中发生车辆故障时的列车运行组织办法；掌握列车在区间被迫停车时的处理办法；掌握天气不良影响列车运行时的处理办法。掌握维修天窗的组织实施办法。

2. 能力目标

能够按照规定程序对各种非正常情况列车运行做正确的应急处理；掌握施工条件下，按照天窗和慢行列车的规定组织列车运行的方法。

3. 素质目标

具有良好的世界观、人生观、价值观；具有良好的职业道德和职业素养；培养安全第一调度工作无小事的观念，养成爱岗敬业、团结协作、认真负责的精神。

任务一　非正常情况行车应急处理

任务描述

本任务主要包括设备故障的汇报程序、行车设备故障时非正常行车应急处理的办法、列车运行异常情况应急处理的办法和列车运行应急处理案例等内容。通过学习这些知识内容，使同学们掌握各种行车设备发生故障及运行条件发生变化时的行车应急处理办法。

知识准备

非正常情况行车应急处理，是调度指挥的重要内容。依据规章制度，针对调度实际，结合站车设备情况，制定非正常下的应急处理方法，是保证安全、高效地完成运输任务关键环节之一。

设备故障、运行条件发生变化、施工作业及行车事故都能非正常行车，本任务重点介绍前两种情况导致的非正常行车应急方式。

一、非正常情况行车的主要表现形式

（一）设备出现异常导致的非正常情况

设备出现异常导致的非正常情况很多，常见情况有：

（1）进站、出站信号机故障。

（2）站内轨道电路出现红光带（无岔区段、道岔区段、股道）。

（3）离去、接近表示灯出现红光带。

（4）道岔失去表示。

（5）临时停电。

（6）闭塞机故障。

（二）行车条件发生变化导致的非正常情况

行车条件发生变化导致的非正常情况也很多，常见情况有：

（1）非到发线接、发列车。

（2）超长列车头部越过出站信号机发车。

（3）满线接车。

（4）一切电话中断。

（5）天气不良。

（6）双线反方向发车或双线改按单线行车。

二、非正常情况行车的处理流程

（一）行车设备发生故障时的处理流程

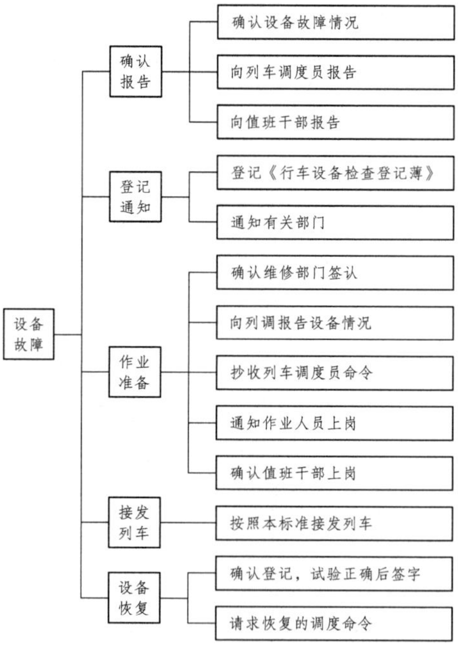

图 9.1　设备故障时的处理流程

（二）行车条件发生变化时的处理流程

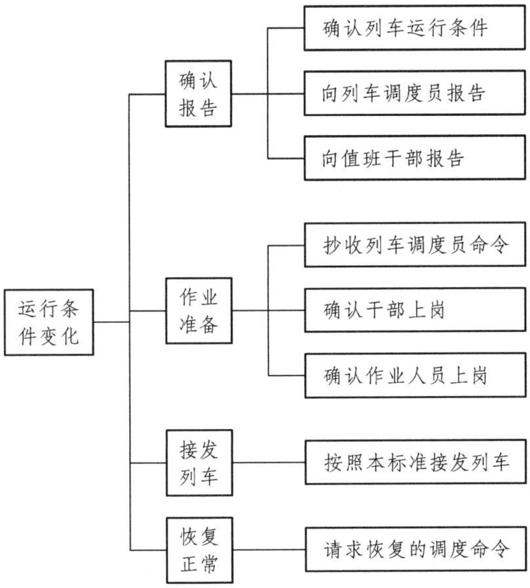

图 9.2　行车条件发生变化时的处理流程

三、设备故障非正常情况行车应急处理

（一）进出站、发车进路信号机故障

列车调度员接到进出站、发车进路信号机故障的报告后：

（1）立即指示车站通知工务、电务、供电、公安人员检查，报告计划调度员、值班主任；计划调度员、值班主任到台协助处理并通知有关部门。

（2）根据现场检查结果进行处理，需发布非正常行车的调度命令（进站凭引导信号或引导手信号；要半自动闭塞区段：改按电话闭塞法行车；发车进路信号机故障时凭调度命令发车），严格按发令程序和标准办理。

（3）设备正常后，发布恢复正常行车命令。

（4）根据情况填写《安监报-1》报值班主任。

（5）进行列车运行调整。

说明：北京局《行规》第 82 条 发车进路信号机故障时的发车办法

向半自动闭塞区间发出列车，遇发车进路信号机故障时，列车占用该信号机防护区段的许可为调度命令。如连续多架发车进路信耳机故障时，在调度命令中应注明架数、名称，交给司机。

向自动闭塞区间发出列车，遇发车进路信号机故障时，车站应发给司机绿色许可证。如连续多架发车进路信号机故障或发车进胳、出站信号机连续故障时，可填发一张绿色许可证，并在调度命令用纸上注明架数、名称，车站值班员签字，交给司机。

车站按规定发车，列车凭调度命令或绿色许可证越过注明的故障信号机。

其他铁路局各自执行其自局《行规》关于“发车进路信号机故障时的发车办法”。

（二）轨道电路红光带

列车调度员接到红光带报告后：

（1）问清楚关于区间或站内出现红光带的具体情况。

（2）立即停止向该区间及站内红光带处所放行列车，如判明区间有遗留车或列车事故侵入邻线及有车溜入区间时，要立即采取应急措施。

（3）通知车站、工务、电务、供电、公安人员检查，记明通知时间。同时报告计划调度员、值班主任（副），计划调度员、值班主任（副）到台协助处理并通报有关部门。

（4）根据现场检查结果进行处理，需发布非正常行车的调度命令时，严格按发令程序和标准办理。

（5）设备正常后，发布恢复正常行车的命令。

（6）根据情况填写《安监报-1》报值班主任。

（7）进行列车运行调整。

（三）天气不良行车

列调接到天气不良（遇天气恶劣，信号机显示距离不足200m时）的报告后：

（1）严格按《技规》《行规》的规定执行，并报告相关人员。

（2）严格按发令程序和标准及时发布调度命令，改按天气恶劣难以辨认信号的办法行车。

（3）以命令通知有关站、段并转达列车司机。

（4）加强对列车运行的掌握，密切注意列车运行，合理编制车会让计划，不准编制使列车机外停车的计划；邻站开车后，不得变更列车接发计划。

（5）遇暴风雨雪天气，布置车站对停留车辆做好防溜措施，行车设备做好监护。接到站、车人员汇报线路、设备受损的报告后，要立即报告值班主任，并采取扣车。

（6）根据雨量做好防洪抢险准备遇大雪天气应及时指示车站清扫好岔道。

（7）天气转好时及时发布调度命令恢复正常行车。

（8）根据情况填写《安监报-1》报值班主任。

（9）进行列车运行调整。

（四）双线反方向或改单线运行

（1）双线区间正方向线路封锁施工、发生自然灾害或因事故中断行车临时调整列车时，方可采取双线反方向运行或改单线运行，值班主任（副）到台把关。

（2）发布双线反方向运行或改单线运行命令前，要查明该区间空闲，指示车站站长（副）到现场盯控作业。

（3）严格按发令程序和标准发布调度命令（双线单向设备发停止基本闭塞法调度命令，双线双向设备发布反方向运行调度命令）；旅客列车反方向运行时，经值班主任准许并确认后发布。

（4）值班主任对客车反方向运行的全过程进行把关。

（5）密切注意反方向运行的列车。

（6）根据运输秩序及时发布恢复正常行车命令（区间两端站要查明区间空闲）。

（7）对反方向运行列车，在反方向运行区间的运行线上标注车次及“反”字。

（五）车站信号、联锁、闭塞全部失效且一切电话中断

遇到某一车站信号、联锁、闭塞全部失效且一切电话中断时的处理。

（1）列车调度员想办法利用其他通信工具与车站取得联系。联系不上按一切电话中断办法行车。同时做出运行调整，汇报计划调度员及值班主任。计划调度员及值班主任到台协助处理并把关。

（2）取得联系，故障在短时间内难以恢复时，指示故障车站，让所有有动力的机车、动车组、轨道车停轮待命。

（3）指示车站双线上、下行各准备一条（单线准备一条）通过进路，并将进路上的所有道岔人工加锁（钉固）。

（4）向故障车站和两邻站发布调度命令，封锁故障车站和相邻两区间，改按大区间掌握行车，列车凭调度命令进入大区间运行，故障站通过。列车到达下一设备正常的车站后，列车调度员通知下一列发车。

（5）要求通信工区在故障车站挂带有录音装置的临时电话。

（6）临时电话接通后，取消前发命令和行车办法。

（7）故障车站保持原进路不变，封锁故障车站其他股道，将故障车站作为临时线路所，停止相邻两区间基本闭塞，改按电话闭塞法行车，当列车由故障车站通过后，便可以接下一列车运行。

（8）待设备全部修复后，发布调度命令开通故障车站其他股道，恢复原行车闭塞法行车。

（9）根据情况填写《安监报-1》报值班主任。

四、列车运行异常情况的应急处理

列车运行意外情况的种类多，原因和具体情况复杂，并且在列车运行中发生，如不及时处理，很可能会迅速恶化，事态扩大。司机、运转车长、车辆乘务员等乘务人员、车站值班员、站务员、扳道员等接发列车人员以及其他部门的铁路职工，都应注意监视列车运行状态。发现危及行车安全等意外情况时，应迅速向列车调度员报告。

列车调度员应了解列车运行运行意外情况和常见事故的种类，懂得发生的原因、特征及危害性，掌握处理各种列车运行意外情况和事故的正确指挥方法。当接到现场关于列车运行中发生意外情况或有异状等其他情况时的报告后，应认真慎重对待，及时采取措施进行处理，防止列车运行中的不良情况继续恶化，避免或减少损失。

（一）站内临时停车应急处理

出发列车，当列车起动；进站列车，自列车头部进入进站（路）信号机后而发生临时停车又再开时的处理方法：

（1）在进站、出站、进路信号机显示进行信号的状态下，司机主动停车时，待停车原因消除后，司机自行开车。

（2）其他列车乘务员使用紧急制动阀停车时，由运转车长（无运转车长为车辆乘务员）通知司机开车。

（3）车站接发车人员使列车停车时由车站按规定发车。

（4）其他原因的临时停车，车站值班员应会同司机、运转车长、车辆乘务员等查明原因，在列车具备运行条件后，由车站按规定发车。

（5）当列车临时停车超过 20 分钟时，开车前，均须进行自动制动机的简略试验，司机应根据运转车长（未设时，为车站值班员）的发车信号开车。

（6）出发列车越过出站而临时停车时，待停车原因消除后，可不退回原发车线，按上述办法发车。

遇特殊情况必须退回时，列车必须事先取得车站值班员的同意；退回后再发车时，如出站信号机已关闭，车站值班员应重新（办理闭塞）开放出站信号机发车。

如出发列车临时停车后，列车头部已进入区间时，则应按列车由区间退回车站的办法办理。

（二）燃轴车辆的应急处理

1. 遇车辆走行部冒烟

（1）列车调度员接到报告应详细问清情况。

（2）立即指示车站扣停列车（通知司机走行部冒烟（火）停车检查处理，但不要使用紧急制动）。

（3）通知计划调度员、值班主任、检调。计划调度员、值班主任。检调到台协助处理并把关。

（4）根据现场人员报告的实际情况进行处理。

① 不属燃轴：不影响安全，继续运行。

② 确属燃轴：经司机、车长确认并采取措施（如填充硬甘油等）后，减速运行至前方站处理；若不能运行时，立即指派车站、车辆人员携带抬轮器及专用工具赶赴现场进行处理，需减速运行时，调度员发布限速调度命令运行至前方站处理，需使用抬轮器时，按抬轮器的使用办法办理。

（5）由现场、检调共同确定处理方法，决不可盲目放行。对燃轴，严禁用水或砂土灭火；激热以上打开轴箱盖时，预防轴箱内喷出烟火伤人。

（6）按规定进行图表注解，根据情况填写《安监报-1》报值班主任。

（7）进行列车运行调整。

2. 接到红外线热轴时的处理方法

当接到红外线预报热轴时，应按热轴预报等级要求果断。

（1）红外线预报微热时，可继续运行，由红外线调度跟踪并告知前方有列检作业的列检人员，到达后重点检查该车辆。

（2）红外线预报强热时，可继续运行至前方站，由司机会同车站站长、列检人员共同确认，若没有问题继续运行；不能确认或不能保证安全时，应甩车后，通知检调派列检人员前来处理。经列检人员处理后，根据提供的运行条件挂运。

（3）红外线预报激热时，列车调度员应指使列车就地停车。通知就近车站站长人员迅速赶往现场，会同司机共同确认，能继续运行时，可限 25 km/h 运行至前方站或退行至后方站处理；不能继续运行的情况，就地等待救援。

（4）按规定进行图表注解，根据情况填写《安监报-1》报值班主任。

（5）进行列车运行调整。

（三）车辆抱闸时的应急处理

车辆抱闸的现象，常发生在列车运行中的个别车辆上。表现为列车在运行常态时，它却呈现制动状态；而列车制动后又缓解时，它仍在制动状态；有时，这种车辆甚至在轨面上出现“拖”或“跳”行的状况，对安全行车危害很大。

“拖”行损伤后的踏面撞击轨面时，又致使钢轨损伤；由于踏面损伤后不规则而致使车轮在轨面上“跳”行时又导致车辆各部件被震松脱或震裂；因运动中不规则的震动，使得轴颈与轴瓦受力不匀，往往由此损坏轴瓦而引起燃轴；又由于“跳”动运行，经曲线或道岔辙叉、尖轨等特殊线段时，极易造成车辆脱线颠覆。

列车调度员接到车辆抱闸的报告后：

（1）应问清楚抱闸的具体情况。

（2）及时向计划调度员、值班主任汇报，计划调度员、值班主任应上台协助处理并把关。

（3）根据车站汇报的具体情况进行处理。

① 活抱闸（指抱闸但车轮转动），指示运转车长及机车乘务员应加强途中监视，如抱闸性质未再继续扩展，不影响行车安全可将列车维持运行到前方站停车，再予处理。

② 死抱闸（车轮不转而滑动、车轮发红、非高坡地段冒烟、车辆与钢轨间出现一条直线火花等）就地处理后再运行。

（四）列车运行中发生严重晃车时的处理

列车调度员接到车站值班员发生晃车的报告后：

（1）指示车站通知工务部门立即派人对晃车地段的线路进行检查、处理。

（2）及时向计划员、值班主任汇报，计划员、值班主任应上台协助处理并把关。

（3）根据汇报的具体情况组织指挥列车运行。

① 轻微晃车时，指示车站通知后续列车在晃车地段注意运行；

② 严重晃车时，指示车站通知对已进入区间的列车在晃车地段前停车，按工务部门汇报的运行条件放行列车；需限速运行时，按工务部门确定的限速条件发布限速命令。

（4）严重晃车时，未得到工务部门的汇报之前，指示车站不得再放行列车。

（5）做好列车的运行调整。

（6）值班主任要及时通知工务处调度并在《晃车登记》内进行登记。

（7）按规定进行图表注解，根据情况填写《安监报-1》报值班主任。

（五）列车分离时处理

列车调度员接到列车分离的报告后：

（1）应详细问明具体情况。

（2）在自动闭塞区间，停止向该区间发车，指示车站用电台通知后续列车停车。涉及邻台（路局）时应及时进行通报。

（3）报告值班主任（副）、计划调度员、检调到台协助把关。

（4）根据实际情况选择对应处理方法：

① 车钩自动（跳开）分离：重新连挂，试风良好开车（A 注意防溜；B 在有列检的最近前方站停车检查、调查）。

② 车钩破损，可选择机车前端或列车尾部最后一辆的车钩进行更换。

③ 车钩破损分离无法更换时：

a. 前钩断。

本务机牵引前部车辆到前方站；封锁区间，指派救援机车从列车后方进入区间，根据情况可将后部车辆推进到前方站或拉到后方站。

b. 后钩断。

按分部运行办理。

（5）需要救援时，按发令程序和标准发布调度命令。

（6）救援完毕，发令开通区间。

（7）通知有关台（路局），说明能接车的时刻。

（8）对遗留车要采取好防溜、防护措施。

（9）电化区段注意接触网有电。

（10）利用后续机车担任救援时，可使用列车无线调度电话直接或通过车站向司机发布命令（必须具备良好的转接设备和通信记录装置），注意后续列车救援时的防溜。

（11）按规定进行图表注解，根据情况填写《安监报-1》报值班主任。

（12）进行列车运行调整。

（六）列车在区间发生火灾、爆炸时的处理

列车调度员接到列车在区间发生火灾、爆炸报告后：

（1）详细了解着火的性质（一般货物、危险品、客车、货车、机车、车辆），着火的原因、位置、火势大小、人员伤亡情况、列车车次，现已采取的措施，停车地点及附近情况，是否影响邻线等。

（2）立即向值班主任及有关工种调度通报，迅速查明该列车中是否挂有装载危险货物的车辆。需要出动救援列车、救援队时应立即发布调度命令。需要通知消防等专业部门应立即通知。值班主任及有关工种调度应到台协助处理，视情况可向当地政府请求支援。

（3）针对性地采取措施。

停车、隔离、灭火，根据汇报的具体情况，综合考虑各种情况，选择最恰当的处理预案，同时做好列车运行调整。

① 客车着火要按照“立即停车、疏散旅客、迅速扑救、切断火源、设置防护、报告救援、抢救伤员、保护现场、调查取证、协助查访”的应急措施，做到临阵不乱、恰当处置、尽快开车。

② 电化区段发生列车火灾、爆炸（电力机车牵引时待列车拉档分离停车后，停车时应避开长大隧道、大型桥梁、重要建筑物等处所），应立即通知供电调度停电。

③ 属于危险品性质的火灾，应采取立即停车、隔离、灭火措施。停车应避开长大隧道、桥梁、重要建筑物等处所，尽量停于有利于抢救灭火的地点。立即通报有关专业部门，根据危险货物的特性进行灭火和处理。注意在电化区段应办理停电手续后灭火。

④ 对着火列车中挂有装载危险货物的车辆，应立即指示有关人员，停车采取摘解隔离措施并做好防溜，尽快组织将挂有装载危险货物的车辆及其他未着火的车辆拉回两端车站。列车需分割甩车时，应注意风向及货物性质等情况。

⑤ 一般货物着火后能判明可进站处理时，应进站处理，接车线应选择避开重要建筑物，电化区段应选择能单独断电的线路或进站后转入非电化线路处理。

⑥ 根据司机（车长）报告的火情，在区间灭火困难时，可分部运行到前方站处理。

⑦ 当火势太大，在电化区段致使接触网跳闸断电时，要立即指示扑火力量赶赴现场扑救。

（七）列车在区间突遇水害时的处理

列车调度员得到车站值班员或司机、车长汇报列车在区间突遇水害的报告后：

（1）应立即通知后方站车站值班员扣停续行列车，必要时发布调度命令封锁区间。同时汇报计划调度员及值班主任，计划调度员及值班主任到台协助处理并把关。

（2）指定车站值班员了解现场情况，包括列车车次、后方站开车时刻、区间停车地点、时间、汇报人员姓名、水害的大概情况、续行列车车次、列数。

（3）立即指派工务、电务、供电、电力工区人员前往水害地点抢修。

（4）向相关工种、邻台通报情况，及时做出运行调整。

（5）根据现场人员汇报的情况，限速运行能保证安全时，向列车乘务员发布命令，限速通过水害地段；短时间不能修复时封锁区间，组织区间所有列车按调车办理退回后方站。

（6）根据现场抢修人员的需要，组织调运片石、石渣等防洪用料进入封锁区间卸车。

（7）根据列车运行情况，按等级组织列车反方向或者改按单线行车。

（8）水害线路修复后，根据工务人员提供的运行条件，发布命令开通区间，按要求速度放行列车，第一趟不得放行旅客列车，线路质量达到规定标准后，根据工务人员的汇报，发布命令取消限速。

（9）按规定进行图表注解，根据情况填写《安监报-1》报值班主任。

（10）进行列车运行调整。

（八）接触网停电时的处理

得到车站值班员或司机汇报列车在区间接触网停电的报告后：

（1）列车调度员应立即通知后方站车站值班员扣停续行列车。同时发布调度命令，指示相关列车禁止通过渡线或进入故障停电地段。

（2）立即通知电调查明原因，确认停电影响范围，扣停有关停电范围内的列车。同时做出运行调整，汇报计划调度员及值班主任。计划调度员、值班主任到台协助处理并把关。

（3）列车在区间运行，遇接触网临时停电，应避免停在分相区。

（4）待故障排除接触网恢复供电后，组织列车恢复运行。

（5）指定车站值班员了解现场情况，包括列车车次、后方站开车时刻、区间停车地点、时间、区间开车时间、到达前方站时间、机车型号、司机姓名、核对列车编组、换长。

（6）按规定进行图表注解，根据情况填写《安监报-1》报值班主任。

（7）进行列车运行调整。

（九）机车、车辆溜入区间时的处理

1. 应急要求

（1）列车调度员要详细掌握，所管辖区段线路坡度的有关详细资料和具体情况，对线路坡度超过规定的车站和惯性发生溜车的车站，要重点掌握，并作为重点防范车站，加强预想。

（2）列车调度员要加强中间站车流组织，为中间站作业创造条件，作业中督促车站严格执行有关防溜规定。在平时作业较少的车站进行调车作业时，列车调度员要提前预报，帮助安排好计划，重点交代作业中的防溜工作。

（3）列车调度员要经常检查车站停留车的防溜情况，特别是线路坡度超过规定的车站或天气不良时，要督促车站认真检查。对中间站停留车，列车调度员应在装卸作业完了后，及时组织挂运避免停留时间过长。

2. 处理方法

（1）列车调度员接到机车车辆溜逸进入区间或列车放飏的报告，应迅速查明情况，如溜逸的车数、空重、溜行方向、溜逸原因及溜车方向坡道情况，溜行速度和溜行距离等，及时下达封锁相关区间的命令。并应及时报告值班主任请求协助指挥，但决不可离台去报告或请示，以免贻误时机。

（2）停止向溜车的前方区间发车（必要时也要停止向另一方向发车），已办理发车的要立即关闭出站信号，取消发车。

（3）如果溜逸车辆挂有机车并有制动能力时，可通知车站开放进出站信号，利用机车紧急自动停车装置进行制动。

（4）应立即通知前方车站将关系区间运行的列车接入侧线，命令有关车站开通正线，并采取防溜措施，指示前方车站组织人采取放铁鞋等一切可能的制动措施，争取拦停列车，例如在线路上放置防溜枕木、铁鞋及其他障碍物等，以设法阻挡其继续溜行。

（5）在溜车的前方区间内，如有相对方向列车运行时，很再可能造成正面冲突，除布置区间道口、工区共同堵截车辆外，应立即呼叫相对方向的列车司机迅速停车，必要时乘务人员可暂离机车，防止造成人员无谓伤亡；必要时组织列车退行，避免冲突。

（6）前方有旅客列车或有爆炸等危险货物（包括油罐列车）等，应尽量阻止溜逸车辆停到站内，必要时可将其放入安全线、牵出线、专用线及其他岔线，或用其他办法让其脱轨甚至颠覆，以减少损失。

（7）如溜行车辆前方附近区间有上坡道，亦可将其放入区间，命令车站站长带人迅速赶往区间，当车组减速时组织上车施行手制动，使其尽快停车，并防止在上坡道停车后再反方向溜回。在做此处理时，应让车站站长携带通信工具，以便做事后的处理。

（十）发生货物坠落时的处理

列车调度员得到车站值班员或司机、车长汇报列车在区间或站内货物坠落的报告后：

（1）应指示列车立即停车。并通知后方站车站值班员扣停续行列车。未判明是否影响邻线时，还应扣停邻线列车。同时汇报计划调度员及值班主任，计划调度员及值班主任到台协助处理并把关。

（2）尽快组织人员将坠落货物移出线路，不要影响本、邻线列车运行。

（3）整理坠落货物的车辆，能保证运行安全时，运行至前方站，再行整理。必要时通知列检人员对车辆进行检查。

（4）指派车站站长会同公安前往区间，将遗留货物运回车站。

（5）如坠落货物的车辆，不能随同本列继续运行时，应在车站甩车处理。

（6）车站应将运回的坠落货物装车，并整理后编制《普通记录》侍挂。

（7）指定车站值班员详细了解情况，包括列车区间起、停车时间，到达前方站时间，机车型号、司机姓名、车长姓名、坠落货物车辆的发站、到站、货物品名等。

（8）按规定进行图表注解，根据情况填写《安监报-1》报值班。

（9）进行列车运行调整。

（十一）车辆走行部异音（状）的处理

列车调度员接到车辆走行部异音（状）报告后：

（1）应详细了解情况立即指示车站（使用电台、关闭信号、使用手信号）扣停列车。

（2）报告计划调度员、值班主任。计划调度员、值班主任并通知检调及有关部门。

（3）针对实际按下列办法处理：停车后查明的实际情况。

① 制动梁脱落。

捆绑、关门排风、进站停车，彻底处理，发车；处理前不准进站。

② 燃轴。

按燃轴处理程序办理。

③ 车轮踏面擦伤。

指示限速运行至前方站处理。听取现场检调处理意见。

（4）按规定进行图表注解，根据情况填写《安监报-1》报值班主任。

（5）进行列车运行调整。

（十二）列车在区间碰轧行车或碰撞车辆、路料、设备等造成停车的处理

列车调度员得到车站值班员或司机、车长汇报列车在区间因碰轧行人或碰撞设备、车辆、路料等造成停车的报告后：

（1）应立即通知后方站车站值班员扣停续行列车。同时做出运行调整，汇报计划调度员

及值班主任，计划调度员及值班主任到台协助处理并把关。

（2）在双线、多线区段要特别询问是否影响相邻线，影响时还应立即通知相关车站值班员扣停邻线列车，发布调度命令封锁邻线区间，指示现场人员做好对本列和邻线的防护工作。

（3）指定就近车站站长、派出所公安人员迅速赶往现场协助处理。

（4）要求就近值班员随时了解现场情况和需求及时汇报，指示现场人员尽快清除障碍恢复运行。

（5）如机车、车辆有破损不能继续运行时，应根据现场救援请求，发布调度命令封锁区间，向封锁区间派出救援列车或救援单机尽快恢复运行。

（6）指定救援列车发车站站长随乘指挥救援工作。

（7）待确认不妨碍邻线行车时，方可发布调度令开通区间，通知车站向邻线放行列车。

（8）救援完毕后，按规定程序发布调度令开通区间。

（9）指定车站值班员详细了解情况，包括列车车次、后方站开车时刻、停车地点、救援列车出发、区间起停车时间、到达前方站的时刻、机车型号、司机姓名、车长姓名、列车牵引总重、换长等。

（10）按规定进行图表注解，根据情况填写《安监报-1》报值班主任。

（11）进行列车运行调整。

（十三）运行途中遇机车信号、列车运行监控记录装置、列车无线调度通信设备故障时的处理

机车信号、列车无线调度通信设备、列车运行监控记录装置必须全程运转，严禁擅自关机。

列车调度员得到车站值班员或司机汇报机车信号、列车运行监控记录装置、列车无线调度通信设备故障报告后：

（1）遇列车无线调度通信设备发生故障时，列车应在前方站停车报告。

（2）列车调度员应及时发给司机机车无线电台故障准其继续运行的调度命令。

（3）在自动闭塞区间，遇机车信号、列车运行监控记录装置发生故障时，列车以不超过 20 km/h 的速度运行至前方站，前方站到发线不具备更换机车条件时，可根据列车调度员的调度命，以不超过 20 km/h 的速度、按地面信号显示运行至下一站，及时安排机车进行更换。非自闭区段机车信号故障时，可发令维持运行，根据情况可安排更换机车。

（4）对转往其他台或邻路局的列车应将命令内容同时告知。

（5）按规定进行图表注解并通知机调，根据情况填写《安监报-1》报值班主任。

（6）进行列车运行调整。

（十四）列车在区间被迫停车时的处理方法

1. 列车在区间被迫停车后，不能继续运行时

（1）司机应立即使用列车无线调度通信设备通知两端站、列车调度员及运转车长（无运转车长为车辆乘务员）；

（2）报告停车原因和停车位置；

（3）根据需要或运转车长指示迅速请求救援；

（4）需要防护时，列车前方由司机负责，列车后方由运转车长（车辆乘务员，列车乘务员）负责；

（5）遇自动制动机故障，旅客列车司机应通知运转车长（车辆乘务员）立即组织列车乘务人员拧紧全列人力制动机，以保证就地制动；

（6）其他列车司机应立即采取安全措施，并向列车调度员报告，请求救援。

2. 对已请求救援的列车

（1）不得再行移动；

（2）并按规定对列车进行防护。

3. 车站值班员接到司机通知后

（1）应将区间内列车运行情况通知司机；

（2）立即使用列车无线调度通信设备转告区间内有关列车；

（3）在停车原因消除前不得再放行追踪、续行列车。

4. 列车被迫停车可能妨碍邻线时

（1）司机应立即用列车无线调度通信设备通知邻线上运行的列车和两端站；

（2）与运转车长（无运转车长为车辆乘务员）分别在列车的头部和尾部附近邻线上点燃火炬；

（3）在自动闭塞区间，还应对邻线来车方向短路轨道电路；

（4）司机应亲自或指派人员沿邻线一侧对列车进行检查；

（5）发现妨碍邻线时，应立即派人按规定防护；

（6）发现邻线有列车开来时，应鸣示紧急停车信号；

（7）车站值班员接到列车被迫停车可能妨碍邻线的通知后，在原因消除前不得向邻线放行列车。

5. 列车在区间被迫停车后，根据下列规定放置响墩防护

（1）已请求救援时，从救援列车开来方面（不明时，从列车前后两方面），距离列车不少于 300 m 处防护；

（2）电话中断后发出的列车（持有“红色许可证” 之通知书的列车除外），应于停车后，立即从列车后方按线路最大速度等级规定的列车紧急制动距离位置处防护；

（3）对于邻线上妨碍行车地点，应从两方面按线路最大速度等级规定的列车紧急制动距离位置处防护，如确知列车开来方向时，仅对来车方向防护；

（4）列车分部运行，机车进入区间挂取遗留车辆时，应从车列前方距离不少于 300 m 处防护。

防护人员设置的响墩，待停车原因消除后可不撤响墩。

6. 下列情况列车不准分部运行

（1）采取措施后可整列运行时；

（2）对遗留车辆未采取防护、防溜措施时；

（3）遗留车辆无人看守时；
（4）列车无线调度通信设备故障时。

7. 列车必须分部运行时

（1）司机应使用列车无线调度通信设备报告前方站和列车调度员；
（2）并做好遗留车辆的防溜和防护工作；
（3）司机在记明遗留车辆辆数和停留位置后，方可牵引前部车辆运行至前方站；
（4）在运行中仍按信号机的显示进行；
（5）在半自动闭塞区间，该列车必须在进站信号机外停车（司机已用列车无线调度通信设备通知车站值班员列车为分部运行时除外），将情况通知车站值班员后再进站；
（6）车站值班员应立即报告列车调度员封锁区间；
（7）待将遗留车辆拉回车站，确认区间空闲后，方可开通区间。

五、列车运行应急处理案例

（一）列车在区间坡停的处理

列车调度员得到车站值班员、司机、车长汇报列车在区间请求救援的报告后：

（1）应立即通知后方站车站值班员扣停续行列车。

（2）及时发布调度命令封锁区间，向封锁区间派出救援单机。

（3）同时汇报计划调度员及值班主任，计划调度员及值班主任到台协助处理并把关。

（4）指定车站值班员了解现场情况，包括列车车次、后方站开车时刻、区间停车地点、时间、后续列车情况、请求救援人员姓名、核对列车编组、换长、续行列车车次、列数。

（5）根据现场救援请求及相关情况，确定救援方案，值班主任进行把关，同时做出运行调整。

（6）在自动闭塞区间，利用后续机车担任救援时，可使用无线调度电话直接或通过车站向司机发布命令（必须具备良好的转接设备和通信记录装置，不具备时应由车站转发或派人送达）。注意列车摘机车前必须作好防溜，在电化区段如需停电采取防溜措施时，根据请求及时发布停车电命令并与电调进行相互签认。

（7）双机牵引区段在有桥梁限制重联台数的区间，注意列车停车位置及救援方式。

（8）在使用列尾的区段尾部救援时注意提醒车站携带主机钥匙。

（9）指定救援单机发车站站长随乘或就近车站站长赶往区间指挥救援工作和协助后续列车防护防溜。

（10）请求救援的列车被救援整列起动后，利用列车无线电台通知后续列车开车，并通知下一列。

（11）在自动闭塞区间，利用后续列车的机车担任救援单机时，被救援列车到达前方站后，本务机应开行救援单机返回封锁区间，挂取区间遗留列车，按程序按标准及时发布相关调度命令。

（12）救援完毕后，按规定程序发布调度命令开通区间。

（13）指定车站值班员详细了解情况，包括救援列车出发、区间起、停车时间、后续列车起、停车时间、到达前方站的时刻、机车型号、司机姓名、车长姓名、站长姓名等。

（14）按规定进行图表注解，根据情况填写《安监报-1》报值班主任。

（15）进行列车运行调整。

[例 1]甲—乙—丙间为双线自动闭塞，货物列车区间纯运行时间为 10 min，旅客列车区间纯运行时间为 7 min。23003 次 9：10 甲站开，23004 次 9：17 分丙站开。9：15 分丙站值班员报告，23001 次在乙—丙间下行线 K83+300 处坡停，司机请求救援，应如何处理（全过程的调度命令）？

（1）丙站车站值班员接到司机列车在区间机故的报告后，立即报告列车调度员及车站领导。

（2）列车调度员指示立即拦停 23003 次续行列车，车站派员到现场协助工作，做好后续 23003 次列车的防护工作。

（3）列车调度员下达封锁乙-丙间下行线区间命令。

（4）指定丙站 23004 次本务机担任救援任务，将 23001 次拉回丙站。

（5）23003 次到达丙站后，确认区间空闲，下令开通乙-丙下行线区间。

命令一：

受令处所：乙、丙站，丙站交 23001、23004 次司机

命令内容：乙站至丙站间下行线因 23001 次在乙—丙间下行线 K83+300 处坡停，自接令时起乙站至丙站下行线封锁。

准许丙站利用 23004 次机车开行 58102 次进入封锁区间 83 km 300 m 处进行事故救援，将 23001 次拉到丙站（返回开 58101 次）至丙站。丙站站长随乘到现场指挥工作。

命令二：

受令处所：乙站、丙站

命令内容：根据丙站车站值班员报告，58101 次于×时×分到达丙站，区间空闲，自接令时乙站至丙站下行区间开通。

（二）列车在区间冲突、脱轨等需开行救援列车的处理

得到车站值班员或司机、车长汇报列车在区间冲突、脱轨的救援请求后：

（1）列车调度员应立即通知后方站车站值班员扣停续行列车。影响邻线时应立即通知相关车站值班员扣停邻线列车。

（2）根据现场救援请求，发布调度命令封锁区间。迅速通知值班主任，并立即向救援列车、机务段值班室、救援队发布出动命令，向有关站段发布救援列车运行命令。值班主任应按行车事故救援通报程序进行通报。

（3）同时做出运行调整，汇报计划调度员。计划调度员及值班主任到台协助处理并把关，立即安排救援方案，以调度命令下达到两端站车站值班员。车站站长应根据调度命令带领有关人员、携带必要的工具随车进入区间担当组织救援工作。

（4）根据现场救援请求及具体情况采取不同的措施，若是事故列车机车仍可运行时，可

采取本务机车牵引良好车辆到达前方站；或组织后方站派出救援单机进入封锁区间挂取列车尾部良好车辆；若是有后续列车时，应组织后续列车全部退回后方站；影响邻线的应组织邻线列车全部退回原发站；为救援列车进入封锁区间救援创造条件。

（5）组织救援列车尽快出动，迅速放行，并安排好机车接续及列检作业。

（6）电气化区段应使用内燃机车牵引救援列车，进入事故封锁区间前，应通知电调将接触网停电。

（7）救援列车到达事故发生的两端站后，根据拟定的救援方案，向事故封锁区间发出救援列车。根据现场救援的进展和需求，组织调拨其他机具、路料尽快起复。

（8）事故起复完毕，故障车辆、救援列车都到达车站后，根据工务提供的运行条件，发布命令，开通区间。

（9）通知电调给接触网送电。

（10）组织救援列车及时返回驻地。

（11）指定车站值班员详细了解情况，包括事故列车区间起、停车时间，到达前方站时间；救援单机、列车，出发时间、区间起、停车时间、返回车站的时刻；后续列车区间起、停车时间，退回后方站时刻等；机车型号、司机姓名、车长姓名、随乘站长姓名等。

（12）按规定进行图表注解，根据情况填写《安监报-1》报值班主任。

（13）进行列车运行调整。

[例 2]甲—乙—丙间为双线自动闭塞，10001 次于 9:00 运行到乙站—丙站间下行线 K185+300 处机后第 10 位脱轨，9:10 司机请求救援。10003 次 9:08 到乙站，甲站为救援列车停放站，K203 次 10:32 到乙站，10:38 开。经局令 2001 号批准 K203 次反方向运行。如何处理?写出全过程的调度命令。

处理过程：

（1）根据司机救援请求，封锁乙—丙站间下行线区间，指定 10001 次司机牵引前部良好车辆到丙站。

（2）向甲站发救援列车出动命令。

（3）指定 10003 次机车担当救援，将 10001 次后部未脱线车辆拉回乙站。

（4）发布救援列车运行命令。

（5）救援列车进入事故区间救援。

（6）请示值班主任批准，发布旅客列车反方向运行及注意邻线救援工作的命令。

（7）发布线路开通命令。

（8）救援列车返回，区间开通，恢复双线行车。

命令一（封锁区间）

受令处所：乙站、丙站，丙站交 10001 次司机

命令内容：乙站至丙站间下行线因 10001 次运行到乙站—丙站间下行线 K185+300 处机后第 10 位脱线，自接令时起乙站至丙站下行线区间封锁。

命令二（救援列车出动）

受令处所：甲站、机务段

命令内容：因乙站至丙站间下行线发生事故，9:43 救援列车立即出动。

命令三（救援单机进入区间挂取后部未脱线车）

受令处所：丙站、乙站，乙站交 10003 次司机

命令内容：因 10001 次运行到乙站—丙站间下行线 K185+300 处机后第 10 位脱线，前部未脱线车辆已拉往丙站，区间已封锁，准许乙站利用 10003 次机车开行 58101 次进入封锁区间 K185+300 处将后部未脱线车 40 辆拉回乙站，返回开 58102 次至乙站，凭乙站引导手信号进站，乙站站长随乘到现场指挥工作。

命令四（救援列车开行）

受令处所：甲站、乙站，甲站交 58103 次司机

命令内容：甲站至乙站间加开 58103 次，甲站 9:43 开，限速 80 km/h，按现时分办理。

命令五（向封锁区间开行救援列车）

受令处所：乙站、丙站，乙站交 58103 次司机

命令内容：准许乙站开 58103 次，进入乙站至丙站间下行线封锁区间 185 km 300 m 处进行事故救援，准 58103 次推进运行到封锁区间 185 km 300 m 处担任救援起复工作，返回开 58104 次，凭乙站引导手信号进站。

命令六（双线反方向行车）

受令处所：乙站、丙站，乙站交 K203 次司机、车长

命令内容： 因乙-丙站间下行线事故封锁，自接令时起，乙站至丙站间上行线停用基本闭塞法，改用电话闭塞法行车。准许 K203 次在乙站至丙站间利用上行线反方向运行，注意邻线救援列车作业，凭乙站引导手信号进站。K203 次到丙站后，恢复基本闭塞法行车。

命令七（开通封锁区间）

受令处所：乙站、丙站

命令内容：根据乙站车站值班员报告，乙站至丙站间下行线脱轨车辆于 10:49 起复，线路具备连续通行客货列车条件，58103 次于 11：00 已到达乙站，救援完毕，区间已空闲，自接令时起区间开通。

（三）列车在区间断钩需分部运行的处理

得到车站值班员或司机、车长汇报列车在区间断钩的报告

（1）列车调度员应立即通知后方站车站值班员扣停续行列车并通知后续列车。同时做出运行调整，汇报计划调度员及值班主任。计划调度员及值班主任到台协助处理并把关。

（2）指定车站值班员了解现场情况，包括列车车次、后方站开车时刻、区间停车地点、时间、报告人员姓名、特别是断钩车辆位置、前钩还是后钩、车辆损坏程度等。核对列车编组、换长、续行列车车次、列数。

（3）根据具体情况采取不同措施，若是钩舌损坏，钩型适宜更换且具备重新连挂的条件时，可用机车前端或列车尾部的钩舌更换；否则应根据车钩损坏的位置分别处理，若是后钩断，可采本务机车牵引前部车辆到达前方站后，再返回区间挂取遗留车辆；若是前钩断，则需由本务机车牵引前部车辆到前方站，同时组织后续列车全部退回后方站，再由后方站派出

救援单机，进入封锁区间将遗留车辆拉回后方站。

（4）钩舌损坏，钩型适宜更换且具备重新连挂的条件时，组织尽快更换，需重新连挂时，必须在条件具备的情况下，方准进行连挂。列车区间分离后，后部车列（辆）位于下坡道方向，凡有下列情形之一时不准再行连挂。

① 后部车列（辆）停留在区间实际坡度超过6%的下坡道线路上时；

② 车辆连接装置严重破损，修复难度大，预计时间大时；

③ 列车处于长大坡道，机车牵引力不能使列车移动时；

④ 列车处于长大坡道，缓解列车制动后机车制动力不足以维持车列停留，易溜逸时；

⑤ 断钩处所位于曲线弯道地段，不具备重新联挂的条件时；

⑥ 列车发生的故障乘务员不能自己处理时。

（5）列车调度员接到列车分离需分部运行的请求时，应立即安排救援方案，以调度命令下达到两端站车站值班员。车站站长应根据调度命令带领有关人员、携带必要的工具随车进入区间担当组织救援工作。

（6）需分部运行时要对所分离的后部车列（辆）在下坡道方向施行有效防溜措施。在防溜的同时，要特别注意接触网是否停电，桥梁是否有护栏、行走通道是否有危险等情况，确保人身安全。

（7）遇天气不良，或停在山洞、桥梁、弯道等情况或在高坡区段连挂困难时，必须保证安全。严禁条件不具备的情况下盲目连挂。

（8）采取由后方站派出救援单机拉回遗留车辆方案时，首先组织后续列车全部退回后方站后，再派出救援单机进入封锁区间将遗留车辆拉回后方站，并指定救援单机发车站站长随乘指挥救援工作。

（9）采取本务机车牵引前部车辆到达前方站后，再返回区间挂取遗留车辆时，要求救援列车整列起动后，利用列车无线电台通知后续列车开车，并通知下一列。

（10）救援完毕后，按规定程序发布调度命令开通区间。

（11）指定车站值班员详细了解情况，包括分部运行的车列区间起、停车时间，到达前方站时间；救援单机出发时间、区间起、停车时间、返回车站的时刻；后续列车区间起、停车时间，退回后方站时刻；机车型号、司机姓名、车长姓名、随乘站长姓名等。

（12）按规定进行图表注解，根据情况填写《安监报-1》报值班主任。

（13）进行列车运行调整。

[例3]车辆前钩折断，利用邻站机车救援

（1）×日×时×分13057次司机用列车无线调度通信设备报告甲站值班员，13057次运行到甲站—乙站间下行线K105无人看守道口处，因行人抢道非常制动于×时×分停车，无人员伤亡，后第26位前钩折断，经司机确认，无法使用列车尾部车钩与机车前钩更换，司机请求救援。应如何处理?

处理过程：

① 接到司机救援请求后，立即封锁区间。

② 指定13057次本务机牵引前部良好车辆到乙站。

③ 指定13059次机车担任救援工作，将13057次后部拉回甲站。

④ 救援列车返回后，确认区间空闲，开通区间。

命令一：

受令处所：甲站、乙站，甲站交13059次司机并转13057次司机

命令内容：甲站至乙站间下行线因13057次在K105处机后第26位前钩折断，自接令时起，区间封锁。

准许甲站利用13059次机车开行58101次进入封锁区间K105处挂取遗留车辆，将13057次遗留车拉回（返回开58102次）至甲站。甲站站长随乘到现场指挥工作。

命令二：

受令处所：甲站、乙站

命令内容：根据甲站值班员报告，甲站至乙站间下行线救援完毕，区间已空闲，自接令时起甲站—乙站间下行线开通。

（2）前钩折断，利用区间后续列车救援。

×日×时×分丙站值班员报告，12301次现车56辆，运行到乙站—丙站下行线K183+200 m处，机后第25位前钩折断，司机请求救援（不能更换车钩），12303次已进入区间，应如何处理?

处理过程：

① 利用列车无线调度通信设备通知后续列车12303次立即停车，根据司机救援请求，封锁区间。

② 指示车站派员到现场协助工作。

③ 指定12301次司机将前部车辆拉到丙站。

④ 指定12301次司机担任救援，进入区间将后部32辆拉回到丙站。

⑤ 通知12303次列车运行。

⑥ 12303次到丙站后，确认区间空闲，开通区间。

命令一：

受令处所：乙站、丙站、丙站交12301次司机，乙站交12303次司机

命令内容：乙站至丙站间下行线因12031次在K183+200处机后第25位前钩折断，自接令时起，区间封锁。

准许丙站利用12301次机车开行58102次进入封锁区间K183+200处挂取遗留车辆，将12301次遗留车拉回（返回开58101次）至丙站。丙站站长随乘到现场指挥工作。

命令二：

命令处所：乙站、丙站

命令内容：根据丙站值班员报告，乙站至丙站间下行线12303次于X时X分到达丙站，救援完毕，区间已空闲。自接令时起乙站—丙站间下行线开通。

六、救援列车的开行

救援列车是铁路交通事故应急救援的专业队伍，铁路各部门要强化救援队伍建设，坚持专业救援与兼职救援相结合，日常训练与专业培训相结合，做到“训练有素、快速出动、处置得当、保障救援”。

救援列车是指当站内或区间发生冲突、脱轨、颠覆等行车事故，以及自然灾害侵袭造成行车中断等危急情况时，为迅速排除故障，尽快恢复行车而赶赴事故现场担当抢险、救援的列车。包括担当救援任务的单机、动车、重型轨道车等，也包括专用事故教授列车。

（一）救援列车设置和设施设备

在铁路总公司规定的地点设救援列车，救援列车设置应遵循布局合理、到达事故地点快捷的原则。各铁路局所在地的救援列车设为救援列车基地。铁路局机务处应设救援列车专职管理人员。救援列车的日常管理由机务段（合资、地方铁路公司由公司指定机构）负责，实行段长（合资、地方铁路公司分管副总经理）负责制。配属救援列车的机务段设救援车间，管理救援列车工作。

救援列车主任和专业人员应保持相对稳定，各工种实行三班倒制，定员按规定配备。救援列车专业人员的着装应统一，配发救援服，服装颜色为国际通用的救援抢险色，臂章应有明显的抢险标志，并标明职名。

无救援列车的编组站、区段和二等以上车站，铁路局应组织有关站（段）专业人员，组成不脱产的事故救援队。救援队长应由铁路局指定与行车有关的车务段长或车站站长担任。救援队由车务、机务、工务、电务、车辆、供电等人员组成。

电气化铁路在接触网工区配备供电线路修复车和接触网抢修车。

救援列车应经常处于整备待发状态，其工具备品均应保持齐全整洁，作用良好。除执行任务外，日常不准动用，执行任务后短缺的工具备品，应及时补齐。

救援列车轨道起重机、专用车辆，应按国家标准喷刷规定的工程抢险救援颜色和图形。

救援列车由 8 辆专用车辆编组：宿营车、指挥车、餐车、发电车、2 辆工具车、吊臂平车、轨道起重机。救援列车的各车辆应配置灭火器材。指挥车、宿营车、餐车、发电车应有防暑、防寒设备。餐车应装备冷冻冷藏和开水供应设备，并且储备满足本列车全员食用三至五天的食品。

救援列车原则上应全列车出动，平时应编组成出动时不需要改编的完整车列，轨道起重机置于停放库的允许联挂一次。救援列车的编组顺位，应根据出动迅速、作业方便的原则，由铁路局确定，并纳入细则。轨道起重机应置于救援列车的一端，不得联挂于中部（特殊情况除外）。各车辆及轨道起重机的制动软管应连结，制动机和基础制动装置应处于良好状态。

救援列车必须停放在机车段或车站的固定线路上，两端道岔扳向不能进入该线的位置并加锁。救援列车停留线原则应两端接通，便于救援列车出动，具备轨道起重机回转条件，上方不准挂接触网。

（二）救援列车的开行

1. 救援列车出动

（1）救援请求。

由运转车长、司机、或工务、电务、供电等人员通过车站值班员或直接向列车调度员请求救援。车站值班员接到救援请求后，要详细了解是否影响邻线、列车前后部的准确停车位置及列车编组情况，掌握被救援列车的前后部列车运行情况，并及时报告列车调度员和站长。

（2）封锁区间。

列车调度员接到救援请求后，根据现场情况，确定救援方案，及时向有关车站发布调度命令封锁区间。

（3）救援列车出动。

发生铁路交通事故后，由铁路局列车调度员根据需要分别向救援列车、接触网工区和接触检修作业车或接触网抢修列车发布出动命令和行车命令，向救援队发布出动命令。同时简要说明事故概况（事故车辆种类、辆数、地点、线路条件等情况）。

需要救援列车跨铁路局出动时，由铁路总公司机车调度员发布出动命令。

列车调度员下达救援出动命令后，必须迅速出动。救援队确保 20 min 内出动；接触网工区和接触检修作业车或接触网抢修列车确保白天 15 min、夜间 20 min 内出动；救援列车确保 30 min 内出动。

2. 救援列车开行

开往事故现场救援、抢修、抢救的专业救援列车、单机、动车、重型轨道车均视为救援列车，使用救援列车车次，在运行中优先办理。铁路局列车调度员应及时下达救援列车开行命令，告知沿途各站救援列车的加开。

3. 向封锁区间开行救援列车

（1）行车凭证。

不办理行车闭塞手续，以列车调度员的命令，作为进入封锁区间的许可。该调度命令中应说明救援地点、往返车次等。当列车调度电话不通时，应由接到救援请求的车站值班员根据救援请求办理，救援列车以车站值班员的命令，作为进入封锁区间的许可。

救援列车在非封锁区间运行时，仍按该区间行车闭塞法运行，行车凭证为该区间行车闭塞法的行车凭证，可优先办理。

（2）对救援列车司机的要求。

司机接到救援命令后，机车乘务员必须认真确认。命令不清、停车位置不明确时，不准动车。救援列车进入封锁区间后，在接近被救援列车或车列 2 km 时，要严格控制速度，同时，使用列车无线调度通信设备与请求救援的机车司机进行联系，或以在瞭望距离内能够随时停车的速度运行（最高不得超过 20 km/h），在防护人员处或压上响墩后停车，联系确认，并按要求进行作业。

4. 事故救援完毕的处理

（1）救援列车返回。

事故救援工作结束后，救援列车主任应立即报告现场指挥，现场指挥通知车站值班员或列车调度员，列车调度员下达调度命令，指示救援列车开往就近车站，迅速恢复行车。救援列车作业完毕后，铁路局调度所值班主任应及时恢复救援列车的原编组顺位，组织救援列车迅速回头驻地。

（2）开通区间。

列车调度员接到现场事故救援完毕的报告后，确认现场无伤亡人员遗留，并拆除、回收、移送救援设备设施，已清除障碍物，查明区间确已空闲后，向两端车站发布开通区间的调度命令，恢复正常行车。如列车需要限速运行时，列车调度员必须发布限速运行的调度命令。

（三）救援列车进出封锁区间的联系

救援列车的出发或返回，均通知列车调度员及对方站救援列车每次进入封锁区间或返回车站，均应报告列车调度员救援列车的到发时刻、拉回车数、救援进度和要求等，以便于列车调度员掌握救援进度，及时安排救援人力、材料等。将上述情况通知对方站，是为了使对方站了解区间救援情况及救援列车的运行情况。

在较复杂的事故救援现场设立临时线路所，负责指挥和掌握救援现场行车有关工作，能够及时与列车调度员、车站值班员联系，加速救援进度，两端站可同时向事故现场开行救援列车，临时线路所值班员由就近车站的站长或车站值班员担任。

设有临时线路所时，车站值班员发车前，应商得线路所值班员同意，以便及时做好接车准备和防护工作。线路所值班员每次向两端站发车时，也必须征得列车调度员和车站值班员的同意。

救援列车向临时线路所运行时，防护地点外停车，引导人员将事故地点情况告知司机及有关人员，撤除防护后，列车按调车办理进入指定地点，发车时，先撤除防护后发车。

（四）现场救援工作

1. 救援指挥

迅速将受伤人员送往医院抢救，最大限度地减少人员伤亡。防止事故的蔓延和扩大。优先开通线路，后清理现场。电气化铁路遵循“先通后复”的原则。尽快组织救援队、接触网检修作业车（抢修列车）和救援列车进入事故现场进行事故救援起复工作。参加事故救援工作的有关单位和人员，按照任务要求，联劳协作、平行作业、交叉作业、争分夺秒，迅速组织起复作业。

事故现场的起复工作由救援列车主任单一指挥铁路交通事故应急救援响应等级如下：特别重大事故由铁路总公司报请国务院启动，或者由国务院授权的部门启动；重大事故由铁路总公司启动；较大事故、一般事故由安全监管办启动或者督促铁路运输企业事故应急救援工作机构启动。

现场救援工作实行总指挥负责制，按照事故应急救援响应等级，由相应负责人担任总指挥，或者视情况由上级事故应急救援工作机构指定人员担任临时总指挥，统一指挥现场救援工作。各工作组及参加事故应急救援的单位、部门应当确定负责人。现场总指挥以及参加事故应急救援的各工作组负责人、各单位和部门负责人、作业人员应当区别佩戴明显标志。

救援列车进行起复作业时，由救援列车主任单一指挥。但是事故救援起复方案须经现场救援总指挥批准，并且无权擅自更改救援方案。

2. 救援队职责

救援队接到出动行车调度命令后，由救援队长负责迅速召集有关单位救援人员迅速赶赴事故现场，负责勘查现场并组织实施人员救助及做好救援准备工作。比如安装电话和信息传输设备、协助医护人员救护或转运伤员、接通照明及给水设备、根据需要拆除或拨移影响救援作业的接触网、清除影响作业的障碍物等。

3. 就近车站的职责

在事故调查处理委员会人员到达前，站长或车站值班员应随乘发往事故地点的第一列救援列车（分部运行时挂取遗留车辆的机车除外）到事故现场，并携带必要的行车紧急备品，负责指挥列车有关工作。成立临时线路所时，担任临时线路所车站值班员工作。

4. 救援列车主任的职责

救援列车到达事故现场后，救援队长应向救援列车主任报告现场情况及已实施的救援工作，转由救援列车主任负责指挥救援。救援列车主任应勘察事故现场，迅速拟定救援起复方案，经现场救援总指挥批准后，立即部署事故救援工作，明确分工，并迅速组织起复作业。在电气化区段需要停电作业时，必须申请停电，接到停电命令，做好轨道起重机接地防护后，方准进行作业。对动车组及安装密接式车钩的车辆救援时，车辆的分离、连接及端头管线的处理，事故现场有车辆专业人员时，由其负责完成。

实训练习

1. 按照设备故障的汇报程序模拟办理设备故障的汇报工作。
2. 练习出站信号机故障时办理的发车方法。
3. 模拟办理列车在区间被迫停车时的处理方法。
4. 模拟办理列车遇到线路塌方时的应急处理方法。
5. 熟悉救援列车的整体救援过程。

任务二　施工条件下行车组织

任务描述

本任务主要包括营业线施工的分类、天窗和慢行的规定、施工等级的划分、施工组织领导、施工计划的编制与审批、施工组织与实施、施工登销记程序、行车部门的责任划分等学习内容。通过学习，使同学们掌握施工作业时的行车组织办法。

知识准备

营业线施工必须把确保行车安全放在首位，坚持“安全第一、预防为主、综合治理”

的方针，建设、设计、施工、监理、行车组织、设备管理等单位和部门必须严格执行《中华人民共和国安全生产法》《铁路运输安全保护条例》《建设工程安全生产管理条例》《铁路交通事故应急救援和调查处理条例》等有关规定。影响营业线设备稳定、使用和行车安全的施工，必须纳入天窗，对影响行车和施工安全的每个环节，都必须强化管理，确保行车和施工安全。

一、营业线施工的分类

营业线施工是指影响营业线设备稳定、设备使用和行车安全的各种施工，分为施工作业和维修作业。

1. 施工作业

（1）线路及站场设备技术改造，增建双线、新线引入、电气化改造等施工。

（2）跨越、穿越线路、站场，架设、铺设桥梁、人行过道、管道、渡槽和电力线路、通信线路、油气管线等设施的施工。

（3）在线路安全保护区内架设、铺设管道、渡槽和电力线路、通信线路、油气管线等设施的施工。

（4）在规定的安全区域内实施爆破作业，在线路隐蔽工程（含通信、信号、电力电缆径路）上作业，影响路基稳定的各种施工。

（5）在信号、联锁、闭塞、CTC/TDCS、列控、通信等行车设备上的大中修施工作业。

（6）线路大中修，路基、桥隧大修及大型养路机械施工作业，接触网大修作业。

2. 维修作业

维修作业应利用维修天窗进行，作业开始前不需限速，结束后须达到正常放行列车条件。

二、天窗和慢行的规定

天窗是指列车运行图中不铺画列车运行线或调整、抽减列车运行线为营业线施工、维修作业预留的时间。

（一）天窗的分类及规定

天窗按用途分为施工天窗和维修天窗，按形状分为 V 形天窗和矩形天窗（或垂直天窗）。

1. 施工天窗

技改工程、线路大中修及大型机械作业、接触网大修时，不应少于 180 min。

2. 维修天窗

电气化双线不应少于 90 min，单线不应少于 60 min；非电气化双线不应少于 70 min，单线不应少于 60 min。

3. V 形天窗

每一供电臂依次随列车运行线逐一停电、送电，在列车运行图中表现为与列车运行线平行的空白。如图 9.3 和 9.4 所示。

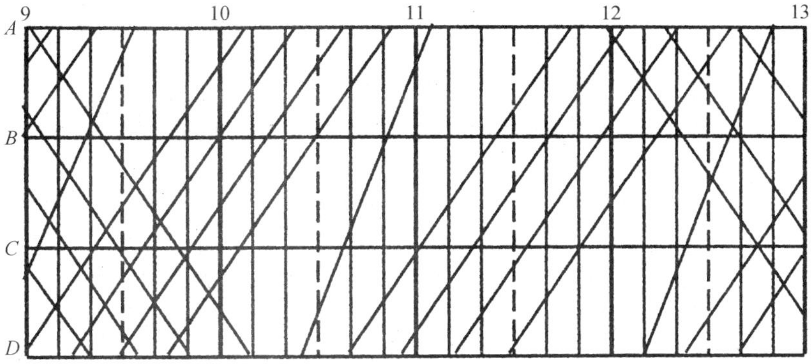

图 9.3 下行 V 形天窗

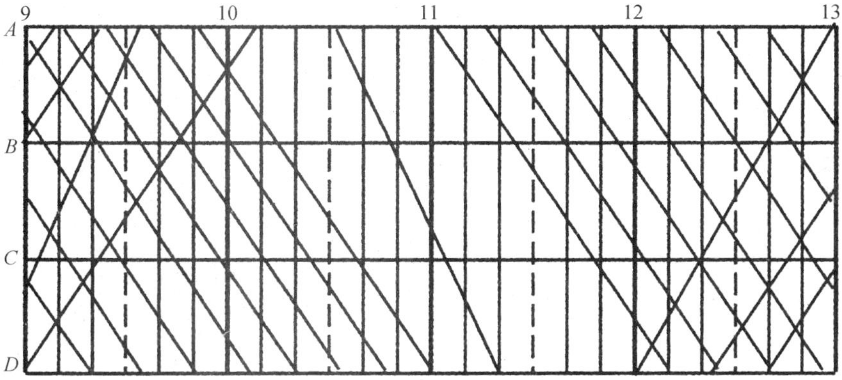

图 9.4 上行 V 形天窗

4. 矩形天窗（或垂直天窗）

在同一时间内全区段同时停电检修，检修完毕后同时供电，这在列车运行图中表现为一矩形空白。如图 9.5 所示。

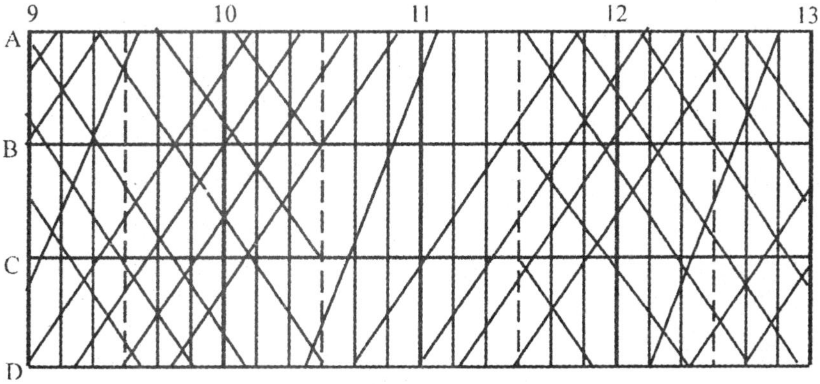

图 9.5 垂直天窗

维修天窗在时间安排上应与施工天窗重叠套用。如图 9.6 所示。除春运、暑运、黄金周及国铁集团调度命令停止外，原则上维修天窗每月每区间不应少于 20 次（双线为单方向）。维修单位不需要时，可不申请或减少天窗时间，不计入天窗修考核。

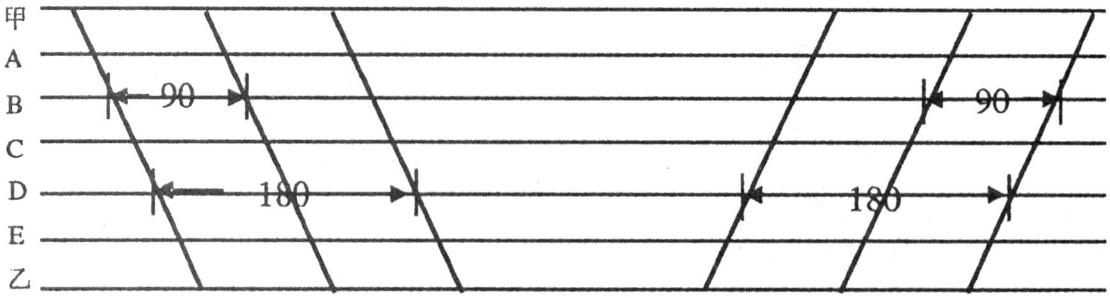

图 9.6　维修天窗与施工天窗重叠套用

（二）提高天窗利用效率

施工路用列车跟随列车进入施工区间的行车办法：

（1）在自动闭塞区段有计划施工（含接触网检修）时，施工路用，列车可跟随最后一趟列车按货物列车追踪间隔进入区间，待前行列车整列到达前方站后，再封锁区间进行施工作业。如图 9.7 所示。

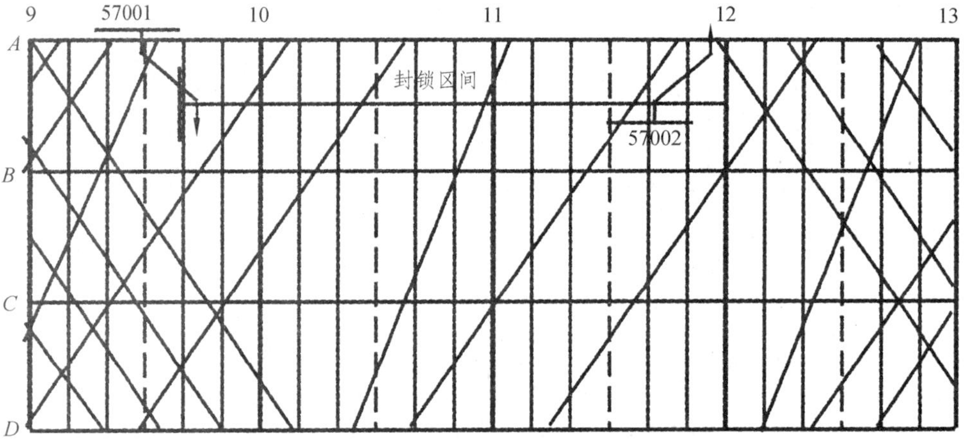

图 9.7　封锁区间施工

（2）追踪进入区间的路用列车进入区间的行车凭证为出站信号机显示的进行信号。在未接到封锁区间的命令前，按自动闭塞法行车，到达指定地点后停车待命。

（3）各相关单位应根据上述规定制定具体行车办法和施工安全措施，严把命令、凭证、进站、防护等关键，确保行车和施工安全。

（三）天窗的规定

（1）维修天窗在时间安排上应与施工天窗重叠套用，除春、暑运，黄金周及铁路总公司调度命令停止外，原则上每月每区间不应少于 20 次（双线为单方向）。

（2）各条线路天窗时间和位置在编制列车运行图时确定，铁路局调整繁忙干线和影响跨局运输的干线天窗必须报铁路总公司运输局批准。

（3）双线车站同时影响上下行正线的渡线道岔或影响全站信号设备正常使用的电务为主、工务综合利用的设备检修，每月应保证 2 次，每次不少于 30 min 的封锁时间。编组、区段站，可按接发列车方向划分联锁区，按联锁区每月应保证 1 次不少于 30 min 的封锁时间。

（4）编组、区段站每个供电臂每月应保证 1 次不少于 30 min 的封锁停电时间。具备条件的电气化双线区段，应适当安排垂直检修天窗。

（5）不影响跨局运输的干线和支线施工，天窗时间和次数可由铁路局适当调整。

为做好日常运输调整工作，全路周六、周日停止安排施工天窗和维修天窗，货物列车对数小于 8 对的区段除外，不影响局间分界口运输的区段可由铁路局调整。遇有成段清筛道床、更换钢轨、更换轨枕等连续性施工，只安排周六停止施工。

（四）慢行的安排

各项施工、维修作业要采用平行作业的方式，综合利用天窗，提高天窗的利用率。要严格按照运行图预留的慢行附加时分控制线路慢行处所，原则上单线 1 个区段慢行处所不超过 2 处，双线 1 个区段每个方向慢行处所不超过 2 处，同一区间内慢行处所不超过 1 处（包括施工慢行处所）。各项施工要按规定控制慢行距离和慢行速度，桥涵顶进施工慢行限制速度为 45 km/h。

针对施工需要，编制了施工分号运行图时，可依据慢行附加时分，适当增加施工慢行处所。滚动施工阶梯提速，按一处慢行处所掌握。施工后产生的慢行在 12 h 以内恢复常速时，可不统计慢行处所。

三、施工等级的划分

营业线施工等级分为三级，具体规定如下。

（一）Ⅰ级施工

（1）繁忙干线封锁 5 h 及以上、干线封锁 6 h 及以上或繁忙干线和干线影响信联闭 8 h 及以上的大型站场改造、新线引入、信联闭改造、电气化改造施工。

（2）繁忙干线和干线大型换梁施工。

（3）繁忙干线和干线封锁 2 h 及以上的大型上跨铁路结构施工。

（二）Ⅱ级施工

（1）繁忙干线封锁正线 3 h 及以上，影响全站（全场）信联闭 4 h 及以上的施工。

（2）干线封锁正线 4 h 及以上，影响全站（全场）信联闭 6 h 及以上的施工。

（3）繁忙干线和干线其他换梁施工。

（4）繁忙干线和干线封锁 2 h 以内的大型上跨铁路结构物施工。

大型养路机械维修、清筛，更换钢轨和轨枕，以及不影响正线行车的更换道岔施工除外。

（三）Ⅲ级施工

除Ⅰ级、Ⅱ级施工以外的各类施工。

四、施工组织领导

（一）施工领导小组的组成

为加强营业线施工的组织领导，铁路局、站段针对每次施工应成立相应的施工领导小组。

（1）Ⅰ级施工由铁路局主管运输副局长、有关主管副局长担任施工领导小组正、副组长，成员由行车组织、设备管理、建设、设计、施工、监理、安监等有关部门和单位负责人组成。

（2）Ⅱ级施工由铁路局运输处、有关业务处主管副处长担任正、副组长，成员由行车组织、设备管理、建设、设计、施工、监理、安监等有关部门和单位主管人员组成。

（3）Ⅲ级施工由车务段（直属站）主管副段长（副站长）、设备管理单位主管副段长（或以上单位的指定人员）担任施工领导小组正、副组长，成员由行车组织、设备管理、建设、施工等有关单位成员组成。

（二）施工领导小组的职责

（1）Ⅰ、Ⅱ级施工领导小组负责审定相应施工等级的施工方案、施工过渡方案、施工安全措施。

（2）负责组织相关部门和单位协调解决营业线施工、运输、安全等问题，做到运输、施工统筹兼顾，确保行车和施工安全。

（3）负责施工现场的组织协调工作。检查施工前的准备工作，检查各项安全措施的落实，掌握施工进度，维护施工期间的运输秩序，协调解决施工各部门临时发生的问题。

（4）负责对施工进行全面总结。

（三）要　求

1. 施工负责人的确定

施工现场由施工单位明确施工负责人；两个及以上施工单位综合利用天窗在同一区间作业时，由运输部门指定施工主体单位，明确主体施工负责人。主体施工负责人负责协调各单位施工组织，并对施工现场的施工安全负责。各单位必须服从施工负责人指挥，按时完成施工和维修任务，确保达到规定的列车放行条件。

两个及以上单位作业车进入同一个区间移动作业时，由主体施工负责人统一划分各单位作业车作业范围及分界点，作业单位必须按规定分别进行防护。

2. 天窗修的管理

为强化天窗修的管理，各铁路局要成立天窗修领导小组，下设天窗修管理办公室。其主要职责：加强天窗修管理和考核工作，检查指导有关单位实施天窗修基础管理、现场作业及安全措施的制定和落实，协调、解决天窗修出现的问题，负责考核天窗兑现率和利用率，定期总结工作，不断提高天窗修质量。

运输、机务、工务、电务、建设部门是实施天窗修的主要责任部门，要确定专（兼）职管理人员，在领导小组的领导下，负责本部门天窗修的日常管理工作。

五、施工计划的编制与审批

施工计划分为年度轮廓施工计划、月度施工计划和施工日计划。国铁集团运输局负责全路繁忙干线集中修年度轮廓计划的编制，审批繁忙干线、干线部管施工项目月度施工计划和繁忙干线及干线分界口施工停运计划；铁路局运输处负责组织编制本局年度轮廓施工计划、月度施工计划；铁路局调度所负责编制施工日计划，繁忙干线部管施工日计划须由铁路局调度所报运输局调度部审核。

（一）年度轮廓施工计划的编制

铁路局运输处于上年 12 月组织有关业务处编制铁路局年度轮廓施工计划,各业务处应提前提出部门年度轮廓施工计划。年度轮廓施工计划包括：站场、线路、桥隧、信联闭、接触网等行车设备大、中修及技术改造等主要施工。在此基础上，国铁集团运输局组织有关铁路局于每年 1 月召开繁忙干线集中修年度轮廓施工计划协调会，协调铁路局繁忙干线集中修年度轮廓施工计划。

（二）月度施工计划的编制

铁路局运输处负责编制铁路局月度施工计划。

（1）施工单位应于每月 9 日前将次月施工计划上报铁路局主管业务处，其中，建设项目施工计划应先报项目管理机构预审，再报主管业务处。各业务处对施工计划进行审查汇总，由主管处长批准后，于 11 日前向运输处提出月度施工计划申请表。

（2）运输处每月组织相关业务处和主要施工单位审查编制月度施工计划，主要内容报主管运输副局长决定。月度施工计划经主管副局长批准后，以铁路局文件下发各站段和有关施工单位。

（3）符合规定的双线车站电务为主、工务综合使用的每月每站 2 次、每次不少于 30 min 的设备检修封锁时间，分站别在月度施工计划中公布（或在运行图文件中公布）。

（4）超出维修天窗时间的区间装卸路料计划应纳入月度施工计划；未纳入月度施工计划的临时区间装卸路料，有关业务处提前 3 日向调度所提出计划，由调度所负责协调安排。防洪、抢险区间装卸路料由调度所及时安排。

月度施工计划见表 9.1

表 9.1 月度施工计划

编号	施工等级	线路	行别	施工项目	施工日期	施工地点	封锁时间	施工内容及影响范围	限速及行车方式变化	设备变化	运输组织	施工单位及负责人	备注
						区间及起止里程	封锁起止时间（封锁时间分钟）	施工内容影响范围	限速要求行车方式	线路数据变化： 站场线路、道岔、径路变化： 信号机位置及显示变化： 接触网信号标志位置 其他变化：		主体施工单位（职务）（姓名） 施工单位（职务）（姓名）	

（三）铁路局施工日计划的编制

铁路局调度所负责铁路局施工日计划的编制，程序如下。

（1）施工单位于施工前 3 日将施工计划报铁路局主管业务处，其中，建设项目施工计划应先报项目管理机构预审，再报主管业务处。经主管业务处审核（盖章）后，于施工前 2 日 9:00 前向调度所施工调度室提报施工计划申请。

（2）I 级施工和繁忙干线部管施工项目，铁路局调度所于施工前 2 日 15:00 前将施工计划申报运输局调度处，运输局调度处根据铁路总公司繁忙干线月度施工计划和批准的施工文电进行审核后，于施工前 2 日 18:00 前反馈相关铁路局调度所。

（3）编制施工日计划应以月度施工计划为依据，施工调度室应将主管业务处提报的施工计划与月度施工计划（临时施工与批复文电）进行核对，编制施工日计划，经铁路局运输处主管副处长或调度所主任（副主任）审批后，纳入调度日计划。I 级施工和繁忙部管施工项目的施工日计划于施工前 1 日 15:00 前报运输局调度处。

（4）施工调度室于施工前 1 日 12:00 前（0:00—4:00 执行的施工日计划于前 1 日 8:00 前）将施工日计划下达有关机务段、运转车长所属单位和车务段（直属站），传（交）主管业务处，相关列车调度和计划调度台，主管业务处负责通知施工单位、配合单位，车务段（直属站）负责通知相关车站。

（四）施工计划审批权限

营业线施工实行铁路总公司、铁路局、车务段（直属站）分级管理，逐级审批制度。

1. 铁路总公司审批的施工计划

铁路总公司审批的施工计划，应明确施工项目、时间、地点、工作量概况、跨局运输调整措施，并提出相关要求。需铁路总公司审批的施工计划如下：

（1）影响跨局旅客列车停运、变更运行区段、改变始发终到时刻和局间分界站运行时刻。

（2）影响繁忙干线和干线跨局货物列车停运。

（3）调整繁忙干线和干线跨局货物列车编组计划。

（4）调整繁忙干线和干线跨局车流运行径路，实行迂回运输。

（5）变更繁忙干线和干线跨局货物列车牵引定数。

（6）编制跨局施工分号列车运行图。

（7）繁忙干线封锁正线 180 务钟及以上、影响全站（全场）信联闭 240 min 及以上的施工。

（8）因特殊原因，繁忙干线（大秦线、石太线、侯月线、新焦 110 线新乡至月山段，新菏线，兖菏线除外）慢行处所超过第 7 条的规定时。繁忙干线施工慢行区段划分。

2. 铁路局审批的施工计划

（1）铁路总公司负责审批的施工计划以外的施工及维修天窗，全部由铁路局负责审批。

（2）车务段（直属站）负责维修天窗作业计划的编制。对运输影响较小的正线、到发线以外的施工管理权限，由铁路局界定。

（3）大型客运站、枢纽、繁忙干线和干线影响较大的 I 级施工，按规定须铁路总公司审批时，由铁路局主管领导亲自组织研究，提出施工方案、运输组织和安全措施等报铁路总公司运输局。根据施工对运输的影响情况，运输局组织相关铁路局及施工单位进行专题研究审定。

影响行车或影响行车设备稳定、使用的施工项目未经申报批准严禁施工，擅自施工或擅自扩大施工内容和范围的，一经发现立即停工并追究施工单位责任。

六、施工组织与实施

（一）维修天窗的组织实施

1. 维修天窗的施工组织

（1）维修天窗内安排的作业项目，其条件是作业开始前不需限速，结束后须达到正常放行列车条件，并且在维修天窗时间内能完成的项目；双线 V 形天窗区段，一线作业时不得影响另一线行车设备的正常使用，涉及上下行渡线时由铁路局安排。同一区间当日安排有施工天窗时，维修作业应在施工天窗内完成，不再安排维修天窗。

（2）维修天窗作业计划由设备管理单位向有关车务段（直属站）提报，由车务段（直属站）负责编制，报铁路局运输处审批后，交调度所安排实施。各设备管理单位提报维修天窗计划 时，要注明作业项目、地点、施工负责人、配合单位、影响范围等。

（3）车站不办理接发列车（含到达场、出发场不办理接发列车一端）的行车设备，在确保安全的前提下，维修作业由车站负责安排。车站驼峰设备检修实行“停轮修”，应利用交接班、调车作业间休等时间进行。

机务、车辆段内有关行车设备的维修作业，在确保安全和不影响机车出入、车辆取送的前提下，由机务、车辆段负责安排。

2. 可在天窗点外进行的作业

下列维修作业可在天窗点外进行，但严禁利用速度 160 km/h 及以上的列车与前一趟列车之间的间隔时间作业，其他维修项目必须纳入天窗。

（1）日常在道床坡脚（限界）以外，可进行整修栅栏、油刷线桥标志等不影响路基（道床）稳定，不侵入限界，不影响线桥设备正常使用的作业。

（2）在道床坡脚（限界）以内，不影响路基、道床稳定，仅限使用可随时带下道的小型液压起道机、小型液压起拨道机，进行均匀道碴、个别松开扣件垫片、调整轨距、紧固各类螺栓、使用道尺、弦线、探伤仪、轨道检查仪检查线路等不影响线桥设备正常使用的作业，可利用列车间隔时间进行，不在车站登记，但必须设驻站联络员、现场防护员，在联系中断时必须停止作业。

（3）不影响电务设备机械强度、电气特性，进行道岔缺口检查、道岔转换试验、轨道电路电压测试、主副灯丝转换试验、各部螺栓检查紧固等不影响电务设备正常使用的作业，在《行车设备检查登记簿》登记后由车站值班员掌握安排。

3. 实施要求

运输部门要加强运输组织和调度指挥工作，确保天窗次数及时间兑现。因客运列车晚点等原因，准许变更天窗起止时间，列车调度员应提前通知有关车站值班员，车站值班员通知施工负责人。

（二）集中修的组织实施

集中修是集中调配施工机械、人员、路料，综合利用施工天窗，在短时期内集中完成一条线路行车设备大中修和技术改造任务的一种施工组织形式，有利于提高施工效率和质量，有利于减少施工对运输的整体影响。

集中修主要适应于通过能力紧张的繁忙干线。

1. 集中修的安排

（1）集中修的施工时间根据施工工作量来确定，可集中安排一段时间，也可分段进行施工。为做好集中修工作，一般需调整施工分号运行图，在运输条件许可的情况下，施工天窗、施工慢行附加时分和处所可适当增加，同时，相应采取整体运输调整措施，为集中修创造条件。在完成集中修的地段，铁路总公司将适当调整维修天窗和作业次数。

（2）集中修的施工计划由铁路局编制，先编制总体施工计划，根据施工进度，在总体施工计划的基础上适时进行计划调整，以旬或周计划的方式组织实施。施工计划报运输局有关部门备案。

2. 集中修的组织实施

（1）铁路局要加强集中修的组织管理，成立集中修领导小组，领导小组成员参照Ⅰ级施工领导小组，全面负责施工方案、施工计划、施工组织协调、施工安全管理等工作，领导小组可指定人员具体负责集中修日常协调组织工作。根据集中修范围，可分片区成立集中修施工管理小组，负责本片区的施工组织协调实施工作。

（2）为强化集中修的安全监控工作，设备管理单位应配备专人对每处施工地点进行监控，加强对施工安全和质量的监督检查，并负责与施工单位负责人共同确认开通条件，严把施工开通关。集中修有关的车站，站长（或主管副站长、车间主任）必须到岗监督作业，保证行车安全。铁路局应成立集中修施工安全监督队伍，强化施工现场安全监控，发现问题及时纠正，危及行车安全时有权责令施工单位恢复设备停止施工。

（3）集中修的施工机械、人力、路料调配工作由铁路总公司相关部门协调各铁路局确定，铁路局应提前做好集中修的各项准备工作。为保证集中修的路料运输工作，铁路局应制定路料运输方案，调度所应加强路料运输的日常组织。

（4）铁路局要加强集中修考核工作，安排专人对施工天窗兑现率和利用率进行逐日统计、分析、考核，掌握施工进度，提高施工天窗的综合利用效率。

七、施工登销记程序

（一）施工登记

（1）进行施工和维修作业时，施工负责人应确认已做好一切施工准备，于施工开始前40 min，由施工负责人（或驻站联络员）在车站《行车设备施工登记簿》内登记，通过车站值班员向列车调度员申请施工，车站值班员应尽速与列车调度员联系，由列车调度员向有关车站和单位发布实际施工调度命令。

（2）封锁施工时，施工单位在车站行车室设驻站联络员，施工地点设现场防护员，驻站联络员和现场防护员应由经过考试合格的人员担当。驻站联络员与现场防护员要保持随时通信状态，掌握施工现场和列车运行情况，做好邻线通过列车时的安全防护，发现异常及时通知车站值班员和施工负责人。

（二）施工销记

（1）施工单位应在实际施工调度命令的起止时间内完成施工作业，施工单位作业完成后，经施工、设备管理单位检查达到放行列车条件，由施工负责人（或驻站联络员）、设备单位检查人（或设备单位指定人员）办理开通登记（施工销记），车站值班员签认后，由车站值班员报告列车调度员开通线路。

（2）对扰动道床不能预先轧道的线路、道岔施工，开通后第一趟列车不准为旅客列车，大型机械施工经过稳定车作业，施工后经过单机或重型轨道车牵引的施工列车可视为轨道车。

速度 160 km/h 以上区段施工和维修作业开通后，第一趟列车不准为动车组。

八、行车部门的责任

行车组织部门必须积极做好施工组织协调工作，制订非正常情况下的行车组织措施，提前调整车流，加强施工期间的行车组织指挥，为施工作业创造条件。

行车部门要加强施工期间行车组织和调度指挥，非正常情况下接发列车，站长（或主管副站长、车间主任）必须到岗监督作业，严格执行作业标准，落实施工安全卡控措施。控制好发布行车命令、确认区间空闲、进路检查确认、行车凭证填写交付、引导信号使用等关键环节。施工开通必须严格执行施工单位、设备管理单位登记开通、车站签认和列车调度员发布开通命令的程序。

各级施工领导小组，必须提前确定现场监控人员，深入施工现场，做好组织协调工作，强化现场安全监控。建设、设计、施工、监理、设备管理、行车组织、安全监察等部门、单位人员，要在组长或副组长的领导下，明确工作重点，盯住关键环节，督促安全措施落实，协调解决施工过程中临时发生的问题，保证施工安全。

实训练习

1. 识别施工分号运行图上的施工天窗和维修天窗。
2. 按照施工登销记程序，练习填写施工登记簿和施工销记。

思考题

1. 设备故障的汇报程序？
2. 轨道电路故障时的处理办法？
3. 出站信号机故障时发车办法？
4. 列车运行途中发生车辆故障应急处理办法？
5. 列车在区间被迫停车处理方式？
6. 火灾、爆炸等事故处理方法？
7. 天气不良影响列车运行时处理办法？
8. 特殊情况下的行车组织办法？
9. 营业线施工的分类和等级划分？
10. 天窗和慢行的规定？
11. 维修天窗的组织实施办法？
12. 集中修的组织实施办法？

13. 施工的登销记程序是怎样的?

14. 施工中行车部门的责任有哪些?

课程思政园地

2021年“最美铁路人”王军的典型事迹

习近平总书记对青年成长成才倍加牵挂,强调“青年是苦练本领、增长才干的黄金时期”,“我们的生活条件好了,但奋斗精神一点都不能少,中国青年永久奋斗的好传统一点都不能丢”“奋斗是青春最亮丽的底色”。

在广州局集团公司衡阳车务段衡阳站,有这样一位“励志哥”。他叫王军,22岁参加工作,仅用5年时间,就从“业务小白”成长为“全路首席技师”。王军的进步,源于他的刻苦钻研和脚踏实地。入路短短1年,他就翻烂了4套行业规章,做了8本学习笔记,将标准作业流程、行车规章熟记于心,被同事们称作规章“活字典”、业务“领头羊”。

2017年,“王军车站值班员技能大师工作室”成立。王军带着团队攻克了防止行车设备误操作、行车组织错办理等10项重点课题,15次参与京广、湘桂、衡柳、怀衡和吉衡线安全攻关,主导编制的20项教学课件,成为行车一线作业人员的“宝典”。

在衡阳车务段,王军还被称作“挎包教头”。每到休班时间,他就背着一个挎包,拎着一捆学习资料,为青年职工上门送教,5年来跑遍了沿线61个车站,授课180余场次,现场教学360余次,培训学员1 900余人次。王军说:“苦点累点不怕,只愿涌现出更多优秀的行车‘指挥官’,保障铁路大动脉安全畅通。”

项目十　调度工作分析

教学目标

1. 知识目标

掌握调度工作分析的作用；掌握货车周转时间分析方法的基本原理；掌握运用车保有量分析方法的基本原理；掌握换算周转量分析方法的基本原理；货物列车正晚点统计的有关规定；掌握旅客列车正晚点统计的有关规定。

2. 能力目标

能够正确分析货物列车运行晚点原因，进行晚点列车统计；会计算运用车保有量、货车周转时间、货车换算周转时间等调度工作质量指标。

3. 素质目标

具有良好的世界观、人生观、价值观；具有良好的职业道德和职业素养；培养安全意识和大局意识，养成爱岗敬业、认真负责、耐心致志的精神。

任务一　列车运行情况分析

任务描述

本任务主要介绍调度工作分析的作用、调度工作分析的种类、货物列车正晚点统计的有关规定、旅客列车正晚点统计的有关规定、列车正晚点分析的方法。通过学习，重点掌握客、货列车正晚点统计及正晚点分析的方法。

知识准备

一、调度工作分析的作用

调度工作分析是通过日常运输综合分析发现问题，制订措施，不断提高调度工作质量，促进运输生产的有效方法。

各级调度必须配备调度分析人员，由具有较强业务水平和实践经验的人员负责本单位的调度分析工作。

二、调度工作分析的种类

调度工作分析可分为日常分析、定期分析和专题分析。

（一）日常分析

日常分析，是指铁路局调度所于日（班）工作终了时，对日班计划执行情况的分析。它能及时正确地查明计划完成情况及未完成原因，从而迅速采取措施，解决工作中的问题。

日常分析的内容如下：

（1）列车工作计划兑现情况（含分界站列车交接、排空计划兑现情况）分析。

（2）运用车分布及车流状况分析。

（3）停运列车分析。

（4）列车等线分析。

（5）运输收入完成情况分析。

（6）货车周转（中转、停留、旅行）时间分析。

（7）大点车分析。

（8）换算周转量（货物周转量、旅客周转量）分析。

（9）运量（货物发送吨、旅客发送人、静载重）分析。

（10）旅客列车、货物列车正晚点（惯性晚点）分析。

（11）机车运用及效率指标分析。

（12）机车乘务员超劳情况分析。

（13）列车违编、欠重、超重情况分析。

（14）列车机外停车分析。

（15）运输需求兑现情况分析。

（16）装卸车及重点物资装车分析。

（17）特需、快速货物列车开行情况分析。

（18）铁路局间分界口能力利用率（《调规》附件 4）情况分析（每月按运调 18 格式逐项填写，于次月 5 日前电传报总公司）。

（19）施工及维修天窗兑现率的分析。

（20）检修车分布及检修车扣修、回送、检修、修竣计划兑现情况分析。

（21）铁路车辆运行安全监控系统运行情况分析。

（22）篷布使用分析。

（23）临时旅客列车开行、旅客列车甩挂车辆、折返、停运分析。

（24）牵引供电运行情况统计分析。

（25）行车设备故障统计及对运输影响情况分析。

（26）货车使用费情况分析。

（27）调度安全情况分析。

（28）调度工作质量分析。

对于以上分析资料，应逐日分别进行登记，以便从中找出规律。

（二）定期分析

定期分析，是指根据日常运输及安全工作情况，收集、积累有关资料，按时做出旬、月、季、半年、年度分析，并提出改进日常运输组织工作的意见和建议，以便及时采取措施，提高运输工作质量。

（三）专题分析

专题分析，针对某一问题、某一项指标进行的专门分析。分析人员要深入实际，调查研究，善于发现问题，及时做出必要的专题分析，并提出改进意见或措施。

三、列车运行情况分析的内容

列车运行情况分析又称为列车运行正晚点分析，主要是对旅客和货物列车按图行车情况和日（班）列车工作计划编制质量及执行情况的综合考核，是分析改善运行秩序和运输工作的主要依据。通过分析，查明晚点原因，提出改进意见。

列车运行情况分析内容有：客、货列车出发和运行正点率及晚点原因；区段行车量；行车安全情况等。其中，本书重点介绍列车正晚点统计及正晚点分析的方法。

列车正点率是列车按图行车情况分析的主要内容。为分析列车正点率，必须进行列车正晚点统计。

列车正晚点统计，包括货物列车正晚点统计和旅客列车正晚点统计。

四、货物列车正晚点统计的有关规定

（一）统计范围

凡以货物列车车次（小运转列车车次除外）开行的列车，均按货物列车统计。行包专列单独统计。

（二）统计依据

1. 开行列车的车次

以列车运行图为准；加开的列车以日（班）计划确定的车次为准。

2. 列车开行时分的确定

（1）按列车运行图运行线开行的列车，根据图定时分统计；

（2）临时定点运行的列车，根据日（班）计划规定的时分统计；

（3）影响行车的技术设备施工、维修，由铁路运输企业以书面文件、电报或在运输方案中公布调整列车运行图中的列车运行时分，根据调整的时分统计。

3. 特殊情况的统计依据

对有下列情况的列车，以列车发、到前下达的调度命令为准：

（1）中转列车临时早点提前利用空闲运行线运行时；

（2）停运列车临时恢复运行时；

（3）使用原车次在枢纽内变更始发或到达的编组站时；

（4）在局管内整列重车或空车变更到站时；

（5）编组站（区段站）编组的始发列车利用日（班）计划内中转列车空闲运行线提前开行时。

（三）列车出发及运行的划分

（1）各站编组始发的列车，中间站恢复运行的停运列车，图定或日（班）计划规定原车次接续在编组站、区段站进行技术作业中转出发的列车，均按出发统计。

（2）列车由出发至运行区段的终到站（包括中间站），按运行统计。

（3）铁路局分界站为中间站时，除本站编组始发和停运列车恢复运行外，均不统计出发。对经过分界站的列车按两个运行统计（即由列车出发至分界站为一个运行，由分界站至列车运行区段终到站为另一个运行），分界站所属局由分界站接入时分为运行开始，列车交出时分为运行终止。

（4）在国境、地方铁路分界站，向国外、地方铁路发出的列车，不统计出发；国外、地方铁路分界站向国家铁路营业线发出的列车，统计编组出发。

（5）在编组站、区段站图定不进行技术作业的列车、中间站临时更换机车继续运行的列车（因自然灾害、事故而机车不能摘走的停运列车除外），不统计出发和运行。

（6）列车在干支线衔接的中间站，由于变更运行方向而变更车次，根据机车交路图如不更换机车时，按一个运行区段统计；如更换机车则按两个运行区段统计（临时更换机车除外）。

（7）重载（长大）列车在中间站组合或拆组时，统计出发和运行。

图 10.1 所示为货物列车运行统计区段的规定示意图。

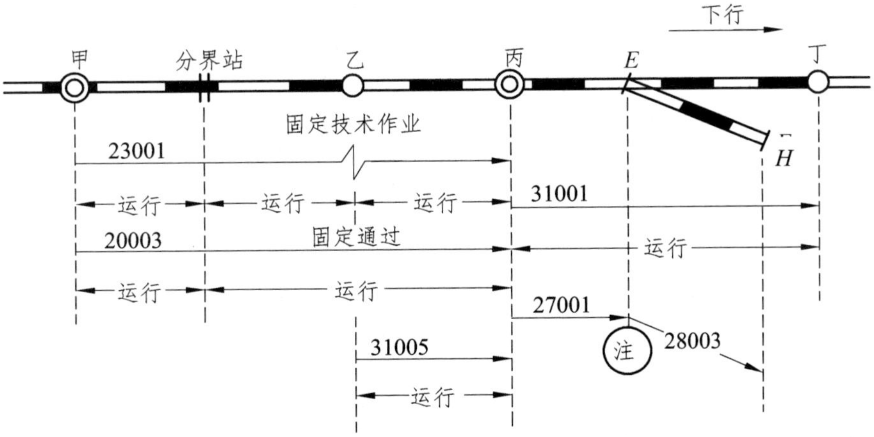

图 10.1　货物列车运行统计区段的规定示意图

注：在中间站规定换机车时按两个运行统计，否则按一个运行统计。

（四）列车出发及运行正点统计

1. 编组始发列车，下列情况按出发正点统计

（1）根据日（班）计划规定的车次，按图定的时分正点或早点不超过 15 min 出发时。

例如，如图 10.2 所示，原计划 10002 次货物列车乙站 19:15 开，若 10002 次乙站 19:00—19:15 间出发，该列车统计为出发正点。

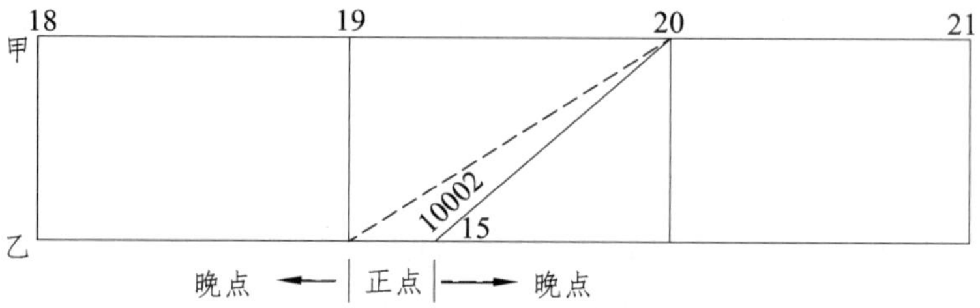

图 10.2　列车出发正点示意图

（2）日（班）计划规定以图定运行线到达的中转列车，因临时停运或晚点在执行的日（班）计划内不能到达时，编组站、区段站根据发车前调度命令，利用该运行线提前开行日（班）计划规定的编组始发车次的列车，正点或早点不超过 15 min 出发时。

除上述情况外，利用该运行线开行的编组始发列车，出发按晚点统计。

2. 中转列车，下列情况按出发正点统计

（1）根据日（班）计划规定按图定接续运行线正点、早点出发或晚点不超过到达运行线图定接续中转时间出发时。

预计中转列车不能按图定接续运行线运行时，按日（班）计划规定的接续运行线正点、早点出发或晚点不超过到达运行线图定接续的中转时间出发时。

例如，如图 10.3（a）所示，10013 次乙站中转，10013 次按图定接续运行线正点、早点出发，按出发正点统计；如图 10.3（b）所示，10013 次晚点 10 min 到达乙站，到达运行线接续中转时间为 60 min，则 10013 次只要从到达时起，在接续中转时间 60 min 及以内出发，统计为出发正点。

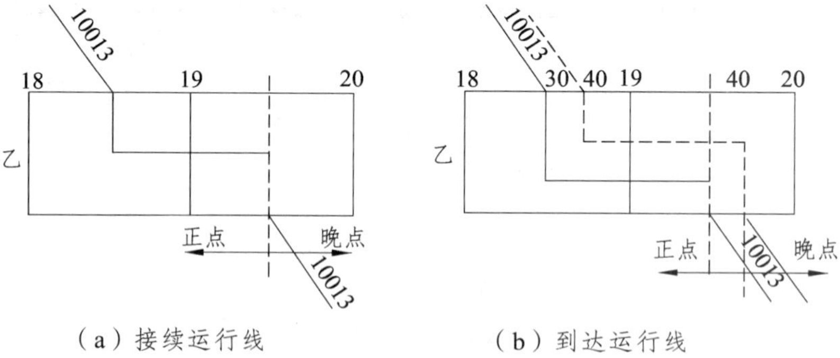

图 10.3　中转列车出发正点示意图

（2）直达列车原利用的运行线已终止，按日（班）计划规定以原车次另行接续的运行线正点、早点出发或晚点不超过日（班）计划规定接续的中转时间出发时。

（3）中转列车临时早点，根据发车前调度命令提前利用空闲运行线正点、早点出发或晚点不超过到达运行线固定接续中转时间出发时。

中转列车临时晚点利用空闲运行线出发时，仍按到达运行线固定接续的中转时间统计正晚点。

说明：

到达运行线是指列车按日（班）计划或调度命令规定所走的运行线。

空闲运行线是指基本列车运行图中：

① 日（班）计划未使用的运行线；

② 日（班）计划规定使用的运行线，又以调度命令利用其他运行线或临时停运时。

3. 列车运行，下列情况按运行正点统计

（1）按列车出发所走运行线的时分正点、早点到达或晚点不超过规定旅行时间到达时。例如，如图 10.4 所示，10004 次乙站图定 8:00 出发，到达甲站时为 11:15，规定旅行时间为 3 h 15 min。如 10004 次乙站 9:00 出发，只要在 12:15 及以前到达甲站，该列车统计为运行正点。

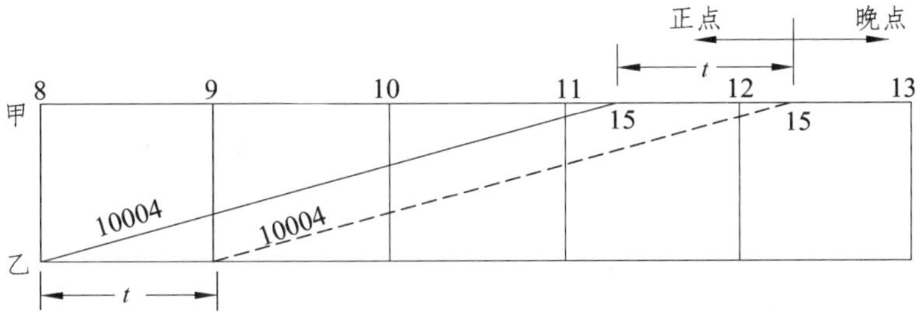

图 10.4　列车晚点出发，运行正点范围示意图

（2）分界站为中间站，列车早点超过 15 min 接入，正点、早点到达时。例如，如图 10.5 所示，11005 次原定乙局 19:20 接入，22:50 到达乙站，现 11005 次乙局早点 30 min 接入，在 22:50 及以前到达乙站，按运行正点统计。

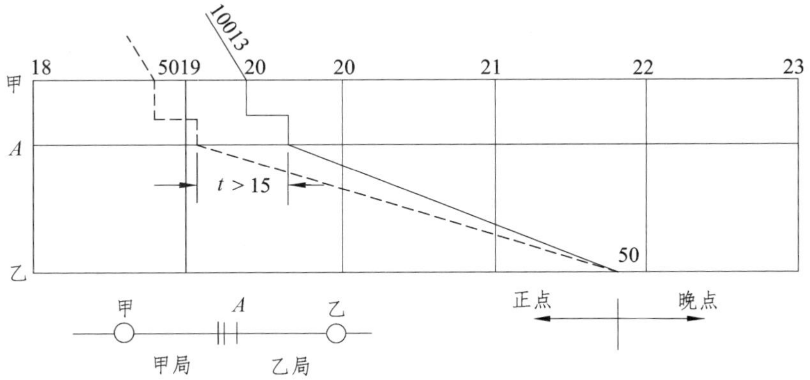

图 10.5 列车在分界站（中间站）早点超过 15 min 接入，运行正点范围示意图

（3）临时定点的列车。

① 按基本列车运行图全日图定列车开满时，对加开的临时定点列车，根据日（班）计划规定的时分统计正晚点。图定列车实际未开满时加开的临时定点列车，出发按晚点统计，运行按班计划规定的时分统计正晚点。

② 限速列车、有时间限制的军用列车、在区间整列装卸的列车、停运列车恢复运行以及开行运行图以外的阶梯直达列车在作业站间的临时定点，均按日（班）计划规定的时分统计正晚点。

（4）停运列车。

① 日（班）计划规定开往中间站的停运列车（摘走机车），按日（班）计划规定统计运行正晚点。

② 列车临时在中间站停运，运行按晚点统计。

③ 中间站停运列车临时恢复运行，根据发车前调度命令指定的空闲运行线或临时定点（到局管内前方第一编组站或区段站的时分）统计正晚点。

（5）除由邻局接入的日（班）计划以外开行的列车，根据所走运行线或开车前调度命令指定的时分统计正晚点外，日（班）计划以外开行的列车或日（班）计划中一条运行线规定两个车次时，出发按晚点统计。运行按本条第三项规定统计。

（6）变更发到站的列车。

在局管内整列重车临时变更卸车站或整列空车临时变更配空站（变更后如有剩余车辆不超过该区段单机挂车辆数时可视同整列），以及枢纽内临时变更始发或到达编组站的列车，均根据发、到前的调度命令，有图定时分的按图定时分统计正晚点，变更后的发、到站无图定时分的，出发按有图定时分的第一个车站统计出发正晚点，运行按有图定时分的最终站统计运行正晚点。列车旅行时间按实际发、到站的时分统计。

除上述情况外，临时变更发、到站的列车，出发或运行均按晚点统计。

（7）合并运行列车。

根据日（班）计划规定的列车车次分别进行统计。

（8）列车车次应保持到列车编组计划或日（班）计划规定的终到站。中途变更车次（包括变更为小运转车次）时：在编组站（区段站）变更，出发按晚点统计，运行按所走运行线统计；在中间站变更，运行按晚点统计。

（9）根据日（班）计划规定在中间站始发或终到的列车，如使用的运行线列车运行图规定为通过时分，按附加的起停车时分统计正晚点。

4. 行包专列、“五定”班列正晚点统计

凡以行包专列、“五定”班列列车车次（包括货物五定班列、集装箱五定班列）开行的列车一律按基本运行图图定时分，统计列车出发、运行正晚点。

5. 货物列车正点率的计算

（1）货物列车出发正点率。

$$货物列车出发正点率=\frac{出发正点列数}{出发总列数}\times 100\%$$

（2）货物列车运行正点率。

$$货物列车运行正点率=\frac{运行正点列数}{运行总列数}\times 100\%$$

行包专列比照计算。

五、旅客列车正晚点统计的有关规定

（一）统计范围

凡以旅客列车车次（不包括回送空客车底）开行的列车正晚点，均按本规则进行统计。

（二）统计依据

（1）开行旅客列车的车次和时刻，根据列车运行图的图定车次和时刻进行统计。

（2）开行临时旅客列车（含临时旅游列车）的车次和时刻，根据公布的临时旅客列车时刻表的车次和时刻进行统计。

（3）因季节性施工等特殊因素影响不能按基本运行图运行的旅客列车，按经批准并向社会公布的分号运行图的时刻进行统计。

（三）旅客列车始发、终到及运行的划分

旅客列车按其运行过程，分为始发、运行、终到。

（1）列车始发：指旅客列车在始发站的出发。管内、直通列车每列产生一个始发。

（2）列车终到：指旅客列车在终到站的到达。管内、直通列车每列产生一个终到。

（3）列车运行：指旅客列车自始发站至终到站运行的全过程。

直通旅客列车的运行分为：

① 始发交出运行：指列车由本局车站始发，经分界站交给邻局的运行过程。

② 接入交出（通过）运行：指列车经分界站由邻局接入，通过本局，再经分界站交给邻局的运行过程。

③ 接入终到运行：指列车经分界站由邻局接入，至本局车站终到的运行过程。

（4）本局所辖分界站为列车始发、终到站时，列车向邻局始发交出由本局统计始发，邻局同时统计接入；列车由邻局接入时，由邻局统计终到。

（四）旅客列车始发、终到、接入和交出时分的确定

（1）列车始发：以列车机车在始发站向前进方向起动，列车在站界内不再停车为准。

（2）列车终到：以列车在终到站指定到发线内停妥时分为准。

（3）列车接入和交出：列车在分界站无图定停点时，以列车机车通过车站值班员室时分为准。在分界站有图定停点时，列车由邻局到达本局所属分界站时分为本局接入、邻局交出时分；列车在本局所属分界站向邻局出发时分为本局交出、邻局接入时分。

（五）旅客列车正晚点统计

（1）列车始发：列车在始发站按列车运行图或列车时刻表规定时刻出发，统计为正点；晚于规定时刻出发，统计为晚点。

（2）列车终到：列车按列车运行图或列车时刻表规定时刻到达终到站，统计为正点；晚于规定时刻，统计为晚点。

（3）列车接入：列车经分界站不晚于列车运行图或列车时刻表规定时刻接入，统计为正点；晚于规定时刻，统计为晚点。

（4）列车交出：列车经分界站不晚于列车运行图或列车时刻表规定时刻交出，统计为正点，晚于规定时刻统计为晚点。

（5）列车在中途站临时停止运行，根据列车运行图或列车时刻表规定到达该站的时刻，统计正晚点。

（六）晚点责任的确定

旅客列车晚点按晚点原因划分为责任晚点和非责任晚点。

1. 责任晚点

指因铁路各部门自身原因而造成的列车晚点。按照引起列车晚点的直接责任部门划分为：车务部门（含调度）、机务部门、车辆部门、客运部门、工务部门、电务部门和其他。

2. 非责任晚点

指因自然灾害以及非铁路责任等不可抗力因素影响而造成的列车晚点。

列车自分界站晚点接入，但在本局管内运行时间不超过规定时间（未增加晚点时分）到达终到站或交出分界站时，统计为未增晚，列非责任晚点。

（七）旅客列车正点率的计算

$$正点率=\frac{正点列数}{总列数}\times 100\%$$

旅客列车按始发、运行、终到等过程分别计算正点率。

六、列车正晚点统计报表

（一）列车运行分析表

列车运行分析表用以填记列车出发及运行的各项资料，作为编制“货车运用成绩报表（运报-5)”及“货物列车正晚点报表（运报-6）以及“货物列车公里统计表（运报-10）”的依据。列车运行分析表见表 10.1。

1. 填记依据

（1）列车运行图。

（2）日（班）计划及有关命令。

（3）列车预确报。

2. 编　制

（1）本表按列车区段分上下行方向分别填记每一列车的各项资料。

（2）本表对货物列车须逐栏填记。

对挂有运用货车的旅客列车（包括混合列车）、路用列车、单机等仅填记第 1 至 6、8、11、17 栏和 20 ~ 22 栏，小运转列车则填记第 1 至 6 栏及第 11、17、20、22 栏。

表 10.1　列车运行分析表

区段	车次	列车公里	运用车辆数			出发									运行										记事
						中转列车到达时分			出发时分			成绩		晚点原因	到达时分			旅行时分				成绩		晚点原因	
			重车	空车	合计	定点	实际	早晚点时分	定点	实际	早晚点时分	正点	晚点		定点	实际	早晚点时分	规定	实际	十进制时分	车小时	正点	晚点		
1	2	3	4	5	6	7	8	9	10	11	12	13	14	15	16	17	18	19	20	21	22	23	24	25	26

（3）在本表内填记的货物列车，根据统计项目的不同，各种列车除第 1、2 栏均须填记外，其余按下列方法填记：

① 出发及运行均统计的列车须逐栏进行填记；

② 只统计出发的列车，填记第 7 ~ 15 栏；

③ 只统计运行的列车，填记第 3 ~ 6 栏、第 10 ~ 12 栏及第 16 ~ 25 栏；

④ 编组始发的列车，不填记第 7 ~ 9 栏。

3. 编制方法

（1）区段（第 1 栏）：填记各该列车的起止站名。

（2）车次（第 2 栏）：填记各该列车的车次。对于利用其他运行线运行的列车，应将所利用的车次以括号表示，填记在该车次的上方，作为统计的依据。

（3）列车公里（第 3 栏）：填记各该列车的实际走行公里数。

站间里程根据铁路局制定的“运营里程表”计算。

（4）运用车辆数（第 4、5、6 栏）：按列车编组中部属、企业运用车辆数分别重、空、合计填记，企业运用车按分子填入斜线上方，部属运用车按分母填入斜线下方。列车在区段进行摘挂而变更组成时，则以出发辆数加到达辆数折半计算。如在个别区段上用折半方法与实际出入较大时，可由铁路局自行规定计算方法。

（5）定点（第 7、10、16 栏）：按列车开行时分的有关规定统计。

（6）早、晚点时分（第 9、12、18 栏）：以该列车实际时分与定点时分比较求得，并以下列符号填记：正点填“0”、早点填“－”、晚点填“＋”。

（7）旅行时分的规定（第 19 栏）：填记该列车第 10 栏与第 16 栏的差数。但早点出发的列车，应加入实际的早开时分计算。

（8）旅行时分的实际（第 20 栏）：填记该列车第 11 栏与第 17 栏的差数。

（9）出发及运行成绩（第 13、14、23、24 栏）：正点填“0”、晚点填“＋”。

（10）十进制时分（21 栏）：填记将第 20 栏 60 进制旅行时分转换成十进制的旅行时分。

（11）旅行车小时（22 栏）：第 6 栏斜线上方企业运用车与第 21 栏的乘积，填入第 22 栏斜线上方；第 6 栏斜线下方部运用车与第 21 栏的乘积填入第 22 栏斜线下方。

4. 汇　总

每日终了时，按下列方法进行汇总：

（1）以各区段别的运用车辆数（第 4、5 栏）乘以各该区段实际列车公里求得车辆公里，并将列车公里（第 3 栏）、旅行时分（第 20 栏）汇总，作为编制“货车运用成绩报表（运报斗）”的资料。

（2）将各区段的出发与运行成绩列（第 13、14、23、24 栏）数字分别加总，作为编制“货物列车正晚点报表（运报-6）”的资料。

（二）货物列车正晚点报表

货物列车正晚点报表见表 10.2。编制说明如下：

（1）本报表由铁路局根据“列车运行分析表（运统-10）”编制；

（2）凡当日出发或到达的货物列车，均在当日统计出发及运行列数；

（3）货物列车正点率精确至小数一位，第二位四舍五入；

（4）对晚点原因，各局可根据实际需要自定附表加以统计。

（三）旅客列车正晚点报表（运报-8）

旅客列车正晚点报表见表 10.3。编制说明：

（1）本报表根据实际列车运行图所记载的旅客列车车次和时刻，对照列车运行图（包括分号运行图）或旅客列车时刻表进行统计。

（2）本报表采用 18 点结算制，凡自昨日 18：00（不含）至当日 18：00（含）出发、到达、运行的旅客列车（不包括回送客车底列车），均在当日统计出发、到达、运行列数及其正晚点。

（3）各铁路局“旅客列车正晚点报表”由各局调度部门负责编制，其中：

① 分界站为部定局间分界站。

② 凡在铁路局调度指挥范围内开行的旅客列车（包括在合资铁路开行以及地方铁路与国家铁路、合资铁路之间开行的旅客列车），均由所在铁路局一并进行统计。跨局间分界站运行的列车按直通列车统计，未跨局间分界站运行的列车，均按管内列车统计。

③ 报告期为日、月报，每日于 18:00 通过网络报总公司。

表 10.2　货物列车正晚点报表

表名：运报-6（YB-6）
制表单位：国铁集团统计中心
批准机关：国铁集团
批准文号：铁统计[2008]113 号
统一编号：0177

局或区段别	出发									运行								
	货物列车总列数	其中正点列数	正点率（%）	其中			行包专列总列数	其中正点列数	正点率（%）	货物列车总列数	其中正点列数	正点率（%）	其中			行包专列总列数	其中正点列数	正点率（%）
				五定班列总列数	其中正点列数	正点率（%）							五定班列总列数	其中正点列数	正点率（%）			
	1	2	3	4	5	6	7	8	9	10	11	12	13	14	15	16	17	18

七、日（班）计划考核：

日（班）计划考核按下列规定逐日进行。

（一）列车工作计划兑现率

$$列车工作计划兑现率=\frac{符合日（班）计划规定的车次、时分、编组内容的实际列数}{日（班）计划列数}\times 100\%$$

（二）排空计划兑现率

$$排空计划兑现率=\frac{实际排空车数}{日计划排空车数}\times 100\%$$

注：（1）按日（班）计划规定的车次并正点出发的列车，其编组内容符合下列要求者均视为兑现：
整列重车——符合编组计划规定的方向号。
整列空车——主型空车不少于日（班）计划所规定的车数。
重空合编列车——重车数或空车数按日（班）计划规定，上、下波动不超过 5 辆。
（2）旬、月兑现率分别按日、列数、车数加总平均计算。

表 10.3 旅客列车正晚点报表

表名：运报-6（YB-6）
制表单位：铁道部统计中心
批准机关：铁道部
批准文号：铁统计[2000]113号
统一编号：0177

局名或月日	管内旅客列车																											直通旅客列车																				
	始发													终到														始发													接口运行							
					其中													其中														其中									接入终到				接入通过			
						分责任部门晚点列数														分责任部门晚点列数														分责任部门晚点列数															
	列数	正点列数	正点率%	晚点列数	责任晚点列数	车务	机务	车辆	客运	工务	电务	其他	非责任晚点列数	列数	正点列数	正点率%	晚点列数	责任晚点列数	车务	机务	车辆	客运	工务	电务	其他	非责任晚点列数	未增晚列数	列数	正点列数	正点率%	晚点列数	责任晚点列数	车务	机务	车辆	客运	工务	电务	其他	非责任晚点列数	列数	正点列数	正点率%	晚点列数	列数	正点列数	正点率%	晚点列数
A	1	2	3	4	5	6	7	8	9	10	11	12	13	14	15	16	17	18	19	20	21	22	23	24	25	26	27	28	29	30	31	32	33	34	35	36	37	38	39	40	41	42	43	44	45	46	47	48

直通旅客列车																																									
交口运行																												终到													
始发交出														通过交出																											
				其中														其中														其中									
					分责任部门晚点列数								含						分责任部门晚点列数								含						分责任部门晚点列数								含
列数	正点列数	正点率%	晚点列数	责任晚点列数	车务	机务	车辆	客运	工务	电务	其他	非责任晚点列数	未增晚列数	列数	正点列数	正点率%	晚点列数	责任晚点列数	车务	机务	车辆	客运	工务	电务	其他	非责任晚点列数	未增晚列数	列数	正点列数	正点率%	晚点列数	责任晚点列数	车务	机务	车辆	客运	工务	电务	其他	非责任晚点列数	未增晚列数
49	50	51	52	53	54	55	56	57	58	59	60	61	62	63	64	65	66	67	68	69	70	71	72	73	74	75	76	77	78	79	80	81	82	83	84	85	86	87	88	89	90

实训练习

1. 已知：甲—乙—丙区段基本运行图中 21003 次列车运行线摘录如图 1 所示。

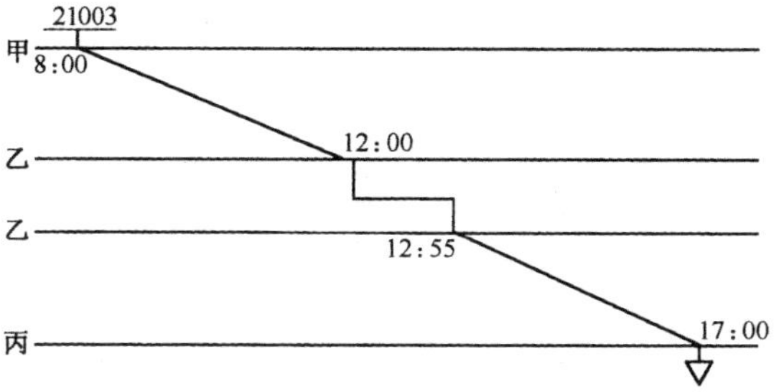

图 1　21003 次列车固定运行线

要求：根据下列条件统计列车出发及运行正晚点。

（1）21003 次甲站 7：55 出发，则甲站统计____________________；

乙站 11：58 到达，则甲—乙区段统计____________________；

乙站 12：55 出发，则乙站统计____________________；

丙站 16：55 到达，则乙—丙区段统计____________________；

（2）21003 次甲站 7：44 出发，则甲站统计____________________；

乙站 11：50 到达，则甲—乙区段统计____________________；

乙站 12：50 出发，则乙站统计____________________；

丙站 17：00 到达，则乙—丙区段统计____________________；

（3）21003 次甲站 8：14 出发，则甲站统计____________________；

乙站 12：15 到达，则甲—乙区段统计____________________；

乙站 13：05 出发，则乙站统计____________________；

丙站 17：05 到达，则乙—丙区段统计____________________。

2. 已知：甲、乙两站为技术站，所有货物列车在乙站进行技术作业，甲—乙区段的实际运行图如图 2 所示。

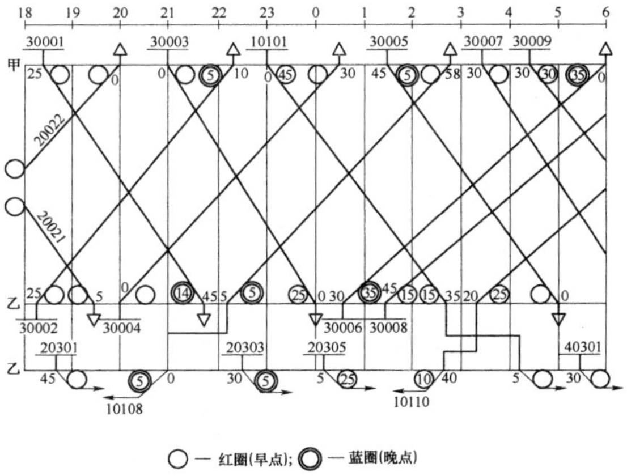

图 2　甲—乙区段列车实际运行图

要求：（1）写出乙站出发货物列车晚点车次。

（2）计算乙站货物列车出发正点率。

（3）写出甲—乙区段货物列车运行晚点车次。
（4）计算甲—乙区段货物列车运行正点率。

任务二　运用车保有量及货车周转时间分析

任务描述

本任务主要包括运用车保有量分析和货车周转时间完成情况分析两个学习内容。通过学习，理解运用车保有量及货车周转时间分析的用途，掌握其分析表的应用。

知识准备

一、运用车保有量分析

各铁路局保有一定数量的运用车，是完成装卸车任务和分界站移交车任务的保证。运用车的合理分布，是保证完成全路运输生产任务和保持运输状态正常的重要因素。运用车保有量分析，除对运用车总数进行分析外，还需按单位、去向、车种别进行分析。

（一）铁路局运用车保有量的分析

运用车的合理分布应按层次进行控制，铁路总公司对各铁路局运用车数进行控制，铁路局应对管内各调度区的运用车数进行管理，使其能经常保持在正常范围。如表 10.4 所示例中，某铁路局运用车超过 250 辆，主要是由于 G 区运用车保有量增加所致。

表 10.4　局运用车保有量分析表

比　较	铁 路 局	其　中		
		H 区	G 区	J 区
计划	5 000	1 898	2 336	766
实际	5 250	1 890	2 590	770
差	+250	−8	+254	+4

（二）各种运用车保有量的分析

对运用车保有量尚须按重车运用车和空车运用车保有量进行掌握，重车应按去向即管内工作车运用车及移交车运用车分别掌握，空车当有条件时应按车种别掌握。因此，对运用车保有量的分析，也须按管内工作车、移交车和空车保有量分别加以分析。例如，在表 10.5 中。该局运用车保有量虽增加 250 车，但其中管内工作车和由 A 分界站交出的移交车却还不足标准数，超过标准数的主要是 B、C 分界站的移交车。因此，解决问题主要应从加速向从 C 分界站移交车辆入手，并应采取措施增加管内工作车保有量，以保证管内装卸任务的完成。

表 10.5　各种运用车保有量分析表

项　目		标准	实际	差
运　用　车		5 000	5 250	+250
管内工作车		2 500	2 400	−100
空　　车		1 000	1 000	
移　交　车		1 500	1 850	+350
其中	A 分界站	500	450	−50
	B 分界站	400	550	+150
	C 分界站	600	850	+250

（三）运用车保有量与工作量、货车周转时间的关系分析

运用车保有量 N 与工作量 u 和货车周转时间有密切的关系。因此，当运用车保有量有变化时，应按公式 $N=u\theta$，用固定因素法加以分析，即首先按实际完成的工作量和计划的货车周转时间，计算出换算运用车数 $N_{换算}$，即：

$$N_{换算}=u_{实际}\theta_{计划}\quad（车）$$

式中　$u_{实际}$——实际完成的工作量；

$\theta_{计划}$——计划周转时间。

也可用下式计算换算运用车数：

$$N_{换算}=u_{实际}\theta_{换算}$$

式中　$\theta_{换算}$——换算周转时间。

换算运用车数表明由于工作量变化所应保有的运用车数，然后将此数与实际运用车进行比较。

二、货车周转时间完成情况分析

货车周转时间是从时间利用上衡量货车运用效率的主要指标。它既能综合反映运输生产的工作质量，又直接影响运输产品质量指标——货物送达速度。因此，经常分析货车周转时间完成情况，并提出改进措施是十分重要的。

在对货车周转时间进行日常分析时，为简便迅速地进行分析，可采用车辆相关法。在分析时，除对总的货车周转时间进行分析外，还应对管内工作车、移交重车和空车周转时间按同样的方法进行分析，以便发现货车周转时间变化的原因。在表 10.6 中，某局总的货车周转

时间较计划标准压缩了 0.02 d，总的来说当日运输工作情况是好的。但如进一步分析即可看出，这一成绩主要是由于注意了空车的运用，空车周转时间显著降低所达到的。而管内工作车的输送和卸车组织却还有缺点，以致卸车标准没有完成，管内工作车周转时间有所延长，管内工作车保有量超过了标准。

表 10.6　某局货车周转时间分析资料表

运用车分类	N			μ			θ		
	标准	实际	差	标准	实际	差	标准	实际	差
运用车	6 710	6 696	− 14	6 100	6 200	+ 100	1.10	1.08	− 0.02
空车	1 080	740	− 340	3 600	3 700	+ 100	0.30	0.20	− 0.10
管内工作车	3 070	3 156	+ 86	2 900	2 700	− 200	1.06	1.17	+ 0.11
移交车	2 560	2 800	+ 240	3 200	3 500	+ 300	0.80	0.80	−

在对货车周转时间进行定期分析时，应按货车周转时间的各项因素进行。表 10.7 为某局货车周转时间完成情况资料。该局货车周转时间缩短 0.1 d，装车、卸车、接运重车及工作量均超额完成任务。但该局的旅行速度、中转时间、一次货物作业停留时间却均未完成计划，其货车周转时间的缩短主要是由于货车全周距由 313 km 缩短为 267 km 的缘故。由此可见，对于由客观因素和主观因素多项指标构成的综合指标，其完成情况的分析应采用固定因素法，即将该项综合指标中有关客观因素按实际完成情况，对其主观因素按计划要求标准，依此求出综合指标的换算标准后将实际完成指标与换算指标对照，分析运输生产工作质量。这样可以剔除由于客观条件变化对指标的影响。

表 10.7　货车周转时间完成资料表

指标	全周距	旅行速度	中转距离	中转时间	一次货物作业时间	管内装卸率	装车数	卸车数	接运重车数	工作量	运用车保有量	货车周转实际
计划	313	25	100	3.0	9.0	0.23	300	350	2 500	2 800	2 800	1.0
实际	267	24	100	3.1	10.0	0.22	330	360	2 900	3 230	2 907	0.9

换算的货车周转时间表示客观因素按实际需要，而三项主观因素按计划完成时，应能达到的货车周转时间。利用换算周转时间进行分析的方法如表 10.8 所示。

表 10.8　货车周转时间分析表

分项		计算公式	时数			实绩比计划	实绩比换算
			计划	实绩	换算		
在列车中		$T_{旅}=\dfrac{l}{v_{旅}}$	$\dfrac{313}{25}=12.54$	$\dfrac{267}{24}=11.12$	$\dfrac{267}{25}=10.68$	−1.42	+0.44
在技术站		$T_{技}=\dfrac{l}{L_{技}}t_{中}$	$\dfrac{313}{100}\times 3=9.39$	$\dfrac{267}{100}\times 3.1=8.28$	$\dfrac{267}{100}\times 3=8.01$	−1.11	+0.27
在卸车站		$T_{货}=K_{管}t_{中}$	$0.23\times 9=2.07$	$0.22\times 10=2.2$	$0.22\times 9=1.98$	+0.33	+0.22
合计	时数		24	21.6	20.67	−2.4	+0.93
	天数		1.0	0.9	0.86	−0.1	+0.04

由表 10.8 可见，换算的货车周转时间标准应为 0.86 d 比实绩少 0.04 d。这就说明该局由于没有能按计划完成旅行速度、中转时间及一次货物作业时间，实际上使货车周转时间延长了 0.04 d。利用这一原理也可分析某单一因素对货车周转时间的影响。

实训练习

1. 已知：甲铁路局 6 月份货车运用指标计划与实际资料见表 1。

表 1　6 月份货车运用指标

指标名称	使用车	卸空车	接运重车	工作量	全周距	中转距离	中转时间	一次货物作业时间	旅行速度	管内装卸率	运用车保有量	货车周转时间
计划	630	433	1 058	1 688	164	102	5.0	9.0	30	0.63	1384	0.82
实际	640	430	1 048	1 688	140	102	5.1	11.0	28	0.63	1334	0.79

要求：计算换算货车周转时间并分析当月运输工作完成情况。

思考题

1. 调度工作分析的目的是什么？
2. 调度工作分析分为哪三种？主要内容是什么？
3. 货物列车正晚点统计中，列车出发和运行如何划分？
4. 货物列车出发和运行正点的统计方法有哪些规定？
5. 何谓运用车保有量，应如何分析？

6. 货车周转时间分析方法有哪两种，其各自的分析方法是什么？

7. 何谓货车换算周转时间，如何计算？如何运用换算周转时间、单因素分析法分析货车周转时间？

课程思政园地

“一带一路”的具体内容

“一带一路”是“丝绸之路经济带”和“21 世纪海上丝绸之路”的简称。“一带一路”不是一个实体和机制，而是合作发展的理念和倡议，是依靠中国与有关国家既有的双多边机制，借助既有的、行之有效的区域合作平台，旨在借用古代“丝绸之路”的历史符号，高举和平发展的旗帜，主动发展与沿线国家的经济合作伙伴关系，共同打造政治互信、经济融合、文化包容的利益共同体、命运共同体和责任共同体。

项目十一　高速铁路动车组调度指挥

教学目标

1. 知识目标

了解高速铁路运营调度指挥系统的作用；掌握高速铁路运营调度系统的组成与各子系统的功能；掌握高铁动车组运行组织行车人员的构成和职责规定。

2. 能力目标

熟知高铁动车组非正常行车组织及限速命令的发布的有关规定；掌握200~250 km/h高速铁路动车组接发列车办法；掌握300~350 km/h高速铁路动车组接发列车办法。

3. 素质目标

具有良好的世界观、人生观、价值观；具有良好的职业道德和职业素养；培养安全意识和大局意识，树立调度工作无小事的观念，养成爱岗敬业、团结协作、专心致志的精神。

任务一　高速铁路运营调度指挥系统认知

任务描述

本任务主要包括：高速铁路调度指挥的特点、高速铁路运营调度系统组成、高速铁路运营调度指挥系统的作用、高速铁路运营调度指挥系统的功能、高速铁路运营调度指挥系统与既有线调度系统的协调等学习内容。通过学习以上知识，使学生掌握我国高速铁路运营调度指挥系统的构成及各子系统的具体功能。

知识准备

一、高速铁路调度指挥的特点

高速铁路运营调度系统是高速铁路运输管理和日常列车运行控制的中枢，是高速铁路高新技术的集中体现，也是高速铁路运营管理现代化、自动化、安全高效的标志。它根据机车车辆配备和动力特性、车站配备及作业、沿线线路和设备状态、人员配备、相邻线路列车运行状态等，统筹编制列车运行计划、集中指挥列车运行和协调铁路运输各部门的工作。因此，只有一个高效率、现代化的运营调度信息管理系统，才能充分发挥高速铁路本身所具有的运输能力，确保高速铁路的安全运行和优质服务。

高速铁路调度指挥具有如下特点：自动化程度高、作业简单、规律性强，有利于集中控制，高安全、高速度、高密度、高正点率，人性化的旅客服务，实行综合维修。

二、我国高速铁路运营调度系统组成

我国高速铁路调度指挥系统由国铁集团高速铁路调度指挥中心，北京铁路局高速铁路调度指挥中心、上海铁路局高速铁路调度指挥中心、武汉铁路局高速铁路调度指挥中心、广州铁路局高速铁路调度指挥中心等。

根据国外高速铁路运营调度系统的情况和发展趋势，我国高速铁路将采用综合调度指挥系统模式。

（一）我国高速铁路调度系统的组成结构（见图 11.1）

调度系统的组成结构示意图如图 11.1 所示。

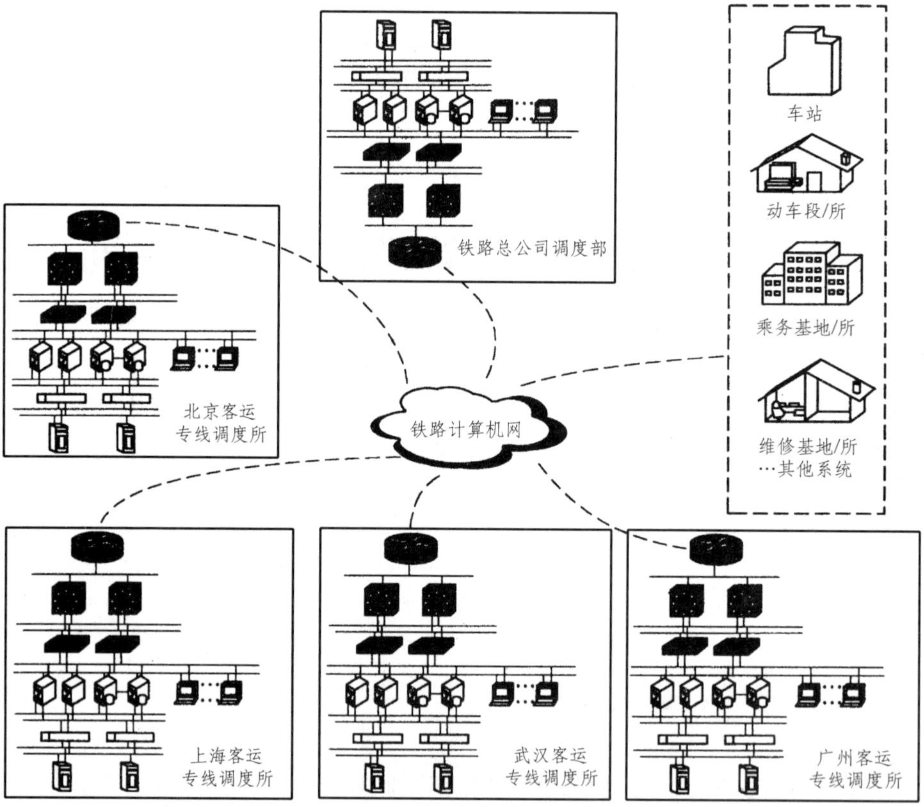

图 11.1　调度系统的组成结构示意图

（二）调度系统层次关系结构

调度中心与调度所、动车基地、乘务基地、维修基地等之间的层次关系如图 11.2 所示，各部门之间通过专用网络连接，传递各种生产所需的信息。调度所直接指挥列车的运行，动车基地、乘务基地、维修基地等为受控部门，按调度所的安排进行工作。调度中心一般情况下只监视各调度所的工作，对跨调度所的业务进行协调；特殊情况下，调度中心也可以接管调度所的工作，对列车运行进行直接的指挥。

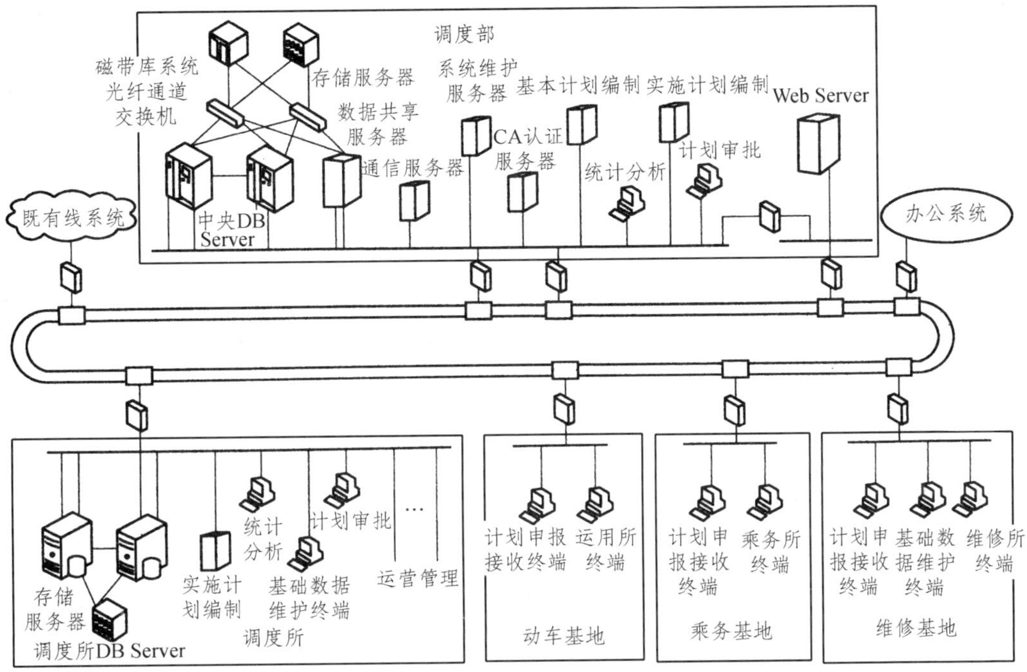

图 11.2　调度系统层次关系结构图

三、高速铁路运营调度指挥系统的作用

运营调度指挥系统的目的主要是依靠现代的科学技术，实现系统功能的综合集成，提高系统各种信息的传输速度，提高调度和管理的办公水平和决策科学性。为了实现这个目标，根据当前计算机技术、通信与网络技术、自动化技术的发展，高速铁路运营调度指挥系统的管理与控制功能应覆盖高速铁路全线，不仅负责列车的运行，还应具备完善的管理功能。

高速铁路运营调度指挥系统是高速铁路运营管理和列车运行控制的中枢，是高速铁路高新技术的集中体现，是高速铁路运营管理现代化、自动化、安全高效的标志，是提供乘客便捷、优质服务的窗口，对统一指挥列车运行和协调铁路运输各部门的工作作用重大。因此，建立一个高效率的、现代化的运营调度指挥系统，能够充分发挥高速铁路本身所具有的运输能力，确保高速铁路的行车安全和优质服务。

高速铁路运营调度指挥系统是高速铁路建设与运营管理的重要组成部分，是保证高速铁路安全、正点、高效运行的现代铁路控制与管理系统，涉及铁路运输组织、通信信号、牵引供电、安全监控、综合维护等诸多专业技术，并具备计划制定、计划调整、行车指挥、设备控制、设备监测、环境监测、设备维护等高速铁路列车运行管理的主要功能。其支撑技术包括计算机、网络通信、数据库、软件工程、系统信息安全防范等技术。因此高速铁路运营调度系统是一个相当复杂的、包括实时控制系统和信息系统的综合系统。

四、高速铁路运营调度指挥系统的功能

高速铁路运营调度中心按功能划分为列车运行计划调度、列车运行调度、动车组调度、电力调度、综合维修调度、旅客服务调度和安全监控调度7个子系统。

运营调度指挥中心负责高速铁路全线旅客列车的运行，统一编制计划，统一调度指挥。它直接指挥日常运输生产，以行车为核心，围绕安全、正点，通过各专业调度台，向基层单位发布调度命令。基层单位是受令后的执行机构，按调度中心的命令组织实施。高速铁路调度中心功能结构图如图11.3所示。

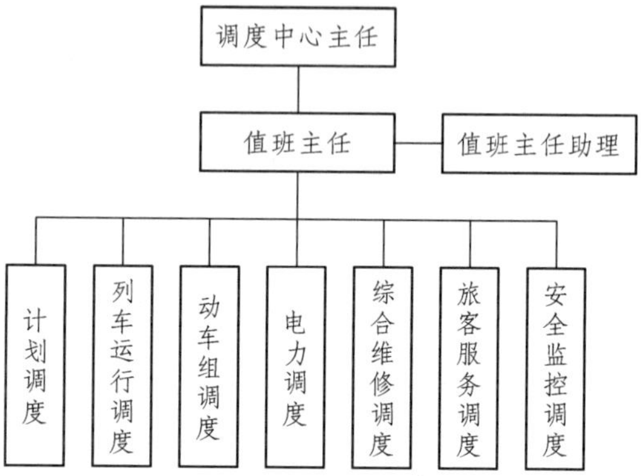

图 11.3　高速铁路调度中心功能结构图

各子系统的功能如下。

（一）计划调度子系统

计划调度子系统主要编制列车运行计划、动车底运用计划和乘务员运用计划，统计分析列车运行情况。列车运行计划的编制工作由于没有货运各项作业以及车流组织作业的干扰，列车类型比较单一，因此列车日常运行基本上是按图行车，调度日（班）计划的编制多为一种确认程序。同时，与列车运行计划有关的动车组运用计划（交路及检修计划）、乘务组乘务计划等都可由计划台一并编制。这样计划调度子系统就是一个综合性的调度子系统，是运营调度中心的先导。

另一方面，随着国民经济的发展，旅客出行越来越多，加之各类长假的影响，旅客流量的变化越来越频繁，且其客流组成及方向等也经常发生变化，这就要求客运工作能随时对这些变化做出响应。以往铁路客运部门通常是预先编制分号运行图并进行调整，但由于客流情况在不断变化，预先编制好的分号图经常无法适应新的客流情况以及一些突发事件。因此，高速铁路的运营部门必须改变以往主要根据基本图进行调整的组织模式，在尽可能保证基本图不变的前提下，随时根据客流预测情况编制相应列车运行图，最大限度地适应客流实时变化的需要。

（二）列车运行调度子系统

列车运行调度子系统主要完成计划的实时调整、列车运行监视追踪及临时限速的设置等任务。列车运行调度子系统是列车运行的核心子系统，其基本任务是根据列车运行计划组织本调度区段的列车安全、正点运行。在列车运行紊乱的情况下，编制调整计划，并下达调整命令。正常情况下，行车调度台应能直接控制本调度区段的列车进路，监视其列车运行。列

车的运行只受命于本区段的当值调度员。特殊情况下，车站行车人员在调度员授权的情况下，也可办理车站的行车进路，或转达列车调度员的有关命令。

（三）动车组调度子系统

动车组调度子系统的主要任务是掌握动车组应用；根据跨线动车组的配属情况，还要掌握跨线机车及动车组的应用。具体任务是掌握动车底履历，合理使用动车底；掌握动车底乘务组的运用；跨线动车组运用计划及乘务组乘务计划；根据列车运行调度子系统的调整计划，相应调整上述计划；绘制动车底、跨线动车底实际交路，记录乘务组实绩；掌握动车底、跨线动车底技术状态；通知救援列车待命出发；掌握各动车段的维修工作量，合理调配检修工作。动车组调度子系统是围绕列车运行调度子系统而工作的，也可对列车运行调整方案提出建议。

（四）电力调度子系统

电力调度子系统主要是与列车运行调度、运输计划调度、综合维修与救援系统相配合，保证正常供电及维修断电。在牵引供电调度工作站和电力供电调度工作站上通过人机接口设备以图形、图表、文本方式对全线牵引供电系统和电力供电系统主要设备进行实时监控及后台数据处理。根据列车运行计划及其调整计划组织供电；对超过供电臂负荷的列车调整计划提出修正要求；掌握供电系统的技术状态及运行情况，控制相关设备。电力调度子系统必须与列车运行调度子系统紧密联系，为列车运行提供牵引动力，为沿线的通信、信号、机械等设备提供电能。

（五）综合维修调度子系统

综合维修调度子系统的主要任务是综合分析检测数据，统一指挥工务、供电、电务综合维修。所谓综合维修是指统一安排线路、供电系统和通信信号系统等固定设施维修计划及维修作业。综合维修段根据人工监测、综合检测车（或检测中心）提供的设备技术状态信息以及段内的监测信息，由各专业提出维修计划，经综合协调后制订出综合维修计划。综合维修调度子系统对各综合维修段上报的综合维修计划进行审核，并与列车运行调度子系统进行协商安排，将安排结果纳入日（班）计划，并以调度命令形式下达；监视维修工作进展情况。综合维修调度子系统还要随时掌握线路的技术状态，监视通信信号系统的运行情况。对于利用行车间隙进行的小修，要督促施工人员及时复位，以免影响正常行车。

（六）旅客服务调度子系统

旅客服务调度子系统的主要任务是为旅客提供更高品质、更具人性化的服务。高速铁路的主要服务对象是旅客，满足旅客的不同需求，为旅客提供快速、方便、及时、全面的服务是高速铁路的首要任务，也是其吸引客流、树立良好的企业形象、增强自身竞争力的有力手段。该子系统是针对高速铁路而设置的，不同于现有铁路调度系统中的客运调度子系统，也不是指车站的旅客服务系统。车站旅客服务系统所需的旅客列车运行、到发信息可直接由列车运行调度子系统提供。旅客服务调度子系统是直接为列车上的旅客进行特殊服务的，如急病救治、人身及财产安全、列车晚点的赔付、事故情况下的旅客疏运与安置等。

（七）安全监控调度子系统

高速铁路运营调度指挥系统各子系统的功能如图 11.4 所示。

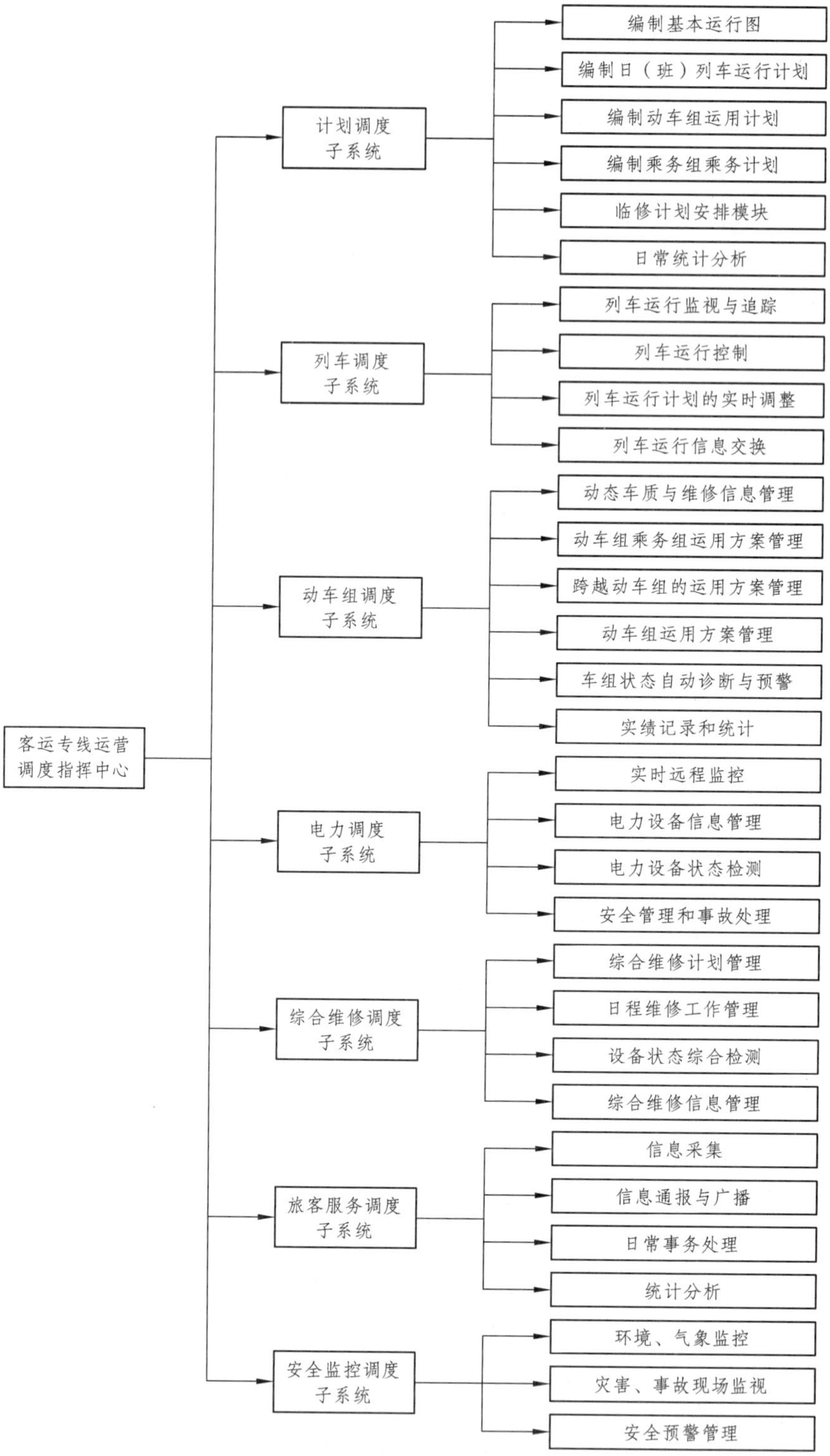

图 11.4　高速铁路运营调度系统功能模块层次结构图

安全监控调度子系统的主要任务是监测、分析列车运行环境主要灾害和关键行车设施状况，对灾害或安全隐患进行预警和处理。本系统的主要任务是对各类危及行车安全的原始信息及经过该系统初步处理后的信息，经确认及筛选后连同处理意见（控制标准）分送有关调度子系统；对安全监控系统的各组成部分的工作状况进行监视。遇需要紧急停车的情况时，该系统可直接切断牵引供电电源或通过列控系统迫使列车紧急停车，并将该信息传输给列车运行调度和供电调度子系统。

五、高速铁路运营调度指挥系统与既有线调度系统的协调

高速铁路的特点是列车运行的计划性很强，对运营调度指挥系统的实时性、安全性、可靠性的要求很高，要按照集中调度指挥管理的模式，达到透明指挥、有效管理的目标。与列车运行直接相关的动车组、接触网、供电、线路、通信、信号、环境、乘务员管理、人员培训等各系统以及设备的检修、运用、维护、施工管理等，均应纳入运营调度指挥系统。并应根据我国铁路运输的特点，使高速铁路与既有线调度指挥系统达到无缝衔接的要求，并实现信息的互联互通和资源共享。

我国高速铁路在建成后的相当长时间内将采用多种速度列车共线运行的运输组织模式，存在动车组上下高速线引起的高速线与既有线调度指挥的衔接问题。另外，高速线要通过既有线大站枢纽，也会引起高速线和既有线调度指挥的衔接问题。所以，正确处理好高速铁路与既有线的衔接，是提高调度指挥效率，保证行车安全的重点，运营调度指挥系统要与既有线调度系统很好地协调。

（一）高速铁路与既有调度指挥系统的协调原则

高速铁路与既有线的调度指挥系统既要相互独立又要保持联系。保证调度指挥的独立性有利于列车运行控制和行车指挥，保证相互联系是为了便于动车组上下高速线。一般情况下，高速铁路和既有线铁路的行车调度指挥权限按各自的线路划分，两线调度员独立指挥自己线路上列车的运行。当两线发生联系时，两线调度员要密切配合，并且用经济杠杆和规章制度来优先照顾高速线的正常运行，充分保证在高速线上的列车能够高速、安全、高效和正点运行。

车站的值班人员只能接受一个调度人员的指挥，不允许既有线的调度人员和高速铁路的调度人员同时分别指挥一个车站的行车作业。高速车场的车站值班员按照高速铁路运营调度中心的命令控制列车运行，既有线车场的值班人员按既有线调度员指示控制列车运行。

车站联锁设备可以是一个整体的联锁设备，也可以是通过照查连接起来的两个相互独立的联锁设备，无论是整体的模式还是独立的模式，车站都应分为高速区和既有区，两个区为独立的两部分，分别由隶属高速线和既有线的两个车站值班员管理。高速区的联锁设备要适合调度集中控制。

线路和信号设备要明确划分双方分界线，任何设备都不能出现双方的调度人员均有控制权的情况。

（二）高速铁路调度与既有线调度职责权限划分

高速铁路与既有铁路作为全国铁路网的共同组成部分，在日常的运输生产中应明确各自的职能，保证相互间组织的顺畅。两者调度权限的合理划分需要根据调度管理模式确定，应重点解决好两个方面的问题。

1. 跨线列车的调整组织

合理确定跨线列车出现晚点情况时高速铁路调度与既有铁路调度的协调机制。根据列车等级、晚点影响范围、站场设备特点和能力利用情况等因素确定调整方法，提出调度权限划分原则、针对不同情况的具体措施及联络办法，制定作业的优先级和相关的程序，确保跨线列车的高效组织和枢纽畅通运转。

2. 枢纽地区设备的控制权限划分

合理确定同时办理高速铁路与既有铁路旅客列车作业车站设备的控制权限划分办法。该类问题主要集中在枢纽的大型客运站中，特别是按线别分场设置但相互间可能存在交叉作业的车站。根据“同一作业和同一设备只能由一方控制、另一方监督”的原则，确定各自的控制范围和办理交叉作业的联络模式以及设备维修管理的责任主体和业务流。

（三）高速铁路调度指挥组织原则

高速铁路与既有铁路既相互联系，又相互独立，其调度指挥系统有别于既有铁路，所以高速铁路有着与既有铁路不同的调度指挥组织原则，主要为：

（1）一般情况下，由高速铁路运营调度指挥中心对所管辖高速铁路全线进行集中领导和统一指挥。

（2）凡与运输生产有关的部门和工作，都必须在运输调度的统一指挥下进行工作。

（3）高速铁路和既有铁路的调度应按各自管辖的调度指挥权限指挥列车运行。

（4）当高速铁路运营调度中心出现故障时，车站层调度机构可以根据列车运行图独立地控制其管辖范围内的信号、道岔，并指挥列车运行。

（5）当列车运行紊乱而进行调整时，既有线调度要服从高速线调度员的指挥，优先考虑上下高速铁路的列车，以保证高速线的正常运行。

实训练习

1. 绘出高速铁路调度中心功能结构图。
2. 绘出高速铁路运营调度指挥系统各子系统的功能示意图。

任务二　200～250 km/h 高速铁路动车组运行组织

任务描述

对于 200～250 km/h 高速铁路，其设备主要特点是：轨道为有砟、无砟并存，采用调度集中（CTC），采用 CTCS-2 级列车运行控制系统，装备 CTCS-2 级列控车载设备，根据需要加装 LKJ。本学习任务重点介绍 200～250 km/h 高速铁路动车组运行组织方法。

知识准备

一、基本要求

（1）动车组为固定编组，运用状态下不得解编；两列同型动车组可重联运行。两列动车组重联时各升 1 架受电弓运行，应采用前后车均升前弓或前后车均升后弓的方式，禁止采用前车升后弓、后车升前弓的方式。单列动车组升双弓或两列动车组重联时各升 1 架受电弓运行，工作受电弓间距为 200 ~ 215 m。

（2）动车组禁止加挂各型机车车辆（无动力调车时的调车机、无动力回送时的本务机车及回送过渡车除外），动车组禁止编入其他列车。

（3）动车组上线运营前，必须达到运用状态，符合动车组运用技术标准要求。动车组设备故障不能继续运行时，不得拆解、甩车。两列动车组重联或摘解时，由动车组随车机械师负责引导，司机确认。

（4）重联或摘解后的动车组由随车机械师配合司机做相关试验。摘解操作时，主动车组必须一次移动 5 m 以上方可停车。

（5）动车组在车站或区间无动力停留时，有停放制动装置的动车组，由司机负责将动车组处于停放制动状态；无停放制动装置的动车组，由司机通知随车机械师进行防溜，防溜时应使用止轮器牢靠固定。

（6）动车组在车站站线停留时，线路两端的道岔应扳向不能进入该线路的位置。

（7）动车组列车乘务组由司机、随车机械师、客运乘务组组成。两列动车组重联的列车除司机外，其余人员应按两套配置。

（8）用于施工和维修的天窗应固定，天窗时间应不少于 240 min。

（9）采用机车救援动车组时，应进行制动试验。

二、运行限制

（1）动车组列车遇大风行车限速的规定如下：

在环境风风速不大于 20 m/s 时，可以正常速度运行；环境风风速不大于 25 m/s 时，运行速度不大于 200 km/h；环境风风速不大于 30 m/s 时，运行速度不大于 120 km/h；环境风风速大于 30 m/s 时，严禁动车组列车进入风区。

动车组列车通过站台时，在环境风风速不大于 15 m/s 的情况下，速度不得超过 80 km/h；当风速超过 15 m/s 时，动车组运行速度不得超过 45 km/h，并注意运行。

（2）在下列情况下，动车组列车限速运行：

① 动车组列车制动系统故障切除 25%制动力时，限速 160 km/h；切除 50%制动力时，限速 120 km/h。

② 空气弹簧故障时，限速 160 km/h。

③ 车窗玻璃破损导致车厢密封失效时，限速 160 km/h。

④ 当确认轴承温度超过报警温度时，应立即停车请求处理。

三、行车组织人员构成及职责

（一）行车组织人员构成

高速铁路调度集中区段，行车工作由本区段列车调度员统一指挥。高速铁路调度台设列车调度员、助理调度员和综合维修调度员。根据列车密度和管辖区段长度，助理调度员和综合维修调度员可合并设置为助理调度员。

调度集中控制车站（简称“集控站”）设应急值守人员，应急值守人员由车务具有车站值班员职名的人员和电务信号人员担任。车务应急值守人员在车站行车监控室（设置有调度集中车站控制终端的处所）值守。电务应急值守人员除完成规定的巡视检查、维护工作以外，还应在集控站行车监控室参与值守工作。具体值守工作制度由铁路局规定。

集控站的行车工作由列车调度员办理，司机等相关人员直接向列车调度员报告有关行车工作。

集控站转为车站控制时，根据列车调度员指示，由车务应急值守人员担当车站值班员，指挥车站有关行车工作。

（二）行车组织人员职责

列车调度员的主要职责如下。

（1）列车调度员是本调度区段行车工作的统一指挥者，履行《铁路运输调度规则》规定的职责。

（2）调整列车运行计划和到发线使用。

（3）发布列车运行调度命令、有关行车凭证和口头指示。

（4）与相邻调度台交换列车运行计划。

（5）对需要人工排列的进路，与助理调度员执行“二人确认制度”。

助理调度员的主要职责：

（1）接受列车调度员的领导。

（2）监视列车的运行情况，监控管辖各站列车进路和调车进路的排列情况。如设备不能自动动作时，进行人工排列进路和开放信号。

（3）与非 CTC 控制区的车站（车场）值班员办理预告手续。

（4）完成临时限速的设定。

（5）担任调车领导人，及时编制调车作业计划，向车站和司机下达调车作业计划。

综合维修调度员的主要职责：

（1）接受列车调度员的领导。

（2）按照列车调度员的指示，及时发布设备施工、检修等调度命令。加强与施工调度员、供电调度员的联系，组织兑现月度施工方案和天窗计划。

（3）遇设备故障、施工、检修时，与设备维护人员办理登、销记手续，组织实施天窗施工及接触网停送电计划。

（4）协助助理调度员监控管辖各站列车进路和调车进路的排列情况。

车务应急值守人员职责：

在正常情况下，应急值守人员不参与行车工作。在设备故障、施工维修、非正常行车等情况下，根据列车调度员指示，车务应急值守人员负责办理以下行车作业：

（1）向司机、运转车长等相关人员递交书面调度命令。

（2）组织相关人员现场准备进路。

（3）组织相关人员对故障设备进行检查、确认。

（4）对站内到发线停留车辆的防溜措施进行检查、确认。

（5）在特殊情况下与司机办理故障车、事故车有关随车运输票据和回送单据的交接、保管工作。

（6）组织应急救援，完成信息传递和其他需现场了解、检查确认的工作。

电务、工务人员应根据车务应急值守人员指示，协助办理（2）（3）（6）项有关作业。

四、接发列车办法

（一）行车凭证

1. 信号设备良好情况下的行车凭证

（1）正方向列车按自动闭塞追踪运行。动车组列车在完全监控模式或部分监控模式下运行时，进入闭塞分区的行车凭证为列控车载设备显示的允许运行信号（即允许运行的速度值）。

（2）反方向按自动站间闭塞行车。列车反方向运行时，应发布准许反方向运行的调度命令。动车组反方向运行时，在 200 km/h 线路上最高运行速度 160 km/h；在 250 km/h 线路上最高运行速度 200 km/h。

2. 信号设备故障情况下的行车凭证

当由列车调度员办理接发列车，出站、进站（进路）信号机故障或基本闭塞法停用时，列车以调度命令作为进入区间（闭塞分区）或站内的行车凭证。列车调度员须确认发给行车凭证的依据及附带条件。

当以调度命令作为列车进、出车站的行车凭证时，必须保证接、发车进路已准备妥当，具备接、发车条件后，方可发布准许到车进、出站的调度命令。

出站、进站（进路）信号机故障停用时，司机根据列车调度员发布的允许进入区间或站内的调度命令，将列控车载设备转入目视行车模式。

基本闭塞法停用按电话闭塞法行车时，司机应根据调度命令按 LKJ 方式行车。列控车载设备故障时，司机应根据调度命令按 LKJ 方式行车，若列控车载设备不能提供机车信号，应将列控车载设备转入隔离模式。

动车组列车按 LKJ 方式行车，遇机车信号或 LKJ 故障时，按《技规》第 270 条有关规定办理。

动车组列车列控车载设备转入和退出隔离模式以及列控车载设备与 LKJ 之间进行人工转换时，列车调度员须向司机及有关车站发布调度命令，司机停车后人工操作。

列车调度员使用无线传送系统向司机下达书面调度命令时，司机应及时签认接收。司机对其内容有疑问时，须立即向列车调度员询问。

（二）接发列车办法

1. 基本要求

（1）办理客运的车站，接发动车组列车时实行“五固定”。

① 固定进路。

接发动车组列车必须固定在基本进路上办理。

② 固定到发线。

接发动车组列车必须在固定的到发线上办理。

动车组按列控车载设备方式行车时，禁止在未设置 CTCS-2 信息的到发线及进路上接发动车组。

③ 固定站台。

接发办理客运业务的动车组列车必须停靠固定站台。

④ 固定停车位置。

车站应根据动车组不同车型、不同编组，分别设置动车组停车位置标，固定动车组停车位置。司机对标停车。

⑤ 固定接发车人员。

接发动车组人员必须由通过动车组相关知识进行专门培训、考试合格的人员担任，并在固定位置接送动车组列车。

（2）集控站不进行车机联控。

（3）集控站转为车站控制，且改按电话闭塞法行车时，应执行车机联控，车站值班员应主动呼叫司机。遇无进路预告信息，列车在集控站由正线通过改为侧线接车时，列车调度员应提前向司机预告。

（4）列车开车前司机要选定机车综合无线通信设备通信模式，确认机车综合无线通信设备和 GSM-R 手持终端的车次号或机车号注册成功，关闭非操控端司机室机车综合无线通信设备电源。

（5）动车组列车通过车站时，须提前停止通过进路上的其他作业和对列车运行安全有影响的作业，提前时间由铁路局规定。

（6）集控站与相邻非集控站间办理接发列车，通过 CTC/TDCS 自动办理发车预告、报点。遇无法办理自动预告、报点时，由非集控站车站值班员与列车调度员办理发车预告、报点。

（7）列车应按运行图规定的股道接发或通过。遇特殊情况需调整时，由列车调度员在列车运行图中进行调整。需人工排列进路时，通过 CTC 操作终端进行操作。

2. 正常情况接发列车办法

（1）列车（不含动车组）在集控站出发，司机确认行车凭证正确，发车条件完备后，直接起动列车。

（2）在集控站办理客运业务的列车，集控站客运人员确认旅客乘降、上水、行包装卸完毕后，通过手持终端通知司机。司机须得到集控站客运人员的报告后，方可起动列车。报告用语规定如下：

客运人员："客车××次××站客运作业完毕"。司机应答："客车××次客运作业完毕，司机明白"。

（3）动车组列车由列车长确认旅客上下完毕后，通知司机关闭车门；列车到站停稳后，司机必须确认对准停车位置后开启车门。按钮不在司机操作台上的，由列车长通知随车机械师关闭车门；动车组到站停稳后，由随车机械师开启车门。如自动开关门装置故障时，由司机通知列车工作人员手动开关车门。

（4）动车组列车司机在确认行车凭证和开车时间以及车门关闭后，即可起动列车。

3. 发车进路的取消

集控站出站信号机开放或占用区间行车凭证已交付后，如需取消发车进路，则列车调度员应与司机联系，确认列车尚未起动，再取消发车进路。

4. 变更固定股道或变更固定进路

遇需在非固定进路和非固定到发线接发动车组列车时，须经铁路局调度所值班主任准许并发布调度命令。

5. 非常站控及道岔故障时的处理

集控站遇道岔故障等需现场准备进路时，根据列车调度员指示，车务应急值守人员组织电务、工务人员现场操纵道岔、确认进路正确并按规定加锁。

在非正常情况下，集控站转为车站控制时，列车调度员根据情况通知有关站段指派胜任人员赶赴现场，协助做好非正常行车工作和安全把关。

五、动车组回送要求

（1）动车组回送按旅客列车办理，原则上采用自走行方式。无动力回送时可根据《回送技术条件》加挂回送过渡车，使用客运机车牵引。8 辆编组的动车组可两列重联回送。

（2）动车组回送运行时，须安排动车组司机及随车机械师值乘。自走行回送时，非担当区段应指派带道司机。

（3）动车组回送不进行客车列检作业。动车组（回送过渡车）与本务机车车钩摘解、软管摘解按《技规》有关规定办理。过渡车钩、专用风管和电气连接线的连接和分解由随车机械师负责，动车组司机配合。

（4）动车组安装过渡车钩回送时，限速 120 km/h 运行，尽可能避免实施紧急制动。发生紧急制动后，本务司机必须通知随车机械师，经随车机械师检查过渡车钩状态良好后方可继续运行。

（5）动车组回送时，列车调度员应根据相关动车段（所）提出的限速、回送方式（有、无动力）、可否折角运行等注意事项，发布有关调度命令。

六、非正常行车组织及限速命令的发布

（一）动车组在区间被迫停车的处理

（1）动车组在区间运行，列控车载设备显示停车信号时的运行办法。

动车组列车在区间运行，列控车载设备显示停车信号时，列车必须立即停车，司机应通知随车机械师。列车停车等候 2 min，列控车载设备仍未收到允许运行的信号时，司机将列控车载设备转入目视行车模式，列车以遇到阻碍能随时停车的速度继续运行，最高速度不超过 20 km/h。当列控车载设备收到允许运行的信号后，按列控车载设备显示运行。在停车等候的同时，必须与列车调度员联系，如确认前方闭塞分区内有列车时，不得进入。

（2）动车组在区间被迫停车后须返回后方站时的处理。

动车组列车在区间被迫停车后须返回后方站时，列车调度员必须确认动车组列车至后方站间已空闲，方可发布调度命令。司机根据调度命令，在动车组列车运行方向前端操作，将列控车载设备转为隔离模式返回，运行速度不得超过 20 km/h。

（3）动车组在区间被迫停车后须退行时的处理。

动车组列车在不得已的情况下必须在区间退行时，列车调度员须扣停后续列车，并确保退行距离内的闭塞分区空闲。随车机械师或指派的胜任人员应站在列车尾部司机室注视运行前方，发现危及行车或人身安全时，应立即通知司机停车。司机选择隔离模式退行，退行速度不得超过 15 km/h。

若需退行至站内，则列车调度员还应确认动车组列车至后方站间已空闲，发布调度命令，司机选择隔离模式退行。

（4）动车组列车在区间被迫停车时，随车机械师、客运乘务组均应听从动车组列车司机指挥，处理有关行车、列车防护和事故救援等事宜。需下车处理或组织旅客疏散时，必须在列车调度员或车站值班员办理邻线列车停运后进行。

（二）动车组在运行中突发设备故障时的处理

1. 运行中遇列控车载设备故障时的处理

动车组列车运行中遇列控车载设备故障并导致列车停车后，司机应报告列车调度员，并通知随车机械师。司机将列控车载设备断电 30 s 后重新启动，若设备恢复正常，则按照部分监控模式或根据调度命令按 LKJ 方式运行；若设备不能恢复正常，则根据调度命令按 LKJ 方式行车或将列控车载设备转入隔离模式。

2. 通信设备故障时的处理

司机不能使用机车综合无线通信设备进行通话时，应立即使用 GSM-R 手持终端报告列车调度员。如 GSM-R 手持终端也不能进行通话，司机应在前方站停车及时报告车站值班员或列车调度员。

机车综合无线通信设备不能正常接收接车进路预告信息时，司机应立即报告列车调度员。

3. 动车组列车运行中出现故障时的处理

动车组列车运行中出现故障时，司机应按车载信息监控装置的提示，按规定及时处理；需要由随车机械师处理时，司机应通知随车机械师。经处置确认无法正常运行时，司机应按车载信息监控装置的提示和随车机械师的要求，选择维持运行或停车等方式，并报告列车调度员或车站值班员。

（三）其他特殊情况的处理

1. 遇天气恶劣，动车组司机无法确认地面信号显示状态时的处理

遇天气恶劣，动车组列车司机需要确认地面信号显示状态但无法确认时，向列车调度员报告，列车调度员根据 CTC/TDCS 系统设备显示告知列车运行前方信号显示状态信息。

2. 列车调度员接到大风报警信息后的处理

列车调度员接到大风报警信息后，须立即确认报警地点，并根据限速提示向相关列车发布限速运行的调度命令。对来不及发布调度命令的列车，立即通知司机限速运行。对禁止运行的报警信息，列车调度员应及时关闭相关信号并通知相关司机停车。司机接到调度命令或通知后，应立即采取措施。

3. 遇天气不良，相关设备部门应做的工作

遇有暴风雨雪天气时，工务、电务、供电等设备管理单位应加强对重点区段和设备的检查。检查时，检查人员在天窗时间外不得进入路肩和桥面范围内，必要时应在封锁或限速条件下进行，并设好防护。发现影响行车安全时，须及时通知列车调度员限速运行或封锁线路。

4. 行车人员发现危及行车安全时的处理

行车人员发现危及行车安全时，应立即通知司机停车；通知不到时，应立即报告列车调度员，列车调度员立即通知司机停车，并报告值班主任，由值班主任立即通知相关专业调度台。

5. 遇暴风雨雪封锁线路后的处理

遇暴风雨雪封锁线路后，列车调度员须得到相关专业调度台检查无异常的报告后，方可开通线路。需限速运行时，应及时发布限速运行的调度命令，设置临时限速。

6. 接到落物报警信息后的处理

列车调度员、车站值班员或车务应急值守人员接到落物报警信息后，应立即呼叫有关列车停车。车站值班员或车务应急值守人员接到报告后还应及时报告列车调度员，列车调度员要报告值班主任，值班主任应立即通知相关部门人员赶赴现场检查处理。具备开通条件后，相关部门人员应及时到调度所登记。列车调度员按登记要求办理。

7. 在 CTCS-2 级区段与 CTCS-0/1 级区段级间自动转换失败时，司机应立即报告列车调度员或车站值班员，并按下述规定办理

（1）由 CTCS-2 级向 CTCS-0/1 级运行，停车手动转换。

（2）由 CTCS-0/1 级向 CTCS-2 级运行，可维持按 LKJ 方式继续运行。

（四）限速命令的发布

区间或站内需要临时限速时，列车调度员应按规定及时向相关人员下达临时限速调度命令。

1. 临时限速命令的设置及下达

CTC 区段临时限速由列车调度员设置。用于列控中心限速设置的调度命令称为列控限速调度命令（数据格式）。列控限速调度命令由助理调度员拟定，由助理调度员和列车调度员采用双重口令设置或取消。

限速数据包括线路号、相关受令车站、限速位置、限速值、限速执行方式、限速开始和结束时间等。列控中心从 TDCS/CTC 临时限速服务器获得列控限速调度命令并反馈限速设置情况。

列控中心根据列控限速调度命令、线路数据、轨道电路及进路状态等产生控车信息，通过轨道电路及有源应答器传送给列控车载设备。

列控中心控制的每个有源应答器只管辖一定范围内的限速设置，在一个有源应答器的管辖范围内最多可以分别设置三处限速。限速区可以设置在区间、站内正线、站内侧线或区间跨站内正线。

CTCS-2 级列控系统分 45 km/h、80 km/h、120 km/h、160 km/h、200 km/h 5 个限速等级，应按照不高于限速值的原则选择相应限速等级进行设置。

当限速调度命令的限速值低于列控车载设备显示的目标速度时，司机应按调度命令控制列车运行。遇施工实际限速与运行揭示调度命令限速相符，而列控限速归档造成列控限速调度命令与运行揭示调度命令限速不符时，列车调度员不再向动车组司机发布限速调度命令。

在 CTCS-2 级区段，对低于 45 km/h 的临时限速，应根据调度命令在限速区段前一站停车转换为 LKJ 方式行车，在动车组司机出勤时应将该限速命令写入 IC 卡，在该限速命令未写入 IC 卡的情况下，应根据调度命令限速运行。

2. 在 CTCS-2 级区段，临时限速设置不成功时的处理

在 CTCS-2 级区段，临时限速设置不成功时，列车调度员应关闭进入该限速区段前一站的出站信号机，发布动车组转换 LKJ 方式行车的调度命令，司机在该站停车转换为 LKJ 方式，按以下方式运行：

（1）动车组司机在出乘前已收到该限速的运行揭示调度命令时，列车调度员与司机核对限速的运行揭示调度命令无误后，方可放行列车，司机按运行揭示调度命令和 LKJ 设置控制列车运行速度，通过限速区段。

（2）动车组司机在出乘前未收到该限速的运行揭示调度命令，LKJ 未设置临时限速时，列车调度员应向司机发布限速调度命令（最高不超过 40 km/h），核对无误后，方可放行列车，司机按限速调度命令人工控制列车运行速度，最高不超过 40 km/h，通过限速区段。

实训练习

1. 熟悉 200 ~ 250 km/h 高速铁路动车组运行组织行车人员构成和职责。
2. 熟悉 200 ~ 250 km/h 高速铁路动车组非正常行车组织方法。

任务三　300 ~ 350 km/h 高速铁路动车组运行组织

任务描述

300 ~ 350 km/h 高速铁路，其设备主要特点是：轨道为有砟、无砟并存，采用调度集中（CTC），采用 CTCS-3 级列车运行控制系统，装备 CTCS-3 级列控车载设备。本学习任务重点介绍 300 ~ 350 km/h 高速铁路动车组运行组织方法。

知识准备

一、基本要求

（1）动车组为固定编组，运用状态下不得解编；两列同型动车组可重联运行。两列动车组重联时各升 1 架受电弓运行，应采用前后车均升前弓或前后车均升后弓的方式，禁止采用前车升后弓、后车升前弓的方式。单列动车组升双弓或两列动车组重联时各升 1 架受电弓运行，工作受电弓间距为 200 ~ 215 m。

（2）动车组禁止加挂各型机车车辆（无动力调车时的调车机、无动力回送时的本务机车及回送过渡车除外），动车组禁止编入其他列车。

（3）动车组上线运营前，必须达到运用状态，符合动车组运用技术标准要求。动车组设备故障不能继续运行时，不得拆解、甩车。两列动车组重联或摘解时，由动车组随车机械师负责引导，司机确认。

（4）重联或摘解后的动车组由随车机械师配合司机做相关试验。摘解操作时，主动车组必须一次移动 5 m 以上方可停车。

（5）动车组在车站或区间无动力停留时，有停放制动装置的动车组，由司机负责将动车组处于停放制动状态；无停放制动装置的动车组，由司机通知随车机械师进行防溜，防溜时应使用止轮器牢靠固定。

（6）动车组在车站站线停留时，线路两端的道岔应扳向不能进入该线路的位置。

（7）动车组列车乘务组由司机、随车机械师、客运乘务组组成。两列动车组重联的列车除司机外，其余人员应按两套配置。

（8）用于施工和维修的天窗应固定，天窗时间应不少于 240 min。

（9）动车组在救援、无动力回送联挂机车或回送过渡车时，应进行制动试验。

二、运行限制

（1）动车组列车遇大风行车限速的规定如下：

在环境风风速不大于 15 m/s 时，可以正常速度运行；环境风风速不大于 20 m/s 时，运行速度不大于 300 km/h；环境风风速不大于 25 m/s 时，运行速度不大于 200 km/h；环境风风速不大于 30 m/s 时，运行速度不大于 120 km/h；环境风风速大于 30 m/s 时，严禁动车组列车进入风区。

动车组列车通过站台时，在环境风风速不大于 15 m/s 的情况下，速度不得超过 80 km/h；当风速超过 15 m/s 时，动车组运行速度不得超过 45 km/h，并注意运行。

（2）在下列情况下，动车组列车限速运行：

① 动车组列车制动系统故障切除 25%制动力时，限速 160 km/h；切除 50%制动力时，限速 120 km/h。在动车组列车经 18 号道岔侧线停车的情况下，制动系统故障切除 25%制动力时，限速 65 km/h；切除 50%制动力时，限速 55 km/h。

② 空气弹簧故障时，限速 160 km/h。

③ 车窗玻璃破损导致车厢密封失效时，限速 160 km/h。

三、行车组织人员构成及职责

（一）行车组织人员构成

高速铁路调度台应独立设置。调度台设列车调度员和助理调度员，行车工作由本区段列车调度员统一指挥。

车站设应急值守人员，应急值守人员由车务具有车站值班员职名的人员和电务信号人员担任。

车务应急值守人员在车站行车监控室（设置有调度集中车站控制终端的处所）值守。电务应急值守人员除完成规定的巡视检查、维护工作以外，在车站行车监控室参与值守工作。具体值守工作制度由铁路局规定。

（二）行车组织人员职责

1. 列车调度员

车站的行车工作由列车调度员办理，司机等相关人员直接向列车调度员报告有关行车工作。

2. 车站应急值守人员

车站由分散自律控制转为非常站控时，车务应急值守人员根据列车调度员指示，担当车站值班员，指挥车站有关行车工作。在正常情况下，应急值守人员不参与行车工作。

在设备故障、施工维修、非正常行车等情况下，根据列车调度员指示，车务应急值守人员负责办理以下行车作业：

（1）向司机等相关人员递交书面调度命令。

（2）组织相关人员现场准备进路。

（3）组织相关人员对故障设备进行检查、确认。

（4）组织应急救援，完成信息传递和其他需现场了解、检查确认的工作。电务、工务人员应根据车务应急值守人员指示，协助办理（2）（3）（4）项有关作业。

四、接发列车办法

（一）信号显示

（1）车站及线路所进站、出站、进路信号机正常状态不显示，仅起停车位置作用；对以隔离模式运行的动车组列车和施工路用列车，信号机点亮，灭灯视为红灯。调车信号机及动车段（所）的信号机正常状态点亮。

（2）进站、进路信号机显示含义。

一个黄色闪光和一个黄色灯光表示准许列车按限速要求越过该信号机，经道岔侧向位置进入站内准备停车。

一个红色灯光和一个月白色灯光表示准许列车在该信号机前方不停车，以不超过 40 km/h 的速度进站或通过接车进路，并须准备随时停车。

其他信号显示符合《技规》的规定。

（3）出站信号机显示含义。

一个绿色灯光表示准许列车由车站以站间闭塞方式出发，前方站间空闲。

一个红色灯光和一个月白色灯光表示准许列车由车站以站间闭塞方式出发，发车进路列车速度不超过 40 km/h，并须准备随时停车。

其他信号显示符合《技规》的规定。

（二）行车凭证

1. 信号设备良好情况下的行车凭证

（1）正方向列车按自动闭塞追踪运行。动车组列车在完全监控、引导或部分监控模式下运行时，行车凭证为列控车载设备显示的允许运行信号（即允许运行的速度值）。

（2）反方向按自动站间闭塞行车。列车反方向运行时，应发布准许反方向运行的调度命令。动车组反方向运行时，CTCS-3 级列控系统最高允许速度为 300 km/h；CTCS-2 级列控系统最高允许速度为 250 km/h。

2. 特殊情况下的行车凭证

（1）动车组列车因列控车载设备故障转入隔离模式时，按地面信号显示运行。

（2）装备 LKJ 的动车组列车因列控车载设备故障，不能恢复正常运行时，司机应报告列车调度员，列车调度员发布改按 LKJ 方式运行的调度命令，动车组列车按 LKJ 方式运行。列车按 LKJ 方式行车时，行车凭证为机车信号。遇机车信号或 LKJ 故障时，司机应报告列车调度员，列车调度员确认该列车至前方站无车占用后通知司机，列车以不超过 20 km/h 的速度运行至进站信号机，按其显示运行。

（3）未装备 LKJ 的动车组列车因列控车载设备故障，不能恢复正常运行时，司机应报告列车调度员，列车调度员确认该列车至前方站无车占用后，发布调度命令，司机根据调度命令将列控车载设备转入隔离模式，以不超过 40 km/h 的速度运行至进站信号机，按其显示运行。

（4）当装备 CTCS-3 级列控车载设备的空载动车组列车运行到 CTCS-0/1 级区段时，通过司机操作转入机车信号模式，列车按地面信号机显示行车，最高运行速度不超过 80 km/h。

低于 80 km/h 的限速按调度命令执行，线路允许速度低于 80 km/h 的区段由司机控制列车运行速度。

（5）遇轨道电路发生故障等情况，需使用辅助按钮改变闭塞方向时，列车调度员确认区间空闲后，使用辅助按钮改变闭塞方向，并在《行车设备检查登记簿》内登记。

（6）动车组列车列控车载设备转入和退出隔离模式时，列车调度员须向司机及有关车站发布调度命令，司机停车后人工操作。

（7）列车调度员使用无线传送系统向司机下达书面调度命令时，司机应及时签认接收。司机对其内容有疑问时，须立即向列车调度员询问。

（三）接发列车办法

1. 基本要求

（1）接发办理客运业务的动车组列车，须执行“五固定”，即固定接发车进路、固定到发线、固定站台、固定停车位置及固定接发车人员。遇需在非固定到发线接发动车组列车时，须经调度所值班主任准许，列车调度员发布调度命令。

（2）动车组列车运行中不进行车机联控。车站由分散自律控制模式转为非常站控，且按电话闭塞法行车时，应执行车机联控，车站值班员应主动呼叫司机。

（3）动车组列车通过车站时，须提前停止通过进路上其他作业和对列车运行安全有影响的作业，提前时间由铁路局规定。

（4）动车组列车重联后，本务端司机重新开启驾驶台，司机在列控车载设备的人机界面上输入新列车数据后转入正常运行。

（5）动车组列车摘解后，列车调度员可以对分解后的两列车分别组织同方向发车或背向发车。开车前司机必须重新输入列车数据和车次号。

（6）动车组列车应按运行图规定的股道接发或通过。遇特殊情况需调整时，由列车调度员在列车运行调整计划中进行。需人工排列进路时，通过 CTC 操作终端进行操作。

（7）高速铁路的车站与相邻非调度集中控制的车站间办理接发列车，通过 CTC/TDCS 自动办理发车预告、报点。遇无法办理自动预告、报点时，由列车调度员与非调度集中控制的车站值班员间人工办理发车预告、报点。

2. 正常情况接发列车办法

（1）动车组列车开车前，司机要选定机车综合无线通信设备通信模式和运行线路，确认机车综合无线通信设备和 GSM-R 手持终端的车次号及机车号注册成功，关闭非操控端司机室机车综合无线通信设备电源。

（2）动车组列车由列车长确认旅客上下完毕后，通知司机关闭车门；列车到站停稳后，司机必须确认对准停车位置后开启车门。按钮不在司机操作台上的，由列车长通知随车机械师关闭车门；列车到站停稳后，由随车机械师开启车门。如自动开关门装置故障时，由司机通知列车工作人员手动开关车门。

（3）动车组列车司机在确认行车凭证和开车时间及车门关闭后，即可起动列车。

3. 非正常情况接发列车规定

（1）发车进路的取消。

出站信号开放或进入区间行车凭证已交付时，如需取消发车进路，则列车调度员应与司机联系，确认列车尚未起动后，再取消发车进路。

（2）车站遇道岔故障等需现场准备进路时，根据列车调度员指示，车务应急值守人员组织电务、工务人员现场操纵道岔、确认进路正确并按规定加锁。

（3）当站内轨道电路出现红光带、不能正常开放进出站信号时，列车调度员确认进路空闲后，办理引导接发列车进路，通知司机按引导模式进出车站。列车调度员还应立即通知工务、电务等相关人员检查处理。

（4）当站内道岔失去表示、无法办理接发车进路时，列车调度员应及时通知相关人员到现场确认道岔位置正确并加锁后，发布调度命令，动车组列车以调度命令作为行车凭证，按目视行车模式进出车站。

（5）在非正常情况下，车站由分散自律控制转为非常站控时，列车调度员根据情况，通知相关站段指派胜任人员赶赴现场，协助做好非正常行车工作和安全把关。

五、非正常行车组织及限速命令的发布

（一）动车组在区间被迫停车的处理

（1）动车组在区间运行，列控车载设备显示停车信号时的运行办法。

动车组列车在区间运行，列控车载设备显示停车信号时，列车停车后，司机应通知随车机械师，并向列车调度员汇报。列车调度员确认前方闭塞分区无车占用后通知司机。司机将列控车载设备转入目视行车模式，以遇到阻碍能随时停车的速度继续运行，最高速度不超过 40 km/h。当列控车载设备收到允许运行的信号时，按列控车载设备显示运行。列车调度员还应立即通知工务、电务等相关人员检查处理。如确认前方闭塞分区内有列车时，不得进入。

（2）动车组在区间被迫停车后须返回后方站时的处理。

动车组列车在区间被迫停车后须返回后方站时，列车调度员必须确认动车组列车至后方站间已空闲，方可发布调度命令。司机根据调度命令，在动车组列车（折返）运行方向前端操作，将列控车载设备转为隔离模式返回，运行速度不得超过 40 km/h。

（3）动车组在区间被迫停车后须退行时的处理。

动车组列车不得已情况下必须在区间退行时，列车调度员须扣停后续列车，并确保退行距离内的闭塞分区空闲。随车机械师或指派的胜任人员应站在列车尾部司机室注视运行前方，发现危及行车或人身安全的情况时，应立即通知司机停车。司机选择隔离模式退行，退行速度不得超过 15 km/h。

若需退行至站内，列车调度员还应确认动车组列车至后方站间已空闲，发布调度命令，司机选择隔离模式退行。

（4）动车组列车在区间被迫停车时，随车机械师、客运乘务组均应听从动车组列车司机指挥，处理有关行车、列车防护和事故救援等事宜。需下车处理或组织旅客疏散时，必须在办理邻线列车停运后进行。

（二）动车组在运行中突发设备故障时的处理

1. 运行中遇列控车载设备故障时的处理

动车组列车运行中遇列控车载设备故障并导致列车停车后，司机应报告列车调度员，并通知随车机械师。司机转换冗余切换开关，启动冗余设备或将列控车载设备断电 30s 后重新启动，设备恢复正常，继续运行。

2. 通信设备故障时的处理

司机不能使用机车综合无线通信设备进行通话时，应立即使用 GSM-R 手持终端报告列车调度员。如 GSM-R 手持终端也不能进行通话，则司机应在前方站停车报告。

3. 动车组列车运行中出现故障时的处理

动车组列车运行中出现故障时，司机应根据车载信息监控装置的提示，按规定处理；需要由随车机械师处理时，司机应通知随车机械师。经处置确认无法正常运行时，司机应根据车载信息监控装置的提示和随车机械师的要求，选择维持运行或停车等方式，并报告列车调度员。

（三）其他特殊情况的处理

1. 遇天气恶劣，动车组司机无法确认地面信号显示状态时的处理

遇天气恶劣，动车组列车司机需要确认车站地面信号显示状态但无法确认时，向列车调度员报告，列车调度员根据 CTC/TDCS 系统设备显示告知列车运行前方信号显示状态信息。

2. 列车调度员接到大风报警信息后的处理

列车调度员接到大风报警信息后，须立即确认报警地点，并根据限速提示向相关动车组列车发布限速运行的调度命令。对来不及发布调度命令的列车，立即通知司机限速运行。对禁止运行的报警信息，列车调度员应及时关闭相关信号并通知司机停车。司机接到调度命令或通知后，应立即采取措施。

3. 列车调度员接到落物等报警信息后的处理

列车调度员接到落物等报警信息后，应立即呼叫有关动车组列车停车，并报告值班主任，值班主任应立即通知相关人员赶赴现场检查处理。具备开通条件后，相关人员应及时在调度所或相关车站登记。列车调度员按登记要求办理。其他人员接到落物等报警信息后，应立即采取措施拦停列车，并报告列车调度员。

4. 遇天气不良或自然灾害的应急处置

遇有暴风雨雪天气或地震，工务、电务、供电等设备管理单位应加强对重点地段和设备的检查。检查时，检查人员在天窗时间外不得进入路肩和桥面范围内，必要时应封锁或

限速，并设好防护后再检查。发现影响行车安全时，须及时通知列车调度员限速运行或封锁线路。

封锁线路后，列车调度员须得到相关专业调度台和车站检查无异常的报告后，方可开通线路。需限速运行时，应及时发布限速运行的调度命令，设置列控限速。

行车等相关人员发现危及行车安全时，应立即通知司机停车；通知不到时，立即报告列车调度员，列车调度员立即通知司机停车和相关专业调度台，并报告值班主任。

5. 动车组列控车载设备在 CTCS-3 级与 CTCS-2 级间转换的处理

因设备故障，动车组列控车载设备在 CTCS-3 级与 CTCS-2 级间进行转换时，司机应报告列车调度员。在 CTCS-3 级区段与 CTCS-2 级区段级间自动转换失败时，司机应立即报告列车调度员或车站值班员，并按下述规定办理：

（1）由 CTCS-3 级向 CTCS-2 级转换时，停车后手动转换。

（2）由 CTCS-2 级向 CTCS-3 级转换时，维持 CTCS-2 级方式继续运行。

（四）限速命令的发布

1. 列控限速命令的设置及发布

用于列车运行控制系统限速设置的调度命令称为列控限速调度命令（数据格式）。列控限速调度命令由列车调度员通过 CTC/TDCS 系统进行设置或取消，并采用双重口令，由列控系统执行。

限速数据包括线路号、相关受令车站、限速位置、限速值、限速执行方式、限速开始和结束时间等，侧线列控限速命令应增加车站号信息。

列控中心控制的每个有源应答器只管辖一定范围内的限速设置，在一个有源应答器的管辖范围内最多可以分别设置三处限速。限速区可以设置在区间、站内正线、站内侧线或区间跨站内正线。

列控限速值在 45～350 km/h 内按每 5 km/h 一挡设置，侧线列控限速值使用 45 km/h、80 km/h 两挡，应按照不高于限速值的原则选择相应限速等级进行设置。

低于 45 km/h 的限速按 45 km/h 设置，由司机根据调度命令的限速值控车。

当限速调度命令的限速值低于列控车载设备显示的目标速度时，司机应按调度命令控制动车组列车运行。遇施工实际限速与运行揭示调度命令限速相符，而列控限速归档造成列控限速调度命令与运行揭示调度命令限速不符时，列车调度员不再向动车组司机发布限速调度命令。

因行车设备故障、灾害或施工，需要使列车限速运行时，列车调度员应按规定向相关人员发布限速调度命令，同时应设置列控限速调度命令。但遇动车组车辆故障等需限速时，不设置列控限速调度命令。

列控限速的设置和取消按规定流程办理。

2. 列控限速设置不成功时的处理

列控限速设置不成功时，列车调度员应关闭进入该限速区段前一站的出站信号，并向司机发布限速调度命令（最高不超过 40 km/h），确认司机收到后，方可放行动车组列车。司机按限速调度命令人工控制列车运行速度，通过限速区段。

实训练习

1. 熟悉 300 ~ 350 km/h 高速铁路动车组运行组织行车人员的构成和职责。
2. 熟悉 300 ~ 350 km/h 高速铁路动车组非正常行车组织方法。

思考题

1. 简述高速铁路调度指挥的特点。
2. 简述高速铁路调度指挥系统的组成。
3. 简述我国高速调度指挥模式。
4. 简述高速铁路运营调度指挥系统的作用。
5. 高速铁路运营调度指挥系统包括哪几个子系统？
6. 简述高速铁路运营调度指挥系统的功能各子系统的功能。
7. 高速铁路运营调度指挥系统与既有线调度系统的协调原则。
8. 高速铁路运营调度指挥系统与既有线调度系统的职责权限划分。
9. 比较 200 ~ 250 km/h 动车组与 300 ~ 350 km/h 动车组运行组织的异同点。
10. 比较 200 ~ 250 km/h 动车组与 300 ~ 350 km/h 动车组非正常行车组织的异同点。

课程思政园地

中国铁路的红色基因

五四运动前后，老一辈无产阶级革命家，在京汉铁路长辛店铁路工厂开办了中国第一所向工人传播马克思主义的学校，发展了第一批工人党员，为中国工人运动和中国共产党的成立燃起了星星之火。

建党初期，铁路人率先接受马克思主义，接受党的领导，成立了第一个全国性产业工会——中华全国铁路总工会。1923 年，京汉铁路工人举行震惊中外的“二七”大罢工，集中迸发了铁路人愿为信仰付出一切的大无畏革命气质。

抗日战争时期，在党的领导下，由铁路工人为主组成的鲁南铁道大队，被誉为“坚持在敌占区的武工队、游击队的一面鲜明的旗帜”。解放战争时期，“解放军打到哪里，铁路就修到哪里”的豪言壮语，成为铁路职工和铁道纵队的行动口号。抗美援朝时期，铁路人坚决响应“抗美援朝、保家卫国”号召，用血肉之躯筑起了一条“打不垮、炸不烂的钢铁运输线”。

中华人民共和国成立后，在党的领导下，铁路人以强烈的主人翁责任感投身社会主义建设，充分发挥了开路先锋的作用。改革开放以来，在党的领导下，铁路人大胆改革创新，勇当国民经济发展火车头。

进入新时代，在以习近平同志为核心的党中央坚强领导下，中国铁路传承红色基因，以交通强国、铁路先行为使命担当，牢固树立安全发展理念，大力实施货运增量行动、客运提质计划和复兴号品牌战略三大举措，积极推进自主创新，持续深化铁路改革，不断拓展对外开放的深度和广度，使中国铁路技术标准和装备水平大幅提升。

高速铁路、高原铁路、高寒铁路、重载铁路等技术达到世界先进水平。客运周转量、货运发送量、换算周转量、运输密度等主要运输经济指标稳居世界第一。

中国高铁“四纵四横”网络提前建成运营，“八纵八横”不断延展，不仅改善了人民群众的出行条件，而且带动了沿线经济增长和相关产业结构优化升级，推动了区域、城乡协调发展和生态文明建设。

参考文献

[1] 冯俊杰. 铁路运输基本技能训练[M]. 北京：中国铁道出版社，2003.
[2] 张殿业，陈刚. 铁路运输列车调度仿真系统[M]. 北京：中国铁道出版社，2004.
[3] 宋建业. 铁路运输调度指挥与统计分析[M]. 北京：中国铁道出版社，2006.
[4] 铁路总公司运输局. 铁路列车调度指挥系统[M]. 北京：中国铁道出版社，2006.
[5] 宋建业，谢金宝. 铁路行车组织基础[M].北京：中国铁道出版社，2007.
[6] 胡思继. 列车运行图编制理论[M]. 北京：中国铁道出版社，2007.
[7] 彭乾炼，石瑛. 铁路行车组织[M]. 成都：西南交通大学出版社，2008.
[8] 赵矿英. 铁路行车组织[M].北京：中国铁道出版社，2009.
[9] 孙景冬，王顺利. 列车调度指挥实验教程[M]. 成都：西南交通大学出版社，2009.
[10] 张雅净，王鹤鸣. 铁路行车调度[M]. 北京. 中国铁道出版社，2010.
[11] 牛凯兰. 列车调度员（上册）[M]. 北京：中国铁道出版社，2010.
[12] 牛凯兰. 列车调度员（下册）[M]. 北京：中国铁道出版社，2010.
[13] 闫海峰. 铁路行车组织[M]. 成都：西南交通大学出版社，2014.
[14] 胡华彬，徐冰. 铁路列车调度指挥[M]. 北京：中国财富出版社，2014.
[15] 佟立本. 铁道概论[M]. 北京：中国铁道出版社，2016.
[16] 中华人民共和国铁道部.货物列车编组计划规则[S]. 北京：中国铁道出版社，2012.
[17] 中国铁路总公司. 铁路技术管理规程（普速铁路）[S]. 北京：中国铁道出版社，2014.
[18] 中国铁路总公司. 铁路技术管理规程（高速铁路）[S]. 北京：中国铁道出版社，2014.
[19] 中国铁路总公司. 铁路运输调度规则（普速铁路）[S]. 北京：中国铁道出版社，2017.
[20] 中国铁路总公司. 铁路运输调度规则（高速铁路）[S]. 北京：中国铁道出版社，2017.
[21] 杨建秋. 铁路行车组织[M]. 上海：上海交通大学出版社，2017.
[22] 李一龙，刘功利. 铁路运输调度指挥[M]. 北京：人民交通出版社，2020.
[23] 国家铁路局. 铁路接发列车作业标准[S]. 北京：中国铁道出版社，2021.